WILLIAM

William Sheller

WILLIAM

ÉQUATEURS

ISBN 978-2-84990-802-0.

Dépôt légal : mars 2021.

170 *bis*, boulevard du Montparnasse, 75014 Paris.

contact@editionsdesequateurs.fr
www.editionsdesequateurs.fr

À Loety et Jean-Pierre.

1

LA CHAMBRE BLANCHE

Juillet 1998

Mother you had me, but I never had you.
John Lennon.

— Colline…

— Quoi ? Colline ? Tu vois une colline ?

Je relève la tête de mon livre. Ma mère, cette chère Paulette, ouvre les yeux, émergeant de ces nombreux moments de sommeil auxquels les soins palliatifs la font s'abandonner. Nous savons déjà tous les deux qu'elle ne reviendra plus à la maison. Cancer du poumon. Non, même pas le cancer du fumeur, et pourtant toute ma vie je l'ai vue une cigarette à la bouche, comme quoi…

— Tu as soif ? Tu veux quelque chose ?

— Non… Ah, y en a marre… !

Je souris à cette longue plainte. Je pose le vieux livre d'une série que je relis chaque jour auprès d'elle depuis déjà deux semaines.

— Marre de quoi ?

— Ah, la vie, c'est chiant, mais mourir qu'est-ce que c'est long !

Et qu'est-ce que vous voulez répondre ? Mieux vaut porter son attention ailleurs.

— Tu rêvais d'une colline ? Il y avait quoi ?

— Mais non... Pas une colline... le prénom... Colin... en anglais.

— Ah bon... le prénom de qui ?

— Oh... de ton père...

— ??...

Silence. Juste le bruit d'un chariot que l'on roule dans le couloir de la clinique, quelques voix inaudibles qui passent à travers la porte de la chambre. Sur quel délire est-elle en train de flotter ? Je reprends doucement.

— Mon père ?

— Oui.

— Jack ?

— Mais non... Oh, tu sais bien, allez...

— Comment ça « je sais bien » ?

Silence à nouveau. Il m'est bien arrivé de douter que Jack soit mon père. Mais un père, c'est celui dont déjà tout petit, et le regard encore flou, on reconnaît tout de suite la moustache, comme maman et ses longs cheveux, et les liens sont au départ les mêmes. Seulement les mots qui s'échappent des conversations d'adultes emballent les fantasmes des enfants, bien plus aptes que l'on ne pense à en cerner les non-dits. Lorsque j'étais petit il y en avait beaucoup de ces non-dits. Les femmes françaises sortaient d'un temps de guerre où parler trop clair était apparemment très risqué. Mais pourquoi ? Il en était resté un langage émaillé d'allusions de connivence, comme parler d'une personne sans la nommer, ou faire part d'une opinion sans la formuler.

Alors ces choses dont on sent qu'on ne nous parle pas, au travers d'un visible manège qui nous met hors-jeu, sont peut-être un mystère qui nous concerne. Certains pouvaient en arriver à imaginer qu'ils avaient été adoptés après la guerre, j'en ai connu un pour qui c'était vrai.

Il faut bien dire aussi qu'à travers la vie sentimentale plutôt mouvementée, quoique souvent sincère, que Paulette a pu avoir, et à laquelle j'ai été toujours plus ou moins associé contre mon gré, tout était possible.

— Bah oui… enfin bon c'est le passé… et alors ?

— Il était gentil, il avait un copain qui avait les jambes arquées, c'était drôle quand je le regardais marcher devant nous…

Le début de rire se perd dans une grande toux, dans une avalanche de mouchoirs en papier avec lesquels elle essuie l'écume de ses lèvres. Le calme revient. Elle respire mieux.

Tout de même ça m'intrigue, on le serait à moins.

— Et… mon père alors, tu disais… ? Il est mort ?

— Non, enfin je ne sais pas, je ne le pense pas tout au moins, il devrait avoir dans les quatre-vingts ans maintenant. Il a dû partir avec son régiment pour Le Havre. Il était démobilisé. Tu venais de naître. Il devait revenir des États-Unis après son divorce. Il est revenu, mais il ne nous a jamais retrouvés… On avait déménagé. C'est un jour en repassant dans le quartier… La boulangère nous a dit qu'un monsieur américain était venu me demander, mais comme ce n'était pas elle-même mais sa remplaçante pour les vacances qui l'avait vu, elle n'était au courant de rien. Elle n'avait pas notre adresse.

— Ah... Et... il était d'où ?... Tu n'as pas gardé une photo ou quelque chose ?

— Du Michigan, de Detroit, sa famille venait d'Écosse. Mac Leod il s'appelait. Il avait deux sœurs dont une était danseuse... Une photo ? Oh si, j'en avais une belle que je voulais garder pour toi pour quand tu serais plus grand. Un procédé spécial sur verre, en relief. En passant devant, on voyait son visage de face, puis de côté. C'était tout nouveau. Seulement un jour, le cadre est tombé. J'aurais voulu la faire refaire, j'avais gardé les morceaux... et puis que veux-tu, le temps a passé et je me suis dit finalement bon... tant pis...

« Tant pis... » J'ai failli dire « je te remercie ». Mais à quoi serviraient des reproches versés sur une femme qui vit ses derniers jours, prisonnière entre des lianes de tuyaux incolores et qui respire si mal ? Qu'aurais-je gagné à exercer une pitoyable vengeance sur celle qui fut tant d'années mon indéfectible ennemie intime, à torturer son esprit affaibli en lui faisant étalage de ses manquements, de ses combines, de ses mensonges, de ses gâchis ? Tout être humain face à ces moments-là, et ce quoi qu'il ait fait, se doit d'être laissé en paix, ayant je suppose déjà bien assez à faire avec sa mémoire.

— Donc, il s'appelait Mac Leod ?

— Oui, Thomas...

— Tu m'as dit Colin il y a deux minutes...

Elle n'a pas répondu, elle s'est rendormie. Elle ne répondra plus. Je reviendrai encore pendant quelques jours lire le même livre sur ce même fauteuil, au confort prévu pour de longues attentes, en espérant un moment d'éveil qui ne viendra pas.

Dans la nuit du 6 au 7 juillet je reçois un appel de la clinique : « Vous devriez venir voir votre maman… » Je m'habille, je prends un taxi. Arrivé à l'étage je m'entends dire par l'infirmière en chef :

— Oh, je vous prie de m'excuser, Monsieur, je n'aurais pas dû vous faire venir, ce n'était pas bien de ma part. Je vais vous dire : on l'a récupérée avant-hier soir sur le boulevard en chemise de nuit, elle voulait rentrer chez elle… Elle avait retiré tous ses cathéters. On ne sait pas comment elle a pu sortir… Pourtant nous sommes très attentifs, croyez-le bien ! Depuis mon appel, tout est fini… il serait préférable que vous reveniez demain… croyez-moi, ce sera beaucoup mieux.

Je n'ai pas insisté. J'ai demandé quelque chose pour pouvoir dormir une fois de retour.

Et me voilà, marchant dans Neuilly, les racines arrachées, le passé à vif. Je me souviens d'avoir écarté les bras à hauteur des épaules, puis d'avoir ouvert largement les doigts, comme pour capter un peu du vent tiède qui s'est levé un moment dans la rue. Le besoin peut-être d'une caresse de réconfort, d'où qu'elle vienne, avant d'entamer une longue marche à pied par les avenues, la ville, le monde, je ne sais plus. J'ai regardé le jour se lever sur un autre temps, un autre moi-même. Et qui es-tu ? Et d'où viens-tu ?

Je me suis senti joué une dernière fois. Que n'a-t-elle gardé le silence jusqu'au bout ? Est-ce parce que le besoin de se soulager de tout était le plus fort ? Parce qu'elle n'avait plus à avoir peur désormais que je risque de lui échapper en faisant des recherches ? Ce qui n'aurait pas manqué d'arriver. Finalement c'était elle qui s'échappait. J'éprouvais le ressentiment puéril d'un ultime abandon, comme le couronnement de bien d'autres. Et puis ce pan de ma vie totalement escamoté, occulté, menti. « Tant pis… », avait-elle dit dans un geste léger qui dessinait dans l'air une lointaine fatalité, « tant pis… ». Le geste tourne en boucle. Comment ne garde-t-on pas un contact avec le père de son enfant, dans l'attente qu'il revienne ? Pourquoi ne pas l'avertir d'un déménagement ?

Merci ma mère, adieu ma mère. Dans deux jours je vais avoir cinquante-trois ans.

Énigmes

L'eau du lavabo est trop chaude ou il fait un peu frisquet, mais il y a de la buée. Le coup de serviette-éponge sur la glace va révéler la même bobine du matin. Ça n'est jamais la meilleure.

Mac Leod… Colin… ou Thomas ? J'ai maintenant un portrait fantôme que je tente de déchiffrer dans ma propre image, en faisant la part de ce qui fait que je lui ressemble à elle, et du reste qui me viendrait de lui. Le nez épais ? Ces oreilles un peu décollées ? Cette bouche qui n'a jamais été celle des Hand d'Irlande ni celle des Desboeuf de la Nièvre ? « Votre fils vous ressemble de façon in-croi-yable »… Une phrase qui remplissait ma mère de bonheur : « Tout le haut est à moi et partir du nez c'est tout de son père. » J'aurais tant aimé m'entendre dire : « Vous ressemblez à votre papa. » Il aurait fallu pour ça que la comparaison saute aux yeux. Il est vrai que ce père putatif n'a guère été que sporadiquement à mes côtés.

Mac Leod, Michigan… C'est là-haut sous le Canada. Quand nous vivions dans l'Ohio, nous n'étions en fait qu'à deux heures de route l'un de l'autre. C'est dingue. Le Michigan, c'est grand. Mais avec Internet… ?

C'est à partir de là que des jours entiers, parfois des nuits durant, tout en continuant à donner des séries de concerts au piano dans lesquels je me jetais pour surmonter une sorte de non-être, j'ai fouillé la « toile » à la recherche de cet homme. Annuaires, sites consacrés aux familles perdues, aux enfants des différentes guerres, il en existe des centaines. Je les ai pratiquement tous consultés.

Un seul d'entre eux finalement me permettait de faire un tri plus méthodique. Ce qui serait illégal en France m'autorisait aux USA, moyennant un abonnement, à obtenir tous les renseignements sur n'importe quel individu dont je pouvais donner le nom complet, l'âge et le domicile ou la région.

Mais des Mac Leod il y en a beaucoup et de toute orthographe, Mc Leod, Macleod, Maclod… J'ai tout essayé avec une première fois le prénom Colin. En démarrant de Detroit pour étendre ma recherche à l'ensemble de l'État du Michigan. Sans résultat, sinon trop jeunes pour être mon père. J'ai donc recommencé avec Thomas. Rien non plus. La partie me semblait assez compromise. J'avais pourtant besoin de savoir, et d'une manière que je trouvais même un peu irrationnelle, parce que je me serais pensé plus distant par rapport à cet « avant-moi », qui semblait commencer à prendre de plus en plus d'importance.

Un soir, en lisant tout autre chose, il m'est passé sous les yeux des noms composés, comme Gordon C. Maclean ou d'autres, ce qui offrait une dernière possibilité. S'il s'était appelé Thomas C. Macleod ? Ou l'inverse ? Alors on se réabonne, on recommence, longuement, selon la même méthode, pendant des mois encore… et là bingo !

Le coup de sang qui envahit le corps, un vertige de fête foraine. Un seul homme : Mr Colin Thomas Macleod, quatre-vingt-quatre ans. L'adresse était là. Avec deux numéros de téléphone. Le nom correspondait, l'âge était plausible.

Et puis ensuite est venu le doute. Ce serait presque trop facile. Et si ce n'était pas lui ? Et si en fait il vivait ailleurs, depuis tout ce temps… ? Ou s'il avait fondé une famille ignorant mon existence, avec un ou plusieurs enfants ? Quel mauvais feuilleton en perspective… Et puis des détails idiots auxquels on s'en veut même de penser : à quatre-vingt-quatre ans, recevoir une nouvelle comme celle-là risquerait-elle d'avoir des conséquences au niveau de sa santé ? Non, ce ne serait peut-être pas raisonnable. « Tant pis… » me sonnait encore aux oreilles. J'en venais presque à le comprendre ce « tant pis… ». Et puis j'avais des choses à faire devant moi. Le temps donc de réfléchir.

Ces renseignements, que je relisais parfois, sont restés sur un fichier de disque dur plusieurs années. J'ai décidé de finir d'écrire l'album *Les Machines absurdes* commencé durant la maladie de Paulette, et d'en terminer les enregistrements… Ce qui vu le contexte avait tout de même été loin d'être facile.

Ensuite ce fut une belle et longue tournée pendant

l'année 2000, laquelle s'est achevée sur un concert de quatre heures au Théâtre des Champs-Élysées (lieu qui a pour moi une importance particulière et sur lequel je reviendrai), ce qui a atténué cette latente obsession dont nul n'a à aucun moment soupçonné l'existence. Pas même mes enfants. Ce fut une période plutôt heureuse. Mon premier petit-fils est né, mon fils Siegfried et sa femme Flo se sont installés en Sologne où je n'ai pas tardé à les rejoindre en 2001. Je continuais à donner de nombreux concerts en piano solo tout en préparant la sortie de l'enregistrement d'un autre concert au Théâtre des Champs-Élysées. Je n'avais pas oublié Colin T. Macleod, d'autant que j'avais repoussé jusque-là le moment de faire le tri des affaires de Paulette, dont les cartons étaient rangés dans le garage de ma nouvelle maison tout autant que dans un coin de ma tête. Mais c'était alors comme un apaisement d'avoir reçu une réponse, fût-elle un fantasme. Un homme qui pourrait donc être mon père existait quelque part. Cela me paraissait à la limite suffisant. Après tout, nous devions sans doute être des milliers de « baby-boomers » à avoir vécu de ces histoires assez semblables, qui sont les fruits de toutes les guerres. J'ai fondé tant bien que mal une famille et n'est-ce pas plutôt à elle que je devrais penser ? Et puis surtout la musique…

C'est dans cet esprit que les années suivantes se sont écoulées, concerts, publication d'un enregistrement de mes *Quatuors* par le quatuor Parisii, dont trois, esquissés lors d'un voyage en solitaire à Vienne, leur étaient dédiés. Et puis il y a eu l'écriture aussi de la petite symphonie commandée par le festival de Sully-sur-Loire, et sa création en juin 2004 par le jeune orchestre Ostinato, sous la direction de leur presque aussi jeune chef Jean-Luc Tingaud.

C'est pendant cette période d'écriture et les premières répétitions que tout a basculé. Avec un document sur une télévision d'hôtel à l'image étirée. Commençaient alors les commémorations du débarquement en 1944 des Alliés sur les côtes normandes. Un soixantenaire qui ne pouvait pas me laisser indifférent. Surtout à force de voir de nombreux témoignages, et particulièrement ceux de familles éparpillées, d'enfants perdus et retrouvés, de ceux enfin qui jamais n'avaient accepté, eux, de se dire « tant pis... ».

Après tout, qu'avais-je à risquer d'écrire à cet homme, Mr Colin T. Macleod de Detroit, Michigan ?

C'est donc avec de laborieuses précautions que j'ai écrit, en pesant chaque mot, pendant une nuit entière sans m'apercevoir des heures passées, ce qui tiendrait en résumé sur quelques phrases : « Je m'appelle William, né en 1946, je suis le fils de Paulette, j'ai appris avant son décès que mon père s'appelait Colin T. Macleod, venant du Michigan. Vous êtes le seul homme de cet État portant ce nom, avec un âge correspondant. Si vous êtes cet homme, sachez que je ne saurais porter aucun jugement sur des événements ayant eu lieu en des temps troublés. Si ce n'est pas vous, excusez-moi de ce dérangement, je ne suis qu'un homme qui recherche ses racines. » Élément fondamental, car les Américains sont extrêmement sensibles à la notion de racine.

Tout cela prit une bien longue page, laquelle soit ne s'adressait pas à la bonne personne, soit cet homme m'avait enfin retrouvé, soit il avait la possibilité de tracer un trait sur son passé en me répondant par la négative. Au reste le courrier fut posté le lendemain avec la quasi-certitude de ne jamais recevoir de réponse. Du moins avais-je franchi le pas.

Quinze jours plus tard, le facteur me tendait une large et épaisse enveloppe cartonnée et blanche, en provenance du Michigan, USA.

Je suis resté quelques minutes assis devant mon bureau à la regarder, sans l'ouvrir. Manifestement oui, la réponse était positive sinon une simple petite enveloppe aurait suffi. Le cœur battait. Mais qu'allais-je trouver dedans ?

Tout. Une longue lettre et des pages de documents et de photos scannées avec soin. Celles d'une Paulette à vingt ans, coiffée « à la Libération », des papiers militaires, et toute une généalogie écossaise remontant au premier des Macleod émigré sur le continent. Il y avait aussi les images récentes d'une souriante famille américaine, avec enfin des photos de mon père à différentes époques. Voir pour la première fois le visage de son père est une émotion qu'aucun mot n'a le pouvoir de restituer. Je me souviens de m'entendre dire en le découvrant, alors que j'avais toujours dit « Dad » à Jack, le mot « Papa » que je n'avais jamais prononcé de ma vie.

C'en était presque à en oublier la lettre… On ne sait plus où porter les yeux. Que disait-elle ? « Nous sommes ton demi-frère Cameron (Cam) et ta demi-sœur Edith (Ede)… Nous étions au courant de ton existence mais il était impossible de te retrouver… Papa est décédé en 1989… Il s'est marié avec Thelma notre mère dans les années cinquante… Tante Bubby est toujours vivante… » Il y avait là, au travers de ces mots, une joie profondément sincère d'avoir retrouvé la branche perdue du clan

Macleod. Les échanges de mails ont immédiatement commencé et se poursuivent toujours régulièrement depuis. Nous avions tant à nous dire, et il nous en reste tant encore. Une des premières phrases qu'ils m'ont envoyées fut : « Heureusement que tu parles anglais. »

Pris par des engagements professionnels, concerts, écriture et enregistrements, comme celui de « Épures », suivi de « Ostinato », et par deux tournées en 2005-2006 jusqu'en juillet avec les mille choristes des « fous chantants », ce n'est finalement qu'en août 2006 que j'ai pu enfin trouver le temps de m'envoler pour les rencontrer. Sachant que j'étais musicien et au regard de ce qu'ils avaient pu voir sur le web en tapant mon nom, ils craignaient de voir arriver une star, à l'image que peuvent s'en faire les Américains… Ils ont vu arriver un frangin qui tirait sa valise, aussi simplement que pour un retour de longues vacances. Nous aurions pu nous sentir très différents, nous nous sommes trouvés en deux secondes parmi la foule. Nous avons commencé à rire. Cam et moi portions la même chemise !

C'est à partir de là que j'ai pu reconstituer une petite partie de mon enfance, et tenir enfin des vérités qui, quelles qu'elles soient, m'étaient comme pour tout être humain maintenant si nécessaires. « C'est quand même incroyable ça, dis donc… » C'est ce qu'on m'a dit quelquefois. Ce n'est pas commun, non, bien sûr, mais je ne suis certainement pas le seul, encore une fois, à avoir vécu ce genre d'histoire.

Enfin, même s'il subsiste çà et là des manques et des incertitudes. C'est peut-être maintenant que je peux commencer à raconter ma vraie vie, au-delà des allusions que les images musicales ou les textes de chanson peuvent permettre.

Primum omnium

Je ferai grâce, dans les pages qui vont suivre, des émissions, des séances de photos, des interviews, et bien d'autres choses associées à un « boulot d'artiste », simplement parce qu'on peut les trouver partout, et que cela n'a pas eu vraiment d'influence sur ma vie intime. Je ne rapporte que le vécu d'un gamin, puis d'un homme, que le hasard a embarqué dans des environnements assez particuliers, parfois sans ménagement, et qui a traversé des moments de grâce, d'ennui, d'espoirs, de solitude, allant de sommets en abysses, mais ceci uniquement au niveau de l'être. Il n'y a rien de professionnel, à moins que ce ne soit l'objet d'anecdotes amusantes, curieuses, ou qui ont provoqué de belles rencontres.

De même je ne parlerai pas de ceux qui ont été nuisibles. Les menteurs, les profiteurs, les incapables, les imbéciles et les hypocrites. Ils pourront se chercher, ils ne s'y trouveront pas. Je ne cite que ceux que j'ai appréciés ou bien aimés. Nulle revanche. Nul reproche. Je pourrais résumer mon histoire par le titre d'un livre de Cioran : *De l'inconvénient d'être né.*

Racines

Je suis bien né à Paris le 9 juillet 1946 à la Cité des Fleurs dans le XVIIe. Du côté de ma mère on trouve un grand-père de la Nièvre, vers Decize. Jean Desboeuf. Que j'appelais Papou. Il avait un frère, Eugène, que je n'ai connu qu'en photo-carton. Ce grand-père était compagnon charpentier. Parti à dix-sept ans voir la vie de plus près et faire son tour de France, il s'est ensuite engagé comme charpentier dans la Royale pour un temps, puis revenant à terre il y a rencontré ma grand-mère.

Germaine Mayeur. Elle, c'était Mamy. Une Lorraine de Sarrebourg. Dernière de sept enfants, dont six garçons. Tous élevés avec maintien par une veuve courageuse, devenue gouvernante d'une coquette propriété à Moret-sur-Loing, laquelle appartenait à une dame anglaise « protégée par un Monsieur... ». De ces six frères je n'en ai jamais connu aucun, à part Paul ou « Tonton » dont je reparlerai plus tard, si ce n'est aussi par des photos. Étaient-ils morts ? Fâchés ? Simplement établis trop loin ? Elle n'en parlait jamais, ou très peu. L'un d'entre eux aurait été semblerait-il le fruit d'une soumission ancillaire de Rosalie Mayeur née Pêtre aux désirs du « Monsieur » de la dame anglaise...

Une fois j'ai demandé :

— C'était lequel, Mamy ?

— Ça ne te regarde pas, range-moi cette photo !

Je n'ai jamais su qui...

Enfin de là est née Paulette en plein milieu des « années folles », en 1925. La petite famille semble avoir beaucoup bougé. Migennes, Nancy, Strasbourg – je ne sais où encore ni dans quel ordre – et finalement Paris. J'ai cru comprendre qu'ils avaient eu un temps une entreprise de menuiserie-charpenterie, et qu'une maison fut construite et inachevée. Une faillite les aurait contraints à la quitter.

Mamy se maquille debout près de la fenêtre, un petit miroir de poche à la main. Elle y arrive très bien, un œil à la fois...

— Oooh, ton grand-père... ! Pendant plus d'un an nous sommes restés avec des journaux collés sur les murs... en attendant le papier peint... J'en avais marre... !

Elle crachouille dans sa petite boîte de rimmel qu'elle touille avec sa brosse et continue de se faire les cils.

— Je n'en pouvais plus de voir les mêmes nouvelles, et puis ces publicités... On ne peut pas s'empêcher de les lire en plus ! Le papier peint tu parles, on ne l'a jamais vu venir... Enfin... Il buvait que veux-tu... (Soupir.)

Elle ferme le boîtier et le met dans son sac. Elle est prête à partir, comme tous les soirs.

C'est elle qui m'a élevé. C'est ce que j'ai toujours ressenti et qui m'a été confirmé plus tard, le temps passant.

Du côté de Papa, ce que j'en sais remonte à l'arrière-grand-père Colin D. Macleod.

Une photo de lui, prise en 1927, montre un homme droit, portant chapeau, moustache et col cassé, avec un pardessus plié sur un bras et l'autre main posée sur une courte canne qui semble plus faite pour le geste que pour être vraiment utile. Tailleur à Édimbourg, avec la patente de fournisseur de Sa Majesté, il prit un jour sa retraite et a émigré au Canada, dans l'Ontario, où est né mon grand-père Colin F. Macleod. Particularité des clans, l'aîné de la branche s'appelle toujours Colin suivi de son prénom usuel. Si les choses s'étaient normalement déroulées, je me serais appelé Colin William. C'est donc mon demi-frère qui s'appelle Colin Cameron Macleod.

Révélations outre-Atlantique

C'est d'ailleurs lui qui fut le premier à connaître mon existence. Il devait avoir dans les seize ans, lorsqu'un soir où il était seul avec mon père, et alors qu'ils venaient de regarder ensemble *Out of Africa* à la télévision, ce dernier lui dit à propos de Meryl Streep (je résume) : « J'ai connu en France une femme qui lui ressemblait et dont j'ai eu un fils... » Confession personnelle dont Cam a gardé le secret jusqu'au décès de mon père en 1989. C'est avec ébahissement que ma demi-sœur Ede a appris l'existence alors de ce demi-frère vivant quelque part en Europe. Quant à leur mère, cette si bonne Thelma, ce n'est qu'à la réception de ma lettre, en 2004, qu'elle fut mise au courant.

Dans le début de juin un courrier est arrivé de France, adressé donc à Mr Colin T. Macleod, mais depuis le décès de son mari tout ce qui portait le prénom Colin était forcément destiné à Cam, aussi n'a-t-elle pas fait attention au « T » intermédiaire. Elle lui a donc remis l'enveloppe en lui disant : « Tiens, tu connais quelqu'un en France ? » Étonnement de Cam qui a pris la lettre et l'a ouverte, une fois tranquille dans son « *basement* » (pratiquement toutes les maisons américaines ont un sous-sol servant souvent de salle de jeux), où il a aménagé un petit appartement pour lui et sa récente épouse, Tina. Il faut bien avouer que la lecture du contenu fut un choc pour lui. Que dire, que faire ?

Ede devait passer pour dîner ce soir-là. Il a donc attendu de la voir garer sa voiture et est allé au-devant d'elle, la lettre à la main, en lui disant : « Devine ce qu'on vient de recevoir ? » Stupéfaction d'Ede comme on l'imagine, qui s'est entretenue dehors avec Cam pour savoir comment annoncer la chose à leur mère. Thelma (qui était alors sous assistance respiratoire et ne pouvait donc pas quitter son fauteuil), trouvant un peu long le temps qu'ils mettaient à bavarder, a tapé la vitre de sa canne… Une fois qu'ils sont entrés elle leur a demandé ce qui se passait. Ils lui ont donc finalement montré la lettre qui révélait toute l'histoire.

— Mmm… a-t-elle fait après réflexion… Allez voir dans ma chambre, dans le tiroir où j'ai gardé le portefeuille de votre père, apportez-le-moi. Il y a deux photos d'une jeune femme, Dieu sait s'il m'a des fois asticotée avec ça, il se pourrait bien que ce soit la mère de ce William-là.

Effectivement, c'étaient bien les deux Photomatons de Paulette que j'ai reçues quelque temps après.

Deuxième femme de mon père (je rappelle qu'il était marié et en cours de divorce lorsqu'il vint en France), Thelma est une femme qui adore les enfants, n'en a eu que deux avec assez de difficulté pour renoncer avec regret à en avoir d'autres, mais elle a gardé pendant longtemps tous ceux du voisinage. Sa seule réaction fut de dire : « Mais si je l'avais su, votre père, je lui aurais cogné sur la tête jusqu'à ce qu'il le retrouve, cet enfant ! S'il n'avait pas gardé ce secret, peut-être n'aurait-il pas eu ces dépressions inexplicables, et ce problème d'alcool dans les derniers temps. J'ai toujours pensé qu'il y avait une raison. La voilà la raison ! »

C'est ainsi qu'ils ont préparé l'ensemble de documents que j'ai reçus et qui m'ont établi cette identité alors confuse, qui m'avait toujours un peu pesé. Le seul regret que je peux avoir aujourd'hui, c'est de ne pas avoir fait cette démarche plus tôt. Il faut dire que je commence seulement à comprendre pas mal de choses.

Paris, rue de Fleurus

C'est au 41 que commencent mes premiers souvenirs.

Fermée par un portail de tôle verte, je revois bien l'intérieur de la petite cour aux pavés ronds.

L'immeuble vieillot faisait face au portail. Sans vestibule, un escalier de bois usé et qui m'était défendu montait vers le mystère… Sur la droite de la cour, il y avait un long bâtiment en rez-de-chaussée, avec deux fenêtres de chambre et tout au bout une grande porte-fenêtre à deux battants. C'est là que nous vivions. Si je peux le détailler si clairement, ça n'est pas là le fruit d'une mémoire étonnante, c'est simplement parce qu'une bonne partie de ma vie s'est déroulée sur un territoire allant de la rue de l'Ouest au jardin du Luxembourg, sur la rive gauche de Paris, et que j'ai eu l'occasion de repasser devant l'adresse pas mal de fois par la suite. L'immeuble n'existe plus.

Je ne sais pas comment c'était organisé, mais nous habitions tous là. Mamy et Papou, Mémé Rosalie, ma mère de temps en temps, et moi. Dans ma mémoire cette porte vitrée au fond de la cour donnait directement sur une grande pièce (mais j'étais petit), avec une grosse table au centre. Au fond c'était la porte de la cuisine, puis sur le côté une silhouette de canapé avec encore une porte sur le côté vers d'autres pièces en enfilade. Un sentiment de lointain quand elles étaient toutes ouvertes me revient. Je revois aussi une surface lisse qui se dresse, haute et brillante, je suis par terre. Quelque chose, un « truc » est plaqué dessus et je veux le retirer. J'apprendrai plus tard qu'il s'agissait d'un moulin à vent en aluminium cloué au pied de mon lit laqué blanc.

Je suis tombé par la fenêtre. Oh, de pas bien haut, du rez-de-chaussée, mais ça fait très mal. Les pavés n'ont pas le moelleux que peut avoir a priori tout ce qui est rond. Il faudra se méfier. Il y a quelque chose qui coule du menton et au-dessus de l'œil. En tout cas cela agite du monde autour. J'en garde les marques aujourd'hui. Je criais « comme un veau », m'a dit ma grand-mère. On m'a recousu, mais j'ai occulté totalement la scène. Pour me calmer, on avait compris depuis longtemps qu'il fallait m'asseoir près de la radio et jouer de la musique… Ce truc-là marchait à tous les coups. J'étais comme un serpent devant une flûte.

J'avais un piano. Un bien grand mot. Juste un jouet avec des touches qui faisaient des notes pas très belles en tapant dessus avec les doigts. Renversé, on voyait des tiges de fer dedans. Il ne m'a pas plus marqué quelque part que l'engin rouge qui roulait à la traction des bras et n'allait jamais vite. Moi j'aurais voulu une voiture à pédales. Pour le reste, je ne peux m'appuyer que sur des photos ou des récits bien plus tardifs.

Mais à deux pas de là, dans la rue Notre-Dame-des-

Champs, vivait le seul frère de Mamy que j'ai connu, le fameux Paul dit Tonton, avec Louisette dite Tata et leurs enfants Jean-Paul et Nicole. Mes idoles. Ils devaient avoir alors dans les six et huit ans. Cette branche de la famille allait jouer plus tard un grand rôle dans ma vie, au retour des USA. Louisette était gardienne d'un immeuble occupé par des religieuses. Il y avait un beau jardin avec un bassin rond où venaient jusqu'au bord de gros poissons rouge et or. On pouvait aller les voir mais surtout sans faire de bruit pour ne pas déranger les sœurs. Tonton était cuisinier et on le voyait peu. On aurait dit Mémé en homme avec une grosse voix, et ses éclats de rire me faisaient peur. On me déposait là assez souvent et j'en conserve un sentiment de soulagement, de fraîcheur et de calme. À cause du jardin sans doute. Un jour l'idée d'y aller seul a dû me prendre, notre portail étant ouvert. C'est un policier qui m'a vu tenter d'ouvrir toutes les portières des voitures sur le chemin qui m'a ramené. Enfin, il m'a demandé où j'habitais et je l'ai pris par la main pour lui montrer. Mamy a cru devenir folle.

Ensuite c'est un trou noir, avec des mystères (par exemple, pourquoi ai-je été baptisé à Lyon à Saint-Jean, ce que j'ai appris plus tard ?). Il y a eu aussi ces drames ordinaires de famille dont je n'avais pas conscience. La mort de Mémé, Mamy et Papou qui divorcent. Ma mère et Dad vivaient en Belgique et je les voyais peu. Ils avaient ouvert un bar-discothèque de jazz où passaient des musiciens américains. C'est là, semblerait-il, que Dad fit connaissance de stars montantes telles que Kenny Clarke ou Dizzy Gillespie. La ségrégation n'existant pas en Europe, beaucoup de jazzmen noirs y avaient trouvé une vie évidemment plus décente et un auditoire avide de nouvelle musique. À cause de tous ces chamboulements on m'a placé en pension dans une famille simple et très gentille. C'était une pratique assez courante dans ces années-là. Vivre à la campagne, au grand air, avec une nourriture saine était censé redonner des forces. Seulement, vu de mon côté, c'était ressenti comme un abandon chez des inconnus. J'en garde l'odeur un peu écœurante du pain cuit longuement dans du lait sucré, jusqu'à former une sorte de pâte censée m'apporter des vitamines, et surtout l'image de ces effrayants dindons en liberté qui me fonçaient dessus dès que j'apparaissais dehors. Heureusement les « grandes » filles de la maison me protégeaient. Bien que ces braves gens fassent de leur mieux, on a dû sur leur insistance venir me reprendre au bout de deux mois parce que je pleurais sans cesse, je refusais de manger, et même de parler. Un médecin qui m'a ausculté a dit qu'il fallait absolument que mes parents viennent me reprendre, sinon il ne répondait de rien. Je dépérissais et ce n'était pas faute de soins. Ma mère est donc rentrée de Bruxelles pour me chercher et me confier à ma grand-mère le temps des préparatifs en vue du départ vers les USA, quelques mois après.

Dans cette petite première partie de vie, l'image de ma mère est totalement floue dans ma mémoire. Je ne revois qu'une broche qu'elle porte d'ailleurs sur une photo, une biche dorée sur un fond qui devait être de la nacre. Parce que je l'ai souvent prise en main les temps où elle n'était pas là.

Entre-temps, Mamy avait déménagé pour un minuscule studio, rue de l'Ouest, dans le XIVe arrondissement. J'ai dû y séjourner un peu puisque je me rappelle la livraison d'une énorme malle de voyage qui encombrait le passage. Le départ pour l'Amérique était imminent.

Le *Liberté*

La traversée de l'Atlantique a duré une semaine paraît-il. Il m'en reste le souvenir d'un exercice d'alerte et quelqu'un du personnel de bord ne voulant pas que je dorme dans la couchette du haut. Ce n'était certainement pas en première classe, mais il y avait apparemment des distractions dont je ne me souviens plus, comme ce guignol, où je suis au premier rang, en photo, avec une petite fille sur les genoux. Ma mère est adossée au mur du fond.

Si, je vois encore l'abordage sur de grands quais avec des bâtiments en bois. Pour le reste ce n'est qu'une longue route, de nuit, avec des arbres défilant à la lumière des phares, allongé sur la banquette arrière d'une voiture, et il semble que cela n'en finisse plus. Nous étions en route pour Lake Milton. Où Dad s'était installé quelque temps avant.

Lake Milton Ohio, USA

Un coin perdu au bord d'un lac. Si l'on cherche aujourd'hui sur le Net, Google Earth nous fait tomber sur un endroit très peu habité, dont les maisons sont accolées selon un plan d'urbanisation bien rectangulaire qui semble avoir été abandonné, faute d'expansion. C'est dire ce que ce devait être à l'époque. C'est là que nous sommes arrivés, Dad, ma mère et moi au lever du jour.

Dans la première image qui me revient des USA une fois arrivés, nous entrons dans une maison où une guenon est tenue en cage. Parce qu'elle ne nous connaît pas. C'est plus prudent paraît-il. Elle pourrait attaquer. Les femmes surtout, rarement les hommes. Non, je n'ai pas du tout envie que l'on sorte la guenon au bout de sa laisse pour qu'elle me dise bonjour... En plus elle ne sent pas bon.

Puis c'est le noir. Au-delà de quoi je ne suis pas sûr de la chronologie des images. On aurait tendance à donner pour plus récentes celles qui restent les plus nettes, mais c'est loin d'être évident. C'est donc dans un ordre plausible qu'elles me reviennent.

Easter

C'est Pâques. Ce ne sont plus les cloches qui apportent les œufs ici, c'est un lapin. Nous habitons maintenant dans la maison de la guenon et Dad est sur une échelle, qui peint le plafond du salon. J'ai trouvé en me réveillant une fontaine en tôle peinte au pied du lit. Au centre d'une vasque remplie de sucreries est montée une pompe à eau. Une fois les bonbons avalés, on peut la remplir d'eau et pomper inlassablement en circuit fermé. Dad me dessine avec la peinture blanche un lapin sur le plafond, mais on ne peut pas le garder parce qu'il faut finir de peindre. La maison est assez grande, ma chambre n'a pas de fenêtre sur l'extérieur. Très en hauteur au-dessus de mon lit, sur le mur de côté, la lumière me vient de la cuisine par d'inaccessibles fenêtres tout en longueur. Dehors il y a la grosse voiture qui déforme les images quand on se regarde dedans. Dans l'appentis qui fait garage, un pneu pend au bout d'une corde et me sert de balançoire.

On entre chez nous par les trois marches dans un porche tendu de grillage comme celui des garde-manger, et il y a deux balancelles de bois suspendues à des chaînes. J'ai le vague souvenir d'une silhouette de très vieille dame assise, tenant une canette dans une sorte d'étui fait au crochet, dont l'ouverture était joliment bordée de pétales de fleurs. C'est pour éviter le contact avec le froid, ce qui lui faisait mal aux doigts. La très vieille dame sur la balancelle chantait parfois pour nous des choses envoûtantes en famille, le soir venu.

J'ai appris plus tard que l'étui cachait une bonne bière bien fraîche qui l'aidait disait-elle à mieux dormir. On veut bien le croire… Cette très vieille dame avait été en son temps une chanteuse lyrique à l'opéra de Saint Petersburg en Floride, après un parcours qui semble avoir été mouvementé.

Partie d'Écosse pour tenter sa chance en Amérique vers la fin du siècle dernier, que je situerais vers 1890, elle a commencé sa carrière en figurant dans des revues de saloons. Elle a ainsi parcouru l'Ouest et le Sud dans des chariots dignes de Lucky Luke, avant de se faire un petit nom, puis d'être reconnue plus tard comme une artiste de talent. Elle eut une fille, Zadora, ma « grand-mère » du côté de Dad et que l'on appelait Mamy Red parce qu'elle était rousse. Rousse comme avait été aussi cette très vieille dame dans sa jeunesse, quand elle troquait des mèches de cheveux avec les Indiens, fascinés par leur couleur, contre un peu de leur herbe qui faisait rire… À chaque contrat terminé elle se rendait dans une autre ville pour un nouvel engagement, qu'elle assurait chaque soir tout en gardant sa fille dans sa loge. Un tiroir de commode grand ouvert suffisait à faire un petit lit où dormait sagement Zadora.

Je ne vois plus que l'ombre de cette très vieille dame. Mais j'entends encore un peu sa voix.

Les contacts avec les voisins n'ont pas été des plus simples. Nous arrivions dans un petit village de l'Amérique profonde, dont certains habitants avaient perdu qui un fils, qui un frère, ou un père. L'arrivée d'étrangers venus d'Europe, cette fourmilière agressive dont les occupants ne cessent d'entrer en conflit et les avaient obligés encore à intervenir pour y mettre de l'ordre, leur semblait demander beaucoup de tolérance. Ce sentiment n'était pas général, mais tout de même bien partagé. Ce qu'ils savaient de la France par les nouvelles, au cinéma, par la presse ou les récits des GI's à leur retour décrivait un peuple affamé n'ayant rien à se mettre de décent sur le dos. Ma mère, elle, avait pris soin de préparer son entrée en Amérique. Avec des tissus de marché noir, Mamy, qui était une excellente couturière, lui avait patiemment confectionné sur mesure un élégant trousseau, copié sur les modèles des magazines américains.

Pour les habitants de Lake Milton Ohio, c'était louche. Cette belle femme blonde qui s'habillait comme à New York ne passait pas inaperçue dans le village.

C'est quoi qu'elle parle exactement ? Cet accent bizarre, ça ne serait pas de l'allemand ? Ça s'est vu des GI's qui ont ramené une Allemande… Française ?

Habillée comme ça ? Pas possible, ou elle a dû collaborer… Déjà Dad eut un soir une altercation musclée pour une insinuation de ce genre. Mais ce n'était pas fini.

Un jour le feu s'est déclaré dans les hautes herbes sèches, derrière la maison, dans un petit pré. Nul n'a su comment, mais très probablement par un acte de malveillance. Rien qui eût pu être suffisamment dangereux pour s'étendre à la maison même, mais suffisant pour être un geste bête et méchant.

Je me suis fait pourtant quelques rares copains et je ne parlais plus qu'anglais. Ma copine s'appelait Mimi. Les autres, je ne sais plus. J'avais pour ennemis deux frères, plutôt ploucs, quelques maisons plus loin en face de chez nous et avec lesquels j'ai eu quelques bagarres. J'y ai à l'occasion reçu sur la tête, et lancée de loin, le tranchant d'une pelle à sable en métal qui m'a suffisamment entaillé pour nécessiter quelques points de suture. S'est ensuivi un petit scandale dans la rue et une sacrée punition pour les deux « *rednecks* ». Nous étions alors déjà prêts pour déménager dans un endroit plus civilisé.

Halloween

Nuit d'horreur amusante bien connue, où l'on se déguise, et où les enfants font du porte-à-porte pour demander des cookies ou des bonbons. Je n'ai pas compris ce qui s'est passé réellement un certain soir. J'étais seul avec ma mère et je regardais les autres enfants se promener avec des maquillages de monstres et des habits de sorcières. Je serais bien allé avec eux mais dans le climat de tension où nous vivions avec nos voisins, elle ne tenait pas à ce que je sorte ce soir-là. Le reste est difficile à raconter parce que c'est un moment de peur, ma mère pleurant en poussant un meuble contre la porte, on nous projetait de la boue sur les vitres et on y traçait des signes à la peinture blanche. Puis plus rien, le silence. Les signes là étaient en fait des croix gammées, comme m'a dit Jack des années plus tard lorsque dans la conversation le souvenir m'en est revenu. Nous avons vite déménagé pour une autre maison un peu plus loin, à Newtown Falls, dans un quartier modeste mais plus civilisé. Tout au moins nous le pensions…

Le jazz

J'ai toujours entendu du jazz à la maison et je pouvais chanter des morceaux entiers par cœur. On se déplaçait dans des hôtels où descendaient les musiciens que Dad avait connus en Europe. Kenny Clarke, Oscar Peterson, Dizzy Gillespie ou Miles Davis. Dad jouait de la contrebasse et s'était mis quelque temps à la clarinette. (J'ai revu par hasard Kenny Clarke dans une émission lorsque j'ai sorti mon premier disque en 1975. C'était émouvant.) Ça ne m'amusait pas vraiment ces moments où l'on écoute sans faire de bruit et sans bouger des morceaux qui n'en finissaient plus. Je préférais le jazz en disque vu que la durée des 78-tours ne permettait pas de s'étaler trop. Je m'endormais sur un canapé malgré la musique et sans doute à des heures où j'aurais dû être au lit depuis longtemps. Je n'avais aucune idée de ce que représentaient les copains de Dad. À cette époque il a travaillé dans quelques bars de jazz, aussi bien barman que musicien. Quelquefois certains de ces copains passaient par notre nouvelle maison de Newton Falls et nous nous sommes trouvés face à un autre problème. Au début des années cinquante la ségrégation était totale et recevoir chez soi des « *niggers* », fussent-ils de grands musiciens, faisait de vous un paria. Pas de quoi s'attirer la sympathie. Des insultes oui. Des coups échangés aussi. Le jazz avait pour moi un arrière-goût de musique à générer des problèmes. Les choses ont changé depuis, fort heureusement, et les vieux Charlie Parker me ramènent bien des souvenirs sympathiques aussi. Juste que c'est de là que vient mon rapport un peu trouble avec le jazz. Ce jazz qui jouait parfois dans la voiture pendant les longues heures passées sur les routes, la nuit.

Paulette ne voulant pas épouser Dad parce qu'elle n'aurait pas voulu qu'il ait des droits sur moi, vu que j'étais son fils à elle toute seule, nous n'avions qu'un visa de tourisme. Il fallait donc tous les trois mois passer au Canada par le long souterrain qui court sous le lac de Detroit jusqu'à la frontière. Nous revenions ensuite avec un nouveau visa. J'ai revu cette entrée de souterrain quand je suis allé visiter ma vraie famille, il est en plein Detroit, je l'ai reconnu. Je suis donc passé régulièrement en ces temps-là tout près d'un père qui se demandait où je pouvais être…

C'est à y réfléchir une curieuse obstination de ma mère que de ne pas vouloir voir que c'était là une situation qui ne pouvait pas être durable. Et cela n'a pas duré. À force de va-et-vient aux frontières et à la suite d'une malveillante dénonciation aux services de l'immigration, la cause fut entendue. Il fallait retourner en France. Ce fut ce qui a causé la première rupture entre

Paulette et Jack. Je ne le savais pas encore, je croyais qu'ils préféraient la vie à Paris, que nous devions partir devant et qu'il nous rejoindrait plus tard, après avoir réglé des affaires. J'ai donc repris la route avec Paulette, cette fois en train.

C'était la fin d'un monde. Un drôle de film.

Si nous avons eu quelques problèmes au long de ce séjour là-bas, ils furent sporadiques. J'y ai eu tout de même une belle vie. Celle des gosses américains à qui on laisse tout faire, avec pour moi les limites, quoique assez élastiques, d'une éducation plus française. J'ai vécu cette Amérique « comme dans les films », avec les belles voitures bleues, roses, jaunes dans les grandes avenues, leurs cinémas immenses et les Lunaparks dédiés aux enfants rois. Nous n'étions pas riches mais pas malheureux non plus. Ce n'était pas encore l'Amérique d'Elvis Presley mais le pays s'était mis à revivre un peu plus en paix.

Je ne me souviens plus du départ de New York sur l'*Île-de-France* ni du temps passé sur le bateau. Je sais que nous avons croisé le *Liberté* à mi-chemin et de nuit, celui-là même qui nous avait amenés. Les bateaux se sont salués à coups de sirène et parfois les lumières au loin disparaissaient derrière une vague. Nous sommes arrivés avec un jour de retard à cause d'une tempête qui nous a retenus au large du Havre. Au restaurant, les assiettes étaient fixées aux tables. Les adultes avaient la nausée mais la salle était un terrain de jeu pour les gamins… Les fruits roulaient sur la moquette avec le tangage et on se les renvoyait de table en table. Le personnel avait fait comprendre aux parents qu'il valait mieux nous laisser faire et nous amuser, ce qui était préférable aux paniques. Ça a tangué toute la nuit. Au petit matin c'était calme et j'ai vu un port dans la brume, épaisse, grise, un peu verte. Le Havre, on arrive. De là, plus rien. Qui est venu nous chercher ? Comment est-on venus à Paris ? Je ne le sais pas. Nous sommes arrivés au seul endroit possible, au petit studio de ma grand-mère. Paulette et Jack avaient trouvé un hôtel. Ma Mamy, je ne l'avais pas oubliée et j'étais heureux de la revoir, mais elle ne me comprenait pas, je lui parlais anglais. Moi je la comprenais un peu mais ne savais plus très bien comment dire les choses. Ça s'est arrangé très vite. Une autre vie commençait.

2

77, RUE DE L'OUEST

Paris était tout noir et sale. On peut encore le voir sur les anciennes actualités. Tout était petit, serré. J'étais fasciné par la 4 CV, la voiture de Mickey Mouse. Il y avait aussi des voitures à chevaux. J'ai failli passer sous les roues de la diligence jaune et noir des « Vins du Postillon » qui circulait lourdement avec son cocher-livreur en costume à l'ancienne.

On a du mal à imaginer comment les grosses automobiles importées d'Amérique arrivaient à circuler dans ces petites rues de Paris. Il faut dire que la circulation n'était pas très dense alors. Elle était pratiquement impossible sur une bonne partie de la rue de l'Ouest : une rue étroite séparée en deux zones. La partie commerçante, très ancienne, grouillante de monde et qui commençait à l'avenue du Maine, était bordée de maisons basses, avec encore des marchandes des quatre-saisons qui envahissaient la chaussée, et des boutiques qui étaient loin d'être aseptisées comme aujourd'hui. La chienne de notre boucher dormait dans la sciure en étalant un ventre dodu qu'enjambaient les clients.

Une fois passée la pendule de la place, la rue continuait dans une autre zone d'habitation plus récente où nous résidions. Le 77 était fermé à l'époque par une porte blindée assez étroite, très lourde, dans laquelle était incrusté un bloc de verre très épais donnant un peu de jour dans l'entrée. Héritage de la guerre. Il fallait peser de tout son corps pour l'ouvrir. À gauche de la porte, il y avait la marchande de chaussures avec une voix très pointue et un loulou blanc qui jappait à la même tessiture. Le jeu en rentrant de l'école consistait à faire japper le loulou en lui faisant des grimaces, et à nous faire disputer par la marchande. Les deux ensemble faisaient un bruit infernal dans la rue.

Plus loin, il y avait la magie d'une vitrine avec deux postes de radio dont un en acajou style Regency qui faisait tourne-disque, et une énorme télévision. Elle était allumée de midi jusque vers les 20 heures… je ne sais plus. Il y avait toujours plus ou moins un attroupement des enfants du quartier devant le même programme en boucle et l'on s'y faisait des copains, en mangeant le pain des commissions.

En face, un café-bistrot-hôtel, tenu par M. et Mme Conquet. Un immeuble de cinq étages où vivaient à l'année des clients que l'on voyait parfois se mettre tous ensemble à la fenêtre le dimanche. La maison Conquet servait de lien social dans le quartier vu qu'ils avaient un téléphone. C'était d'ailleurs écrit en grandes lettres laquées blanches sur une des vitres du bistrot. Ils prévenaient d'un appel en criant le nom du client dans la rue, à pleine voix. Du coup, tout le monde connaissait le nom de tout le monde. J'y allais les dimanches quand mon grand-père venait me voir et y boire un coup. J'avais droit à une grenadine parce que je n'en aimais pas tant le goût que la belle couleur rouge, comme celle qu'il avait dans son verre.

À côté des Conquet se trouvait un café-bistrot algérien souvent largement ouvert et d'où parvenait un fond lointain et continuel de musique en été, ces jours de mois d'août brûlants et assommants où la ville ne bouge plus et fait silence. Une fois, on y a tiré deux coups de feu. C'était un 12 juillet. Je m'en souviens parce que les pétards traditionnels du 14-Juillet ont été interdits pendant plus de deux semaines à la demande du voisinage.

Pompiers, police, attroupements, émoi du quartier pendant un certain temps comme on imagine, mais il ne s'y est jamais rien passé d'autre. C'était « chez les Arabes » comme on aurait pu dire « chez les Chinois » pour les Vietnamiens, ou encore « chez l'Italien » dont la boutique, sur la place de la pendule, était tenue par un Corse. Ça n'allait pas plus loin. L'immeuble « des Arabes » avait un étage avec deux fenêtres sous un vieux toit de tuiles percé d'un vasistas dont la lumière, telle une étrange veilleuse jaune, restait allumée toute la nuit.

C'est de ce toit qu'un homme est tombé un jour. Un couvreur que j'avais pris l'habitude de regarder travailler de temps en temps, puisque demeurant au deuxième étage j'étais à sa hauteur. Après une effrayante glissade où je me suis senti le ventre arraché, je l'ai vu s'écraser tête en bas sur le trottoir. Traumatisant. J'en garde la hantise du vertige.

Heureusement il y avait les bals du 14-Juillet. La Maison Conquet ouvrait ses cinq panneaux de verre qui réfléchissaient les lampions en travers de la rue, et les rengaines tournaient sous les fenêtres. Nous regardions pour y voir ceux du quartier qui étaient là.

Mamy et Paulette se penchent à la fenêtre :

— Ce n'est pas la pharmacienne qui danse avec le bonhomme du quatrième ?

— Si, on dirait… (Échange de sourires entendus.)

Le studio de Mamy

Un simple rectangle avec un décrochement pour les sanitaires. Ouvert sur la rue par une baie vitrée d'acier peint, faisant toute la largeur du mur à mi-hauteur, avec deux grandes fenêtres s'ouvrant au centre. Imaginez une pièce sans entrée d'environ trente-cinq à quarante mètres carrés dans laquelle étaient rangés en faisant le tour de droite à gauche :

Une machine à coudre pliable au-dessus de laquelle trônait un poste de radio art déco posé sur une étagère assortie.

Un lit de deux personnes, inséré dans un « cosy-corner » en acajou, encombré de bibelots, avec une petite armoire juste au pied et lui faisant face. Un réfrigérateur, avec une cage à serins posée dessus (objet de beaucoup de discussions à propos de plumes tombées dans le beurre…), et enfin après la porte de la cuisine-lavabo et celle des w.-c., une table au bord de la fenêtre.

Ce n'est pas tout.

De l'autre côté un buffet deux corps laqué blanc avec des « fenêtres » et des portes à poignées en boules d'aluminium, un fauteuil-lit en skaï vert et accoudoirs façon acajou, un lampadaire en bois avec une tablette circulaire et un abat-jour façon peau de porc, une énorme armoire trois portes avec une glace centrale, noire comme l'ébène et gravée de bas en haut de formes qui auraient pu être des pommes et des bananes. Placez-y juste après la « malle américaine » (toujours recouverte de vieux magazines) sous le compteur à gaz et revenez à la porte. Le raton laveur, c'était moi.

De sept à douze-treize ans j'ai vécu, joué, fait des marionnettes, dansé, chanté, lu, écouté de la musique sur ce qui restait de place, soit trois mètres carrés environ, avec la glace de l'armoire comme tout public. L'armoire à glace, mais aussi le chat Poussy. Il fut le compagnon peu enthousiaste à prendre part à mes pièces de théâtre, auxquelles il préférait assister du haut de l'armoire où il tenait tranquillement le rôle du client au balcon. J'y avais peu de place en surface mais beaucoup dans ma tête, nourrie des spectacles et des concerts que j'ai eu la chance de voir assez souvent.

Des draps tendus par des ficelles attachées aux poignées du buffet, et punaisées à l'autre bout dans l'étagère du poste de radio, m'offraient un théâtre où je faisais jouer des marionnettes à fils que je fabriquais à partir de ce que je trouvais au fond de l'armoire. Mamy faisant de la couture y avait un trésor de vieux chiffons. Ensuite je me suis mis aux marionnettes à gaine dont je trouvais les têtes sur les sucres d'orge du marché. C'est comme ça qu'avec deux copains nous avons monté un peu plus tard une petite troupe qui jouait pour les tout-petits du patronage de la paroisse, à laquelle notre meute de louveteaux était affiliée. Je devais avoir dans les douze ans.

J'ai donc souvent vécu seul entre ces quatre murs, surtout le soir. Mamy préparait un goûter au retour de l'école après l'étude. Lorsque je rentrais le thé au lait était chaud et le beurre bien fondu sur le pain grillé. Elle se préparait déjà pour aller au théâtre en repassant les parements blancs de son uniforme noir et je faisais mes devoirs. Une fois qu'elle m'avait fait dîner puis coupé le gaz dont a priori je n'avais pas besoin, après m'avoir recommandé encore une fois de ne pas me coucher tard, elle me laissait en toute confiance. Je passais le soir seul dans le grand lit (je dormais avec elle) à écouter la radio. Je n'oublierai jamais Pierre Bellemare lisant *Le Troisième Œil*, de Lobsang Rampa. L'histoire d'un enfant tibétain qui à force de ténacité se fait accepter comme moine dans une lamaserie. C'était captivant et magique, avec des auras tout autour du lit et la peur d'un voyage astral sans que l'on ne m'ait rien demandé.

Mamy rentrait vers dix heures ou parfois minuit si elle était de garde. Je dormais ou pas, souvent elle me réveillait malgré elle. Il me revient qu'elle n'a jamais aimé la musique. Tel passage d'une symphonie que j'écoutais sur le tout nouveau tourne-disque que nous venions d'acheter lui faisait dire : « Tiens, c'est là que je peux faire entrer les clients… »

Elle était plus sensible à la chanson, et j'aimais bien aussi écouter « ses » disques d'Édith Piaf.

« L'Accordéoniste » :

— Ça veut dire quoi les doigts séquélons de l'artiste ?

— Des doigts maigres et crochus sans doute…

— Il a eu des séquelles ?

— Mais non ! Secs et longs… Tais-toi, j'écoute.

Je ne me suis pas soucié de cette solitude, elle ne m'a jamais pesé. Il ne m'est heureusement et curieusement jamais venu l'idée de faire une bêtise. J'ai beaucoup lu. N'importe quoi, ce qui traînait dans la maison. De *L'Histoire de France racontée à François et Caroline* à *Marquise des Anges* que je compulsais comme un grand ouvrage d'histoire avec certains passages qui apprenaient des choses bizarres de la vie en ce temps-là... Le tout en passant par la comtesse de Ségur, un volume de *Mickey* ou *Le Prince de Homburg* de Kleist que j'aimais lire à haute voix. Plus tard est arrivée la télévision, placée tout juste dans le coin de mur qui restait vide au pied du lit, et j'en regardais quelquefois l'unique chaîne, quand l'antenne sur le poste n'était pas trop mal placée... Je ne m'ennuyais pas.

Sur notre palier il y avait d'autres enfants. Les Huby d'un côté, deux garçons, les Lepage de l'autre, deux filles. La grande, Maryse, devait avoir dans les quinze ans. La petite environ dix ans.

Ils avaient des trois-pièces séparées de portes vitrées. Chez les Huby, Armand et Richard, qui devaient avoir sept et huit ans, se bagarraient souvent. Ils m'invitaient chez eux des fois à regarder la télévision l'après-midi, que l'on puisse se voir, mais ils n'avaient pas le droit de se mettre à la fenêtre, ce qu'ils faisaient quand même en douce. Chez les Lepage, Maryse jouait du piano. Généralement à l'heure où Mamy s'allongeait pour la sieste :

— Hmmmmmmm, ce pianooo... ! gémissait-elle.

On entendait toujours dans le même ordre : la *Lettre à Élise*, les *Cloches de Corneville*, le *Gai Laboureur* de Schumann, une sinistre valse de Beethoven en *fa* mineur, et celle, inlassablement belle, en *la* mineur de Chopin qui s'interrompait brutalement au tournant de la deuxième page. Je me demande finalement si ce n'est pas Maryse qui m'a donné envie de jouer du piano… pour finir la valse.

Yvonne

Tout là-haut, au sixième, habitaient les Delandes. Yvonne, la mère, était au courant de tout dans l'immeuble comme à peu près tout dans le quartier. Elle nous a beaucoup aidés à notre arrivée en plein été. Beaucoup de boutiques étaient fermées mais elle savait toujours où dénicher ce dont on pouvait avoir besoin.

Elle avait un drôle d'accent et le verbe haut ! C'est l'accent breton, m'avait dit Mamy. Elle était gentille avec moi, mais sévère avec ses fils, Yvon et Bernard. Je les aimais bien. Eux devaient avoir dix et douze ans. On allait à la piscine ensemble, et des fois au cinéma.

Exactement comme chez les Huby, ils disposaient de trois pièces. Mais une seule, la chambre des parents, avait une porte-fenêtre à deux battants avec un rideau. Il y avait un grand lit sur la gauche, toujours recouvert d'un dessus matelassé genre satin vert cru, qui était décoré par une grande poupée comme on en gagne à la foire, avec une large robe rouge vif ornée de plumes et de paillettes. Un chapeau emplumé lui donnait un air « french cancan ». Cela attirait tellement le regard qu'on ne faisait pas attention aux gros meubles de chêne clair que je serais incapable de décrire.

La salle à manger occupait la pièce centrale avec une très grande table couverte d'une toile cirée à fleurs face à la télévision. De quoi recevoir les cousins ou les amis bretons de passage, et cela faisait parfois beaucoup de monde. Contre le mur de l'autre côté, il y avait l'inévitable buffet de chêne à deux corps, qui exposait dans la vitrine du haut un service à thé vietnamien rapporté par Roger, le beau-père des garçons. On n'y touchait jamais.

La troisième pièce était occupée par un canapé-lit qu'il fallait ouvrir chaque soir pour Yvon et Bernard. Il aurait été impossible d'y mettre un vrai lit parce qu'il faisait face à une immense armoire carrée, solide, et noire comme de l'ébène : l'armoire à jouets ! Elle en était remplie du haut en bas.

Yvonne en avait la clé. Elle voulait bien l'ouvrir pour qu'on les regarde. Elle en sortait parfois un de sa boîte avec précaution, nous laissait jouer avec quelques minutes en nous surveillant, puis le reprenait, le remballait doucement, le remettait à sa place. Après ça un bon tour de clé et c'était fini. Je n'avais jamais vu ça !

Pourtant à chaque Noël un nouveau jouet arrivait à la joie de tous, et subissait le même sort en peu de temps.

Sous les grands panneaux vitrés, comme chez nous, était aménagée une large planche sur laquelle étaient posées cinq cages à tourterelles, avec trois occupantes dans chaque. Non seulement elles faisaient des « crou-crou » à longueur de journée, mais elles répandaient une odeur de volaille dans l'appartement, bien qu'elles soient élevées avec soin et propreté. Surtout pour leurs petits œufs dont Yvonne faisait parfois une omelette.

Les jours de nettoyage des cages valaient la peine d'être vus. Pourquoi une simple tringle et un rideau séparaient la pièce d'Yvon et Bernard ? Parce que chaque cage était ouverte l'une après l'autre et que les tourterelles, lâchées trois par trois pendant le nettoyage et volant partout dans l'appartement, venaient s'y poser.

Après, il fallait les attraper ! Yvonne leur courait derrière en leur criant des choses en breton qui ne devaient pas être très sympathiques. Il valait mieux se plaquer le long du mur pour éviter de malencontreuses déjections. C'était drôle.

Elle avait toujours un bonbon dans la poche, qu'elle me donnait quand elle me croisait dans l'escalier, autant pour me faire plaisir que pour me demander comment cela allait à la maison ou chez la voisine.

Je me souviens qu'elle avait tenté de faire épouser Paulette par un cousin de Quimper qui avait remarqué sa beauté et aurait accepté d'épouser une « fille-mère » et d'adopter son bâtard américain. Une occasion en or pensait-elle…

Seulement il fallait voir le personnage ! Aussi gentil que vraiment bête, d'une grossièreté « cochonne » en guise d'humour, les ongles noirs, et dont le jeu favori en fin de repas, après un ou deux verres de chouchen, était le « jeu du bouchon » (on entaille un bouchon de chaque côté, qu'on se repasse de nez en nez sans le faire tomber sinon on obtient un bisou mouillé en gage). Belle perspective d'avenir ! Il n'en fut plus question assez rapidement.

Et puis il y avait aussi certains soirs où ma mère pensait que rester seul ne me convenait pas. Moi je ne demandais rien et me trouvais bien comme ça le reste de l'année, mais ça lui venait d'un coup, sans doute qu'elle n'avait pas grand-chose à dire en restant avec moi et qu'elle préférait sortir. Alors elle me faisait monter chez Yvonne. Je n'aimais pas ça. Le gros lustre en cuivre, avec une tige centrale et des barres en C bien raides où pendaient des boules de verre rose gravées de fleurs, éclairait peu. Ça donnait un sentiment de tristesse. J'avais du mal à comprendre qu'on puisse vivre comme ça.

La soupe aux poireaux

Il m'était arrivé de passer chez elle un après-midi pour voir Yvon et Bernard et j'avais senti une odeur pestilentielle. Leur cuisine était en forme de couloir, au bout duquel était la porte des toilettes. Je me suis dit qu'ils devaient avoir un problème de ce côté-là. Je demande à Yvon :

— C'est quoi l'odeur, là ?

— Quelle odeur ?

— Tu ne sens pas ?

— Ah, ça ? C'est les poireaux.

— Ça sent pas bon.

Yonne sort de la cuisine, une écumoire à la main :

— Ah, mais quand c'est cuit c'est bon t'en as jamais mangé ?

— Ben non…

— Ben non ? Un jour te ferai goûter, tu verras tu vas aimer…

Elle m'agitait en souriant son écumoire devant la figure comme pour ponctuer sa promesse.

— Fais voir comment c'est ?

— Viens donc…

Et là, sur la gazinière, je vois un gros faitout avec le couvercle qui s'agite et une mousse un peu grisâtre qui en déborde. Elle soulève le couvercle et racle la mousse qu'elle jette dans l'évier.

— Mais c'est quoi qui nage là, et qui fait de la mousse ?

— Bah, c'est du mou !

— Du mou ?

(C'est ce que le boucher emballait dans du papier journal et donnait à Mamy pour le chat !)

— Et ça se mange ?

— Bah, bien sûr ça se mange.

— Mamy elle fait pas des trucs comme ça à manger !

— Tu vois tu serais chez moi tu en mangerais.

— Eh oui, mais suis pas chez toi ! j'ai dit en rigolant.

Et puis est venu le fameux soir où pour je ne sais quelle raison, qu'il était inutile de chercher, Paulette, reprenant sa lubie de jouer la mère consciencieuse, m'a fait monter jusque chez Yvonne. Déjà à l'étage en dessous on sentait l'odeur menaçante… j'ai compris ce qui m'attendait. À se demander pourquoi les voisins ne portaient pas plainte.

— Ah, tiens, le voilà, a dit Yvonne toute contente en ouvrant la porte…

C'était terrible. Je me sentais comme gazé, et je les regardais s'exciter devant un match de catch à la télévision. « Vas-y, l'Ange blanc ! » criait Yvon en tapant sur la table. Roger, leur beau-père, un homme tellement gentil et blessé de guerre, était assis dans la chambre sur le lit et enfilait une chaussette sur sa jambe en métal. Allez savoir pourquoi, peut-être pour penser à autre chose que la soupe, ou échapper à la réalité, je me demandais pourquoi les trous faits dans le métal n'étaient pas les uns en face des autres, et que si on glissait un bâton par un trou il ressortirait par où ?…

Bise de ma mère sans doute, je ne me souviens que du bruit de ses talons descendant l'escalier. Le mou, on me l'avait épargné me disant que c'était juste pour le goût, mais Bernard avait l'air d'aimer ça et croquait les morceaux durcis. Les poireaux me faisaient comme des fils dans la gorge et je me retenais de ne pas vomir.

— Bois un coup, ça fera glisser, me disait Yvon.

— C'est vrai que ça passe mieux quand y a des patates, disait Bernard avec sa cuillère et sa fourchette à la verticale.

J'étais encouragé comme pour une épreuve initiatique et je n'arrêtais pas d'avaler de l'eau. Finalement Jacqueline Caurat, speakerine vedette de l'époque, a annoncé un match de catch à quatre que semblait attendre tout le monde avec fébrilité, et là heureusement on a toqué à la porte, c'était Mamy !

La délivrance enfin.

Mais qu'on ne me parle plus jamais de poireaux !

Pourtant, j'adorais Yvonne !

Elle m'a plusieurs fois emmené avec elle en vacances en Bretagne chez sa mère. Une vieille Bretonne vivant dans une maison de terre battue qui sentait bon la suie et le feu de bois. L'unique pièce, à part un petit lit à matelas de foin où je dormais, était occupée par un long et magnifique meuble couleur miel, entretenu comme un trésor, comportant un lit à volets clos traditionnel, sculpté avec raffinement et maîtrise, prolongé par une pendule haute dont le balancier était un chef-d'œuvre d'orfèvrerie. Enfin la longue armoire au bout était pleine de beaux détails mystérieux, comme une écriture secrète qui raconterait des légendes. Je suis resté souvent à rêver devant ce qui aurait mérité d'orner un château ou un musée.

Un été, Yvonne nous a trouvé par une cousine une petite maison à louer pour un prix très modique. Ce n'était pas luxueux, et il y avait seulement deux pièces. La première était garnie d'une table dont il fallait caler un pied, deux chaises dépareillées, un vieux buffet et puis une grosse gazinière et un évier.

Dans la suivante, juste deux lits d'une couleur acajou comme on en voit encore, de style Louis-Philippe, en bois épais, raides, étroits et petits. Il y avait une table à pot de chambre entre les deux et une lampe vissée dans un vieux vase. Peut-être une petite armoire aussi il me semble…

Pour compléter le tout, les toilettes étaient au fond du petit jardin. Une cabane dissimulant une planche avec un trou et des journaux qui ne servaient pas qu'à lire… Là, ce n'était pas terrible du tout. Surtout avec les grosses mouches qui vous chatouillent les fesses… Pour le coup, c'était vraiment à la campagne ! Mais bon, il y avait une petite plage pas trop loin et souvent déserte, et le village à visiter. On s'en contenterait.

À propos des occupations que nous avions, je me souviens d'une fois… Mais d'abord cela nécessite un petit portrait.

Mamy avait une chienne pinscher naine noir et feu, un peu grasse, qui était très intelligente, mais hargneuse au possible. Elle s'appelait « Bijou ». Il y avait des mots qui la faisaient grogner dans son panier, même si on ne s'adressait pas à elle : « Bonne année ! Bonjour ! C'est Noël ! » Ça la mettait en rage !

(Pourquoi ? Mystère…)

Le pire était « Au revoir ». Lorsque des visiteurs (même s'ils étaient de la famille ou qu'elle les connaissait bien) se levaient et commençaient à enfiler un vêtement pour partir, elle se faufilait sous un fauteuil et guettait. Dès qu'elle entendait « Au revoir » et surtout le bruit d'une bise, elle sortait de sa cachette, leur pinçait un mollet et disparaissait en un éclair. La personne faisait « Aïe ! » mais le temps de se retourner il n'y avait rien. Il fallait prévoir les départs et la mettre dans une autre pièce, d'où on l'entendait grogner quand même. Elle ne supportait que sa maîtresse. Le reste du temps elle dormait.

Évidemment, mon plaisir était de l'agacer. Je la regardais en disant : « C'est la dodue ? » (premier lever des babines), puis la montrant du doigt : « Mais oui c'est la dodue, elle est là, la dodue ! » Elle grognait, de plus en plus menaçante, mais sans jamais sortir de son panier, tout en vérifiant du bout de sa truffe si tous ses jouets étaient là. Elle ne m'a jamais mordu en tout cas.

Mamy l'emmenait partout. Dans un taxi, dès qu'elle voyait qu'on était arrivé, elle ne supportait pas d'attendre que l'on paye la course ! Pas question que ça traîne, il fallait sortir vite ! Donc je la prenais, grogneuse et se tortillant dans tous les sens. Par chance, dans mes bras elle ne disait jamais rien et devenait provisoirement gentille. Allant même parfois jusqu'à me lécher la main.

Alors, bien sûr, elle est venue en Bretagne avec nous. On se promenait, ça la faisait marcher un peu, mais elle n'était pas longue à vouloir se faire porter. Elle était lourde en plus.

Un jour par semaine, un petit cinéma, pas très loin de la maison, passait un film. Nous y étions déjà allés deux fois et Mamy l'y avait emmenée. Elle dormait sur ses genoux et personne ne la remarquait.

Et puis, ils ont affiché *Le crime était presque parfait* d'Hitchcock. Je ne voulais pas le rater. Ça valait vraiment le mal aux fesses des sièges en bois. Il y avait beaucoup de monde ce jour-là et nous nous sommes assis vers le fond.

Le film était prenant et tout le monde suivait avec une grande attention. Un silence total régnait dans la salle. Vint la séquence où le mari assassin pénètre dans l'appartement vide par la fenêtre qu'il a laissée ouverte. La caméra s'est dirigée vers le bas du rideau qui s'écartait doucement. Toute la salle retenait son souffle, qu'allait-il se passer ? Puis nous avons vu la jambe du mari se glisser entre les rideaux. Mais la chienne aussi l'a vue en ouvrant un œil, et s'est mise à japper et grogner comme jamais contre l'intrus !

Les spectateurs ont eu un sursaut, puis un immense fou rire en s'apercevant que cela venait d'un petit cabot du fond de la salle, avec en plus Mamy qui la secouait en lui disant : « Mais tais-toi donc ! » La honte. Enfin malgré la séquence ratée l'attention a repris, et le magnifique film à peine terminé nous avons fui comme des voleurs avec la chienne sous le bras. Je n'ai plus voulu dès lors retourner dans ce petit cinéma.

La vie de Paris

Je ne détestais pas Paris. J'avais les copains de dehors. Ceux de l'école et que j'ai connus classe après classe à l'école Saint-Joseph. Elle a disparu de la rue du Château dans les perspectives architecturales de Bofill. Ne reste que la curieuse église Notre-Dame du Travail construite en fer dans les années 1900, de style Eiffel, avec des morceaux de pavillons de l'Exposition universelle. Elle délimitait le fond de la grande cour.

J'y allais au patronage du jeudi. On y passait des vues fixes des albums de Tintin avec des textes en phylactères. Au pire un vieux Laurel et Hardy tout griffé faisait l'affaire.

Je suis entré chez les louveteaux, pour voir. Ma première aventure n'a pas été amusante. Le trésor des Incas qui s'est révélé par la suite être un paquet de bonbons fourrés n'a jamais été retrouvé. À la confusion des cheftaines. Pendant que nous déchiffrions les pistes, un promeneur avait sans doute emporté le paquet. J'en suis revenu les jambes couvertes de piqûres de moustiques. Mais je ne suis guère resté louveteau que le temps d'un brevet de tapissier (coudre un insigne et faire un sac à gamelles), de cuisinier (une crème à la maïzena), de pionnier (faire des nœuds) et d'apprendre à faire un feu aussi, mais je ne sais plus le nom du brevet. J'en suis sorti avec deux étoiles au béret quand même… et des copains en plus.

Il y avait un cinéma de quartier dans une rue à côté, où nous nous retrouvions souvent avec nos parents, généralement le week-end. Un dimanche pluvieux où ma mère était là et apparemment ne savait pas quoi faire de sa peau, elle a eu l'idée bizarre de me mettre des bigoudis pour voir la tête que j'aurais si j'étais frisé. Le résultat était franchement ridicule on s'en doute, et l'on a eu beau laver ma tête tant qu'on a pu ça ne voulait pas s'effacer complètement. C'était précisément ce jour-là que nous devions aller voir le film *Davy Crockett roi des trappeurs* qui venait de sortir. Je vous assure que c'est un douloureux sentiment de solitude lorsqu'on entre dans la salle de cinéma bien éclairée d'avant la projection, où sont tous les copains de l'école qui se demandent ce qui vous est arrivé…

J'ai commencé très tôt à monter sur les planches. Une première fois au Théâtre des Champs-Élysées où j'ai figuré dans le *Wozzeck* d'Alban Berg, embauché si je peux dire par mon grand-père alors chef de plateau, pour jouer le fils de Wozzeck. Sans la moindre conscience de participer à une rare représentation d'un chef-d'œuvre de la musique atonale, je tournais en rond en enfourchant un petit cheval fait d'une tête plantée sur un bout de manche à balai pendant qu'une dame, supposée être ma mère, chantait des choses extrêmement bizarres.

De même j'ai fait partie de tous les spectacles de l'école, qui se déroulaient tous les ans dans une grande salle assez vieillotte baptisée curieusement « Sous l'ange Bodin », qu'évidemment tout le monde appelait Solange Boudin. J'y ai chanté « La Nuit » de Rameau en soliste, joué aussi des publicités vivantes comme le soda Pschitt où je figurais le clown Pschitt citron dans un costume en papier crépon jaune, et tout un tas d'autres choses au long des années scolaires. Les curés se faisaient grâce à ça de petites rentrées financières leur permettant d'engager des artistes. C'est ainsi que j'ai assuré avec le *Cantique de Racine* de Gabriel Fauré la vedette américaine de Raymond Devos alors débutant. Cette soirée-là m'a beaucoup marqué. Dès le lendemain on m'a offert ce premier 45-tours du « Car pour Caen » dont le jaillissement de mots et d'idées m'avait ébloui.

Que m'en reste-t-il encore, de ces lieux-là ? Peut-être ce jour de Pâques où, par affection pour cette pauvre serine qui s'ennuyait à en dépérir seule dans sa cage et pondait parfois un œuf vide, j'ai eu l'idée de poser dans son nid deux œufs en sucre. Elle était contente ! Elle en a chanté à en percer les oreilles puis s'est installée pour couver. Mamy qui n'en savait rien s'est inquiétée et l'a forcée au bout de quelques jours à sortir du nid, ce qu'elle a fait, en sautant sur sa petite balançoire avec deux œufs en sucre un peu fondus collés sur l'arrière-train…

C'est pourtant dans ce petit espace-là, chez Mamy, qu'un jour un énorme piano droit fit son entrée, tout décoré de deux beaux chandeliers en cuivre, et c'est là que tout a commencé vraiment.

Adaptation

À l'arrivée en France, je me suis retrouvé donc à vivre entre deux femmes, la mère et sa fille, que liait une infernale relation passionnelle. J'étais le sujet idéal pour servir de levier de chantages et alimenter quelques répliques cinglantes, d'autant que l'aventure américaine avait été au final un échec total.

Cela n'empêchait pas les heures de joie et les fêtes quand même. Mais Dad me manquait.

Le temps passait et je me retrouvais petit garçon avec trois petites étagères à moi dans une vaste armoire remplie de lingerie, de robes et de fourrures. Fourrures en agneau de Toscane avec un fantôme de parfum, dont ma seule crainte était que mon uniforme de louveteau en soit imprégné.

Ce n'est pas facile de faire sa place dans un monde de femmes quand on est un petit garçon qui grandit. Surtout quand on ne pense pas à ce détail et qu'on vous laisse pousser sans y faire attention. Les libertés d'attitude qu'elles avaient toutes deux ont fait que dès gamin je savais par cœur tout ce qu'étaient porte-jarretelles, bustiers, gaines, bas, soutien-gorge, et le fonctionnement de toutes leurs fermetures. Il y avait toujours de ces machins roses pour vous tomber sur la tête de l'étagère du haut, à la terreur du chat. Je pense que c'est ce qui a annihilé définitivement chez moi le sens érotique de la « lingerie lourde », si je peux dire.

Il ne m'était pas agréable non plus d'entendre leurs plaintes et leurs opinions sur les hommes finalement « tout juste bons à tirer par la queue pour avoir du fric ». Comme j'en avais une aussi, je me sentais quelque part élevé au sein de la tribu ennemie. Le cow-boy élevé par des Indiennes. C'était un peu étouffant. Quoiqu'un copain m'avait dit :

— Bon, tu vois nous, y arrive un âge où on perd nos dents et y en a d'autres qui repoussent.

— Je sais oui et alors ?

— C'est parce qu'on est des garçons, et les filles elles, en plus des dents, eh ben en bas le zizi aussi y tombe et à la place il pousse plein des poils !

(Effarante révélation qui m'a laissé extrêmement perplexe pendant un certain temps comme on imagine !) Je n'allais quand même pas demander à l'abbé Coupez, un jeune prêtre que je choisissais toujours en confession, parce qu'il me paraissait le plus ouvert, si c'était vrai…

Ça me faisait donc du bien de sortir de là faire du

patin à roulettes, aller à la piscine avec des copains, camper avec les louveteaux, ou la colo de la paroisse à Saint-Cast. Il y avait des moniteurs sympas à qui s'identifier un peu mais cela remplace difficilement un Dad au quotidien et dont on comprend au fil des jours qu'il ne viendra plus. Et puis il y a eu Pontmain aussi… !

Pontmain

Je ne me souviens pas du départ. Mais il y avait plein de fumée partout dans la gare. Le voyage a été très long. Dans la première partie qui s'est faite en train, nous étions seuls Mamy et moi dans un compartiment de bois décoré avec des vues de montagnes dans des cadres en verre. Elle lisait, avec une main dans le panier du chat pour le calmer. Et puis finalement nous avons ralenti… J'ai vu la pancarte Laval. J'ai aussi l'image d'un gros autocar blanc sur le toit duquel des hommes portant une blouse grise montaient des sacs et des valises. Nous avons encore roulé beaucoup, nous arrêtant de village en village, jusqu'à ce que j'aperçoive au loin une basilique, plantée là au milieu de rien.

— C'est quoi Mamy ?

— C'est Pontmain ! Nous allons arriver.

Arriver ? C'est tout ce que je demandais. Revoir Tata, Nicole, Tonton et Jean-Paul, installés là depuis peu comme gérants d'un grand hôtel sur une belle et grande place, l'Hôtel de France. Ce village où eurent lieu des apparitions de la Vierge Marie, mais qui n'a pas eu la gloire de Lourdes, était quand même un important lieu de pèlerinage en Bretagne. On avait bâti vers 1872 un hôtel confortable pour l'époque et destiné au

« beau monde ». Il comportait, outre les chambres, une belle terrasse-café, suivie d'un restaurant dont Tonton avait fait la réputation (on venait de cinquante kilomètres à la ronde pour son excellente cuisine), et puis enfin des salles avec de grandes tables et des bancs. Ces grandes salles étaient destinées aux simples pèlerins. Il était écrit sur les vitres : « On peut apporter son manger. » On n'y servait que des bouteilles de cidre.

Imaginez, à certaines périodes, de grands autocars qui envahissaient la place, avec parfois, dépassant des fenêtres ouvertes des coiffes du Pays Bigouden dont la hauteur n'était pas adaptée à celle du porte-bagages au-dessus des sièges. Curieuse vision pour un gamin qui n'avait connu que des simili-Stetson du Middle West américain, des vêtements d'Indiens emplumés, des uniformes, et les pauvres tenues démodées des Français de l'époque. C'était fascinant.

Le confort était quand même rudimentaire. Une grande toilette à chaque étage, mais un seau d'aisance dans chaque chambre. Je dormais avec Jean-Paul. De ce temps-là j'ai gardé par je ne sais quel hasard une des deux commodes de bateau en pitchpin d'origine anglaise datant de 1871 et qui étaient les seuls meubles de la chambre. Je ne m'en séparerai jamais, bien qu'un ébéniste m'en ait un jour offert un très bon prix.

Ces deux étés passés là ont été des grands moments de bonheur. J'ai fait connaissance de tout le village…

— C'est mon petit-cousin il est américain, disait Nicole… formule qui ouvrait alors toutes les portes, mais me gênait à force de répétition, comme si elle m'avait présenté en disant c'est mon petit-cousin il a une grosse kékette ! Suivait l'inévitable main dans les cheveux, si rares apparemment dans leur blondeur ! C'est cela surtout qui m'agaçait.

Une fois connu de tous, j'ai vécu la vie des petits paysans du village. Avec l'horreur ordinaire du veau que l'on va voir abattre à coups de grosse masse de pierre, l'égorgement des poulets, le dépeçage des lapins tués à coups de bâton sur la tête et parfois l'enrôlement pour plumer les volailles qui trempaient dans l'eau bouillante.

On m'avait trouvé un vieux vélo. Nous faisions des longues virées dans les alentours. En ces temps-là nous disparaissions des après-midi entiers sans que personne ne s'en soucie. Aujourd'hui je doute que ce puisse être encore le cas.

Vers les midi un bruit étonnant servait de repère aux villageois. C'étaient les enfants de l'école descendant la rue principale avec leurs sabots. Beaucoup en portaient encore.

Dans cette école chaque année les « Pontamontains » organisaient une fête, avec un prologue vaguement musical où ma cousine figurait parmi les danseuses, en faisant balancer au-dessus de sa tête un demi-cerceau fleuri tout en chantant : « Voici des roses z-à peine z-écloses »... Suivait une pièce de théâtre aux ambitions historiques, jouée par les habitants qui faisaient leur propre costume. Je ne me souviens que d'un jeune « duc » encombré d'un grand sabre, qui revenait assez souvent, et dont chaque entrée faisait trembler les décors. Le public réagissait aux répliques des personnages avec joie ou indignation, selon les propos tenus. Je me demande aujourd'hui si ce n'était pas là une évocation ficelée tant bien que mal de *L'Aiglon*.

Ce premier été à Pontmain a été un grand chamboulement dans ma vie. Et déjà mon premier gros chagrin. Mon cousin Jean-Paul que j'aimais tant et qui m'emmenait à la pêche s'affaiblissait et devait souvent rester alité. Mamy m'avait dit que son cœur grossissait trop vite, sans autre explication. Je restais avec lui pour qu'il ne se sente pas seul, mais après un temps on m'a expliqué que ça le fatiguait plus qu'autre chose. Je le laissais donc se reposer.

Un soir où je rentrais, j'ai vu que l'on fermait l'hôtel. Il s'en était allé doucement dans la journée.

Il dessinait incroyablement bien, un véritable don ! Tata (un peu fofolle) m'avait donné un grand dessin au crayon d'un magnifique hussard de l'Empire à cheval que j'admirais tant. Plus tard, l'ayant revu chez moi, elle a simplement dit : « Oh, que c'est beau, quand même je suis vraiment bête de donner des choses comme ça, je vais le remettre dans mon salon, tu veux bien ? » Et elle est partie avec. Bon. C'était Tata quoi.

Mais il me reste ces images de nage libre ensemble lui et moi dans la rivière au milieu de quelques couleuvres inoffensives, les pieds dans la vase visqueuse, et ces grosses araignées étranges qui marchaient sur l'eau… Les promenades à la nuit tombée dans le cimetière où l'on courait pour provoquer les feux follets qui faisaient peur aux filles… La cueillette des noisettes de septembre… Oh, et puis la bataille rangée dans la grande réserve à charbon du village, d'où l'on est sortis tout noirs et heureux, jusqu'à ce que cela finisse dans des baquets de tôle, frottés sans ménagement au savon de Marseille et à la brosse à chiendent ! On est entrés tout noirs, on est ressortis tout rouges !

L'été suivant a été à peu près le même, je n'allais plus au cimetière que pour voir Jean-Paul, mais la vie continuait.

Le Tour de France a traversé le village ! Oui ! D'abord ce fut une camionnette qui diffusait bien fort par des gros haut-parleurs nasillards en tôle « Toi ma petite folie » par Line Renaud, puis des motos, des voitures, et un tas de coureurs qu'on avait à peine le temps de voir. Le tout a dû durer cinq minutes… ! Et pourtant tout le village s'était endimanché pour l'occasion.

Enfin il y a eu quand même deux mots de ma mère espérant que je m'amusais bien... Mais trop occupée pour venir. Je ne les lisais même plus. J'étais bien à Pontmain. J'ai demandé à y rester et cela arrangeait tout le monde au final. Donc j'ai passé une année scolaire avec l'unique maîtresse du village dans une toute petite classe. J'ai appris à écrire le français. D'abord au crayon. Ensuite j'ai appris par cœur les quatre-vingt-dix départements français avec leur chef-lieu, ce qui ne me sert plus à rien comme on s'en doute, puis les tables de multiplication chantées, et les grandes cartes des colonies… J'en étais à commencer à écrire à la plume quand j'ai appris que Tonton et Tata cessaient de gérer l'hôtel, à cause de désaccords avec le propriétaire, ou parce que les curés voulaient mettre la main dessus. Je ne sais pas, mais le rêve était fini. Retour à Paris.

Le Théâtre des Champs-Élysées

Papou y officiait en tant que décorateur, chef de plateau, ou machiniste selon les spectacles. Mamy y était ouvreuse au deuxième balcon. C'est devenu l'autre

« chez moi ». Chaque semaine, les soirs où je n'avais pas école le lendemain, et même les samedis matin, elle m'emmenait avec elle. J'aidais à déplier les toiles qui recouvraient les premiers rangs pour les protéger de la poussière due aux répétitions de danse. Rituel que je n'aurais surtout pas voulu manquer et que j'accomplissais avec sérieux, d'autant qu'il me donnait l'impression de faire partie du spectacle ou du concert qui devait avoir lieu.

J'avais ensuite le droit de monter sur la scène où j'avais enfin l'espace pour reproduire les pas de danse que j'avais appris des nombreux ballets que j'avais pu y voir et que j'avais répétés devant la glace de l'armoire. Je ne devais pas être si mauvais que cela puisqu'un jour que je dansais un vieux monsieur a demandé qui était ce petit garçon que l'on voyait sur la scène.

— C'est le petit-fils de Mme Mayeur, lui dit-on. Elle travaille ici, elle est ouvreuse.

— Ah, très bien, pourrais-je voir cette dame s'il vous plaît ?

On appela ma grand-mère qui craignait qu'on lui fasse quelque reproche de ma présence sur le plateau et se trouva interdite de s'entendre dire :

— Bonjour, Madame, je suis Serge Lifar et cet enfant est étonnamment doué… A-t-il pris des leçons ?

— Non, Monsieur Lifar, il a appris tout seul en regardant les ballets, je l'emmène souvent avec moi. Ça l'amuse d'imiter…

— Mieux que d'imiter Madame, il est étonnant pour un autodidacte, et sincèrement ce serait bien qu'il poursuive, je le prendrais volontiers comme élève.

— … ?

— Ma proposition est sérieuse, Madame, je ne pourrais évidemment pas vous garantir de ce qu'il pourrait en résulter dans l'avenir bien sûr, mais les quelques bases qu'il semble avoir acquises tout seul présagent en tout cas de grandes qualités. Enfin réfléchissez-y.

Il en fut vaguement question à la maison mais l'idée fut vite abandonnée. Pour Mamy c'était un métier où, à moins d'être une étoile, « on se crève le cul pour ne pas gagner un rond, d'ailleurs il n'y avait qu'à voir comme ils étaient maigres ». Quant à ma mère son opinion était que tous les danseurs « devenaient » homosexuels. Opinion du temps… Bref, on n'en parla plus.

À y réfléchir, je me dis que même si j'avais enfilé les chaussons classiques à l'âge encore fluet de mes huit ou neuf ans, j'aurais avec le temps été trop carré d'ossature, ce qui m'aurait confiné dans les rôles de « porteur ». En deux mots c'est un genre de la danse qui consiste à faire s'envoler gracieusement les danseuses sans qu'il en paraisse.

De toute façon, même si j'aimais jouer de tout l'espace qui m'entourait et me laisser emporter par les mouvements où le corps devient incroyablement léger, je savais que ce ne serait pas ma voie. Ma voie, elle était là dans la musique, la scène, les répétitions, les coulisses et les machinos qui s'engueulent dans la joie, mais où et quoi je ne savais pas encore.

Le deuxième balcon

… J'attends dans le couloir de pouvoir entrer dans la salle entre deux mouvements de la *Fantastique*, de Berlioz.

J'entends : « Deux, trois, quatre, cinq… tiens, une femme à l'étranger… » C'est Mamy qui tapote des cartes du doigt avec son ongle, un son que je connais par cœur.

— C'est ma sœur elle est en Hollande !… La voix est sûre et certaine.

— Elle ne s'y fait pas… donne-moi une autre carte… Elle veut rentrer, elle va même rentrer !

— Tu crois ?

— Ben, tiens ! Il y a le dix de carreau… Elle tire sur sa cigarette… Redonne-m'en une… ?

Dans le vestiaire, assis sous la file de fourrures et de manteaux aux parfums mélangés, on tire les cartes. En douce bien sûr. Trois chaises font l'affaire. Deux de face et la troisième de côté placée au centre en guise de table. Pour rien, car le moindre centime qu'on lui aurait donné eût signifié pour elle la perte de son « don » comme elle disait, Mamy emportait parfois ses jeux à la demande d'une collègue. (Je les ai encore.) De toute façon, un petit jeu de trente-deux traînait dans les vestiaires en cas d'urgence pour un « chien de pique », un tirage qui dit oui ou non vite fait. On a beau dire, on a beau rire, elle s'est très rarement trompée. Je me garde d'en penser plus que ça.

J'y avais là une petite famille… Quand le programme m'ennuyait ou que je l'avais déjà vu, j'allais vers le vestiaire de l'autre côté du balcon parler un peu. Vera Alexandrov m'y attendait toujours les bras ouverts. Avec un accent qui n'aurait pas pu être plus russe, cette belle et grande vieille dame, élevée à la cour impériale et exilée pendant la révolution, me couvrait de caresses un peu étouffantes, ponctuées d'un tas de choses gentilles d'où n'émergeait que « petit pigeon » et « mon chéri... Mwo, Mwo... ». Le reste je n'ai jamais bien compris, mais je l'adorais.

L'assistait dans sa tâche une jeune femme menue baptisée « Trottinette ». Une petite brune nerveuse à la jambe courte et à l'œil vif, dont le récit des complications sentimentales filtrait d'un balcon à l'autre.

— Elle est toujours avec son gros flic ?

— Oui, et d'ailleurs l'autre jour...

Les bavardages à voix basse allaient bon train.

Dans ce théâtre j'ai été entouré de gens qui savaient que j'adorais la musique, que j'avais du bonheur à être là et qu'une fois assis à la dernière minute, où c'était possible, je ne bougeais plus. J'étais, comme tous ceux qui travaillaient dans ce théâtre et y vivaient la plupart de leurs heures, comme imprégné par un lieu d'exception.

Que ce soit à l'orchestre, aux corbeilles ou aux balcons, j'ai vu là des choses rares et de haut niveau. J'ai vu Daniel Ingelbrecht diriger Fauré, tout comme le vieux Munch lancer d'un geste Beethoven depuis son fauteuil posé en bord de scène. J'y ai vu Samson François titubant vers des Chopin de rêve, les adieux de Rosella Hightower, les éblouissantes saisons des ballets du marquis de Cuevas, mais aussi des troupes de flamenco, des marionnettes italiennes, la recréation de l'opéra *Psyché* de Lully, des ballets africains et mille autres choses.

Imaginez-vous que, même avant ma naissance, j'y ai entendu *Jeu de cartes* de Stravinski sept soirs de suite dans le sein de ma mère pendant la semaine qui a précédé ma venue au monde. Elle adorait ce ballet. Je suis né le lendemain de la dernière. Relation de cause à effet ? Qui peut dire ? Mais c'est peu commun.

J'y ai aussi assisté à cinq représentations, lors de sa création, de l'*Opéra d'Aran* de Gilbert Bécaud. Un peu boudé par les médias surtout musicaux d'alors, il n'a pas eu l'audience méritée. C'était une histoire simple et populaire comme la musique qui la soutenait, mais enfin un chanteur ça n'écrit pas d'opéra, sinon ça se saurait. Je me souviens que cela m'avait bien agacé, cette façon de voir.

Des techniciens m'ont offert une partition piano-chant de l'*Opéra d'Aran* lorsque j'y suis passé dans la tournée de 2000. Elle avait été retrouvée dans un placard lors des grands travaux de restauration. Il s'en dégageait une odeur de papier humide et les pages étaient écornées et annotées. Elle a dû vraiment servir. C'est pour moi un beau cadeau. Il m'arrive de la relire.

J'ai rencontré Gilbert Bécaud bien plus tard alors que je faisais moi-même une série à l'Olympia. Le temps d'un dîner côte à côte par hasard… Il courait la rumeur que son opéra allait être remonté. J'avais beau lui exprimer mon admiration pour cette œuvre, je sentais chez lui un certain dénigrement, pensant qu'il faudrait tout refaire, tout réorchestrer. Déçu sans doute par les critiques. Nous avons changé de conversation.

C'est aussi dans ce Théâtre des Champs-Élysées que j'ai vu pour la première fois quelqu'un qui a eu une grande importance dans ma vie, Barbara. Elle débutait en « grande ». À l'annonce de son nom un murmure a parcouru la salle dont une partie applaudissait déjà. Sa belle silhouette noire est apparue et un silence attentif s'est vite installé lorsqu'elle s'est mise au piano. Je ne sais combien de chansons elle nous a offertes mais on aurait aimé que cela dure encore et encore. Pouvais-je imaginer qu'un jour nous serions des amis si proches ?

Après un long et dernier salut triomphal, le présentateur de la soirée nous a annoncé joyeusement : « Et maintenant Sacha Distel ! » Ce brillant guitariste de jazz, comme on l'apprit par la suite, était alors célèbre surtout pour être le compagnon d'une immense star de cinéma et pour une chanson : « Scoubidou ».

La transition entre les deux artistes était un peu surprenante, il faut avouer.

J'ai en tout cas travaillé moi-même dans ce théâtre, comme contrôleur pour une saison. J'avais envie d'un de ces premiers postes radio FM (mono alors) qui venaient de sortir.

À l'heure des infos ma grand-mère allumait sa télévision et là, adieu musique sur le transistor : la télévision créait des interférences et brouillait les ondes. C'était dit, j'ai postulé et je me suis fait engager tout de suite évidemment, à la fierté de Mamy et Papou. De plus, je rentrais officiellement dans la grande « famille » du théâtre, ce pour quoi j'ai reçu nombre de félicitations. J'y étais le plus jeune.

Je n'allais pas me plaindre de pouvoir être là tous les soirs, guider les clients vers le bon côté du balcon (je connaissais le théâtre par cœur), ou surtout de garder la porte du plateau un soir par semaine, ce qui me permettait de rester dans les coulisses. Être à quelques mètres d'un Benedetti-Michaelangeli planant dans Debussy a fait partie de mes plus forts souvenirs. Peut-être parce que le personnage, réputé ombrageux, ne supportait pas le moindre bruit, et que je suis resté sans bouger si longtemps que j'en ai eu mal aux jambes. J'avais seize ans. J'ai eu ma radio FM.

Tiens, je me rappelle que j'étais de garde tous les mercredis, poste important car j'étais ces jours-là gardien de la clé qui ouvrait la loge présidentielle, et je devais la remettre au concierge avant de partir. Sauf qu'un jour je suis rentré avec la fameuse clé dans ma poche. Sacrilège ! J'ai dû le lendemain matin la rapporter vite avant qu'on ne s'en aperçoive. Mamy a cru faire une apoplexie !

Papou

Il travaillait du côté du plateau. Pour les décors peints, il engageait ses ouvriers en inspectant l'angle d'usure de leurs brosses. L'œil du compagnon. La bouche ouverte avec un mégot jaune collé au coin des lèvres, il surveillait le travail de chacun. Personne d'inutile sur le plateau. « Pas de femme, pas de lapins ! » criait-il en souriant en souvenir de ses années de marine. C'était valable pour moi aussi, mais derrière il y avait l'atelier, le bois, les odeurs de peinture, les coups de marteau et les échanges à pleine voix. Je me mettais dans un coin et les regardais monter quelque chose qui ne ressemblait d'abord à rien et qui plus tard, vu de la salle, à distance d'une quinzaine de mètres et dans une bonne lumière, vous faisait apparaître un palais baroque dans toute sa perspective et sa splendeur. Chapeau ! Tout cela m'a donné beaucoup de considération pour les gens de plateau, quelles que soient leurs disciplines.

J'ai grâce à lui pu visiter d'autres théâtres comme le Châtelet ou celui du casino d'Enghien, même l'Opéra de Paris, et je crois qu'il aimait bien que je le voie travailler. Il m'expliquait ce qu'ils étaient en train de faire et pour quel résultat. J'ai ainsi vu pas mal d'opérettes comme *Véronique* ou *Valse de Vienne*, avec des airs simples mais bien tournés. C'est d'ailleurs l'auteur même de *Véronique*, André Messager, qui a dirigé la création du *Pelléas* de Debussy. La mesure du talent musical ne s'estimait pas sur des critères de genres en ces temps-là.

Pauvre Papou. C'est vrai qu'il buvait, et beaucoup. Quelques années plus tard, il ne travaillait plus que dans des décorations de cabarets. Sans doute remercié par le Théâtre des Champs. Il venait me voir de temps en temps, il m'appelait « mon tchi tchi », me serrait fort avec affection et je l'aimais bien, mais il sentait le vin de plus en plus et forcément aussi l'homme seul qui se laisse aller. Je veux dire qu'il avait cette odeur de linge qui sèche sans être aéré et qui sent le moisi, un peu comme quelquefois les soutanes de curé que l'on sentait s'approcher derrière soi en classe.

Il vivait dans une chambre de bonne plutôt sale sous les toits, il n'avait qu'une pauvre table, un lit jamais fait, et un petit poêle à pétrole dont l'odeur faisait mal à la tête. Par contre il avait collé à son mur une magnifique peinture hélas un peu noircie d'un enterrement breton. « Un jour elle sera pour toi… » Oui un jour…

Il faisait du delirium tremens. Il me disait : « Ah, dis donc les gars ont sacrément travaillé hier sur l'immeuble d'en face ! » Je regardais par la lucarne et il n'y avait rien…

Un jour (nous venions enfin d'avoir le téléphone), je reçois un appel. C'était la police. Papou venait de mourir. Son escalier très ancien rue Notre-Dame-des-Champs avait une rampe assez basse et il est tombé dans la cage du sixième étage en se fracassant le crâne sur un croc de déménagement. C'était lui qui m'avait expliqué à quoi servait ce gros bout de fer en forme de tire-bouchon qu'on voyait en bas de l'escalier. On nous a demandé si à notre connaissance il avait des inimitiés… Accident ou bagarre d'ivrognes ? On ne savait pas. J'ai une photo de lui dans son bel uniforme de la marine. C'est la seule que je regarde parfois.

3

YVES MARGAT, MON MAÎTRE (1896-1971)

J'avais l'habitude d'aller dans un magasin de partitions boulevard de Grenelle pour acheter nombre d'œuvres que je ne savais pas jouer, car bien trop difficiles pour moi, mais j'aimais les lire en écoutant les enregistrements. Musique de piano mais aussi partitions d'orchestre de poche. Mozart, Beethoven, Wagner, et même Webern et l'école de Vienne. C'est là que j'ai découvert le *Sacre* de Stravinski. L'émotion a été extrêmement vive. Harmonie, dodécaphonisme, contrepoint, fugue, tout cela se mélangeait dans ma tête et il me fallait comprendre.

La charmante vendeuse du magasin, à laquelle j'avais fait part de mes envies d'apprendre l'harmonie, m'a vendu un traité écrit par un M. Yves Margat en m'assurant que c'était ce qu'il y avait de mieux, car elle était son élève, surtout pour le piano. Tiens, donc...

Rentré à la maison, j'ai dévoré ce traité auquel je ne comprenais rien du tout. Je suis donc retourné au magasin et la demoiselle m'a donné les coordonnées de celui qui allait devenir mon maître.

J'avais quinze ans passés et, quoique timide, je suis allé au 9, avenue Victor-Hugo sonner à sa porte. Une dame d'un certain âge, jolie, avec de longs cheveux, et curieusement vêtue d'un grand peignoir qui lui donnait une allure 1900, m'a ouvert la porte et m'a dit avec un gentil sourire que le maître était occupé et qu'il me faudrait prendre rendez-vous. J'ai harcelé ma mère (laquelle m'a toujours soutenu dans mes démarches en ce qui concerne la musique, je dois bien le dire). Rendez-vous fut pris. J'ai révisé quelques morceaux que je savais jouer en trichant un peu et nous voilà ma mère et moi chez M. Margat.

Mme Margat, cette fois élégamment vêtue, mais toujours avec un je-ne-sais-quoi de 1900 dans la coiffure et portant une robe tombant aux chevilles, nous a fait entrer dans le grand salon typiquement haussmannien avec de hauts plafonds, et nous a installés dans deux élégants fauteuils de style Louis XV en attendant l'arrivée du Maître qui ne saurait tarder, nous a-t-elle dit. J'avais le cœur battant. Qui était cet homme ? Qu'allait-il penser de ce gamin dont il ne savait rien si ce n'est qu'il s'était permis de venir tout seul sonner chez lui ? Un effronté ? Mais n'était-ce pas aussi le signe d'une grande passion pour la musique qui l'avait poussé à oser s'adresser à lui plutôt qu'à une école comme il y en a tant ? Ce pouvait être touchant aussi peut-être…

En attendant, je dévorais des yeux cet endroit où, l'espérais-je, j'allais passer de longues heures, voire de longues années d'apprentissage. L'ensemble avait un côté un rien suranné mais donnait une ambiance feutrée, chaleureuse et de bon goût. Tout était de style Louis XV. Un immense tapis recouvrait tout le salon, et les murs étaient tendus d'un tissu rouge cramoisi, agrémenté, outre la classique grande glace en bois doré de la cheminée parsemée de bibelots, de quelques peintures « de genre » façon Fragonard.

Un grand piano en noyer, recouvert d'un traditionnel châle à franges, et où trônait une grosse potiche verte montée en lampe, était placé près d'une des grandes fenêtres donnant sur l'avenue. Une pile de partitions y était déposée avec soin. Nous attendions dans le silence.

Je remarquais cependant face à moi le portrait d'un homme, de facture plus récente, de style assez académique, mais plutôt réussi. Et c'est au moment où je détaillais cette toile que la porte s'est ouverte. Ce portrait, c'était lui ! Yves Margat !

Est entré un homme avec un peu d'embonpoint, plutôt petit, mais très souriant et cela m'a profondément rassuré, moi qui m'attendais à un monsieur aussi sévère que son traité d'harmonie. Il s'est principalement adressé à moi, m'a demandé mes goûts, mes envies, mes ambitions. Non, je ne voulais pas être pianiste, je voulais être compositeur de musique. Ce qui semblait le ravir.

Il m'a demandé de jouer un ou deux morceaux. Ce fut Chopin, la « Valse de l'adieu » et un « Moment musical » de Schubert traficoté par mes soins pour éviter les passages difficiles, ce dont il n'a pas été dupe, mais il n'a rien dit.

L'essentiel pour lui, m'a-t-il confié un jour en citant Beethoven, c'était l'âme dans l'interprétation, plus que l'exactitude biblique des notes.

Je me suis lancé ensuite à sa demande dans une

composition personnelle, ébouriffante autant que maladroite mais qui l'a fait sourire. « Bien ! a-t-il dit… Je vois. » Sans plus.

Il se frottait les mains, un peu à la manière des curés, en les roulant l'une sur l'autre, et j'ai remarqué comme elles étaient rondes et petites. Puis il s'est assis au piano et a joué une des dernières sonates de Beethoven, la 104, en véritable virtuose ! Comment faisait-il avec ses petites mains rondes dont je n'arrivais pas à détacher mes yeux ?

À l'issue de cela, il a déclaré que j'avais manifestement un don et qu'il acceptait volontiers de me prendre comme élève. Seulement il allait falloir attendre. J'avais passé quinze ans mais on ne peut quitter les études « traditionnelles » qu'à l'âge de seize ans et j'étais en internat. En plus, j'étais plutôt en retard si je voulais passer mon entrée au conservatoire.

Une solution était possible. Qu'il prenne la charge de précepteur. Il m'apprendrait la musique, mais nous pourrions étudier aussi le français, le latin, et d'autres choses, que personne ne viendrait vérifier de toute façon. Il ne comprenait pas que l'on n'enseigne plus le latin au lycée, lui qui avait appris même le grec !

Je lui ai dit qu'ayant été enfant de chœur dans mon enfance, j'avais servi la messe entièrement en latin… Ce qui l'a fait sourire. « Oh, le latin de messe est un peu un latin de cuisine, ce n'est pas Tite-Live, mais c'est un petit début. »

En repartant envahi d'un bonheur extrême, j'ai eu l'impression d'être passé dans un monde aussi cultivé qu'intemporel, et soudainement de me retrouver jeté dans la vie de tous les jours. Vite, vite, je voulais y revenir.

Ainsi fut fait. Je terminai les quelques mois de fin d'année au lycée de Rambouillet, où je me suis mis à vivre en électron libre. La direction et les professeurs, étant au courant de mon prochain départ, n'y voyaient aucun inconvénient. J'aimais l'histoire donc je suivais le prof d'histoire dans d'autres classes même d'un niveau supérieur, pour le français aussi. J'avais droit à la salle de musique, laquelle était contiguë à la salle de couture. La professeure de couture n'avait jamais eu une classe aussi silencieuse depuis que je jouais dans la pièce à côté.

Les cours avec mon maître ont donc commencé dès que j'ai été libre.

Trois fois par semaine, j'allais chez lui, le lundi c'était le piano. Une bonne heure et demie, puis un peu de français. C'est là que j'ai découvert André Gide, Jules Renard, Charles Cros, et tant d'autres, des auteurs un peu oubliés des manuels scolaires mais qui avaient fait sa culture à lui. C'était passionnant. Ensuite le latin une heure. Les autres jours étaient consacrés à l'écriture musicale, à l'étude de l'harmonie et de l'orchestration. Je n'ai jamais manqué un seul cours !

Les devoirs d'harmonie étaient copieux ! Il fallait rattraper le temps perdu. J'avais un âge un peu limite pour l'entrée au conservatoire, et il entendait me pousser jusqu'au prix de Rome ! Ces devoirs et exercices étaient fastidieux parce qu'il n'y avait pas de place pour l'improvisation. Tout était soumis aux règles d'école les plus strictes. Avec raison au final puisque, au-delà de ces contraintes quasi mathématiques des débuts, on acquiert une grande liberté d'écriture par la suite, tout en sachant ce que l'on fait, et pourquoi on le fait. Entrer dans les détails serait aussi ennuyeux que difficile à comprendre, mais c'est une chose que tout créateur a en commun, architectes, peintres, danseurs et autres artisans eux me comprendront. Il faut savoir pour inventer.

Mon maître avait été un élève personnel de Gabriel Fauré en plus du conservatoire et il l'avait formé pour passer ce fameux prix de Rome qu'il voulait obstinément me voir obtenir. À l'occasion de petites pauses que nous faisions de temps en temps, j'ai appris que, lorsqu'il était sur le point de concourir, la guerre de 1914 a été déclarée. Ce fut la ruine de toutes ses espérances. Il allait sur ses dix-neuf ans et s'est retrouvé sous l'uniforme dans des conditions difficiles à ce que j'ai compris, car n'étant ni ouvrier, ni travailleur, ni paysan, il s'attirait des critiques comme : « Oui mais toi Margat tu ne peux pas comprendre, t'es un bourgeois ! » Voilà une phrase qui l'avait marqué parce qu'il l'a prononcée plusieurs fois en ajoutant : « Travailleur, travailleur, hé quoi je ne travaille pas moi peut-être ? » Donc adieu le chemin tracé vers une probable reconnaissance que lui prédisait Fauré.

Il a composé quelques œuvres symphoniques créées à Pleyel, sous la direction d'Eugène Bigot, dont une suite, « Le fils du roi vint à passer », que j'ai vainement cherchée. J'ai par contre joué certaines de ses pièces pour piano dont j'ai encore les partitions.

Était-ce un mal pour un bien, mais cela a provoqué chez lui un irrésistible besoin de transmettre son savoir. C'est ainsi qu'il a écrit un traité d'harmonie extrêmement bien conçu, simple, même si les premiers cahiers semblaient contraignants. J'ai grâce à lui pu comprendre et apparemment plus vite que certains musiciens rencontrés ici ou là toute la richesse de la musique tonale. Son traité est encore utilisé et je m'en suis servi pour les quelques élèves que j'ai pu former.

Ensuite vint le contrepoint. En deux mots, l'harmonie est verticale. Pour aller vite c'est une mélodie soutenue par des accords. C'est Rameau, Mozart des sonates, Beethoven. Le contrepoint c'est horizontal. C'est une superposition de mélodies. C'est Bach, Lully, et pas mal de musique liturgique comme le *Requiem* de Mozart. Il y a le contrepoint rigoureux d'école et le contrepoint dit fleuri, infiniment plus intéressant.

De là on attaque presque en même temps la fugue. La fugue d'école est infernale.

— Ah non, cela vous n'avez pas le droit !

— Mais Bach le fait bien lui ?

— Oui mais c'est Bach, quand vous serez devenu Bach vous ferez ce que vous voulez..., disait-il en me tapotant amicalement le sommet du crâne avec son doigt.

Il m'emmenait avec lui et Mme Margat en vacances pour travailler. Pas de piano ! Tout à la table et à l'oreille. Nous allions à Mimizan-Plage au bord de l'Atlantique. Assis face à face sur la terrasse de la maison nous travaillions de 9 heures du matin jusqu'à midi. Mme Margat nous préparait une cuisine simple et nous faisions après une promenade tous les deux, ce qui était l'occasion de parler de tout, de musique bien sûr, mais de philosophie, de littérature aussi. Je me souviens qu'une fois, passant devant une petite église, il me dit : « Lisez cette inscription juste au-dessus du cadran solaire… » J'ai lu « *Forte tua* »… « Comment le traduiriez-vous ? » Je cherchais… « Forte… fort. Tua… toi ? Ta force ? » « Pas du tout, m'a-t-il dit en souriant. *Forte* veut dire "peut-être" ce qui a donné "a fortiori" par exemple. Donc cela veut dire : cette heure est peut-être la tienne ! » Apprendre le latin ainsi était bien plus intéressant que dans les livres.

Donc chaque matin je travaillais sur les exercices tout en le regardant écrire des pages et des pages de musique. Une partie soliste était écrite mais le reste était vide.

— Pardon Monsieur, mais vous composez une nouvelle œuvre ?

— Oh non, je corrige et j'harmonise une œuvre pour cor et orchestre à cordes de Mme B… qu'elle doit présenter à un concours de composition.

— Ah ? Et elle ne compose pas toute la musique ?

— Oh, que non, elle invente des mélodies et me charge de les harmoniser et d'orchestrer ensuite…

Il ajouta en soupirant :

— Si vous saviez le nombre de concours que j'ai gagnés comme ça… ! Et allez donc ! *Do sol mi do ré mi fa mi ré sol !* Et merci Wagner !

Je venais de comprendre qu'il prenait un travail supplémentaire de « nègre » pour de vieilles dames qui se piquaient d'être compositrices et dont il devait sans doute tirer une petite part du prix. Lui, ce grand homme qui savait tant de choses !

Je sentais qu'il mettait beaucoup d'espoir en moi, mais je voulais le garder, rester et apprendre avec lui. Je ne voulais pas de diplômes, de concours, de prix.

En plus, quel excellent grand-père il faisait pour moi ! J'avoue avoir fait exprès de rater mon entrée au conservatoire en rendant une copie mal tournée… Ce qui l'a fortement dérangé…

— Mais comment avez-vous pu passer devant cette évidence-là ? Le chant de basse est le même que celui au soprano avec un écart de quatre mesures ?

Je le savais, bien évidemment…

Je lui montrais parfois avec timidité une page ou deux que j'avais composées… Il les jouait lui-même et me donnait ensuite un ou deux conseils mais semblait apprécier mon évolution. Mme Margat y ajoutait parfois son grain de sel… « C'est assez Debussy comme inspiration », lâchait-elle d'une voix douce en traversant le salon pour y déposer des fleurs.

Elle m'a raconté, alors que dans la petite salle à manger qui jouxtait le salon je regardais une photo de la grande Colette, avec une petite plume de son chapeau coincée dans le cadre, qu'elle avait été la voir du temps où ils possédaient un caméléon !

Elle m'expliquait que dans le noir un caméléon devient tout blanc ! Surprise qu'elle a eue un soir en allumant la lumière.

Effectivement Colette parle dans *Le Fanal bleu* d'une Mme Margat qui est venue la voir pour lui montrer un étrange animal.

Colette ! Tiens un détail me revient… Du temps où j'étais au lycée en quatrième, comme j'avais, ainsi que je l'ai dit plus haut, l'habitude de lire tout mais plus n'importe quoi comme avant, j'avais posé sur mon pupitre *Le Blé en herbe* de Colette, sans faire attention.

La professeure de français en passant s'est arrêtée et m'a demandé :

— Vos parents vous laissent lire ce genre d'ouvrage ?

Ce à quoi j'ai répondu en toute simplicité :

— Oh, Madame, c'est tellement bien écrit.

— Oui c'est certain, nous sommes bien d'accord ! C'est juste que le contenu…

— Mais j'ai vu le film déjà, Madame. Avec Edwige Feuillère.

— Ah, évidemment dans ce cas…

Et elle a continué son cours.

Ah, mon maître… comme j'ai dû lui faire de la peine quand je l'ai quitté. J'en ai eu beaucoup aussi. La perspective de me soumettre au diktat de la musique sérielle si je voulais me faire une place me désespérait. Le *Marteau sans maître* de Boulez, dont j'avais acquis l'enregistrement et la partition, avait été une révélation, j'avais lu et relu son livre *Penser la musique aujourd'hui*, mais je ne me reconnaissais pas dans ces formules mathématiques que je comprenais à peine. Je me sentais plus proche d'un Edgard Varèse ou d'un Stravinski des débuts, si libres dans leur écriture. J'aimais aussi le détournement de ces principes rigides que faisait Alban Berg du dodécaphonisme. Mais non, ce n'était pas pour moi. J'ai pourtant écrit des partitions symphoniques du genre *Étymologie statique*, ou même un ballet : *Les Funérailles d'Agrippine*. Enfin des horreurs ridicules qui ont fini à la corbeille assez rapidement. Car c'est à ce moment-là que la musique a changé dans le monde et a même changé le monde. De plus, le prix de Rome n'existait plus.

Les Beatles, etc.

J'écoutais les chansons du temps à la radio, Sylvie Vartan, Johnny Halliday, Eddy Mitchell, Françoise Hardy et Barbara. J'achetais des 45-tours, je n'étais pas braqué sur le classique. Un jour la table d'harmonie de mon piano s'est fendue, en pleine nuit, dans un bruit sec et effrayant qui m'a réveillé. J'ai pensé tout de suite : mon Dieu le piano ! J'ai appelé le lendemain matin chez Hanlet et l'on m'a envoyé rapidement un technicien. Diagnostic : il faut enlever les cordes, réparer la fissure, remettre les cordes, puis accorder le tout deux ou peut-être trois fois, le temps qu'il se stabilise. L'horreur !

Mais j'avais une amie, Véronique, dite Nicky, qui avait un piano dont elle se servait peu. (Il faut dire que sa mère avait un cocker qui mordait les mollets quand on se mettait à jouer.) Elle m'a proposé de venir travailler chez elle quelque temps. Ce que j'ai fait. Au cours d'une conversation elle me dit :

— Tu connais les Beatles ?

— Pas vraiment, pourquoi ?

— Ils sont géniaux !

Elle m'a montré deux albums en me disant : prends ça et écoute…

Hard day's night et *Help !* Une fois rentré, j'ai passé des heures et des heures à écouter et analyser, tant sur le plan harmonique que sur celui des propos contenus dans les textes (ah, la concision et la musicalité de la langue anglaise !), c'était toute une âme, tout un monde nouveau. Un choc émotionnel qui m'a fait entrevoir la possibilité d'écrire autrement, d'être un autre, là était la musique de demain. Du moins le pensais-je.

Tout allait changer et je pourrai y trouver ma place.

Oui, mais le classique a des conservatoires et des écoles, le rock était loin d'en avoir. Le rock c'était la rue et je connaissais très peu la rue… J'ai commencé à acheter les magazines spécialisés et que je découvrais. On y parlait d'un tas de groupes qui commençaient à émerger, et dans les dernières pages il y avait des annonces de musiciens cherchant qui un guitariste, qui un bassiste, ou une chanteuse. Il y en avait trop. Où allais-je trouver la chanteuse avec laquelle j'aurais pu par exemple former un duo, comme Sonny and Cher que l'on commençait à entendre ?

Il faut parfois laisser faire le hasard. J'allais quelquefois le week-end dans un « ranch » à Milly-la-Forêt. J'aimais les chevaux. Ce n'était pas cher et c'était très décontracté. Une ambiance plutôt « western » y régnait. Il y avait là des jeunes qui menaient des promenades assez tranquilles pour des amateurs de passage, et parfois on se lançait dans quelques galops entre nous dans la forêt de Fontainebleau. J'adorais ça !

Les tenanciers étaient un peu spéciaux mais très gentils. L'un d'eux avait un tatouage gitan à l'angle extérieur des paupières, et avait une compagne qui le rabrouait souvent à cause des plaisanteries salaces et autres histoires crues qu'il aimait raconter sans gêne dans la petite salle de restaurant pour taquiner les clients. L'autre était très grand, parlait peu mais était très sociable. Ils recevaient des couples manifestement pas légitimes mais apparemment comblés, vu les bruits et les soupirs que l'on percevait assez souvent d'une chambre à l'autre, assortis d'un vocabulaire pour le moins croustillant si ce n'était effroyablement vulgaire.

Peu importe. Pour le reste, tout tournait autour des

chevaux, véritable passion du lieu, et chacun se moquait bien de savoir ce qui pouvait se passer derrière tout cela. Nous partions à cinq ou six tout un après-midi et nous faisions même des fêtes en emportant un Teppaz à piles, le tourne-disque célèbre à la mode, avec deux bouteilles de soda Fanta au citron que nous corsions avec du kirsch fantaisie à quarante degrés. Une fois les chevaux attachés nous grimpions en haut d'un monticule qui offrait à son sommet un bel espace de sable caché par des blocs de roches. Parfois des jeunes soldats nous y découvraient et passaient un bon moment avec nous sous le prétexte que c'était là un terrain militaire de manœuvres assez dangereux, et qu'il valait mieux qu'ils restent avec nous pour nous protéger en cas d'assaut. Personne n'était dupe. Torse nu à se dorer au soleil, qu'auraient-ils pu faire ?

C'est là que j'ai fait la connaissance de Luce. Étudiante en architecture, blonde, élégante, mince et très cultivée. Elle adorait la musique. Fan comme moi des Beatles, autant que des chevaux, je n'ai pas été long à lui parler de mes projets qui l'ont vivement intéressée. Nous nous sommes revus à Paris et avons commencé à rêver naïvement de disques, de télévision, des tenues à porter, et d'un tas de choses aussi futiles qu'enthousiasmantes.

J'avais pour cela composé deux ou trois chansons… Mais ce n'était pas terrible. Une cependant nous semblait assez bonne pour auditionner. Mais où, comment ? Coup de chance, des maisons de disques, comme on disait à l'époque, s'étaient réunies pour organiser une grande audition. Venait qui voulait. C'était au Bœuf sur le Toit, dont les heures de gloire du temps de Cocteau,

Joséphine Baker, Coco Chanel et tant d'autres étaient loin derrière. La salle était en mauvais état mais qu'importe.

Il y avait là deux cents à trois cents personnes de toutes sortes et avides de faire reconnaître leur talent. Une grande table était posée au centre de la salle et une dizaine de directeurs artistiques y attendaient que l'on ferme les portes.

Sur la scène il y avait deux micros, une chaise et un piano. Point. Ce fut long comme on peut imaginer, souvent insupportable, même pathétique, et parfois très drôle. Notamment une certaine Marie-Marguerite D…, sorte de clownesse involontaire et sans âge en compagnie de sa jeune sœur Lily, une splendeur de seize ans, un peu typée Sophia Loren, avec un corps de déesse à se damner…

Marie-Marguerite, qui cherchait toujours à mettre sa sœur un peu de côté, s'est présentée avec un tourne-disque à piles (encore un Teppaz) que Lily a posé sur la chaise et sur lequel elle a lancé un disque. Marie-Marguerite a chanté un cantique : « Les Anges dans nos campagnes » en murmurant le texte mal appris, mais appuyant fortement sur le refrain qui fait glo-o-o-o ria ! « Merci ! a-t-on entendu venant de la grande table. Mais la demoiselle, là, pourrait-elle nous chanter quelque chose ? »

La pauvre Lily n'avait aucun sens du chant et la voix était très désagréable, comme si elle avait le hoquet à chaque note. « Merci Mademoiselle ! Bien, au suivant… dommage. »

Nous nous sommes présentés, Luce et moi, avec ma chanson, après une bonne heure d'attente dans une chaleur étouffante. Nous avons fait du mieux que nous pouvions, et là, surprise, un des directeurs artistiques de chez Philips, André Chappelle, nous a fait signe de venir et nous a tendu sa carte. Nous avions un rendez-vous pour une audition en studio !

Nous étions sur un nuage en nous dirigeant vers la sortie. C'est là que nous avons entendu derrière nous la même Marie-Marguerite qui s'était faufilée pour faire une seconde tentative, vite arrêtée par des protestations. « Vous êtes déjà passée, soyez raisonnable, enfin ! » Immenses rires dans la salle. Lily regardait cela avec gêne. On s'est approché d'elle et on lui a parlé un peu. Je lui ai dit que nous devrions rester en contact, nous pourrions nous dire quand il y a des auditions et nous connaissions peu de monde. Je lui écrivais mon numéro de téléphone quand Marie-Marguerite est arrivée, le tourne-disque sous le bras, et a dit : « Il se passe quoi ? » Et là je l'ai vue de près.

Elle avait un étonnant bonnet de laine blanc maintenu par une mentonnière, un pompon juché au sommet, avec dépassant sur le front des accroche-cœurs à la Arletty des débuts, des oreilles décollées, un visage maigrichon mais comme les poupées du XIXe siècle avec de gros sourcils, et puis un rouge à lèvres géranium qui dessinait comme un cœur sans se soucier de la forme de la bouche. Étrange tableau. Mais j'y reviendrai… Marie-Marguerite et Lily ont fait partie un certain moment de mon histoire.

Donc nous avons passé l'audition chez Philips. « C'est bien, c'est bien… il faudrait écouter d'autres chansons, rappelez-moi quand vous en aurez d'autres. »

Je me suis donc remis au travail, nous avons beaucoup répété, et lorsque j'ai appelé André Chappelle il m'a dit : « Nous avons un petit souci… Votre partenaire a un léger "sfeu" sur la langue et ça s'entend dans un micro plus professionnel qu'à l'audition. » Aïe !… J'ai argué que cela pouvait justement être un petit plus qui donne une personnalité, Édith Piaf a un léger « sfeu » aussi comme vous dites puisque Cocteau en a presque abusé dans la pièce qu'il a écrite pour elle, *Le Fantôme de Marseille*, en lui faisant dire maintes fois « Monsieur le commissaire »… mais on m'a répondu peut-être, seulement d'abord c'est Édith Piaf, et puis avec vous deux cela donne un manque d'unité dans votre duo. Ou alors chantez seul ? Ah non, il n'en était pas question, je ne voulais pas chanter, ou tout au moins pas tout seul. Trop timide pour ça…

Zut ! Quoi dire ? Quoi faire ? J'ai honteusement fait penser à Luce que l'audition n'avait pas convaincu. Personnellement je n'ai jamais entendu que Luce avait un « sfeu » sur la langue.

Je me suis mis à écrire des chansons en espérant les placer et croyant naïvement qu'il suffisait d'envoyer une partition à un éditeur pour qu'il en prenne connaissance. Ce n'est pas facile d'écrire une chanson, comme ça parce qu'on le décide… De faire simple quand on a été formé à faire « savant ».

Ainsi j'ai écrit pour Petula Clark, Eddy Mitchell, Johnny, Marie Laforêt, et d'autres. Je n'ai jamais reçu aucune réponse. Et le temps passa, nous nous étions fait des amis dans le monde des inconnus de la chanson et de la pop music. Oui, le monde changeait. Et pourquoi se décourager ?

D'accord c'était un premier essai raté, mais qui sait,

peut-être pouvait-il y avoir d'autres opportunités de se faire entendre ? Éliminer d'abord dans une chanson les endroits où pouvaient se faufiler des « sfeus » déjà ? C'était une idée pas facile mais bon... Et je n'avais pas de nouvelles des deux sœurs D..., lesquelles avaient plus de facilité pour dénicher des auditions, même dans des endroits improbables. Sans téléphone, ni un sou à mettre dans une cabine, ce que Lily m'avait fait comprendre en me donnant leur adresse près de la Bastille et leur étage, elles ne pouvaient me joindre. Je me suis dit qu'il valait mieux passer les voir. Elles habitaient un appartement prêté par une dame, c'est tout ce que je savais. Je m'y suis rendu donc.

Arrivé à la bonne adresse, je monte les trois étages d'un immeuble pas chauffé alors que nous étions déjà en hiver, et je toque à la porte de droite comme indiqué. Silence... Je me disais c'est quand même dommage, et je n'ai rien pour laisser au moins un mot... J'attends un peu et je toque une seconde fois, peut-être n'avait-on pas entendu ? Et là, je perçois un grincement derrière la porte. Le grincement du pas d'une personne qui veut faire croire qu'elle est absente et qui est trahie par son parquet... Tiens, tiens... c'est qu'il y a du monde alors ? Je tends l'oreille, j'attends un peu, je toque encore... Toujours ce grincement qui recommence... Mais c'est quoi ce cirque ? C'est tellement stupide... Rien que pour voir, parce que cela commençait à devenir comique, je toque une troisième fois... Toujours ce grincement... Bah, je me dis tant pis je reviendrai et je déposerai un mot... J'avais les mains glacées et en avais assez d'attendre. À ce moment-là, soit un bon quart d'heure depuis mon arrivée, j'entends une toute petite voix, celle manifestement déguisée de Marie-Marguerite, dire : « Qui c'est ? »… Me remémorant le sketch de Fernand Raynaud, je jure que riant intérieurement j'ai failli répondre :

— C'est le plombier !

Heureusement je me suis repris. Avec elle il ne fallait pas plaisanter comme ça, et elle n'aurait pas compris. J'ai répondu :

— C'est William…

— Ah ouiii ouiii… mais là je ne peux pas vous recevoir…

— C'est dommage…

— Je sais bien mais c'est parce que là… Je suis en train de faire sécher mes chiens…

— Ah bon… ?

— Oui, alors peut-être pourriez-vous passer demain après-midi ?

Ses chiens ? Je ne savais pas qu'elle avait des chiens… Je lui demande, en manquant encore une fois de rire :

— Et vos chiens seront secs d'ici demain ?

— Oh, ben oui quand même… ! (Rire de petite fille…)

— Bien, alors je viens demain ? Vers quelle heure ?

— Je dois essayer un orgue en début d'après-midi, alors disons vers quatre heures ?

— Bien, alors vers quatre heures. Au revoir…

— Oui au revoir…

Je suis reparti en soufflant dans mes doigts pour les réchauffer, et en me demandant pour quelle raison elle voulait essayer un orgue, et comment pouvait-elle avoir des chiens alors qu'elles-mêmes n'avaient pas de quoi se nourrir. Lily m'avait dit qu'elles étaient obligées de manger du Vitafood… Une poudre formidable me disait sa sœur et en détaillant le contenu le plus sérieusement du monde… C'était bon pour tout. Mais enfin c'était leur vie, et je n'avais pas à donner mon opinion.

Le lendemain je me représente donc. Je toque. Et Lily m'ouvre. Il faisait aussi froid dans cet appartement délaissé que dans l'escalier. Assez grand, il était garni de meubles de grenier je dirais. Devant la porte d'entrée étaient une salle de bains et une cuisine côte à côte. À gauche le salon-salle à manger avec un buffet 1950 en chêne clair, un lit comme bossu et sans forme, trois chaises à dossier cannelé, un carillon « Big Ben » anglais style 1940 qui ne marchait plus, et au centre une grande table ronde au-dessus de laquelle le plafond avait une large trace noire. Je n'ai aucun souvenir de ce qui était pendu au mur ni vraiment du papier peint, avec je crois de petites fleurs pâles à en être invisibles.

C'est tout ce que j'ai été autorisé à voir ce jour-là.

Marie-Marguerite, portant toujours son bonnet à pompon, était assise sur le lit. On m'a fait asseoir à côté d'elle et Lily prit une chaise pour se mettre face à moi. Je cherchais les chiens mais n'en voyais pas…

— Alors vous avez fini de faire sécher vos chiens ?

— Oh oui, depuis hier vous pensez…

Et là elle se touche le front avec coquetterie.

Ses chiens étaient ses accroche-cœurs à la Arletty qui débordaient du bonnet et dont elle prenait grand soin. Quiproquos…

— Ah bon, je vois… parce que vous n'avez pas de chien alors ? J'ai cru un moment…

— Si mais il dort dans la chambre de Lily…

— Et c'est un ?…

— Un bouledogue français, mais il dort dans la chambre de Lily, là…

— Vous avez essayé l'orgue ce matin ?

— Non, ils ne m'ont pas laissée entrer ! Pourtant la semaine dernière ils m'ont laissée jouer pendant trois heures !

— Ah… Ça faisait peut-être un peu long non ?

— Il faut bien prendre le temps de tout essayer… il avait trois claviers et des boutons partout ! La première fois ils m'ont dit qu'ils devaient fermer et que je revienne un autre jour, et là quand je suis revenue, rien ! Ils ne voulaient plus me laisser jouer ! Seulement vous comprenez, gémit-elle presque les larmes aux yeux, moi je ne peux pas rester comme ça, il faut que j'apprenne à jouer de l'orgue !

Lily levait les yeux au ciel.

Voilà qui confirmait un peu ce qui pouvait se sentir lors des auditions. Un grain de folie circulait dans sa tête. Cela pouvait être hilarant pour qui la voyait dans ses délires, autant que dramatique pour sa jeune sœur dont on sentait qu'elle subissait de sa part un peu de jalousie.

— Ça vous arrive souvent ce genre de problème ?

— À chaque fois ! Je vais chez un marchand d'orgue tout va bien, et après si j'y retourne c'est : Ah non, ça suffit ! Et on me pousse vers la rue.

Je me disais à la fois pauvre facteur d'orgue et pauvre femme. Il fallait changer de sujet. Lily ne parlait pratiquement pas. Elle n'osait que quelques mots ou de furtives expressions de visage.

— Mais dites, vous n'avez pas froid là ?

— On s'y habitue, mais si vous voulez on peut mettre du chauffage.

— Oh, volontiers ! J'ai froid aux mains et en tant que pianiste…

— Bien sûr ! Je comprends ça, vous pensez ! Lily, va chercher la lessiveuse…

La lessiveuse ? Je me demandais ce qu'elle allait faire avec une lessiveuse, la mettre renversée sur la cuisinière peut-être ? Étant petit j'avais vu ma grand-mère le faire avec des pots de terre pour réchauffer sa cuisine et ça marchait bien… Mais une lessiveuse de métal ?

Pas du tout. Lily a posé la lessiveuse sur la table et retiré le couvercle, pendant que Marie-Marguerite sortait du buffet une bouteille de je-ne-sais-quoi avant d'en verser dedans une bonne quantité. C'est en grattant une allumette juste au-dessus qu'elle m'a dit en souriant :

— Vous allez voir, c'est très rapide !

Mon Dieu ! En effet ! C'était de l'alcool à brûler ! Elle a jeté l'allumette dans la bassine et en est sorti un feu énorme qui léchait le plafond (d'où la tache noire) en jetant une lumière quasi aveuglante dans la pièce. J'ai presque crié :

— Mais c'est dangereux ça !

— Non, on le fait souvent. On est mieux après. (Nouveau rire de petite fille.)

— Et ça dure longtemps comme ça, là ?

— Ça dépend de la quantité qu'on met dedans… Le Chinois du dessus voulait porter plainte parce que cela faisait des fissures à son plancher, mais je lui ai dit qu'il fallait faire attention à ce qu'il allait entreprendre, parce que ma mère elle est comtesse !

— Mais vous l'éteignez comment ? On ne sait jamais…

— On remet le couvercle !

Après avoir capté un regard de renoncement de la part de Lily, j'ai prétexté qu'il se faisait tard et que je devais m'en aller. Lily m'a raccompagné dans l'entrée et avant de fermer la porte je lui ai dit :

— Passez me voir à mon adresse, vous avez de quoi noter ? Je ne sais pas, demain ou après-demain je ne bouge pas, on parlera musique d'accord ? Et puis quand même, sans vouloir être indiscret, il y a des choses que je souhaiterais comprendre.

— Oui bien sûr, après-demain Marie-Marguerite doit essayer des pianos…

— Oh ben, je plains le magasin. (Sourire de Lily.) D'accord alors. Vous notez ?

Elle gribouilla tout sur un bout de papier et me dit au revoir, comme en cachette.

Puis je suis descendu. Vue de la rue, leur fenêtre à la tombée du jour était extraordinairement lumineuse. Des passants levaient la tête.

Lily vint donc le surlendemain. On parlait musique, chanson, auditions. On entendait que son estomac gargouillait manifestement de faim… Mamy eut la bonne idée de proposer un bon chocolat avec des tartines pour le goûter, l'air de rien, comme si c'était une habitude. Lily a dévoré les tartines avec joie.

Elle avait besoin de parler avec des personnes sensées. Je lui ai demandé :

— Mais Marie-Marguerite a toujours été un petit peu… comme ça ?

— Oh non… Elle a eu un accident. Renversée par

une moto. Avant, elle faisait des études pour devenir nutritionniste. Et quand elle s'en est sortie elle a fait une fixation sur la musique. Elle voulait chanter. Des fois elle redevient comme avant mais ça ne dure pas.

— Ah, d'accord, je comprends. C'est vrai que parfois elle parle vitamines, santé, nutrition, tout à fait sérieusement, et tout à coup elle repart dans ses incohérences. La pauvre. Mais elle n'a que vous ?

— Je m'en occupe oui, parce que mon pauvre papa…

Là elle s'est tue. Je ne voulais pas être trop indiscret non plus. Nous en sommes restés là.

— Mais vous Lily ? Vous aimeriez faire quoi ?

Elle ne savait pas. Vu qu'on lui disait qu'elle ne pouvait pas chanter, elle ne voyait pas ce qu'elle allait devenir, ce qui sous-entendait qu'elle avait envie d'être plus ou moins dans le monde du spectacle. Nous avons continué à bavarder, écouter des disques que l'on aimait bien. Tout à coup elle s'est mise à fredonner très doucement et là j'ai été stupéfait. Une jolie voix lui sortait naturellement, je n'en croyais pas mes oreilles :

— Attendez, chantez encore, juste comme vous venez de faire…

— Oh, ce n'est pas chanter ça…

— Comment ça ? Mais si au contraire, allez faites la même chose mais avec plus de son, un peu plus fort, quoi… (le résultat était surprenant).

— Marie-Marguerite me dit que ça n'est pas bien et que je dois faire comme elle m'apprend.

— Ah non, Lily, pardon mais je suis musicien moi. Je sais ce qui est bien ou pas bien. Je vous assure que naturellement vous avez une jolie voix. Tenez, on va se mettre au piano, prendre une chanson que vous connaissez et vous allez la chanter avec cette voix-là. Oui, comme ça, laissez-vous emporter dans la chanson.

C'était superbe. Enfin elle recevait un compliment. Son regard était transformé.

— Dommage que vous ne puissiez pas vous entendre, je n'ai rien pour enregistrer.

— On a un petit magnétophone que Marie-Marguerite utilise tout le temps et garde pour elle.

— Ah, ce serait bien… Mais comment faire ? Peut-être un jour où elle n'est pas là… ?

— Oui mais souvent elle l'emporte avec elle pour faire entendre sa voix.

— Bon, revenez de temps en temps, que l'on travaille un peu, et puis un jour où elle n'emporte pas le magnétophone, vous venez avec.

Ce qui fut fait. Après trois autres visites de libération de parole et de tartines qui lui faisaient tant de bien, suivies de travail au piano, elle arriva un jour avec un petit dictaphone loin d'avoir une qualité musicale suffisante, mais c'était toujours ça…

Je le mis en route pour écouter déjà ce qu'il y avait sur l'unique bande. Il fallait trouver un endroit encore vierge pour enregistrer sa voix, quitte à l'effacer après.

Là j'entendis :

— Bon, alors je suis Marie-Marguerite D… et je vais enregistrer sur magnétophone… (silence)… Po-ly ?… (silence)… Reprise : Alors, je suis Marie-Marguerite D… sur un magnétophone… (silence)… Po-ly-dict ! Et je vais enregistrer… (silence)… Quel-que-choooose… (voix pensive et inspirée).

Et là nous avons entendu un bruit infernal de cloches à en saturer le pauvre petit micro en plastique pendant deux bonnes minutes, puis un énorme bruit final de chute de quelque chose d'apparemment lourd et *clic !* Plus rien. On pleurait de rire, on ne pouvait plus s'arrêter. Enfin nous avons pu reprendre notre respiration et je lui ai demandé en m'essuyant les yeux :

— Mais qu'est-ce qu'elle a trafiqué donc pour faire ça ?

— C'est le Big Ben, l'horloge anglaise a cloché... (rires)... Elle a pris un manche à balai et l'a agité dans les cloches, enfin les tubes... mais tellement fort que ça a décroché toute l'horloge qui est tombée par terre...

— Ah, ça y ressemble bien oui ! Oh !

— La dame qui nous prête l'appartement est venue voir, elle a dit : Oh, ne vous en faites pas Marie-Marguerite, il y a encore beaucoup de choses à casser ici vous savez. Si vous avez besoin même, je vous en apporterai d'autres !

Nouveaux fous rires, et puis après un moment nous sommes passés à un enregistrement de voix. La restitution n'était pas géniale mais elle se découvrait.

Elle s'est assise, étonnée et heureuse. Elle a écouté plusieurs fois le résultat et je voyais bien que cela travaillait dans sa tête.

Mais il y avait Marie-Marguerite... Fatal obstacle à un épanouissement en soliste. Elle revint plusieurs fois travailler, elle n'était plus la même, je la voyais plus souriante, plus décontractée. J'étais heureux pour elle.

Oui, mais... ayant appris qu'elle venait seule chez moi, et l'ayant entendue avec sa nouvelle voix, la sœur devint folle de rage, et en crise totale elle alerta toute la famille et tout l'entourage possible, disant que je tentais un détournement de mineure en l'attirant à mon domicile et que, et que… enfin tous les délires dont elle était capable explosaient en tous sens. Il était urgent d'éloigner Lily, de quitter Paris, ce qui allait en plus ruiner son éblouissante carrière d'organiste et de cantatrice.

J'étais coupable de tout !

D'un jour à l'autre je n'ai plus eu aucune nouvelle des deux. Seule, Lily réapparut bien des années après.

Je l'ai revue dans un café, au Châtelet. Comment je ne sais plus, mais comme j'étais alors connu elle avait su me trouver. Son exceptionnelle plastique lui avait valu d'être danseuse au Crazy Horse, ce qui est quand même un lieu prestigieux. J'étais tellement heureux pour elle, elle avait réussi au moins à être elle-même !

4

RUE LOUIS-DELAPORTE

Déjà bien avant que Marie-Marguerite n'ait fait tout ce scandale inutile, nous avions déménagé dans le XXe arrondissement. Paulette venait de rompre avec un énième amour de feuilleton, et nous nous retrouvions à trois dans un appartement un peu plus confortable que le précédent, au rez-de-chaussée d'un gros immeuble des années trente, rue Louis-Delaporte. Une rue calme avec pas mal de jeunes qui sortaient facilement bavarder sur la chaussée, vu qu'il n'y avait pratiquement pas de voitures. Tout le monde s'y connaissait finalement. Je n'y suis pas passé inaperçu, étant alors le seul du quartier avec les cheveux tombant sur les épaules, et j'ai été très variablement accepté.

En 1965, avoir les cheveux longs était pour beaucoup (surtout les parents) un signe de dépravation, de drogue, de rébellion. « Quand je pense qu'on a fait la guerre pour récolter ça ! » Je l'ai entendu plusieurs fois dans le métro.

Et pourtant j'étais très soigneux et les cheveux toujours propres. J'y tenais beaucoup.

Je me suis fait un premier copain. Un voisin du sixième qui réparait son Solex devant ma fenêtre. Gérard. Un tournevis a fait le lien. Après cela, on se voyait pratiquement tous les jours. Il travaillait dans un restaurant et c'est lui qui m'a fait connaître les autres… « Il est sympa le chevelu, là ? » demandaient-ils. Finalement, en quelques mois, je faisais partie du quartier. On avait tous pratiquement le même âge et tout le monde passait par ma fenêtre pour venir dans ma chambre écouter de la musique ou bavarder. Je jouais les chansons des Beatles par cœur, ce qui était en plus un atout majeur. Je me suis fait accepter malgré tout par quelques parents parce qu'un soir (le téléphone était encore rare et il y en avait un chez nous) j'ai entendu frapper au volet de fer. Un des garçons du quartier venait de faire une attaque cardiaque dans son bain trop chaud et la mère affolée a demandé s'il était possible d'appeler les pompiers. Ce que j'ai fait immédiatement. Les pompiers sont arrivés rapidement, les voisins de presque toute la rue se sont mis à la fenêtre, et dès le lendemain leur attitude avait un peu changé. On pouvait compter sur le William du rez-de-chaussée qui n'était pas un si mauvais sujet en fin de compte. Juste un original, ça lui passera.

Il était une dame qui m'aimait particulièrement bien, même un peu trop. Elle tenait la boucherie-charcuterie dans la longue file des boutiques au bout de la rue. Ronde, blonde, avenante, avec une forte poitrine bien sanglée dans sa blouse de vichy rose, elle me faisait toujours de grands sourires, et lorsque son mari était absent elle me glissait un gros saucisson d'Alsace dans mon sac à provisions en faisant un petit clin d'œil. Bon.

À se demander s'il fallait y voir un symbole coquin. Je disais merci et me sauvais, le rouge au front.

Un jour que j'y passais avec mon copain Gérard, que l'histoire du saucisson amusait, la dame nous a dit : « Oh, je voulais vous demander quelque chose… nous avons agrandi la cuisine derrière la boutique, venez voir… (Une fois dans la cuisine elle a ajouté :) Je suis seule, et j'aurais bien voulu déplacer la cuisinière qui encombre un peu le passage maintenant. Nous voudrions y placer un petit lit de repos pour mon mari quand il fait sa sieste… C'est un homme fatigué comprenez-vous… Deux beaux gaillards comme vous pourraient certainement y faire quelque chose… » L'adjectif « beaux » qui n'avait rien à faire dans la capacité que nous pourrions avoir à déplacer une cuisinière nous a fait comprendre que cette fois l'attaque était frontale. Après un échange de regards entendus entre Gérard et moi, nous avons bafouillé mille excuses pour nous défiler de cette gênante proposition, la remettant à plus tard. (Puceaux peut-être, mais pas naïfs.) Nous en sommes sortis avec chacun un saucisson à la main, et dans la tête l'image un peu affolante de ce qui aurait pu se passer dans cette cuisine, en pouffant de rire.

Je me suis fait une amie proche aussi, Monique Lerède. Elle ressemblait tellement à Barbara. Elle ne fréquentait pas trop la faune de la rue, mais était au courant de tout. Je pouvais avoir avec elle des conversations d'un autre niveau que celui du quartier, ce qui était une précieuse échappatoire. Assis par terre et elle sur son lit, nous ne nous rendions pas compte de l'heure qui passait. Son père, qui, je crois, était pilote de grandes lignes, était un homme ouvert, cultivé et forcément élégant dans son uniforme, quand il apparaissait. Ma présence dans la chambre de sa fille ne le dérangeait pas du tout et mon aspect non plus. Cet homme qui avait sillonné le monde allait fréquemment à Los Angeles et San Francisco, donc il était habitué à voir des « *mop tops* » dans mon genre. *Mop top* était le surnom qu'on donnait aux chevelus aux USA et en Angleterre. « Tête de loche » en quelque sorte. Les Anglo-Saxons ont le sens de l'humour.

Il y traînait aussi un petit rouquin rouge carotte qui devait avoir dans les douze ans et qui ne me lâchait plus dès qu'il me voyait. Adorable, poli, mais casse-pieds quand même ! J'ai fait sa connaissance un jour où il m'a demandé de venir chez lui en me tirant le bras. Il me montrait la fenêtre d'où il habitait et sa mère me faisait signe de venir aussi. J'y suis allé.

La pauvre parlait à peine le français. Elle baragouinait une langue étrange visiblement de l'Est et d'où ressortait « vends violon » régulièrement. Le gamin m'a expliqué que son papa avant de mourir avait dit à sa femme : « Si problème, vends violon »… Elle a grimpé sur une chaise et descendu du haut d'une armoire un étui poussiéreux que j'ai ouvert, et là surprise : une étiquette mentionnait au fond de l'instrument : « Antonius Stradivarius Cremonensis » ! J'en étais bouche bée. J'ai promis de le faire expertiser et me suis rendu rue de Rome chez un luthier, lequel en même pas dix secondes m'a dit : « Copie allemande de 1927 ! » Bon, il m'en offrait 250 francs, soit environ 40 euros actuels. Que dire à cette malheureuse femme qui me faisait une confiance incroyable, car j'aurais pu empocher des millions en prétendant que cela ne valait rien ? Malgré la maigre somme annoncée elle m'a dit : « Y fait rien vend quand même. » C'est de là que ce petit rouquin ne m'a plus lâché. Personne ne semblait s'en occuper et visiblement il n'allait même pas à l'école. Je le fuyais. Un jour, il avait appris que c'était mon anniversaire, alors il est venu m'offrir une bouteille d'huile ! (Une bouteille d'huile, quelle idée… J'avais envie de rire mais ce pauvre gamin, il était touchant en tendant sa bouteille :)

— Tiens c'est pour toi. (Il était tout content.)

— Pour moi ? Merci c'est gentil, mais tu l'as eue… où ?

(Lui ai fait une bise quand même.)

— Ben, à Monoprix je l'ai taxée on m'a pas vu je l'ai cachée dans mon manteau.

— Mais quand même si on t'avait pris, voyons…

— Ça risque pas ! Bon faut que je me sauve ! Bon anniversaire !

Et le voilà parti je ne sais pas où… Oh, une bouteille d'huile, drôle de petit bonhomme… Je me demande ce qu'il a pu devenir.

Un jour il m'a dit :

— Je ne serai pas là demain, je dois voir mon barbu !

(Je me disais tant mieux, et puis j'ai réfléchi.)

— Ton barbu ? C'est qui ?

— C'est le barbu qui m'emmène au manège et il est gentil, on se promène en voiture et il me fait plein de bisous et des caresses. Des fois il me donne même des sous.

J'aurais voulu prévenir quelqu'un qu'il y avait là quelque chose de bizarre, mais la mère ne comprenait rien, et aller à la gendarmerie avec une tignasse de hippie raconter ce genre de chose n'était pas concevable. Qui m'aurait cru ?

Enfin bien des choses se sont passées alors dans cette rue, et que je garde en mémoire, parce que c'est là que j'ai aperçu un jour une petite blonde qui nettoyait ses carreaux, la moitié du corps penchant dangereusement dans le vide. Elle s'arrêtait de temps en temps pour me regarder. On se souriait. Qui aurait pu dire à ce moment-là que cette blonde un rien potelée à l'époque me donnerait deux enfants quelques années plus tard ?

Laurence

Paulette avait trouvé une possibilité d'échange de logement entre locataires, encore une fois, avec une dame seule, vivant au Vésinet dans une petite maison de quatre pièces avec un étage et un jardinet. Elle souhaitait s'installer à Paris et dans un logement plus petit. Le contact fut pris avec cette dame ainsi que sa propriétaire et à la suite d'une double visite tout fut rapidement entendu. Nous allions dans deux mois nous installer dans une jolie banlieue.

Entre-temps je m'étais résolu à passer une annonce dans un magazine de musique. J'ai reçu une réponse d'une certaine Laurence que le monde de la chanson intéressait. Un rendez-vous fut pris chez moi, et c'est ainsi que je vis arriver cette inconnue, laquelle au final est restée au moins quinze ans à divers titres auprès de moi, et a vite fait partie de la famille.

C'était une grande brune, avec un parler un peu « titi parisien », vive, drôle, décontractée, avec de très jolis yeux, qu'elle avait dit à Paulette venir de ses origines polonaises. Nous avons fait un petit essai et sa façon de chanter avait quelque chose d'un peu « Arletty » dans le timbre. Rapidement cela m'a donné deux ou trois idées de chansons qui pouvaient convenir à un duo. Non pas dans un genre pop-hippie comme avec Luce, mais assez amusant au final. Dutronc et Antoine marchaient très fort, et le tout était pour moi de présenter quelque chose permettant d'ouvrir une porte dans le monde du disque, pour ensuite « pousser un peu les murs » et évoluer.

Laurence, qui travaillait à cette époque dans un établissement qui faisait commerce de vin, était issue d'une étonnante famille de six enfants, dont chacun avait un surnom, et qui s'appelaient toujours ainsi dans leurs conversations. La mère n'en avait pas, elle.

Le père, c'était « la Serine » à cause de ses jambes très maigres.

La sœur aînée : « la Traîtresse » à cause d'une image intitulée « la Traîtresse » dans un roman de gare et qui lui ressemblait beaucoup.

Une autre, c'était « Baignol et Farjon » à cause de ses jambes raides comparées à des stylos à bille.

Laurence, c'était « Léon » (son vrai nom de baptême était Léone).

Ensuite venait « Linlilonlai » à cause d'un grave défaut de prononciation quand elle demandait « un pain long au lait » à la boulangère.

Enfin le seul garçon dans cette famille de filles (le malheureux), c'était bien entendu « la Queue ».

La première fois que je les ai rencontrés, j'étais stupéfait de leurs échanges verbaux. Cela donnait :

— Hé, la Queue, tu sais à qu'è' heure è' va rentrer la Traîtresse ?

— Oh, j'sais po, d'mande à Léon !

Je ne pouvais pas m'empêcher de penser à *Goupi main rouges*, le film de Jacques Becker des années trente où toute une famille paysanne porte un surnom du même genre (Tonkin, Tisane, Mes sous, etc.).

Tout ce monde vivait à Gentilly dans un appartement impossible à mémoriser, tant il y avait de meubles dans tant de pièces communicantes. Seule cette famille pouvait s'y retrouver.

Bref, le duo avec Laurence fonctionnait assez bien. Sur un appel de Lily (c'était donc bien avant les crises de la sœur), j'ai appris qu'une autre audition était organisée aux Studios Barclay, avenue Hoche. Le lieu était beaucoup plus confortable et mieux sonorisé. Avec moins de monde aussi puisqu'il fallait s'inscrire. Nous y avons retrouvé l'ineffable Marie-Marguerite mais qui n'avait pas son Tepazz cette fois, et Lily la suivait toujours, aussi explosivement belle.

— Tiens Marie-Marguerite, vous n'avez pas votre tourne-disque ?

— Non, je vais montrer mes possibilités vocales par une improvisation que j'ai conçue dans un rêve.

— Ah bon ? Une improvisation, conçue dans un rêve ? C'est très bien ça... C'est original, nous avons hâte de découvrir !

— Ils vont être surpris je vous le garantis ! (Rire de petite fille.)

— Oohh, nous n'en doutons pas.

Laurence la regardait en la détaillant sans en croire ses yeux. Prompte à réagir, elle se retenait de rire pendant que je lui faisais signe de tâcher de rester sérieuse. L'audition a commencé. Deux artistes se sont présentés sans grand succès, et, ô miracle, ce fut au tour de Marie-Marguerite.

— Alors, je m'appelle Marie-Marguerite D… et je vais vous interpréter une improvisation de ma composition et qui s'appelle « Kolataï » ou plutôt « La Légende de Kolataï » mais c'était pour faire plus court…

— Oui plus court en effet c'est mieux, a-t-on entendu de la table du jury.

— J'ai écouté Yma Sumac et je me suis dit que je pouvais faire mieux qu'elle ! (Yma Sumac, douée d'une voix étonnante, avait eu un certain succès dans les années trente à cinquante en imitant des bruits de la nature et des chants d'oiseaux, sur un fond musical un peu exotique.) Car j'ai une voix qui peut émettre des aigus que l'on ne peut même pas entendre ! Il faut un micro spécial.

— Ah, mais c'est merveilleux ! Alors écoutons déjà ceux que nous sommes à même d'apprécier.

S'est ensuivi n'importe quoi. Des pprrrrii pprrrrii, crou-crou, kikikiki, et maintes onomatopées dans n'importe quel ton mais le plus aigu possible, semant un fou rire général qui ne l'a aucunement démontée. Même Lily pleurait de rire en se cachant le visage.

Laurence, prenant à plein sa voix à la Arletty (qu'elle pouvait imiter à la perfection) a dit assez fort :

— Ah, mais elle est pas possib' celle-là ! D'où qu'è sort ?

— Bien ! nous pensons (a dit une autre voix du jury) que nous avons largement eu le temps d'apprécier votre talent, merci mademoiselle…

Lily n'a pas osé chanter. Marie-Marguerite nous a rejoints, forte de cette certitude que les grands génies incompris devaient s'attendre aux critiques les plus acerbes. Nous avons peu de temps après présenté avec Laurence notre chanson, qui a semblé amuser le jury, et nous avons de nouveau décroché une audition et cette fois chez CBS. Un jeune directeur artistique, Jean Eckian, s'intéressait à nous. Et c'est de là que tout a commencé.

La seconde audition a été réussie, nous avons Laurence et moi signé une sorte de contrat qui n'engageait finalement que nous et peu la compagnie, mais qui nous a donné l'opportunité de faire un véritable enregistrement, lequel a disparu, et des photos, perdues elles aussi, en prévision d'un 45-tours. Cette fin d'année 1966 s'annonçait très bien pensions-nous.

Laurence manifestait un peu de jalousie vis-à-vis de Luce, ce que je remarquais sans vouloir y prêter attention. J'étais son musicien à elle. Même chose envers Marianne, la petite blonde d'en face, qui commençait à s'approcher de temps en temps de ma fenêtre en cachette du père, et dont elle sentait bien qu'il se passait quelque chose entre nous.

Le 45-tours n'est jamais sorti. En fait, on m'a fait comprendre que c'était moi seul qui intéressait CBS. En attendant, Jean Eckian m'a présenté un groupe de jeunes Américains vivant en France, dont deux jumeaux (les parents étaient expatriés pour raisons professionnelles), et qui n'avaient pas dans leur répertoire un titre assez fort pour lancer un album. Or il se trouvait que j'avais une chanson dont je ne savais pas trop quoi faire, vu que je ne voulais pas chanter seul. Je me suis dit que peut-être elle leur conviendrait. Je leur ai donc joué la musique seule en chantant juste la mélodie.

My year is a day

La chanson a plu fortement ! Elle n'avait pas encore de titre mais un des jumeaux, qui avait une très bonne voix par ailleurs, s'est proposé d'en écrire le texte, en anglais bien sûr. Le temps d'organiser les enregistrements, le 45-tours est sorti courant 1967 et a été de suite un énorme succès. Que même Dalida a chanté en français et en italien. C'était parti !

À la suite de ce succès on m'a poussé à chanter seul. Ce fut une catastrophe. Mal réalisé, pas bien chanté, enfin tout pour me déplaire. Il en est sorti dans un rapport interne à CBS que je n'avais pas le profil d'une star et que je n'aurais aucune chance de percer dans la chanson… Bien.

Le duo fut abandonné, mais comme il m'était rentré tout de même quelques droits d'auteur (bien que je me sois fait plumer comme un bleu sur les pourcentages par l'arrangeur et le chef d'orchestre) je me trouvais avec les moyens financiers de m'organiser un peu. J'ai proposé à Laurence d'être ma secrétaire, dès que ça marcherait pour moi. Elle a tout de suite accepté parce que finalement rester avec moi devenait plus important que de chanter. Aïe ! Elle devenait amoureuse… Mon début de liaison avec Marianne s'en trouvait perturbé mais mon choix était fait.

Marianne

Marianne n'était pas heureuse. Elle avait un frère et une sœur, Gérard et Dominique. Tous trois tyrannisés, sans brutalité heureusement, par un père buté, qui avait trois fois raté son examen d'entrée dans la police, jusqu'à ce que sa très influente sœur (collaboratrice proche de Maurice Papon) intervienne et le fasse nommer officier de police principal dans les Renseignements généraux. Rien que ça ! Ce n'était ni un policier, ni un père, ni un intellectuel. Chez eux, il était interdit de marcher sur le tapis pour ne pas le salir. Il fallait le contourner. Le soir chaque membre de la famille devait aller l'un après l'autre aux toilettes avant de se coucher et le dernier à passer avait la charge de tirer la chasse, afin d'économiser l'eau. Je passe sur d'autres détails mesquins, lesquels ne généraient pas vraiment un épanouissement pour des adolescents. Il me détestait. Me surnommait « Jeanne d'Arc ». Qu'importe, nous nous aimions. Et nous avions un plan en tête…

C'est la mère de Marianne, dont il était divorcé, qui était complice de nos rendez-vous. Nous nous rendions chez elle pour nous voir. Cette femme avait deux autres enfants, une très jolie petite fille, et un petit garçon bizarre qui mangeait les bonbons avec le papier autour. C'était en plus un enfant « mordeur ». Sous prétexte d'un bisou à la main ou au bras, voire au mollet des femmes, il donnait un bon coup de mâchoire et s'enfuyait.

La mère avait soit des absences soit des fantasmes de promesses jamais tenues. Les lettres qu'elle nous gribouillait parfois, nous prévenant de l'arrivée prochaine d'un mandat qu'elle venait de nous envoyer, étaient assez difficiles à déchiffrer, car il y manquait des mots par-ci par-là. Bien entendu nous ne recevions jamais ces mandats, lesquels nous auraient un peu aidés quand même, pour un cinéma ou autre chose.

(Je me demande parfois pourquoi j'ai croisé autant de « zinzins » dans toute ma vie.)

Marianne, qui avait un an de moins que moi, n'était pas majeure. Elle travaillait dans la police, quai de Gesvres, à la Conciergerie, au « Dépôt », en tant que secrétaire. Elle tapait des rapports qui la mettaient souvent très mal à l'aise. À en faire de cauchemars. Il fallait fuir tout cela. Et comment ? Il fallait attendre.

Entre-temps, notre déménagement avait eu lieu, pour cette petite maison avec un jardinet au Vésinet. Avec la pièce de plus, qui nous offrait un coin à nous pour plus tard. C'est là que nous allions vivre. C'était décidé !

C'est donc en plein Mai 68, le matin même de ses vingt et un ans (le 22 mai), que grâce à un amoureux transi de Laurence, lequel avait une vieille Traction avant noire mais surtout de l'essence, devenue rarissime en peu de temps, je suis allé « l'enlever » en bas de son immeuble. Elle m'y attendait, au milieu du trottoir, avec ses valises, fière de montrer à tout le quartier qu'elle prenait sa liberté.

C'était le temps où les Beatles chantaient « She's leaving home ». Nous nagions en plein romantisme.

Le Vésinet

C'est une charmante petite ville. La minuscule maison d'un étage que nous avions louée était accolée à d'autres dans un passage menant à un grand pré. Tout le passage appartenait à une dame charmante pour laquelle nous avions une grande sympathie.

Sous l'insistance de Paulette qui se mêle de tout, nous nous sommes mariés très vite. Parce que vis-à-vis des voisins quand même… Un peu trop vite peut-être, mais seul l'avenir le dirait en temps voulu.

Le jardin était tout petit et cloisonné par des parpaings assez vilains, j'avais entrepris de le fleurir et de le verdir un peu. J'ai donc acheté des graines de trèfle nain, de la vigne vierge et des capucines naines. C'était assez joli au final. Mais, chose curieuse, les trèfles grimpaient de vingt centimètres, la vigne vierge envahissait tout, et les capucines devenaient énormes.

Un jour que la propriétaire venait admirer le résultat, nous lui avons demandé pourquoi toutes ces plantes devenaient aussi géantes. D'un air embarrassé elle nous a expliqué à voix basse que pendant la guerre la maison avait été habitée par une « faiseuse d'anges »… une avorteuse en quelque sorte, et qu'elle enterrait les fœtus dans le jardin. Charmante nouvelle…

Nous avons vécu là trois ans. Nous n'avons rien vu des événements de Mai 68, lesquels semblaient tellement loin. Juste quelques images en télévision qui semblaient venir d'une autre planète. Nous y étions bien. Mes premiers droits d'auteur m'avaient permis de dire à Mamy qu'elle n'avait plus besoin de travailler. Que dorénavant elle vivrait tranquille. Je lui devais tant ! Et elle en fut tellement heureuse !

Et puis coup de théâtre ! Paulette nous a annoncé que Jack, que j'appelais Dad autrefois, allait être libéré ! Libéré de quoi ?… Elle en avait trop dit, il fallait expliquer.

Jack Hand

Nous l'avions vu passer à Paris en je ne sais plus quelle année avec une nouvelle compagne Peggy. Mais juste quelques jours. Je devais avoir huit-neuf ans peut-être, je ne sais plus. Ils logeaient rue Saint-Placide dans une ancienne maison close. Je n'y revois qu'un café avec de grandes banquettes rouges, un grand comptoir et une porte vitrée donnant sur un escalier. Ils séjournaient dans une chambre de style chinois donnant sur une cour, ce qui allait bien avec les odeurs de nems frits qu'exhalait un restaurant asiatique fumant de toute sa cuisine juste en face.

Peggy et lui tenaient un club de jazz à Ibiza. Le lieu était fréquenté par des personnages assez particuliers comme Fernand Legros, marchant d'art acoquiné à un faussaire de génie, Elmyr de Hory, avec lequel il avait inondé le marché de prétendus Matisse notamment, avant que le scandale ne soit découvert.

Il semblerait que dans ce lieu il ait été possible de se fournir aussi en choses illégales. Ce trafic secondaire se faisait entre Barcelone et Ibiza.

Leur grosse erreur fut de cacher un de leurs « amis » impliqué dans une affaire de meurtre, en lui teignant les cheveux et en lui faisant pousser la barbe. Cela n'a pas duré longtemps. La police a embarqué tout ce joli monde, ainsi que Peggy et Jack qui devenaient complices de tout.

Jugés à Barcelone, ils risquaient le garrot ; la justice

a préféré les garder en prison à Alicante, parce que pour Franco, alors au pouvoir en Espagne, exhiber des prisonniers américains servait sa propagande. (J'abrège.)

Donc pour ce qui est de Jack, il est resté incarcéré à Alicante de 1962 à 1969. Parlant couramment l'espagnol, et touchant un peu de l'orgue, il gérait la bibliothèque de la prison et participait quelquefois aux services religieux. Une sorte de planque en quelque sorte. Le seul point d'attache qu'il avait était Paulette évidemment, avec laquelle il avait une correspondance suivie, dont nous ne savions rien… Et il nous est arrivé un jour comme ça… Mais imaginez comme le monde avait changé entre-temps.

Entre « sa » musique de prédilection des années cinquante et les albums de Jimmy Hendrix que je lui faisais écouter, le choc était brutal ! Ce n'était que cacophonie et hurlements… Il ne comprenait pas dans quel monde nous vivions.

Et puis, jour après jour, l'ambiance devenait difficile à supporter. Déjà mon « père » ne représentait plus grand-chose pour moi. Je commençais à cerner le personnage. J'avais appris en tendant l'oreille que son frère Mark s'était mis en ménage avec Peggy, sortie plus tôt de prison, et qu'ils avaient eu un fils. Ce fils, qui s'appelait Mark aussi, a cru jusqu'à ses derniers jours que j'étais son demi-frère, au point que bien des années plus tard il a absolument voulu me connaître et m'a rendu visite, à Paris, début 90.

Je me rappelle quand je lui ai ouvert la porte, il m'a sauté au cou, les larmes aux yeux, en disant : *« Oh, brother, my brother. »* J'en étais tétanisé. Il était encore accroché après moi quand je l'ai fait rentrer. Nous n'allions pas rester comme ça sur le pas de la porte. Là, Paulette faillit s'évanouir en le voyant. C'était le sosie de son père Mark qu'elle avait bien connu, et qu'elle savait être mort dans d'horribles circonstances. Ce ne pouvait donc en aucun cas être le fils de Jack.

Il est resté deux semaines avec sa copine Nancy, une jeune femme adorable, et puis s'en est retourné aux USA, le cœur déchiré. Il a été emporté par le sida un an environ après cette effarante rencontre. Il avait été contaminé par une addiction à l'héroïne, acquise dans une maison de correction espagnole d'où il s'était évadé de façon rocambolesque. Il ne voulait pas se présenter devant moi, son « Big brother » pensait-il, avant qu'il ne soit sobre. C'était là un but qui l'a aidé à s'en sortir et tant mieux. Je l'en ai félicité, et remercié.

Il m'a raconté qu'un matin, là où il était incarcéré, les prisonniers s'étaient réveillés dans un établissement totalement vide. Plus un seul gardien. Le directeur avait vidé les caisses et disparut. Ce furent au moins cinq cents drogués, violeurs et autres assassins qui s'éparpillèrent dans la nature à la faveur d'une prison ouverte à tous les vents.

Mark a fait évidemment comme les autres, et a réussi à rentrer aux USA pour voir sa mère, Peggy. Elle lui a appris que son oncle Mark (en fait son vrai père) avait été torturé et assassiné quelques années auparavant sous LSD par un gang de blacks à New York.

Apparemment, il ne savait rien des deux fils légitimes de Jack supposés être mes aînés, qui étaient en Belgique, et fruits d'un mariage bigame. Parce qu'il était aussi marié aux USA quand il a épousé leur mère.

Par contre il y avait encore un autre fils, peut-être né

de ce mariage américain. Un jeune militaire, m'a dit Paulette, engagé par amour d'un officier supérieur, lequel l'a entretenu clandestinement jusqu'à ce qu'il meure au combat en Asie. Après quoi le jeune homme s'est marié, et a eu deux enfants. Quel troupeau !

— Oh, toi et ta famille tuyau de poêle ! lançait parfois Paulette.

— Famille tuyau de poêle ? mais c'est quoi ? demandait Jack.

Il n'a jamais compris cette expression française un rien vulgaire qu'elle ne lui a jamais expliquée.

Mais c'est dire qu'avant même d'avoir su la totalité des choses, j'en savais déjà assez pour me sentir encombré de sa présence, et m'inquiétais un peu de ce qui pouvait advenir de l'équilibre qui commençait à s'installer dans ce qui était maintenant chez moi.

Paulette reprenait son attitude de mégère, et rabrouait sans cesse cette pauvre Mamy qui se cachait dans sa chambre. J'en étais aussi agacé que meurtri. Je lui ai même offert une petite télévision à elle, afin qu'elle puisse voir les émissions qu'elle aimait bien.

Enfin ils ont annoncé qu'ils partaient s'établir aux USA. Quel soulagement ! (Oh oui, fichez le camp !) J'ai donc offert avec joie les billets, et bon voyage ! Tout semblait promettre un peu de tranquillité pendant un moment.

À part juste la chienne, « Bijou », devenue comme un méchant petit tonneau, qui s'est retrouvée paralysée au point que j'ai dû me charger de la faire endormir.

Progéniture

Au bout de quelques mois, je remarquai que Marianne ne se sentait pas bien, devenait un peu dépressive, avait d'atroces migraines, maigrissait. Elle aurait tant voulu avoir un enfant. D'ailleurs elle en voulait plusieurs, même cinq enfants l'auraient comblée. Mon Dieu !

Je commençais à peine dans ce métier et j'avais besoin de travailler, de composer de nouvelles choses et d'avoir une femme qui m'assiste, qui participe, qui sorte avec moi à des soirées. Je lui ai fait comprendre qu'il faudrait attendre un peu avant, mais que d'ici deux ans il serait possible d'en avoir un, peut-être deux... mais cinq !

Nous avons consulté un médecin qui lui a donné des pilules contraceptives. Mais il fallait, en ce temps-là surtout, en essayer différentes marques pour trouver celle qui convenait.

Hélas, là ce fut pire ! J'ai eu droit à des crises de nerfs effrayantes où elle se roulait par terre en hurlant, ou s'enfermait dans la chambre en sanglotant des journées entières... Il n'y avait que peu de solutions. C'étaient les calculs improbables de fertilité (la méthode Ogino, fondée sur le calendrier annuel des pompiers, je vous la recommande) ou les préservatifs toujours frustrants puisqu'ils empêchaient les chances de grossesse, enfin l'abstinence, qui est la mort d'un couple...

Nous avons quitté cette maison, pour un appartement à Paris. Je pouvais m'y déplacer plus facilement pour mon travail et me suis dit : « Vaille que vaille, reprenons une vie normale et nous verrons bien. » Ce que nous ne savions pas, c'est qu'après une prise régulière de contraceptifs une femme reste infertile un an, voire deux ou même plus. Le manège infernal continuait donc avec ses migraines et ses humeurs maussades, mais plus basé sur l'impatience d'un résultat que sur un refus temporaire.

Enfin un beau jour elle m'a annoncé qu'elle pensait être enceinte. Elle a changé du tout au tout. Elle était devenue très belle, adoptant le style Mary Quant très en vogue à l'époque, souriante, heureuse, active, et pleine de projets. Par contre, la présence de Mamy lui devenait de moins en moins supportable. Elle-même se sentait de trop et j'en souffrais.

Où était ma musique dans tout cela ? Fort heureusement, comme un dérivatif, deux de mes amis, « les Berger » comme je les appelais, les connaissant déjà depuis quelques années lorsque j'avais composé la musique du film *Erotissimo*, venaient de m'annoncer leur prochain mariage. Que leur offrir ? Ils avaient déjà pas mal de choses… Mais une messe de mariage ? Avec chœur et orchestre, à diffuser pendant la cérémonie à l'église ?

Je commençai donc à écrire « Lux aeterna », dans un genre simili-religieux traditionnel mais mêlé de modernisme pop. Puis je l'ai enregistré. Dans un petit studio où nous étions les uns sur les autres mais peu importe. Cela existait.

Et pour l'occasion j'ai fait presser un bon nombre de copies vinyles pour les invités. Ma première œuvre !

Cette œuvre, qui a été un flop total à sa sortie commerciale, au fil du temps a suscité un certain intérêt chez les amateurs de rock progressif. On en trouvait des copies à des prix invraisemblables aux puces de Tokyo, à New York et dans d'autres lieux surprenants. Il en a été tiré des versions pirates auxquelles CBS ne prêtait aucune attention. Il est curieux pour moi de voir qu'un véritable intérêt pour cette partition a sauté une génération. « Lux aeterna » sert de référence à pas mal de jeunes musiciens aujourd'hui. Bref, revenons à cette période mouvementée s'il en fut.

Dans cet appartement parisien nous ne sommes restés qu'à peine deux ans, nous n'y trouvions pas notre place, et il offrait tous les inconvénients des immeubles modernes. Cloisons minces, voisins bruyants, et vu que nous étions logés au premier étage, notre appartement donnait sur une grande pelouse. Donc nous recevions des étages supérieurs des mégots de cigarettes, des papiers de bonbons, jusqu'à des pelures de banane à l'occasion. Le piano dérangeait, et le voisinage était désagréable.

Nous avons donc émigré rue de la Tour dans le XVIe. Au rez-de-chaussée d'un immeuble ancien, dans un bel appartement dont certaines fenêtres étaient encore ornées de vitraux. Nous donnions sur un jardin intérieur plutôt agréable. Enfin nous nous y sentions bien.

Marianne m'ayant confirmé qu'elle était enceinte, nous avons consulté un excellent médecin, lequel à la sortie de la consultation m'a pris à part.

— Votre femme est idéalement conçue, si ce n'est pas programmée, pour avoir des enfants. J'ai rarement vu cela. Si vous n'y prenez pas garde vous en aurez un pratiquement tous les ans.

N'ayant pas du tout l'esprit d'un Jean-Sébastien Bach qui en eut quinze en son époque, j'ai un peu paniqué. Deux oui pourquoi pas, mais pas plus. Je devais avancer dans mon travail, et ne recevant pas de pension d'un prince ou d'un ecclésiastique comme de son temps ,il me fallait faire tourner la maison avec les contraintes du monde moderne. Mes droits d'auteur étaient juste suffisants alors pour faire vivre ma famille et j'avais besoin de temps et de calme pour écrire de nouvelles choses. Cette perspective d'une myriade d'enfants quasiment non désirés puisque n'étant que le résultat d'une nature que je dirais débordante m'a soudainement vidé l'esprit. Je n'arrivais plus à composer. Rien. Le silence total.

Johanna est née en mars 1973, heureusement pas loin de chez nous, grâce au professeur Pierre Simon, homme admirable en bien des points, et nous sommes rentrés heureux avec notre belle petite fille.

C'est là que Mamy, se sentant de plus en plus l'objet de mesquineries de la part de Marianne, laquelle ne supportait que son enfant et moi, a décidé de partir aux USA retrouver Paulette et Jack. Elle se sentait de trop. Ce qui fut fait en faisant les fonds de poche pour un aller simple. Nous nous retrouvions donc tous les deux avec notre fille.

Le vécu de ma jeunesse ne devenait plus qu'un ensemble de souvenirs. Un temps était passé. Je démarrais une vie d'homme. Tout était parti au-delà de l'océan. J'avais vingt-sept ans.

C'est là que j'ai commencé à m'apercevoir de l'étrangeté de celle qui était mon épouse. Après un peu plus d'un mois, elle s'est comme détachée de sa fille petit à petit. Revenaient les migraines, l'indolence, les fatigues et un certain laisser-aller qui ne me permettait plus de recevoir des amis ou des personnes utiles pour mon métier. Il était impossible même de sortir en ces occasions où l'on se doit de se montrer. L'idée que Laurence garde la petite pendant notre absence la rendait presque furieuse. Par-dessus ça, nous avons appris le suicide de son frère Gérard. Un garçon très gentil, très ouvert, qui ressemblait un peu à Thierry Le Luron. Sa femme, dont il avait une fille, était la douceur même. Nous n'avons jamais compris la raison de son geste. Voilà qui n'arrangeait pas les choses, Marianne l'adorait.

J'étais donc cloîtré devant ce piano devenu muet, et m'occupais seul de ma fille que j'adorais, de jour comme de nuit. Je suis devenu imbattable sur tout ce qui est biberons, couches, et tout ce qui doit être fait pour un bébé. C'est ainsi que j'ai pu sans problème garder mes petits-fils plus tard lorsque mon fils et sa femme me les confiaient pour un week-end ou quelques jours d'absence. Au moins j'y ai gagné cela.

Passé un certain temps nous n'avions plus un sou. Nous avons déménagé « à la cloche de bois », comme on dit, et de nuit. Je ne remercierai jamais assez Loety et Jean-Pierre, de vrais amis, parrain et marraine de Johanna, de nous avoir aidés à vider l'appartement, puis hébergés et nourris le temps d'attendre une nouvelle rentrée de droits d'auteur. (« Lux aeterna » a été aussi joué à l'occasion de leur mariage.)

Une fois les sommes attendues rentrées, nous avons encore une fois déménagé et trouvé une petite maison à Antony pas très loin de chez eux. Mais les droits étaient plus maigres cette fois.

Siegfried, lui, est né en décembre 1972, pratiquement un an après Johanna, et j'en étais heureux ! Leur âge très proche était une bonne chose, et je désirais ce deuxième enfant que je pensais bien être le dernier. J'en fus récompensé d'un garçon, le choix du roi comme on dit. Une fille et un garçon. Mon fils ! Celui en qui on met beaucoup d'espoir. Le rapport avec sa fille est un rapport d'amour pur et de tendresse, et, sans que cet amour soit moindre, celui avec son fils entend quelque chose de constructif dans lequel on se projette. Tout était donc parfait.

Marianne est rentrée de clinique, et s'est sentie mal au bout de deux ou trois jours. Au point qu'elle a dû y retourner deux bonnes semaines à cause d'un début d'infection. Le professeur Simon n'a pas pu la délivrer lui-même, étant à une conférence en Orient ce jour-là, je ne sais plus où, une assistante l'avait remplacé.

Je me retrouvais donc seul avec ma fille et mon garçon tout bébé, attendant le retour de leur mère.

C'est Paulette qui a trouvé le moyen de se faire prêter de quoi acheter un aller-retour pour la France (je n'avais pas de quoi lui en procurer un) pour venir me seconder un peu. Heureuse qui plus est de voir ses petits-enfants. Cela m'a beaucoup soulagé. Elle est restée presque un mois et puis s'en est retournée de l'autre côté de l'Atlantique. Avec pour elle autant que pour moi une certaine tristesse que l'on peut deviner.

Mais j'ai grâce à cela pu honorer quelques commandes d'orchestrations pour différents artistes et je vivais un peu mieux.

Marianne est rentrée. Elle allait bien. Le plus difficile à présent était de lui faire admettre qu'il fallait s'en tenir à deux enfants, avec de nombreux arguments que j'avais préparés pendant son absence. Je me suis heurté à un mur. Il n'en était pas question. La chose était fondamentale pour elle et de mon côté l'idée m'était insupportable. Je savais que cela aurait conduit à la ruine de tout ce que je voulais construire de beau, de grand, enfin de tous mes rêves de musicien.

L'ambiance est devenue de plus en plus lourde dans notre couple, le point de rupture approchait. (Je n'étais ni l'homme ni le père qu'elle souhaitait.) Et ce qui devait arriver arriva. Elle s'est tournée, et me l'a dit franchement après peu de temps, vers un autre homme. Que je connaissais un peu.

Catholique d'un fondamentalisme un peu outrancier, et désirant une nombreuse famille telle que Dieu la souhaitait (?), genre d'affirmation que je ne comprendrai jamais, mais enfin si tel était leur désir... Je craignais seulement que mes enfants soient élevés « à la mormon ». Ce qui n'a pas manqué finalement.

Le divorce fut envisagé, il a été prononcé en prenant les torts à ma charge de manière à ne pas par la suite donner une mauvaise image de leur mère à mes enfants. Après tout ce n'était pas sa faute, ce n'était pas de l'adultère commun, c'était sa nature et ce besoin biologique qui l'avaient menée à ce choix.

Au revoir mes petits. J'avais un droit de visite, obtenu sans difficulté, mais Siegfried était trop bébé encore pour que je le prenne avec moi. Adieu la maison d'Antony et me voilà hébergé chez des amis musiciens.

Suzan, Fafa et d'autres

Comment les ai-je rencontrés ? Certainement dans le petit groupe de musiciens que je fréquentais alors. Alain Suzan était un guitariste extrêmement fin et d'un jeu qui ne cherchait jamais à prouver son talent par un flot de notes inutiles. Il s'immisçait dans la musique par des phrases mélodiques élégantes et efficaces. Il « commentait » le propos des morceaux. Nous avons enregistré mes trois premiers albums ensemble. Fafa, que j'ai toujours appelée Marie-Françoise (j'étais le seul), et lui étaient inséparables.

Venaient et repartaient des guitaristes, des batteurs, des bassistes et cette fois j'ai pu entrer dans le monde du rock. J'y ai découvert une autre façon d'envisager l'harmonie, et ce fut un échange bénéfique entre nous. Je donnais ce que je savais et ils me le rendaient bien par leurs propres connaissances.

La maison, un peu éloignée des autres, avait un grand sous-sol nous permettant de jouer à tout moment aussi fort que nous voulions. Tout était décoré façon hippie-indien par Fafa. L'encens flottait dans l'air. On y écoutait Janis Joplin, Hendrix, mais aussi Ravi Shankar et des musiques orientales. Je me sentais nourri et renforcé par tout cela. Je reprenais espoir. J'étais entouré de gens remarquables et auxquels je repense souvent.

Je prenais Johanna chaque week-end. C'était un peu loin de Paris mais j'y tenais.

Enfin vint un jour où j'avais gagné suffisamment pour me prendre un petit studio à Paris, boulevard de Grenelle (encore un déménagement), ce qui rendait les choses plus faciles dans bien des domaines. Je pouvais emmener Johanna au Champ-de-Mars ou au guignol du Luxembourg. Je continuais à écrire des arrangements et je vivais mieux. Mon Ziggy me manquait mais c'était déjà ça.

Je reçus une commande pour des arrangements particuliers. À la suite de l'immense succès de *Hair*, le premier opéra-rock qui ait été joué sur les scènes du monde entier, l'idée est venue bien évidemment à des compositeurs d'en écrire d'autres.

Par l'intermédiaire de Suzan j'avais fait la connaissance d'un auteur extrêmement prolixe, François Wertheimer. Personnage un peu extravagant, mais qui ne l'était pas à l'époque dans le monde fou de la création ?

Nous nous sommes vite entendus, avec le même sens d'un certain classicisme qui n'excluait pas une certaine avant-garde. Il m'a montré un livret d'opéra qu'il voulait monter avec un certain Guy Skornik que j'avais déjà croisé en studio car il avait étudié le sitar indien, et avait joué sur un de mes enregistrements cosigné avec Gérard Manset.

L'ouvrage s'intitulait *Popéra-Cosmic.* François avait un don étonnant pour l'écriture. On eût dit parfois du Victor Hugo, teinté d'un peu de surréalisme. J'étais emballé. Ce fut enregistré mais n'eut pas le succès escompté. Dommage.

On en trouve cependant des extraits sur Youtube dans ces enregistrements recherchés par les amateurs de curiosités des années pop.

C'est à la suite de cela que tout a vraiment commencé pour moi.

François connaissait une grande dame, une grande chanteuse, qui avait apprécié ses textes, lesquels lui avaient inspiré de superbes musiques. Elle cherchait pour cela un orchestrateur différent qui pourrait l'aider à réaliser un disque qu'elle projetait d'enregistrer prochainement. Il lui avait fait entendre « Lux aeterna » qui l'avait enchantée. « Oh, il écrit des cordes bleues comme je les aime ! s'était-elle écriée. Je voudrais le rencontrer. »

5

BARBARA

C'est avec un bon quart d'heure d'avance que je suis arrivé rue Michel-Ange le jour dit. C'est une manie que j'ai toujours eue, ne pouvant supporter d'être en retard. Rencontrer Barbara… Elle que j'avais écoutée tant de fois à la radio, et que j'avais pu apercevoir au Théâtre des Champs-Élysées le temps trop court de quelques chansons, elle dont les mots m'allaient droit au cœur. Je jouais sa musique et j'avais été étonné de sa manière de composer. Comment dire ?

C'était simple musicalement à la base. Utilisant souvent ce qu'on appelle dans le jargon des musiciens des « anatoles ». Ce sont des suites d'accords convenus, des trames harmoniques sur lesquelles on peut écrire des mélodies et des textes extrêmement variés quasiment à l'infini. Brassens les utilisait abondamment ainsi que beaucoup d'autres auteurs-compositeurs.

Barbara composait la musique de son premier ensemble couplet-refrain, et sautait brusquement pour le suivant dans une autre tonalité (parfois lointaine de la précédente) sans le moindre souci de liaison. Cela donnait des surprises musicales qui généraient des climats parfois insolites, souvent magnifiques, en évitant la redondance, et toujours en accord étroit avec les images qu'elle exprimait.

J'ai sonné à sa porte le cœur battant. François qui était maintenant son auteur attitré m'a ouvert. L'appartement moderne, mais solide et cossu, ouvrait directement sur un grand salon décoré avec élégance, et d'où s'échappait un superbe escalier de bois conduisant aux appartements privés. C'est là que j'ai rencontré donc pour la première fois celle que j'allais affectueusement appeler plus tard « la Duchesse ».

Hélas, cette première rencontre a été un peu délicate. Je m'étais fait beau et j'étais tout habillé de blanc. Cette première vision l'a laissée un peu interdite. Elle avait toujours dit, et je ne le savais pas, qu'elle n'avait jamais travaillé ou été entourée que d'hommes bruns. Je ne pouvais rien faire à mes cheveux blonds, mais j'avais commis une erreur en ne portant pas de noir. Sa couleur de prédilection. Ce léger malaise n'a duré que le temps de quelques courtes minutes. François avait fait le lien en me présentant un peu plus personnellement. Du fait de sa grande ouverture d'esprit, Barbara a vite dépassé tout cela et nous avons commencé à parler musique, poésie, et de mille autres choses une bonne partie de l'après-midi. « Lux aeterna » était posé sur son bureau, bien en place devant elle. Parfois sa main caressait le disque tout en parlant.

Elle m'a joué ensuite quelques passages de chansons en cours d'écriture en me demandant si je pouvais y poser çà et là mes cordes bleues qu'elle trouvait tellement expressives. Je ne voyais pas ce que cela voulait dire exactement sur le moment, mais avec le temps j'ai appris à comprendre ces mots abstraits qu'elle utilisait comme une sorte de transmission d'images. Je n'ai pas eu tant de mal à les capter, d'autant qu'il n'y a pas de mots pour exprimer les sentiments musicaux, ce qui a créé sans doute cette entente si proche que nous avons eue dès lors. Il y a eu même d'étranges moments de télépathie certaines fois.

Elle était sur le point de déménager. Elle avait acquis une grande ferme un peu ancienne à Précy-sur-Marne, au nord de Paris. Laquelle nécessitait quelques travaux, mais avait provoqué chez elle un immense coup de cœur. Autour d'un assez grand jardin intérieur un peu en friche, le bâtiment se composait de trois parties. La première était réservée à l'habitation. C'était immense. Une petite porte de côté ouvrait par la rue sur une grande entrée avec à gauche une grande cheminée faisant face à la porte d'une cuisine de belle taille, là où elle me contraignait parfois à déguster une fine omelette faite d'un seul œuf lorsqu'elle avait décidé que je devais avoir faim. Cela pendant qu'elle discutait en suçant un demi-citron tout en faisant le tour de la grande table campagnarde. J'en avais mal aux dents à la regarder.

Eh oui, parce qu'il n'avait pas été question que je ne la suive pas pour vivre auprès d'elle dans ce nouvel endroit, tout comme François qui y apparaissait de temps à autre, avec un nouveau texte toujours.

De par cette entrée, on accédait aussi par un escalier à son lieu privé. Il n'y avait pas encore le grand piano et les travaux se faisaient petit à petit. Cela promettait d'être un endroit magnifique. Un grand salon, une chambre et une salle de bains. Sous le toit haut, de belles poutres solides donnaient à l'ensemble un charme indescriptible.

Suivait en bas un grand salon où cette fois la cheminée était souvent allumée. Ensuite un long couloir menait, après une salle de bains, à quelques petites chambres dont une, un peu plus grande, m'avait été attribuée comme pièce de travail. J'y avais de plus une porte vitrée donnant directement sur le jardin.

Tout au bout de ce bâtiment une immense grange, en assez bon état, comportait tout au fond une élévation suffisamment profonde pour faire irrésistiblement penser à une scène. Dès lors il ne fut plus jamais question de dire « la grange », mais « le théâtre ». Elle y a souvent répété avant ses concerts.

De l'autre côté du jardin étaient disposées des cages à lapin, ou autres animaux, mais que j'ai toujours vues vides. Enfin le tout était fermé par une très grande porte en bois couverte d'un gros toit, où étaient garées deux voitures. La belle Mercedes des tournées et celle de François.

En attendant, nous travaillions dans une petite pièce meublée d'un piano droit, d'une chaise et d'une table, avec une vilaine lampe à la lumière crue qui tombait du plafond, mais tant pis. C'est là que nous avons commencé à créer ce futur album, *La Louve*. « Marienbad », « L'enfant laboureur »... Ces chansons je les ai apprises par cœur, afin qu'elle puisse les juger comme de l'extérieur, sans avoir à les jouer ou à les chanter elle-même. Les alexandrins de François étaient un régal :

> Un Apollon solaire de porphyre et d'ébène
> Attendait Pygmalion assis au pied d'un chêne...

Un jour, elle m'écoutait, assise sur la table avec un miroir à la main tout en se repoudrant le visage. Elle m'a soudain interrompu dans un claquement de son poudrier.

Avais-je fait une bêtise ? Mais non, elle m'a dit :

— Tu devrais chanter, toi.

— Moi ?

— Oui toi, j'aime beaucoup ta voix, il y a de l'émotion, du vécu, c'est bien.

— Mais je n'ai pas de voix…

— Et alors ? Moi non plus, on s'en fout. Tu n'es pas un chanteur, tu es un « diseur » comme moi je suis une diseuse. Je raconte des histoires en musique et je les fais vivre… pourquoi tu souris ?

— Parce que cela me rappelle une critique de Sacha Guitry au sujet de Mireille et qui disait : « Mireille est une chanteuse qui a le bonheur de ne pas être encombrée d'une grande voix. »

Nous avons ri. Puis elle a insisté, disant que je devrais essayer. J'en étais perturbé, une si grande dame affirmant ainsi son opinion cela donnait à réfléchir. Qui d'ailleurs aurait eu l'audace de contrarier une femme qui claque ainsi son poudrier ? Oui, non, je ne savais pas, je verrai plus tard.

Enfin l'album fut terminé et nous sommes passés à l'enregistrement, à l'ancien Bobino rue de la Gaîté à Paris, qui a été démoli depuis. Le théâtre était surmonté d'un studio d'enregistrement où nous allions tous les jours retrouver les musiciens, dont Roland Romanelli, ce merveilleux accordéoniste, et son ingénieur du son préféré. Ni elle ni moi ne savions conduire une voiture. François était Dieu sait où, alors elle eut une idée. Elle a demandé à son épicier marocain qui la livrait souvent s'il pouvait nous y conduire. Évidemment enchanté de lui rendre service, il nous a fait monter dans sa camionnette Citroën en tôle ondulée. J'étais assis à l'arrière sur une caisse en bois en m'accrochant où je pouvais. Barbara avait heureusement un siège que l'épicier avait remis en place pour l'occasion.

Imaginez, à une heure où dans cette rue de la Gaîté circulait pas mal de monde, ce que pouvait donner la vision de Barbara sortant d'une camionnette assez vieillotte et un peu rouillée, en grand et long déshabillé noir couvert d'un châle, d'une extrême élégance, et sur laquelle tout le monde se retournait bien évidemment. Elle s'engouffrait dans Bobino le plus vite possible et nous commencions les séances d'enregistrement. Parfois jusque très tard.

Chaque chanson était enregistrée une première fois, elle seule au piano sans chanter.

Ensuite une autre prise, toujours au piano, mais elle chantait cette fois.

Suivait une version où elle chantait, mais je l'accompagnais au piano.

J'étais chargé d'en réaliser les orchestrations sur ces premiers enregistrements.

Enfin c'était une quatrième version en direct avec tous les musiciens.

Roland Romanelli y ajoutait quelquefois avec subtilité quelques interventions à l'accordéon, ajoutant de profondes ambiances qui complétaient le tout.

Ce furent pour nous tous de grands moments de bonheur. L'album, sorti en 1973, a été un grand succès, donnant à Barbara une image qui ne la trahissait pas le moins du monde, mais apportait un ton un peu nouveau. Les textes de François Wertheimer étaient admirables.

Nous étions devenus très proches elle et moi. Une complicité affectueuse nous unissait. J'étais là, à disposition. Sa grande chienne dormait avec moi sur le lit, m'ayant pris d'une encombrante affection. Les travaux étaient maintenant terminés et le grand piano était installé dans sa pièce à musique à l'autre bout de la maison.

Barbara était légendairement insomniaque et en profitait pour travailler la nuit. Il arrivait que j'entende gratter à la porte de ma chambre et sa voix qui me demandait :

— Wil, tu dors ?

Bien sûr que je dormais, mais la chienne se dressait immédiatement, donc je disais :

— Non, pas vraiment, pourquoi ?

— Je voudrais te faire entendre quelque chose…

— Oui je viens (il était parfois deux ou trois heures du matin).

J'enfilais un vêtement et la rejoignais. J'avais ce privilège intime de la regarder travailler, fouiller le clavier à la recherche de la note manquante, traquer l'accord qui lui échappait.

— Tu vois, si je finis la phrase comme ça on ressent comme une fin.

— Oui ?… Et ?…

— Je voudrais qu'on ait l'air d'attendre quelque chose, mais sans dire quoi.

— Ah… sans dire quoi… sans dire quoi… Voyons, et si tu essayais un accord de triton ?

— De triton ?

— Oui ça s'appelle aussi une sixte napolitaine.

— Napolitaine ? Avec des fruits confits ? (Rires.) Ne me fais pas rire ça me fait mal au ventre !

— Oui c'est ça ! Avec des gros noyaux ! Chopin l'utilisait pas mal. Tiens ça donne ça : *sol si mi bémol*, essaye… (Je posais mes doigts sur les touches pour lui montrer.) C'est quoi ta phrase ?

— C'est la fin d'un moment où je parle de l'assassin dans « Lily Passion », je finis en disant : « Il tue. » Mais je ne voudrais pas l'affirmer.

— Bon, regarde, tu fais l'accord juste avant et là tu dis : « Il tue » sur cet accord qui reste suspendu, et qui contient comme un doute, une crainte…

— Ah… Mais c'est bien ça, remontre-moi voir ? Ah, j'aime bien… Merci, je vais pouvoir continuer.

J'avais compris que je n'avais plus qu'à retourner à ma chambre, pousser la chienne qui avait pris ses aises et tâcher de me rendormir.

Je ne parlerai pas de « Lily Passion ». Un mystère, une omerta, entoure cette œuvre magnifique, qui a été réduite à un déplorable spectacle. Non pas à cause de Gérard Depardieu ni de Barbara, mais certaines personnes ont agi sans scrupule ni aucune considération pour cette création à laquelle elle avait tant travaillé. Eux deux sur une scène avec une vague histoire suffisait à faire venir du monde. Les enregistrements d'origine ont disparu, voire ont été détruits. J'ai retrouvé il y a un an quelques pages de la version avec orchestre d'un titre qui s'intitulait « Le Héron ». Je les garde précieusement. Peut-être qu'un jour j'en donnerai une version personnelle.

Cet épisode nous a un peu éloignés. Nous en étions atteints l'un comme l'autre. Déjà elle est partie pour de longues tournées. Et a cessé d'écrire. Il fallut qu'un jour on lui fasse remarquer qu'elle n'avait rien enregistré depuis dix ans. Elle a composé un album. *Seule*. Moi, j'étais pris dans le show-business.

Bien sûr nous nous sommes revus quelquefois, mais un temps était fini.

Pour le reste, bien des biographies ont été écrites à son sujet et là n'est pas l'objet de mon récit. On m'a plusieurs fois demandé, vu que je la connaissais bien, si elle s'était suicidée. Quelle bêtise !

On m'a demandé souvent : « Avez-vous des photos de Barbara et vous ? »

Non, et nous n'y avons jamais pensé, c'est tout. Pour quoi faire ?

Show-business

Ma collaboration avec Barbara ainsi que son parrainage avaient intéressé sa maison de disques. J'eus donc un rendez-vous chez Philips pour faire connaissance déjà, recevoir quelques félicitations et parler d'avenir. « Tu devrais chanter » l'avait apparemment amenée à parler des possibilités qu'elle avait décelées en moi au cours de nos longues soirées de travail. Il faut dire aussi que le succès, quelques années auparavant, de « My year is a day » et diverses autres orchestrations extérieures m'avaient aidé à être considéré désormais comme faisant partie du milieu professionnel.

J'ai revu alors André Chappelle, dont j'avais fait la connaissance lors de mon audition avec Luce, mais ce fut un autre directeur artistique nouvellement entré qui me fut assigné.

Je n'avais rien à chanter. Ou peut-être, quelque chose que j'avais écrit pour une jeune chorégraphe, qui faisait une assez jolie carrière en télévision, pour agrémenter le visuel de certaines chansons autour de quelques artistes, pour animer un peu les émissions de variétés. C'était la mode.

Très proche d'un producteur de disques indépendant, lequel était un amateur fou de jazz moderne et de rock d'avant-garde, elle désirait ardemment chanter.

On m'avait donc demandé une chanson dans le goût du jour, dans un style simple et « efficace ». Ce que je fis, mais n'ayant plus de leurs nouvelles depuis un long moment (ils étaient souvent en voyage ou avaient peut-être oublié), j'ai pensé qu'elle ne les intéressait pas. Donc je me suis décidé à la chanter moi-même. Pour un bout d'essai.

Le texte n'existait pas en français et j'avais écrit en vitesse quelques phrases répétitives en anglais pour au moins poser un son de voix. Ce fut une bombe !

Vite, il en fallait d'autres. Faire tout un album... Et puis après tout, pourquoi pas ? Je me suis donc mis au travail et ai composé une douzaine de chansons avec une facilité qui me déconcertait un peu.

Sur la première chanson, qui parut en 1975, dans un ton qui parodiait gentiment le style en vogue, truffé de mots anglais, je m'amusais beaucoup. J'avais employé un ensemble de saxophones d'une manière que l'on entendait peu dans les enregistrements de variétés de l'époque, c'était nouveau, et cela devint un très gros succès. Ce fut « Rock'n Dollars » !

Alain Suzan principalement y apportait des motifs de guitare qui s'y inséraient à merveille. Paul Scemama, ingénieur du son, et de nombreux musiciens de nos amis y participèrent avec enthousiasme (mais je ne saurais, et qu'ils m'en excusent vu que je n'ai plus le vinyle, les citer tous après quarante-cinq ans). J'avais coupé mes cheveux dans le style un peu début « sixties » et enfilé un *teddy* de football américain. Fini le look Woodstock. Maintenant les attitudes changeaient à mon égard... Mais dans l'autre sens : « C'est qui ce facho ? » Vox populi...

Diffusé trois ou quatre fois par jour sur les antennes, si ce n'est plus. (Il n'y avait alors que quatre chaînes de radio à l'époque.) Je devenais une star. Interviews radios, photos, émissions de télévision, magazines me prenaient un temps fou. Heureusement Jean-Pierre Domboy, mon attaché de presse, organisait tout cela à merveille. Lui, tout en chapeautant l'ensemble de ce qui me concernait, était spécialisé dans la presse et la télévision. Jeanne Juvigny, du département promotion de Philips, qu'elle dirigeait, était reine dans le domaine des radios et elle m'emmenait pour me présenter partout.

Ma première apparition sur le petit écran fut dans une émission de Guy Lux. J'attendais dans la salle du studio lorsque Jean-Pierre est venu m'annoncer que j'étais prévu dans la rubrique de la chanson idiote ! Non, pas question ! Alors même que je tentais quelque chose d'un peu original et voulais proposer un concept nouveau, je ne voulais pas donner l'image d'un crétin.

C'est là que Guy Lux lui-même s'est approché. Et m'a dit très courtoisement :

— Bonjour… Écoutez, ce que vous faites est intéressant et original, je ne le conteste pas. Maintenant comprenez bien ceci. Si je vous ai placé dans cette séquence c'est qu'elle est la plus regardée de toute l'émission d'une part, et d'autre part dites-vous que si votre chanson n'est pas idiote, le public saura bien s'en rendre compte.

Il avait parfaitement raison. Je le lui ai dit. Je venais là de prendre ma première leçon quant au rapport avec les médias. Je me suis donc levé et suis allé me mettre en place en haut d'une sorte de colonne blanche. J'ai chanté ma chanson en toute conviction et le lendemain mon apparition avait très largement frappé les esprits.

C'était grisant et fou. Tout à coup, je rencontrais les grands, Johnny, par exemple, qui m'a le plus marqué dès le début. Ce n'était pas un « pote », bien que nous ayons fait quelques virées nocturnes à l'occasion, mais nous nous sommes rencontrés plusieurs fois seul à seul, au calme, dans des bars d'hôtel lors de tournées, et avons eu de belles et longues conversations autour de la musique. Il avait comme moi, mais à un bien autre niveau bien entendu, la sensation d'avoir été privé, par son immense célébrité, de ses désirs de gamin de vouloir devenir un grand guitariste. Je n'avais eu alors que l'instinct de lui dire qu'il avait offert en quelque sorte ce rêve de gosse à des millions de personnes dont la vie a été comblée grâce à lui et qu'ils le lui rendaient par autant d'amour. J'ai découvert un homme bien plus fin qu'on ne le décrivait dans les médias.

Enfin j'ai fait la connaissance de Françoise Hardy, Claude François, Carlos, Michel Berger, Christophe, Sylvie Vartan, Joe Dassin… et qui encore ? J'étais dans un autre monde. Je faisais partie du cercle. J'étais adopté.

C'est là que j'ai rencontré Nelly au cours d'une des nombreuses émissions auxquelles je participais à travers la France et qu'elle animait parfois. Ce fut une belle histoire qui a duré six ans. Elle m'a infiniment aidé dès mes débuts par ses conseils tant humains que professionnels et nous nous sommes beaucoup aimés. Nelly était libre de vivre comme elle l'entendait et moi aussi. Nos métiers nous absorbaient mais nous nous retrouvions toujours très vite. « Où es-tu ? – J'arrive ! » Elle me fut un grand soutien et un fleuve de tendresse.

Laurence y fut adoptée aussi ! Je venais de l'employer officiellement comme secrétaire-chauffeur. Un peu inquiète au début, sachant que souvent ces « métiers » ne durent pas, mais, lui ayant fait comprendre qu'elle aurait la charge de faire ses propres fiches de paye et tenir la caisse, elle fut rassurée. Il faut dire qu'entre-temps elle s'était brièvement mariée, avait eu une petite fille et devenait plus prévoyante. C'était définitivement une fille bien.

Sa fonction impliquait qu'elle devait « faire le chauffeur ». Elle a donc passé son permis de conduire sur une 4 L, pour se retrouver juste après au volant d'une superbe Volvo de luxe verte. Ce n'était pas la même chose. Les débuts furent un peu difficiles. Entendre mon « Arletty » gouailler après avoir tourné trois fois autour de la place Charles-de-Gaulle : « Ah, mais y veulent pas me laisser passer hein ! » était un peu amusant mais pas très rassurant non plus. Elle avait ses trajets à elle et n'en démordait pas. Nous étions donc condamnés à passer par la rue de Presbourg et la rue de

Tilsit qui font le grand tour de la place, avec tous les feux rouges. Pour le reste elle ne m'a jamais déçu. Et son côté titi plaisait à tout le monde.

J'ai quitté Paris pour Montfort-l'Amaury. Là même où j'avais été interne deux ans dans un collège privé pour garçons, le collège Saint-Louis où il régnait une curieuse ambiance avec quelques professeurs un peu bizarres, mais au fond je ne m'y déplaisais pas. Et c'est surtout là que j'ai pu recevoir mes tout premiers cours de piano, le temps d'avaler la *Méthode rose* ennuyeuse à souhait, mais c'était déjà ça. C'est ce collège que j'ai quitté pour le tout neuf lycée de Rambouillet dont je parle à mes débuts. Et au moins c'était mixte. Avoir des filles autour, ça égayait le paysage, et nous rendait plus propres. Nous n'aurions pas mis deux jours de suite la même paire de chaussettes, et portions un soupçon d'eau de toilette.

Dans cette nouvelle maison de Montfort, Laurence avait sa chambre avec un bureau et pouvait y recevoir sa fille. Elle avait son coin à elle. Tout allait bien. Chacun y avait sa place. En plus il n'y avait qu'elle qui se servait de la somptueuse voiture. Elle était ravie. Je continuais à recevoir les enfants les week-ends, elle les amenait avec sa fille Sophie. À cette époque je ne faisais pas encore de scène et j'avais donc le loisir d'être avec eux. Ils étaient heureux d'être là bien évidemment, confrontés à un monde bien plus libre où le jeu et le rire étaient leur lot quotidien. Il y avait eu un Noël fou ! Jean-Pierre et Loety, leurs parrain et marraine, avaient apporté avec peine un grand sapin de plus de deux mètres, que tout le monde a décoré d'une orgie de lumière et dont le pied fut envahi de cadeaux. La joie de regarder les enfants s'émerveiller en enjambant les paquets, assis près de Nelly qui me tenait la main, cela peut-il se décrire ?

1975 était une belle année.

À peine ce premier disque estimé épuisé, on m'en demanda un second pour l'année suivante. Déjà ? Mais pourquoi seuls un ou deux morceaux étaient diffusés quand on en a écrit douze ? C'était ainsi.

Je me suis remis au travail en commençant à bifurquer vers un style un peu plus recherché, tout en conservant des morceaux plus « directs ». Parut donc *Dans un vieux rock'n'roll* sorti en 1976 avec son titre éponyme et le « Carnet à spirale ». Ce fut un troisième succès ! Johnny m'avait dit à ce propos : « Oh, en changeant le texte tu me l'aurais filée ta chanson rock on en aurait vendu des millions ! » Mais j'en avais un peu assez.

Je ressentais une certaine lassitude. Surtout à cause de la routine que le succès imposait. Et la musique dans tout cela ? Où étaient mes heures intimes avec Chopin, Debussy, Beethoven ? Où étaient mes enfants que je voyais moins et à qui l'on interdisait d'écouter la radio ? Où était ma vie d'homme ? Cette pseudo-star, c'était qui ? Ce n'était pas moi. Je sortais de plus en plus, dans des boîtes élégantes ou très privées, je rencontrais des artistes, des acteurs, des dingues, en rentrant à plus d'heure, cherchant dans une certaine ivresse de vie un palliatif, et, malgré Nelly, dans une pénible solitude tout au fond, que je lui cachais tant bien que mal. C'est vers ce moment que les choses ont dérapé, jusqu'à ce qui m'était très foncièrement inconcevable jusque-là.

Le diable se poudre d'or blanc

Les principales stations de radio avaient organisé dans différentes villes de France des émissions en direct. Une grande scène était disposée sous un chapiteau et la ville était parsemée de studios destinés aux interviews. Cette fois j'étais épuisé et avais du mal à assumer les obligations que ce remue-ménage imposait. Nelly était loin, et j'étais en dépression.

Quelques minutes avant une émission où je devais chanter en public, sur un play-back musical mais en direct, un ami chanteur m'a dit :

— Tu es crevé ?

— Oh oui.

— Il y a de quoi !... Tu ne veux pas un petit remontant ?

— Un petit remontant ?

— Ben oui...

Il m'a discrètement tendu un petit paquet blanc.

— C'est quoi ?

— Ben, essaye, tu vas voir tu te sentiras mieux.

— Ah ? Non mais c'est quoi ?

— Ben, de quoi te faire une petite ligne de coke, tiens, je te file ma paille.

Je n'avais jamais touché à la cocaïne. J'ai hésité un bon moment, et puis me suis enfermé dans des toilettes, j'ai sniffé une petite ligne, et tout à coup me suis senti dans une forme extraordinaire, comme après un bon et long sommeil récupérateur. Un peu nerveux, soit, mais capable d'assurer un show éblouissant !

— Waaa... Mais c'est formidable ton truc ! Tiens voilà ton paquet...

— Je te l'avais dit...

— Mais… Tu en trouves facilement ?… Tiens, ta paille.

— Quand tu veux, *man* ! Je t'aurai ça demain.

— C'est combien ?

— Ça dépend de la qualité… De la très bonne, compte 900 francs le gramme (150 euros), sinon tu en as de la moins chère mais elle fait mal au nez et le circuit n'est pas très fiable.

— Ah… bon, merci en tout cas, je t'appelle demain je dois y aller, OK ?

— Quand tu veux *man* !

Ma prestation ensuite fut largement applaudie. J'en ai eu des compliments. Oui, mais quand même je n'allais pas entrer là-dedans… La fumette hippie à l'occasion avec de la musique, bon, mais là… Je regardais le numéro de téléphone que j'avais dans la poche. Peut-être pour dans des moments de fatigue, un de ces jours, qui sait ?

Oh, ce ne fut pas long. Le petit paquet du lendemain s'est évaporé en moins d'une semaine. Disons tout de suite que c'était d'une qualité infiniment supérieure à ce qui traîne de nos jours, et que peu suffisait largement. Une fois l'effet passé je ne ressentais pas de manque. Je n'utilisais ce subterfuge que pour les moments actifs disons, ne voyant pas quel intérêt il y aurait eu à me faire une ligne pour regarder la télévision. Parfois cela m'aidait à évacuer instantanément l'ivresse du champagne ou d'un whisky, mais c'est tout.

Je préférais ce qui ouvre l'imaginaire. Et encore, seulement de temps en temps. L'inspiration artificielle finit par masquer l'imaginaire naturel, qui semble plus palpable. Je m'y étais intéressé après avoir lu Théophile

Gauthier, Baudelaire, les Dumas, Gérard de Nerval à ce sujet, et c'était plus pour l'acuité de perception des sons, tel Berlioz, ou des couleurs comme Delacroix. Ils étaient tous membres du club des haschichins. Le produit introduit à la suite des conquêtes d'Égypte, et d'abord étudié scientifiquement, s'est répandu petit à petit dans le monde des créateurs.

Il était consommé sous forme de gâteaux, toujours en présence du docteur aliéniste Moreau de Tours, avec les mêmes précautions que le LSD au siècle suivant.

Peut-être est-ce à cause de cela que je n'ai jamais été addict à quoi que ce soit. Par souci de la limite ? Je n'ai jamais touché à l'héroïne, sauf une seule fois et par une « farce » imbécile d'un invité chez une amie.

En tout cas, je me sentais vide devant la menace d'un troisième album. Qu'avais-je à raconter de ces deux années de célébrité ? Qu'avais-je vu réellement si ce n'est des studios de TV, de photos, de radio ? De quoi m'étais-je nourri ? Avec qui avais-je pu parler d'art, de littérature, si ce n'est avec Nelly ? Autant on peut excuser l'inculture chez certains, faute d'éducation ou de chemin de vie, ce qui n'empêche pas d'ailleurs de vrais talents de s'exprimer par instinct, autant la bêtise est difficilement supportable. Les clubs et autres boîtes assourdissent au point que l'on est obligé de hurler presque pour se comprendre. Et pour se dire quoi d'abord ? Des ragots surtout.

À un moment, j'ai eu envie de me rendre moins visible, de pouvoir aller partout. Ayant un peu de temps devant moi sans obligations, j'ai laissé pousser mes cheveux, j'ai quitté le look « sixties » pour adopter un de ces ensembles de jean comme on voyait partout, et me suis laissé pousser la barbe. Enfin de vagues lunettes de soleil évitaient de croiser les regards. Je voulais voir ailleurs, me fondre parmi les autres, aller plus loin, plus profond, peut-être en des lieux plus sombres même. Comment vivaient-ils leurs nuits, ceux qui ne cherchaient pas à se faire remarquer, ceux qui vivaient une vie un peu parallèle que nul n'aurait soupçonnée ? Où étaient-ils, ces gens de tous les jours ? Quels étaient leurs habitudes, leurs histoires et leurs mots ?

Il y avait certainement là des images à retenir pour de nouvelles choses à écrire. Prétexte peut-être facile j'en conviens pour s'y confronter par la même occasion… Mais pourquoi pas ?

Oui, je les ai trouvés ces endroits. Ce n'était pas bien difficile, il suffisait de s'y laisser entraîner. J'y ai plongé et trempé tout mon saoul, presque jusqu'à l'épuisement, avec des réveils étranges dans des lieux inconnus, entouré de gens comateux que le petit jour rendait cadavériques. Où étais-je ? Qui étaient-ils ? Que s'était-il passé ? Pourquoi étais-je à demi nu ? Et pourquoi le bras d'un mec autour de mon cou ?

Houlà vite ! Un taxi, besoin d'une douche. « Nelly où es-tu ?… » Ça ne répond pas… ! Ah non, je ne veux pas de ce monde-là moi… J'avais froid. Un froid de plaisir glacé où était figé un arrière-goût de honte. Vite, de la vraie lumière, de la vraie chaleur !

— Allô ?… Laurence ? Oui je sais il est tôt, mais viens. J'ai mal au crâne et je n'ai plus rien pour me remonter. Je suis à Montparnasse, là. Je sors d'un taxi, je suis dans un café, tu vois où ? Je te guette, passe me prendre ! On va à Montfort.

J'en tremblais sur la route. Peut-on perdre toute

notion « normale » et être totalement désinhibé à ce point-là pour en arriver à… À quoi donc, en plus ?

— T'as l'air bizarre, me dit Laurence, le sourire en coin.

— Non, non…

— Ben, t'as quand même une drôle de tête, où t'étais ?

— Je ne sais même pas… dans le Marais.

— Ah, dis donc, t'as dû te payer une sacrée nuit toi ! Y s'est passé quoi ?

— Je ne sais pas non plus… Fiche-moi la paix !

Elle rigolait en me regardant, j'ai fini par rire aussi. « Allez, roule… ! »

Le Trocadéro

C'est un peu dans ces mêmes périodes, que j'ai parfois du mal à bien situer maintenant, que je suis rentré un soir dans un état que je dois avouer lamentable de chez des amis près de la place du Trocadéro. J'avais encore alors mon petit studio dans le XVe. Il n'était pas cher et évitait les hôtels où l'on ne passe jamais inaperçu. Je pouvais m'y cacher tranquille, et fuir les « amis » qui finissent toujours par vous demander : « Tu n'aurais pas quelque chose ? ».

Le temps était doux, je planais sévère comme dirait Laurence, mais l'air frais me faisait du bien. J'ai donc décidé de traverser le Champ-de-Mars à pied. Je marchais le plus droit possible, doucement, ayant les yeux qui voyaient trouble, en pensant à Nelly qui était en voyage.

De curieuses couleurs ondulaient parfois autour des

branches des hauts arbres bordant l'allée centrale et certains bancs semblaient fondre en leur centre. Trop de lumière sans doute. J'ai donc pris une contre-allée moins éblouissante. Ça allait un peu mieux. Je me sentais néanmoins le besoin de m'asseoir un moment. Une chaise de fer se trouvait là et je m'y suis assis quelques minutes en attendant que cela passe. Me sentant un peu remis (je n'étais plus si loin de chez moi), j'ai repris doucement ma route. J'ai eu tout à coup une sorte de vision lointaine, légèrement tremblante, de couleurs changeantes, mais terriblement réelle. Un marcheur sans doute. Une silhouette tout d'abord, mais laquelle en s'approchant devenait moi-même me croisant dans une allée ! Là ça n'allait plus ! Je m'attendais à un malaise ou quelque chose. J'ai fermé les yeux un moment, mais cette espèce de fantôme était toujours là, qui approchait. J'ai continué en me disant que cela allait cesser, à un moment. Non, mon double, dont je craignais dans l'état confus où je me trouvais qu'il me traverse, m'avait évité, s'était arrêté un peu plus loin, et semblait me suivre tranquillement. C'était presque comme un reproche qui aurait pris corps et me suivrait pour me dire : « Tu vois dans quel état tu t'es mis ? »

Je ne voulais pas savoir, je ne voulais pas voir et j'ai continué avec une certaine angoisse. C'était idiot, je ne crois pas aux fantômes, ce ne pouvait être qu'une montée de vision qui va se dissiper ou un être vivant. Alors l'angoisse, d'où venait-elle ? De ce qu'on me suive ? Dans cette pénombre on ne pouvait pas me reconnaître. Et vu l'allure de la marche, ce ne pouvait pas être agressif non plus. C'était quoi ? Si je n'avais pas peur de l'autre, avais-je peur de moi ? Oh… « Nelly fais quelque chose d'où que tu puisses être… Je suis paumé là ! » Et comme les lumières sont vives ce soir sous le métro aérien !

Poussé par je ne sais quoi, arrivé devant ma porte, j'ai continué, je ne suis pas entré. J'ai marché, j'ai marché beaucoup, et longtemps. C'est en arrivant à ce qui ressemblait à la gare Montparnasse que j'ai senti une main me tapoter l'épaule. J'ai entendu : « Bon, alors on va jusqu'où comme ça ? » Cela m'a sorti de la brume où j'étais.

— Quoi ?… Comment ça ? Je sais plus… (Je regardais avec étonnement ce sosie un peu plus grand que moi et qui m'avait tant angoissé, avec soulagement et même une légère sympathie, comme s'il n'y avait plus rien à craindre. Du coup ça allait mieux). Oui… désolé mais tu sais, là, je suis plutôt dans un état pas net du tout ! Tu vois ? Mais pas du tout…

— Je vois ça oui ! Mais tu ne vas pas rester dans cet état-là à marcher dans la rue, on dirait que tu ne sais même pas où tu es.

— Oh ben si, je crois, quand même !

— Attends, il peut t'arriver n'importe quoi là. Je vais te raccompagner, tu habites où ?

— Moi ?… Dans le… Enfin vers là-bas le… XVe, je lui ai répondu en faisant un vague signe de tête.

— En effet ! T'aimes la marche, bon, allez on va boire un coup tranquille…

— Ah non, je ne veux plus rien, je ne veux pas boire, ça suffit là !

— T'énerve pas ! Ben, on causera. Ça va te détendre. T'as pris quoi ?

— J'sais pas là… un truc, des potes… Ça va aller.

— Qu'est-ce que tu dis ?

— Je ne sais pas j'étais chez des potes !

— Ah, ben, ça t'a réussi ! Bon allez, avance, y a du chemin à faire.

Et nous voilà repartis dans l'autre sens, marchant côte à côte, il me rattrapait par le blouson de temps en temps pour me faire passer le trottoir. Mais je me sentais moins hagard, un petit peu plus clair. Je me disais qu'il aurait pu me dépouiller, ou je ne sais pas quoi, mais non. Et que c'était rare quand même d'être aidé comme ça.

Une fois arrivés j'ai dit c'est là. J'habite à la campagne, mais j'ai gardé un coin ici pour quand je reste dormir à Paris. « Alors moi je suis William, voilà. » Il a souri. « Je sais. » Il l'avait déjà compris malgré ma barbe et mon look, en me voyant en pleine lumière. Il m'a dit que lui s'appelait Peter. En fait je l'ai fait monter et nous avons réellement bavardé beaucoup. Il aimait le cinéma, et il travaillait à la télévision des fois pour des petits reportages. Il voulait être réalisateur de films. Nous avions le même âge à un an près, quasiment le même look… C'était sympa au final.

— Alors c'est ici que tu dors ?

— Oui, personne ne me dérange…

— Ah, je comprends… je suis un peu pareil… et… tu vas rester là comme ça tout seul ?

— Oui pourquoi ?

— Ben… t'es sûr que ça va aller ? Sinon je ne pourrais pas y dormir aussi moi ? On ne sait jamais, des fois les flashes ça peut remonter et ça prévient pas…

— Tu veux dire là ? Ce soir ? C'est que c'est petit,

quoi, pour deux… je ne peux même pas te donner le matelas, le sommier est métallique.

— Pas grave… on va se serrer.

— Quoi ?… À deux là-dedans ? Ça va pas ?

Aïe… c'est bien ce que je pensais, c'était de moi que j'avais peur. Peur de me sentir face à des intentions bizarres ou la trouille de franchir je ne sais pas quoi… On ne ramène pas quelqu'un comme ça chez soi dans son lit.

— Hm !… Si tu veux, mais il faut que je te prévienne d'une chose, hein ? Les mecs ce n'est pas mon truc tu vois ? Alors calmos, OK ?

— Ah, là là !… Tout de suite les clichés !… Mais non, je te trouve sympa quoi c'est tout. Je ne me sens pas de te laisser comme ça.

— Bon parce qu'il y a des plans moi que je trouve insupportables pour ne pas dire autre chose. Tu vois ?

— Ne pense pas aux caricatures, ce n'est pas général, et ça n'est pas obligé… Dis donc t'es coincé toi…

— Ben oui. La peau d'un autre mec ça ne me révulse pas mais dans certaines limites… Holà tu es sacrément poilu toi…

— OK, si ça te gêne t'as qu'à éteindre la lumière alors. On causera dans le noir.

— Non c'est pas ça, je…

— Éteins !

Cette « expérience » si je peux dire a été légère, et pas désagréable en fait. J'avais envie de rigoler. On aurait dit les siestes un peu troubles des colonies de vacances ou les matches de catch de chez Yvonne. En fait on s'est endormis vite et réveillés copains. Au moins j'avais été un peu conscient de ce que je faisais, et m'étais découvert finalement, même si c'était avec un peu de gêne, des possibilités bi éventuelles et profondément enfouies en moi, même si cela restait dans un aspect affectif et non vraiment sexuel, comme une fraternité ambiguë.

— Bon, je n'ai que du café en poudre et du lait en poudre, désolé.

— Le déjeuner de star quoi !

— Je vais descendre en vitesse chercher des croissants, c'est à côté, il faut que j'avale quelque chose là !

— OK vas-y je t'attends… mais hé, dis !

— Quoi ?

— Te presse pas, que j'aie le temps d'embarquer ta chaîne stéréo…

— Malin va !

Café avalé, croissants dévorés, il s'est rhabillé et m'a tendu un papier avec son tél. écrit dessus. « On fait échange ? » Je lui ai donné celui de Montfort, j'y étais plus souvent. Bon alors bye, allez salut !

Nous avons promis de nous rappeler à son retour d'un reportage qu'il devait faire. Un pote de bons vieux câlins de mecs en quelque sorte. Comme ça, juste de passage. Je pensais ne plus en entendre parler.

Coup de fil à mon petit studio.

— Allô ? C'est Nelly, tu es à Paris ? C'est trop bien ! Je te rejoins j'ai trois jours tranquilles on va à Montfort ?

— Oh oui ! Il faut que je te raconte un truc… On se retrouve où ?

— Porte de Saint-Cloud d'ici vingt minutes ?

— J'arrive ! Laurence passe me prendre et on y va !

Le récit de mon aventure avec Peter les a bien fait

rire toutes les deux. « Ah, c'est génial, t'as osé ? Il est comment ? Faut fêter ça ! m'a dit Nelly. Tu sais j'ai quelques copains dans le foot pro, eh ben… Hmmmm on arrive, j'adore ta maison. »

Enfin trois jours de calme et par beau temps. Trois jours sans boire, sans reniflette, sans fumette, et la douce peau de Nelly sous la grande tache de lune presque aussi claire que le jour par les fenêtres largement ouvertes sous les toits.

Après ce moment passé en dehors de tout et de tous, comme un petit nettoyage de printemps, il fallait bien reprendre nos tricots de vie. Laurence nous ramena donc sur Paris. Mon nouvel album était en fabrication, il fallait surveiller un peu les choses. Laurence avait à mettre son nez dans les différents dossiers auxquels je ne comprenais rien, et Nelly reprenait ses activités dans le monde des médias. On trouvait toujours un moment pour se retrouver néanmoins, sinon la vie aurait été impossible. Deux bonnes semaines passèrent ainsi, quand tout à coup, alors que nous n'avions pas pu nous contacter deux jours de suite :

— Allô ? C'est Nelly. Tu vas bien toi mon rayon de lune ?… Alors ? Tu as des nouvelles de ton Peter ?

— Curieuse va ! D'abord ce n'est pas « mon » Peter, et puis oui il m'a appelé hier, il est rentré.

— Rhoooo… et alors ?

— Alors rien du tout, je…

— Bon, tu nous le présentes quand ?

— Tu m'embêtes !

— Je sais ! Alors quand ? Je veux le voir moi, quoi… quand même…

— Je t'adore mais tu es casse-bonbons ! Tu es là ces jours-ci ?

— Bien sûr… Alors quand ? Allez… Demain ?

— Je l'appelle et je te dis. Laurence vient demain justement.

Oui Peter était libre. L'idée de revoir cet étrange oiseau ne me déplaisait pas non plus. Il y avait là un certain flou qu'il convenait d'ajuster. Il a été convenu que Laurence conduirait Nelly à Montfort et fort heureusement, car je craignais de le laisser seul avec elles dans la voiture, Peter viendrait de son côté. Mes deux curieuses arrivèrent rapidement comme je m'y attendais. C'est dans le courant de l'après-midi que je vis le toit d'une deux-chevaux recouvert de marguerites autocollantes de couleur dépasser le rebord de la pelouse, en bas vers l'entrée, et se diriger vers le parking derrière la maison.

— Oh, tu crois que c'est lui ? me demanda Nelly.

— Ça ne m'étonnerait pas, tel que je peux le connaître… Oh, les marguerites, quand même… !

— Oh, quoi, c'est rigolo… Allez viens…

Elle m'a pris fermement par le bras et nous sommes allés à la rencontre de Peter.

— Oh !… C'est Cœur de laitue !

— Quoi Cœur de laitue, tu le connais ?

— Non pas du tout mais c'est « Cœur de laitue » c'est tout. Ça se voit enfin ! C'est drôle on dirait toi un peu.

— Oh ben, si tu veux faire l'échange hein ?… (Réflexion qui m'a fait mériter un bon pincement au bras !) Aïe !

Nelly donnait des surnoms comme ça, d'instinct.

Moi j'étais parfois « Rayon de lune ». « La Tour Eiffel qui tue » était une jeune femme au long cou qu'elle détestait. Il y en avait pas mal d'autres, et il fallait suivre par moments, mais on finissait par s'y habituer.

Elle me lançait certains jours : « Oh, toi et ton côté Kill Bill ! » Pourquoi ? Je ne l'ai jamais su. Même après m'être contraint à voir trois fois le film pour comprendre. Bon, c'était Nelly. Laurence y a échappé, elle.

L'entente a été immédiate. Après présentations un peu embarrassées, bien qu'il sache que tout le monde savait, Nelly l'a pris par l'autre bras pour nous installer au jardin devant la maison, face à elle, pour mieux nous observer. Elle a tout de suite adoré Peter. « Cœur de laitue » est entré comme ça très simplement dans notre petit monde. Toujours un peu nonchalant, éloignant les soucis par des points de vue particuliers et très personnel des situations, il avait une culture profonde, et beaucoup d'esprit. Il s'est intégré avec naturel, comme s'il avait toujours été là. Oui, finalement c'était un vrai « pote », apparu comme ça dans un jardin un soir d'été. Décidément ma vie était bizarre, il allait falloir m'y faire.

Afin d'éviter tout malentendu, je lui ai montré une chambre du rez-de-chaussée avec une grande baignoire afin qu'il s'y installe. Nelly et moi avions notre « chambre de la lune » au premier étage. Ainsi tout était clair. Aucune question ne fut posée qui aurait pu ne serait-ce que frôler l'indiscrétion. Nelly était extrêmement délicate par nature, et Laurence faisait la conversation amusante dont elle avait l'habitude. Un excellent weekend qu'il a bien fallu terminer. Chacun avait ses obligations.

Peter partit en premier. Laurence montait déjà dans la voiture quand j'ai serré Nelly dans mes bras.

— Tu reviens quand, dis ?

— Vite bien sûr. Alors tu vas le garder ?

— Comment ça « le garder » ?… M'enfin…

— Oh… Cœur de laitue… ne trouves pas que ce serait un bon copain ?

— Si évidemment mais bon…

— On en reparlera… Tu verras… Bon, bisou ! Je me sauve !

Laurence devait revenir le lendemain. Je suis donc resté seul dans ma grande maison ce soir-là, à repasser les images de tout « l'événement », depuis le Champ-de-Mars jusqu'à leur départ. Je souriais. Encore une de ses agaçantes prophéties qu'elle insinuait parfois. Le plus étonnant étant qu'il lui arrivait de tomber juste.

6

NICOLETTA

Ma copine ! Il lui fallait son chapitre personnel quand même ! J'adorais sa voix avant même de connaître son visage. Une voix de battante, et je te lance la note ! Et puis tiens écoute comme je sais la retenir aussi dans la tendresse… J'étais totalement inconnu quand elle a commencé. J'avais tous ses disques !

Je ne sais plus pour quelle raison, mais la situation de Marianne était indirectement en jeu, j'avais par une exaspération débordante cassé pas mal de choses (ça m'arrive très rarement, deux fois dans toute ma vie, mais ça peut) chez un copain en plus ! Ayant évacué ce moment de rage, j'étais comme en léthargie, empli de gêne, et me suis affalé sur un canapé en balbutiant mille excuses. J'avais eu un curieux moment d'absence. Pour détendre la lourdeur de l'atmosphère quelqu'un a allumé la radio pour avoir un peu de musique. Et là, incroyable coïncidence, j'ai entendu la voix grave et sombre de Nicoletta chanter le début de « Ça devait arriver… », sa version française de « I put a spell on you ». Du coup, fou rire général et tout était revenu dans l'ordre. Je lui ai raconté l'histoire, qui l'a bien amusée, quelques années plus tard.

De Nicoletta à « la Nico »

Ce fut au cours d'un MIDEM (le Marché international du disque, etc.) où il fallait se montrer, pour rien, juste se montrer alors montrons-nous, que je l'ai rencontrée.

J'avais été invité à une soirée au Palm Beach à Cannes, accompagné de Jean-Pierre Domboy, élégant et digne dans son rôle d'attaché de presse. Il me signalait les personnes à saluer, qui était qui et qui ne l'était plus, enfin il était parfait.

C'était d'un ennui... Assis dans un coin sur une chaise d'appoint, je regardais un peu qui se promenait là. Et tout à coup, j'aperçois, assise elle aussi sur la même chaise d'appoint mais à l'autre bout de la salle, « MA » Nicoletta, toute belle, ayant tout autant l'air de s'ennuyer que moi.

Bon maintenant que j'étais devenu William Sheller, je pouvais me permettre quand même de lui dire un mot.

Je suis allé à elle, me suis présenté, bien qu'elle me connaisse, et lui ai dit combien je l'appréciais. Coup de chance, elle aimait mes chansons. S'est ensuivi un petit bavardage mondain toujours bien pour commencer, de jolis sourires, puis un dernier compliment et retour à la chaise. Ce fut tout.

Un soir, je donnais une petite fête à Montfort. Catherine Lara, qui me rendait parfois visite avec sa longiligne amie Do, apportait son violon. Nous jouions

Mozart, Schubert, Beethoven, des valses 1900. Elle était techniquement meilleure que moi, ce qui m'obligeait à répéter un peu et cela ne me faisait pas de mal. Elle faisait donc partie déjà des amis quand elle m'a amené celle qui devint très vite « la Nico », la vraie de tous les jours, la joyeuse, la rieuse, la joueuse, la fofolle quelquefois. Mais toujours la tête sur les épaules au bout du compte. On s'est plu tout de suite !

À moins que ce ne soit le contraire. C'est peut-être Nicoletta qui m'a présenté Catherine, laquelle a commencé à fréquenter la maison en apportant son violon. Enfin peu importe, le temps a ses brouillards, et l'on fait avec. Je ne peux pas compter sur les articles que j'ai pu lire concernant cette époque-là.

Les mémoires au micro se font sans vraie réflexion, pressé d'en finir, et c'est ensuite consigné par écrit dans un langage où l'on ne se reconnaît pas, avec des raccourcis de mise en page, et enfin selon des interprétations de gens qui n'étaient pas nés au moment des faits. Donc je continue…

Nous avons passé la nuit comme de joyeux dingues, oh, sans grabuge, non, une bonne fête d'amis où le son des rires ne s'éteint jamais… ! Do nous tirait les cartes, dans un coin, avec un don étonnant d'ailleurs. On faisait de la musique, on en écoutait, on se racontait nos vies, parfois des anecdotes à ne pas mettre entre toutes les oreilles sur d'autres artistes, mais sans méchanceté aucune. Tout le monde a sa petite histoire. (Si le public savait qui et quoi il ne le croirait jamais, « oh non, pas lui… ! oh non, pas elle quand même ! » et pourtant…)

Nous avons tous dormi (soit une dizaine de personnes) sur des couvertures ou des draps attrapés çà et là, et étalés tout le long de la grande pelouse qui s'étendait largement en pente douce de la maison jusqu'à la route invisible en contrebas. Une belle image propice à un bon sommeil sous les étoiles, avec un petit vent doux et tiède au ras de l'herbe. Mais ce ne fut que la première de bien d'autres…

Nico m'a fait connaître ensuite Patrick Juvet à Paris, dans son grand appartement entièrement laqué de noir de l'avenue Kléber. J'y ai découvert un personnage un peu « en l'air » je dirais, foncièrement gentil, avec un talent certain mais lequel nécessitait apparemment d'être bien entouré pour s'exprimer pleinement. Il était en pleine gloire et ne pouvait se déplacer sans une cohorte de minettes à peine pubères qui hurlaient en permanence. Ce devait être horripilant ! Il avait néanmoins des combines savantes pour disparaître, notamment la nuit où les gamines étaient couchées. Ouf !

Avec lui s'est formé pendant un temps, mais plus tard, vers 1977, entre Catherine Lara, Do, lui et moi, ce que l'on a appelé « le Quatuor infernal ». Sobriquet qui tenait plus du ragot que de la réalité comme souvent. Enfin nous nous sommes bien amusés quand même, avouons-le.

Ce petit quatuor, qui ne faisait de mal à personne, n'était pas trop dans les habitudes de Nico. Elle nous rejoignait de temps en temps en cinquième mousquetaire du quatuor dans lequel Do était moins comptée, car infiniment plus discrète. On n'y citait que les stars. Nico, grande bosseuse, toujours sur les routes, nous voyait plutôt individuellement, ou organisait des dîners « mélangés » chez elle, au calme. Ce qui ne l'empêchait pas de nous suivre de temps à autre dans nos pérégrinations nocturnes.

La première fois que j'y suis allé, lorsqu'elle m'a donné son adresse, j'étais stupéfait. La même adresse que Barbara lorsqu'elle était à Paris ! Rue Michel-Ange, même numéro, même étage. Voilà qui était étrange !

En fait, elle avait emménagé récemment dans l'appartement juste en face de celui que j'avais connu et que Barbara venait de quitter. Un appartement « en miroir » en quelque sorte. Même disposition, même surface des pièces, mais le tout était inversé. C'était curieux.

Elle y vivait seule, aidée de sa fidèle gouvernante africaine, qui prenait son rôle à cœur et ne mâchait pas ses mots. « Tu dépenses trop avec tout ce monde-là qui vient pour tes sous, moi je te le dis ! » Elle était drôle. Elle s'habillait avec de simples t-shirts pris au hasard, sans parfois faire attention à ce qui était écrit dessus. C'est ainsi qu'elle est revenue joyeuse un jour d'un test de français, réussi (elle était immigrée), avec largement écrit sur sa poitrine plutôt opulente : « La chatte à la voisine », une chanson racoleuse aux propos coquins habilement contournés, que l'on entendait très tard dans les boîtes de nuit, et surtout les campings, quand arrivait la « danse du tapis ».

Chez Nico, on rencontrait plutôt des personnes d'autres milieux, presse, art, voire un ecclésiastique autoproclamé qui ne manquait jamais de rappeler que le petit jeune acteur du film *Le Blé en herbe* avec la grande Feuillère, c'était lui !…

Pour ce qui est de la musique, je n'y ai rencontré qu'Hervé Villard. Un garçon franc, sans aucune méchanceté (je ne l'ai jamais entendu dire du mal de personne), qui avait eu dans son enfance un parcours proche de Nico. Il avait été élevé lui aussi au Bon Pasteur, une fondation religieuse qui recueillait des jeunes se retrouvant seuls à ce que j'ai compris, pour diverses raisons, et en ce qui le concerne dans un établissement qu'il a même racheté plus tard. En souvenir.

Pour témoigner de sa franchise amicale je me souviens qu'en parlant de Barbara, qui pensait (comme moi) que je n'étais pas un « chanteur », il m'a dit de suite :

— Elle a raison ! Tu n'es pas un chanteur. Ce que tu fais est particulier, et j'aime beaucoup, mais ce n'est pas comme Nicole ou moi.

Il savait de quoi il parlait. Je l'aimais bien.

Ah si, j'y ai vu souvent Daniel Carlet, qui a composé et orchestré pour elle de grandes chansons comme « Les Volets clos » ou « L'Amour violet ». Un excellent musicien qui en plus savait comment la diriger en studio. J'ai eu l'occasion de le faire une fois et ce n'était pas toujours facile.

Ma Nico. Elle est bavarde au téléphone, tout le monde le sait. Elle vous secoue quand c'est nécessaire, ou vous apaise en cas d'angoisse. Pas comme Nelly, non, mais par des exemples très concrets, du vécu solide, des conseils.

— Tu tournes en rond ? Tu n'as pas encore fait de la scène ? T'attends quoi ?

— Heuu… ben…

— Je te jure que quand tu y auras goûté tu ne pourras plus vivre sans ! Ça défoule tu n'imagines pas comment ! Ça te sort de tout le reste, tu lâches tes valises, et le bonheur que tu donnes bon sang ! Et puis tout cet amour qu'ils te renvoient en pleine figure, tu comprends ?

— Oui... mais... (Pas le temps de placer un mot...)

— Moi je te le dis, vas-y. Tu sais quoi ? Tu entres... Moi c'est comme ça que je fais. Tu entres... Tu chantes une première chanson. Pas une grande chanson, pas un de tes tubes. Non, une chanson d'entrée sympa sans plus.

— Mais je...

— Et tu sais pourquoi ?... Dis, tu sais pourquoi ? Moi je vais te dire !

— Oui ?... (Là il faut prendre un bon fauteuil...)

— Quand tu arrives qu'est-ce qui va se passer ? Mais on ne va pas t'écouter mon titi, on va te re-gar-der !... Ah, il est plus petit qu'à la télé, t'as vu ses chaussures ? Tout ça... Et puis on va reluquer tes musiciens, combien il y en a, qui joue de quoi, l'installation de la scène, les lumières. Ta première chanson elle sert à ça !

— Oui tu as raison...

— Alors juste après tu chantes quelque chose de doux, de romantique qui les rapproche de toi tu comprends ? Et c'est là que tu donnes tout ! Moi quand j'ai fait l'Olympia...

Effectivement après une bonne heure de ré-explications et de détails, j'avais tout compris. J'avais l'oreille en feu en raccrochant mais elle m'avait passé le virus. Je n'ai jamais oublié ce conseil. Il est encore en moi. J'ai petit à petit remplacé la chanson d'entrée par une pièce instrumentale où le piano prime. Cela permet en outre à l'ingénieur du son de peaufiner ce qu'il avait préparé aux répétitions. Une salle vide n'a pas la même réponse acoustique qu'une salle pleine, et il n'y a juste après qu'à y insérer la voix. Merci ma Nico !

On se voit moins depuis quelques années, mais nos conversations-surprises au téléphone (une en valant bien quatre) font que nous sommes toujours au courant de ce que nous faisons l'un comme l'autre, en se donnant bien entendu des nouvelles des amis.

On en a vécu de bonnes en tout cas comme on dit, pendant des années.

USA

Il avait été convenu avec Marianne que je prendrais les enfants pendant les grandes vacances. Je les avais pratiquement tous les week-ends, Marianne et Joseph venaient souvent avec le petit Zack qu'ils avaient eu. Un petit garçon un peu timide, gentil et tout frisé. Nous avions gardé une certaine cordialité de relation et tout allait bien.

Un petit séjour à trois avec Zig et Jo leur permettrait d'être plus proches, et je tenais à ce qu'il se sente autant accepté qu'eux. Je n'étais pas son papa, mais le papa de cette maison-là pour tous les enfants. En plus ne faisant pas de scène, donc de tournées, j'avais du temps libre.

Je pouvais leur faire voir les environs, comme le lac de la forêt toute proche, le « lac au rocher » comme on l'appelait. Leur raconter que j'y allais tous les jeudis en promenade avec les autres pensionnaires quand j'étais au collège Saint-Louis, mais ce ne serait pas assez, je voulais marquer le coup.

Ils avaient eu le temps de rencontrer le petit monde qui m'entourait. Nelly les adorait et réciproquement.

Elle était si douce. Peter les promenait avec moi, il leur inventait des jeux. Il aurait pu faire un bon père, vraiment, mais la vie l'avait porté dans un sens différent.

Il devait passer un temps chez ses parents à Vernon en Normandie. Ils connaissaient l'orientation de leur fils, et ne s'en formalisaient pas le moins du monde. Il m'avait présenté à eux après un temps de fréquentation, et nous avons sympathisé tout de suite. Peut-être au départ le fait que nous nous ressemblions un peu, Peter et moi, les rassurait. Persuadés que nous avions une pleine et entière relation d'amants, la mère m'adorait, et le père presque encore plus. Ça leur faisait comme un autre fils. Ils avaient une belle entreprise de plomberie dans un beau quartier de Paris, pas loin des Invalides, et un appartement délicieusement décoré tout proche de l'Institut des jeunes aveugles. Le seul inconvénient d'en être si proche, me disait Peter, était que parfois ces jeunes gens formaient de petits groupes bavards jusque très tard dans la soirée au pied de l'immeuble, personne ne leur disant qu'il faisait nuit. Et rares étaient ceux qui avaient une montre tactile adaptée.

Pratiquement tous les amis étaient sur les routes. Concerts, tournées, vacances…

Nelly devait elle aussi être absente un bon mois, et je me demandais comment occuper les enfants jusqu'à la rentrée. J'avais envie de donner à ce temps passé ensemble quelque chose de mémorable, de fort. Dont on puisse se souvenir plus tard. Et pourquoi pas un beau voyage ? Paulette et Jack ne connaissaient pas leurs petits-enfants. Alors pourquoi pas un voyage aux USA ? La seule chose qui me gênait un peu était que les enfants allaient être séparés. Zack était bien petit pour un si long voyage. Mais un séjour chez les parents de Joseph à Biarritz a arrangé le tout.

— Allô ? Laurence ? Que penserais-tu si… ?

À ma proposition de venir avec moi pour m'aider à m'occuper des enfants pendant le séjour que je voulais organiser, Laurence ne savait que répondre : « Oh oui ! Oh oui ! Oh oui ! » Je m'y attendais un peu.

La première chose était d'obtenir une autorisation de leur mère pour les emmener. Lui assurer que je n'avais pas l'intention de les enlever pour m'installer là-bas avec eux. Qu'aurais-je eu à y faire d'ailleurs ? Elle m'a donc fait une autorisation écrite et tout allait bien. Nous partions pour deux semaines. Il fallait ajuster les passeports, joindre leurs photos sur le mien, prendre une copie de leur extrait de naissance, enfin les petits soucis de paperasse en un temps où l'ordinateur personnel n'existait pas.

Réservations faites auprès d'une agence, nous sommes partis tous les quatre à je ne sais plus quelle date (c'est si loin tout ça) mais dans le courant de l'été. Les protagonistes de mon histoire qui pourraient me le dire sont éparpillés ou en haut des cieux.

Ensuite ce furent deux longues heures à Kennedy Airport en attendant l'avion à destination d'Akron pour un dernier voyage où ils se sont enfin endormis.

Paulette et Jack nous attendaient avec fébrilité. Ils se sont emparés d'eux et s'en sont chargés. Laurence et moi étions plus crevés que les gamins.

— Alors moi je suis Grany votre grand-mère, et lui c'est Daddy votre grand-père.

Zig et Jo étaient trop petits quand Paulette était

venue en France pour se souvenir d'elle. Jack a été tout de suite formidable dans son rôle de grand-père.

Des jouets les attendaient avec des bonbons. Bert et Ernie surtout, en marionnettes, sortis de « Sesame Street », série qui est apparue en France en 1978 sous le titre « Rue Sésame » et qui faisait un triomphe aux USA depuis 1969. Ils m'ont servi à leur faire des sketches pratiquement tous les soirs avant de les mettre au lit.

Je leur faisais raconter le voyage, ou la journée qu'ils venaient de passer. C'est passionnant de voir la rapidité avec laquelle les enfants s'adressent directement aux marionnettes en oubliant la personne qui les manipule. Quand j'intervenais, je faisais en sorte que Bert et Ernie me regardent, me répondent ou leur demandent leur avis. Cela donnait lieu à des répliques assez cocasses parfois.

Quelle fête pour eux furent ces deux semaines ! Paulette, devenue enfin Mme Hand, avait passé sa licence américaine et nous conduisait partout dans sa Coccinelle. Visites à toute la tribu de la famille Hand (pour moi à l'époque c'était ma vraie famille), pêche au bar dans le lac, cadeaux, bonbons, manèges, découverte des donuts (les vrais), ces gros beignets avec un trou au milieu et des parfums que l'on ne retrouve nulle part ailleurs.

Une célèbre petite camionnette jouant un air enfantin avec un son de boîte à musique passait régulièrement. Le marchand de glaces ! Vite assailli par une horde d'enfants sortant d'on ne sait où. Il y en a dans toutes les villes. C'est une institution. J'ai connu ça étant gamin, et il en existe encore ! Qu'on me pardonne cette affirmation, mais les glaces américaines sont à ce que j'en sais les meilleures du monde. Laurence était au pays des merveilles. « Hmmm ce que c'est bon ! » disait-elle, la bouche pleine. Quant à moi je retrouvais mon enfance. Je redevenais gamin.

Jack travaillait dans un grand magasin, offrant l'image d'un homme rangé. Bien sûr tout le monde savait que son « fils » était une star en Europe et il s'en vantait largement, sans doute en en rajoutant un peu… Il me présentait à tous ses amis, petite corvée à laquelle il ne me coûtait rien de me soumettre, finalement. Paulette avec son instinct poussé de caméléon était devenue plus américaine que les Américaines de souche. Il faut dire qu'elle s'y exerçait depuis la Libération.

Le pays avait changé. La ségrégation n'existait plus officiellement. Cela avait conduit à une séparation territoriale muette mais très efficace. Les blacks se concentraient dans la ville, rachetant les appartements des blancs qui ne souhaitaient pas leur voisinage, à un prix qui diminuait de quartier en quartier, quitte à s'organiser à plusieurs pour assembler les sommes nécessaires. C'était le contraire d'avant. Les Noirs en ville, les Blancs dans les banlieues. Mais des banlieues reconditionnées et régulées. Par exemple :

Ma « tante » Mary vivait en Floride, que les Américains appellent « la petite salle d'attente du Bon Dieu », dans une sorte d'immense réserve close de solides murs de briques rouges. Pour la visiter, il fallait la prévenir quelques jours à l'avance. Elle donnait nos noms aux gardes doublement armés qui filtraient l'entrée. (Aux USA on peut louer les services d'un policier à ses moments de repos. C'est courant.) À l'arrivée il fallait se faire reconnaître au poste, comme à l'armée. Les gardes alors vérifiaient que nous étions bien les personnes attendues, passaient un appel aux hôtes qui nous recevaient, afin d'avoir de leur part l'autorisation de nous laisser passer. Cela prenait dix bonnes minutes.

À l'intérieur tout n'était que splendeur. On aurait pu penser que cela avait été conçu par les studios de Walt Disney. De larges pelouses d'un vert éclatant, dont pas un brin d'herbe ne dépassait de l'autre, bordaient une large rivière où ondulaient paresseusement quelques rares crocodiles.

C'est pourquoi les maisons, d'un luxe inouï, dans des tons roses, jaunes, bleu pâle, vert amande, rehaussées de blanc pour en mettre l'architecture en relief, étaient bâties suffisamment éloignées à l'intérieur du terrain. Ce qui n'empêchait pas ces grosses bêtes de s'avaler de temps en temps un de ces petits cabots enrubannés qui traînaient trop près. On n'en retrouvait que les rubans flottant sur l'eau.

À vue d'œil, chaque propriétaire disposait d'environ un hectare, tout au moins à ce qu'on pouvait en juger car il n'y avait pas de clôture dans tout l'ensemble. Ajoutez des arbres de toutes espèces, des buissons de fleurs précieusement entretenus et vous aurez là une image de ce genre de petit paradis, dont l'aménagement et la décoration tenaient de la compétition entre les résidents.

Ce lieu fermé et protégé avait des règles strictes.

Le quota d'habitants de moins de soixante ans ne devait pas dépasser 20 %.

Les enfants de moins de quatorze ans ne pouvaient y entrer visiter leurs grands-parents qu'une fois par mois.

Pas de ballon, ni d'objets volants.

Les barbecues étaient interdits.

Les chiens de plus de trente centimètres de la truffe au bout de la queue étaient exclus. À moins de leur couper la queue pour entrer dans les critères. En outre, si l'un d'eux aboyait trop, il fallait lui couper les cordes vocales.

Ce clos de luxe avait sa propre centrale électrique et sa station d'épuration d'eau. Ils en étaient venus à contester, au travers d'une armée d'avocats aux dents longues, le fait de payer une grande partie de leurs impôts puisqu'ils se suffisaient à eux-mêmes.

J'y ai passé deux journées chez « tante Mary ». C'était d'un calme absolu, forcément. L'intérieur était… richement vilain. Je n'en peux dire que ça. De gros meubles de style, genre Louis XV mais boursouflés, des canapés énormes et bouffis, dont les dossiers dépassaient la tête de cinquante bons centimètres, une pendule grossière voulant imiter une comtoise mais rehaussée d'or, et qui faisait cui-cui pour annoncer les heures, des vases épais et lourds, un tas d'horreurs suspendues au mur, enfin il y en avait partout !

Mais surtout il fallait admirer l'indispensable orgue à deux claviers où trônaient des partitions de cantiques protestants. J'ai bien évidemment dû m'y asseoir pour en apprécier la qualité sonore et accompagner tante Mary au moins dans un chant qu'elle aimait particulièrement. Et jusqu'au bout, en supportant sa voix dont le vibrato était terriblement oscillant. Si elle avait chanté sans accompagnement, il n'aurait pas été possible de déterminer quelle note sortait précisément de sa gorge. Jack m'avait prévenu, mais à ce point…

Elle était fervente protestante, haïssant les catholiques (au XXe siècle, quand même…) et se référait sans cesse au Christ. C'est lorsqu'elle m'a affirmé qu'il venait parfois lui parler dans son propre salon que j'ai compris qu'elle avait quelque chose qui ne tournait pas rond. Encore une !

J'y ai fait la connaissance de son troisième mari. Non, pas à cause de divorces sacrilèges menant à l'enfer ! Juste des fatalités. Les voies de Dieu… etc.

Elle était, comme de nombreuses femmes de son âge (que personne ne devait savoir), une veuve professionnelle je dirais.

Son premier mari, bien plus âgé qu'elle, était propriétaire d'un vaste terrain où avait été découvert par hasard du pétrole. Un tout petit gisement, mais qui lui assurait une belle rente. Le « pauvre » homme décéda. Elle hérita, en plus d'une petite fortune personnelle qu'il possédait, de la terre et du gisement.

Quand elle en fut suffisamment éplorée selon les critères de bienséance, ses amies veuves remariées aussi, qui fréquentaient le même temple, lui dénichèrent un vieux veuf plutôt fortuné, qui lui conviendrait parfaitement. Sur les conseils du pasteur elle l'épousa. Peu d'années après, une malheureuse crise cardiaque l'emporta. Donc second héritage.

Elle n'avait décidément pas de chance, disait-on… Alors le gang des veuves se remit en chasse avec évidemment la complicité du pasteur, et lui présenta ce troisième mari que j'ai connu. Un homme bien portant, avec qui elle s'entendait à merveille.

Entre ce mari aux petits soins, les visites de Jésus, et leur fortune importante, maintenant ils avaient une belle vie après s'être offert ce délicieux paradis où ils coulaient des jours paisibles. J'avais un sentiment de ghetto quelque part. Mais bon…

J'ai tout de même fait quelques visites hors du fabuleux domaine, un peu gêné dans les restaurants où le repas était toujours précédé à table d'une démonstrative prière les mains jointes, assis devant une serveuse qui attendait en mâchant son chewing-gum que nous ayons fini notre cirque pour nous distribuer les cartes.

Paulette, Laurence et les enfants devaient bien s'amuser pendant ce temps-là. Je pensais à eux et les enviais.

Aventure

Jack ne me connaissait pas vraiment au final (nous nous sommes rarement vus en fait). Il a pensé que ma solitude affective depuis bientôt deux semaines devait me peser. Lui-même était d'un naturel assez chaud et même un peu cavaleur. (Paulette était constamment en surveillance.) N'imaginant pas qu'on pouvait être différent de lui, il eut une idée pour me rendre service. Il me présenta une charmante jeune femme d'environ vingt-trois ans, appelée Jenny, collègue de travail, en combinant plusieurs rencontres prétendument fortuites, et puis des dîners où il était présent, jusqu'à ce qu'il nous laisse seuls un soir au restaurant sur un prétexte manifestement futile. Et je me retrouvais en tête à tête avec elle.

L'éducation d'un Français (quand il en a) charme toujours les Américaines. Le mythe du « *french lover* », quoi. Surtout une petite jeune femme de l'Ohio apparemment pas très habituée au monde. En plus elle s'imaginait être avec un nouvel Elton John en pleine ascension... Donc de verre en verre et de sourire en sourire elle me proposa de venir chez elle... Ah...

Après tout, je n'étais pas contre... l'herbe étant différente dans le pré du voisin.

Je mis Nelly et Peter dans ma poche avec mon mouchoir par-dessus, et acceptai son invitation. Les circonstances ne me semblaient pas trop favorables à une démonstration éblouissante, mais s'est engagé néanmoins un échange de câlins et caresses qui commençaient à donner des résultats.

Et là ! Pensant tendrement flatter de mes mains les plus douces possible la jolie poitrine qu'elle avait tant arborée depuis des jours sous des chemisiers flatteurs, je me suis trouvé tétanisé ! C'est quoi ce bazar ?

Cette jolie poitrine-là grattait comme un hérisson ! Et ce, du dessous des bras, qu'elle avait ouverts en un grand geste d'abandon, jusqu'aux tétons. J'avais l'impression de caresser des joues de légionnaire ! (Ça ne m'est jamais arrivé mais j'imagine.) Là ce fut l'horreur. La nouille froide ! (On me comprendra...) J'ai bredouillé je ne sais quoi, me suis rhabillé pendant qu'elle me disait, en pensant que j'avais eu, moi, un moment de faiblesse :

— Ça n'est pas grave, la première fois ça peut arriver.

Tu parles ! Je me jurai qu'il n'y en aurait pas une seconde, oui ! Et l'épilation, elle ne connaissait pas ? En plus pour un soir d'une invitation particulière quand même. Oooohhh, un rasoir quelle idée... ça repousse encore plus dru !

J'ai filé dehors, j'ai fait signe à un taxi et suis rentré à la maison. J'en avais des frissons par moments. Passer une bonne paluche fraternelle sur le torse de mon poilu de Peter je savais à quoi m'attendre, mais là…

Laurence ne dormait pas, assise devant la télévision où passait par hasard un vieux film français sous-titré. Je lui ai raconté l'aventure. Entre rire et étonnement, voire des grimaces, elle me dit :

— Oh, les Américaines quand même…

— Ça n'est pas général heureusement. Mais franchement c'est effrayant.

— T'es sûr que c'est pas un travelo ?

— Je ne suis pas allé si loin ! Mais oh, dis donc, quelle aventure ! Tu aurais un truc pour dormir parce que là, je…

— Si, j'ai ça, avec les décalages horaires me suis dit qu'il valait mieux en avoir.

— Et avec les enfants alors ? C'était bien ?

— Ah, c'était chouette… Ils sont rentrés crevés, on les a couchés tôt…

Le temps qu'elle me raconte leurs joyeuses péripéties, je me suis calmé. J'allais bien mieux. Avant que je ne monte à ma chambre, elle m'apprit que Jean-Pierre Domboy, que bien entendu j'avais prévenu de mon voyage, avait organisé une séance photos pour *Salut les copains* et qu'un photographe américain devait venir dans les jours suivants… Oh, zut… Mais il faisait son travail après tout, Il avait raison. Il fallait sans cesse alimenter les publications pour garder sa place. Il n'y avait pas de Twitter à l'époque.

Là-dessus je me suis mis au lit, oubliant les joues de légionnaire et repensant à Nelly. Allais-je lui raconter ?

Non. À Peter non plus, il aurait tout dit à Nelly… Oh, et puis basta !… Je me suis endormi.

Au réveil, Jack était parti travailler. Les enfants et Laurence dormaient encore. J'étais donc seul avec Paulette dans la cuisine. Oh oui, un café à la française avec du lait et un bon donut ! Paulette attendit un peu et me demanda :

— Alors hier soir… ?

— Eh ben !… Oh, là là !… (Jack avait dû lui parler de Jenny.)

— Tu sais quoi ? Toi tu vas me dire si c'est vrai. Les gars racontent qu'elle a les seins poilus…

— Les gars… Ceux du magasin ? Je vois… Oh, que oui elle en a du poil, et pas rasé depuis deux jours ça fait un drôle d'effet ! Me suis sauvé !

Paulette riait.

Les enfants réveillés me grimpaient déjà sur les genoux ; en pleine forme !

— C'est quoi qui vous fait rigoler ? a demandé Johanna.

— Rien ma puce… Grany va vous faire un chocolat.

— Moi je voudrais un machin rond, a dit Siegfried.

— C'est un donut, mon grand, le machin rond, tiens il y en a plein dans la boîte.

Reportage

C'est alors que Jean-Pierre Domboy appela. Tiens donc ? Ça va à Paris ? Il m'a demandé quelques nouvelles assez brièvement (le téléphone coûtant une fortune), et m'a confirmé que *Salut les copains* avait envie de faire un reportage sur ma famille et moi pour un article dans un prochain numéro. Ça pouvait être sympa. (Ah, mince, on était si tranquilles.) Je n'avais pas à m'inquiéter, ils avaient des correspondants qui se chargeraient de tout. Il devait rappeler pour me dire quel jour viendrait le correspondant.

Hmmm… Allait-on me lâcher ? Bon alors… OK !

J'annonçai donc à la maisonnée l'arrivée prochaine d'un photographe pour un papier dans un magazine, ce qui au contraire de moi ravissait Paulette. Elle se dépêcha de téléphoner à tout le monde pour qu'il y ait un peu de famille sur la photo. Jack, qui ne connaissait pas encore mon aventure « pileuse » de la veille, suggéra que Jenny figure sur la photo, cela ferait bien une petite fiancée d'Amérique. Lui, avec toujours ses idées incongrues…

Il n'en était surtout pas question ! Déjà je ne voulais pas la voir et j'imaginais la réaction de Nelly et Peter à la parution du magazine. Nelly savait bien ce qu'étaient les articles bidonnés, mais Peter pas du tout. Un voisin proposa de prêter une voiture devenue très rare, une Edsel de 1960, pour faire un super cliché. Elle n'était pas terrible et peu figurative du temps. J'aurais dans ce cas-là préféré une bonne Cadillac rouge bien flashy. Mais s'il n'y avait que ça, on ferait avec.

Les membres disponibles de la famille et moi passâmes donc un après-midi sur la terre à pétrole de tante Mary au bout duquel nous devions faire une pêche au *bass*, mal traduit en français par « carpe américaine ». Nous n'avons rien pêché du tout, mais pour le photographe le geste du lancer rendait bien. Journée d'ennui, journée perdue.

L'article, mis en réserve, sortirait plus tard selon l'actualité des stars.

Il sortit en automne. C'était n'importe quoi comme prévu au résultat.

Le jour du départ approchait, dans une sympathique routine de balades et d'amusement pour les enfants. Enfin il arriva. Il y eut les au revoir, les bises, Paulette lâcha quelques larmes… « On viendra vous voir en France »…

— Oh ouiiii… !

Les enfants sautillaient de joie. Moi un peu moins, je me contentais de sourire. Avec les Hand il fallait garder la tête froide.

C'est curieux, le retour sembla moins long. Les enfants avaient été bien épuisés de balades et de jeux, avaient de nouveaux jouets, dont les marionnettes qui me servaient à leur faire la conversation.

Quand même, c'est avec soulagement que nous avons revu la France… Peter était là, nous attendant pour nous raccompagner. Hmmm mon vieux pote !

— Ben, t'as pas vendu la voiture alors ?

(Ah, Johanna toujours de la suite dans les idées !…)

— Non ils ont dit qu'elle était moche !

— Euh ? a fait Siegfried, elle est pas moche, pourquoi ils ont dit qu'elle était moche ?

Ça n'allait pas recommencer…

— Peter arrête un peu… je t'en supplie…

Laurence rigolait. Lui, il adorait faire parler les enfants en disant n'importe quoi. Ils démarraient au quart de tour.

— Bon, dis-moi, tu as eu Nelly ?

— Elle appelle demain. Elle fait je ne sais pas quoi…

Dis donc Danièle Gilbert est passée te voir, elle habite à deux kilomètres, elle voulait te dire bonjour mais elle va revenir.

— Ah, c'est sympa ça…

Le chemin après ça fut tranquille. Les enfants et Laurence se sont endormis.

Peter tapota sa pogne discrètement sur la mienne pour me faire comprendre qu'il était content de me revoir. Moi aussi.

Enfin nous montions l'allée de Montfort. L'expédition avait réussi.

Et puis vint le temps de la rentrée, les petits retournèrent chez eux. Ils avaient beaucoup de choses à raconter !

Ils recommencèrent à venir le week-end comme avant, et la saison passa.

Mais j'étais loin d'être tranquille…

Reportage (encore)

Dès septembre, Henri Elkaïm, rédacteur en chef de plusieurs publications, dont *OK Magazine* et *Hit*, était devenu un bon copain. C'était un bon gars solide et moustachu, rieur, voire farceur, et qui ne détestait pas la reniflette et les bons petits pétards. Il venait des fois à la maison et y mettait une très bonne ambiance. On l'appelait El Kanoé, El Kayac, et il en riait beaucoup. Chouette mec ! C'est ce que tout le monde disait.

Il avait appris que j'avais du sang écossais au travers de Jack, qui était irlando-écossais par la vieille dame dont je parle au début. Ce n'était pas tout à fait faux, mais pas vrai non plus. Je ne savais pas alors qu'il n'était pas mon vrai père, dont je portais le nom parce qu'il m'avait reconnu, et que mon vrai père géniteur était écossais de souche. Seules Paulette et Mamy étaient au courant mais se taisaient.

Il me dit un jour tout à coup :

— Mais t'as du sang écossais toi, alors ?

— Moi ? Oh, juste quelques gouttes, peut-être même davantage de sang irlandais du côté de Jack. Tu sais, dans cette famille « tuyau de poêle » de toute façon…

Il a éclaté de rire !

— Non mais imagine… Je t'envoie en reportage en Écosse avec un photographe pour voir le pays de tes ancêtres.

— Tu devrais arrêter le pétard, Henri, tu débloques là.

— Pas du tout, deux grosses pages centrales avec de belles photos et un bon article original pour le coup. Ça ne te plairait pas de passer deux jours en Écosse ?

— Qui n'aimerait visiter l'Écosse ! Mais c'est tiré par les cheveux, ton truc.

— Eh ben alors ? On le fait ?

Ah, ce sacré Henri… Il me tentait trop, là. Je lui ai dit oui vas-y après tout.

Pour une fois je n'avais pas d'appréhension. Et pour une fois j'aurais dû en avoir beaucoup.

Le jour dit j'ai rencontré mon photographe à l'aéroport. Il était censé se charger de tout. Je devais être son interprète parce qu'il ne savait pas parler anglais. J'ai pensé : nous verrons bien… Mais je me suis vite rendu compte qu'il était très bête, et même idiot total. J'ai donc pris l'affaire en main, fait le *check-in*, trouvé la bonne porte, le bon avion, le bon siège, et me suis assis en me disant que ces deux jours risquaient d'être joyeux…

J'avais pris avec moi le magazine *Best* paru en juillet et que je n'avais pas eu le temps de lire. C'était un magazine de qualité. Bonne reliure, beau papier qui assurait la qualité des photos, et avec de bons articles. Comme j'avais bien fait de le prendre…

Arrivés à Londres, j'ai traîné mon idiot à la recherche de l'avion qui devait nous déposer à Édimbourg. Il y avait peu de passagers. Nous y sommes arrivés tard, à un petit aéroport, et attendions un taxi éventuel. Mais rien. C'était vide.

Avisant une jeune femme qui se préparait à partir, je lui demande comment atteindre la ville. Et avec un grand sourire elle me dit que l'aéroport était fermé et elle ne voyait pas comment je pouvais faire. « Qu'est-ce qu'elle dit ? » me demandait l'idiot sans arrêt…

C'est là qu'ayant la chance d'avoir ce *Best* avec moi, j'ai pu lui expliquer tout, en lui montrant mes photos, sur plusieurs pages, le reportage que je devais faire avec le photographe qui m'accompagnait, etc.

Les Écossais, qui adorent les Français déjà, sont des gens d'un naturel serviable et gentil. Elle nous a proposé de nous conduire elle-même dans sa voiture, en regrettant de ne pas avoir beaucoup de place. En effet elle était minuscule mais ce n'était pas si loin, finalement, juste dix kilomètres. Elle nous déposa au luxueux Witchery Hotel en plein centre de la vieille ville, tout près du château d'Edinburgh, qui se prononce « Edinbrrra », en roulant les *r*.

Je ne savais comment remercier cette charmante rousse qui m'a assuré que ça lui avait fait plaisir et que nous nous reverrions sans doute demain à notre retour sur Londres. « Qu'est-ce qu'elle dit ? » me demandait encore l'idiot.

Nous sommes arrivés dans l'immense hall, d'où s'envolait un grand escalier montant aux étages. J'ai demandé les vouchers à l'idiot. (« Les quoi ? — Les réservations ! ») Il valait mieux que je m'en occupe. Nos réservations étaient faites correctement, tout allait bien. On m'a remis nos clés assorties du numéro de la chambre inscrit sur un petit billet blanc.

Là, j'ai entendu l'idiot hurler le seul mot qu'il devait connaître en anglais :

— *Expansif !* trop *expansif !*

Il voulait dire cher, trop cher en fait... Le concierge le regardait d'un air outré et ne comprenait rien. Hurler dans un hall d'hôtel de cette classe est déjà une inconvenance, mais particulièrement grave dans les pays britanniques. J'ai dû expliquer que j'étais accompagné d'un imbécile profond quoique photographe, et le priai de bien vouloir l'excuser, étant moi-même terriblement choqué de son attitude.

L'idiot avait cru que le numéro de sa chambre, 380, en était le prix !

Je lui ai donc expliqué lentement sa confusion, et que la chambre avait été réglée à l'avance. Il a fini par faire l'exploit de comprendre, et sans même s'excuser a attrapé ses sacs. Après avoir lancé un regard de désolation au concierge qui m'a répondu en secouant la tête, l'air de dire « Eh bien, bonne chance », je l'ai entraîné vers l'escalier, conduit à sa chambre, ai fermé la porte et me suis dirigé vers la mienne.

J'étais épuisé. Avec la perspective d'avoir à tout faire

à sa place, à part faire clic sur un appareil. Je n'avais pas faim. Je me suis endormi, surtout qu'il fallait se lever très tôt pour commencer le reportage.

Reportage

Première chose, trouver un kilt. J'y suis allé seul après avoir avalé un café vite fait. Le concierge m'a donné une adresse de location pas bien loin, me dessinant le chemin sur une carte. J'ai appelé l'idiot pour lui demander de ne pas bouger surtout. Je ne voulais pas risquer de le perdre dans la nature.

Arrivé à la boutique, toujours avec mon magazine roulé à la main, un charmant monsieur s'est occupé de moi. Rien qu'au coup d'œil il a vu ce qu'il me fallait. Le kilt était bien à ma taille, ainsi que la veste, la chemise à jabot et les mocassins. Le tout fut achevé avec le *tartan sporran*, ce genre de bourse qui tombe devant le kilt au bout de deux chaînettes. Par contre on ne louait pas les chaussettes hautes. Il fallait les acheter. Extrêmement serrées sur le mollet, elles sont faites d'une laine blanche, brute, épaisse et qui gratte horriblement. Ce costume a été conçu dans le passé pour marcher à travers la bruyère, ce qui serait difficile avec un pantalon, qui s'y serait accroché à chaque pas. Le kilt passe au-dessus, et les jambes sont protégées par l'épaisseur des chaussettes glissant plus facilement entre les tiges.

— Oh… *You have as much elegance as Prince Charles, Sir !*

— *That's extremely kind of you… Thank you.*

C'est vrai que finalement je me trouvais beau comme ça…

J'ai donc laissé mes affaires « civiles » en caution et je suis sorti.

J'ai, et j'en demande humblement pardon, failli à la tradition ancestrale qui veut que l'on ne porte rien sous un kilt. L'idée cependant d'avoir des courants d'air se faufilant dans mon intimité me dérangeait un peu. Le tissu est épais et lourd, soit. Mais quelle position prendre pour s'asseoir et qui soit convenable ? Voilà une éducation qui ne m'a pas été donnée... J'ai donc gardé un sous-vêtement léger, je me sentais plus assuré. Une fois dans la rue, où j'étais le seul à porter ce costume, j'avise deux policemen et je vais leur demander s'il est un lieu, un village, où l'on porte encore le kilt. Et là je m'entends dire avec humour, en plus avec l'accent écossais :

— Oh non, Monsieur, il n'y a plus que les Américains qui s'habillent comme ça !

Je suis parti dans un fou rire qu'ils ont partagé bien entendu. Je me suis donc remis à raconter qui j'étais, pourquoi j'étais ici, et voilà qu'entre-temps, Dieu sait comment, mon idiot était arrivé ! Le dévoué concierge, à l'aide de dessins, lui avait montré là où je pouvais être. Il s'est un peu perdu en chemin mais m'a aperçu au loin, coup de chance, avec les policiers. Allez, quelques photos !

Les policemen s'y sont prêtés avec plaisir et hop, dans la boîte.

Maintenant retour à l'hôtel. Sourire du concierge en me voyant, avec un léger mouvement de tête qui semblait signifier son approbation. Restait à trouver, et vite, une voiture pour nous rendre au château le plus proche hors d'Édimbourg.

Le concierge arrangea tout. Décidément un homme

parfait. Il m'indiqua le château de Lauriston qui n'était pas très loin. Il avait appartenu à John Law de Lauriston, le fameux banquier dont le système bancaire avait ruiné la France au XVIIIe siècle. Il nous dénicha même une voiture de location pour y aller. Je fis descendre les bagages, glissai un joli pourboire bien mérité au concierge et nous avons attendu la voiture.

Là nous avons pris deux trois photos dans le grand escalier. La voiture est arrivée, et moi ne conduisant pas c'est l'idiot qui a pris le volant. Aïe ! Bon, au moins, il savait qu'on roulait à gauche c'était déjà ça.

On travaillait dans l'urgence, nous devions reprendre le vol pour Londres à 20 h 30. Nous approchions de midi. Il avait faim. Non, il ne voulait pas un hot dog ou un sandwich, mais goûter la cuisine écossaise !

Il commençait franchement à m'énerver un peu. Une vague auberge se trouvait là sur la route et nous y sommes entrés. Je ne suis pas passé inaperçu et me suis vite assis dans un coin. Là j'ai dû traduire le menu ! Un menu écossais, avec des plats écossais que je ne connaissais pas, à part le haggis (la fameuse panse de brebis farcie) que j'avais déjà goûté. Je me suis dit : « Attends mon coco tu vas voir ! »

Le haggis est toujours aléatoire parce qu'il y a plus de cent recettes différentes. Qu'importe, j'en ai commandé un pour chacun. Ce n'était pas mauvais du tout mais je n'avais pas très faim et je calculais le temps qu'il nous restait pour rapporter à Henri un bon reportage. Par contre mon idiot a pris le temps de tout finir !

Bon, vite ! Je paye, c'était plus simple, et nous sommes repartis. Tiens, le voilà le château ! Mmm il est juste ce qu'il nous faut, pas trop grand, fait de belles pierres gris et ocre. Avec un grand bâtiment central flanqué de deux poivrières, et sur lequel étaient accolés une série d'ajouts de différentes époques. Nous sommes entrés et est venu au-devant de nous un homme distingué aux cheveux blancs portant un élégant costume. C'était le conservateur du château. Il nous a dit qu'il était extrêmement navré mais que c'était le jour de fermeture de la visite !

— Qu'est-ce qu'il dit ?

— Que le château est fermé aujourd'hui…

— Ben, fais quelque chose !

— Je n'arrête pas !… de faire « quelque chose » comme tu dis !

Là je bouillais. Allez, on recommence. Je tends le magazine et je reprends ma litanie, espérant qu'une fois encore elle ferait son office. Je suis…, etc.

Devant mes arguments exposés le plus aimablement du monde, le charmant homme a accepté de nous laisser prendre quelques clichés dans les pièces qui lui semblaient les plus intéressantes. J'étais émerveillé. Nous parlions histoire, art, mais cela ne semblait pas intéresser le photographe. Il ne profitait pas de ma présence dans ces lieux. Je ne voyais pas alors pourquoi nous y étions venus !

Lui oui… Le conservateur disparut quelques instants, nous laissant prendre des photos dans le jardin, puis revint pour nous inviter à prendre un thé chez lui. Sa jolie maison était attenante au château. Son épouse nous reçut très gentiment, ce qui a engendré quelques clics supplémentaires de l'idiot pendant que nous discutions un peu.

Nous ne nous sommes pas trop attardés, l'heure

tournait, et après des remerciements chaleureux, avant de partir, mon oiseau rare voulut un dernier cliché d'une accolade avec le conservateur. Voilà qui nous gênait un peu et nous avons esquissé quelque chose de vague en se tapotant dans le dos. L'idée était stupide, mais bon.

Vite nous sommes repartis… Et là, nous sommes tombés dans un embouteillage monstre sur la route d'Édimbourg ! Et le temps filait vite ! La boutique où j'avais mis mes vêtements en caution fermait sous peu. Pourvu que nous n'arrivions pas trop tard, je n'allais pas rentrer à Paris en kilt !

Finalement nous sommes arrivés en ville et le temps de trouver cette boutique, elle était fermée ! Ah non ! J'ai tambouriné à la porte, désespéré, plusieurs fois de suite, quand enfin une lumière tout au fond s'est allumée et mon loueur de kilt est arrivé ! Ouf !

Tout en me changeant je lui ai raconté nos péripéties. Lui, sachant que je devais repartir le soir même, avait attendu un peu, se doutant bien que je n'allais pas rentrer en France avec ce costume. Oh, vite ! J'en avais assez, je voulais mon avion du retour ! Me suis changé très vite.

Nous l'avons eu ! À la dernière minute. J'étais rompu. L'autre a ronflé sur son siège pendant tout le voyage. J'avais les jambes rouges d'avoir passé cette journée avec ces maudites chaussettes et ne cessais de me gratter les mollets.

Enfin Londres ! Mais ? De là ?

Il m'a dit qu'il fallait aller chez sa sœur ! Sa sœur ? Pour ?

— Pour dormir chez elle, ce sera l'occasion de la voir, et on prendra le vol de demain matin.

Là j'abandonnai. C'était trop. Je me suis laissé emmener chez la sœur en me disant que si elle était comme lui j'allais passer une soirée de rêve.

Mais pas du tout, elle était charmante, intelligente, elle nous a fait un repas indien, et pendant qu'il s'endormait sur le canapé du salon nous avons parlé un peu.

J'en suis venu à lui dire qu'il était tout de même spécial. Elle était d'accord, il était bête et l'avait toujours été. Il avait été élevé en France, oublié l'anglais, et faire de belles photos lui avait sauvé la vie. C'était lui, il était comme ça.

Elle m'a indiqué une chambre et je me suis couché.

Le reste est un trou. Je ne revois plus rien. On est rentrés bien sûr, Laurence est venue me chercher. J'ai eu pas mal de choses à lui raconter.

Non ? Non ? Ooh. C'est tout ce qu'elle répondait.

Jean-Pierre m'a appelé le jour d'après pour savoir si le reportage s'était bien passé, et s'en est un peu indigné. Je lui ai demandé de ne pas parler du photographe, mais par contre lui raconter la brève visite de l'Écosse a fait oublier les désagréments vécus. Au final, il valait mieux en sourire.

Le reportage, paru en septembre, racontait n'importe quoi !

Je descendais d'une grande famille noble d'Édimbourg…

« Mortimer Sheller (?), très attaché aux principes et intraitable, avait répudié Walter, le grand-père de William, parce qu'il avait osé se lancer dans la chanson. »

Curieuse tournure, ça semblait dire que c'était le grand-père qui s'était lancé dans la chanson. Enfin, bref.

Je lisais à haute voix et à chaque phrase on ne pouvait qu'en sourire.

« Edward alors décida de parcourir le monde en emmenant sa femme et son fils Philip. Celui-ci eut alors quelques années plus tard un enfant qui n'est autre que William et décida de s'installer en France. »

Là on commençait à en rire…

Alors : « William trouva dans son courrier une lettre provenant d'Édimbourg qui lui annonçait que Mortimer Sheller était mort depuis un mois. »

— Lettre de qui ?

— Attendez ils vont peut-être le dire… Ah, voilà… « Dans la lettre, l'oncle Joseph (ah, un oncle Joseph) avait décidé de tout effacer et me demandait de venir réintégrer le clan ! »…

— Ça a été rapide comme décision, dit Laurence en rigolant.

— Peter, tu as intérêt à m'appeler « *My Lord* » quand tu me parles, maintenant !

— Oui, compte là-dessus !

— Essayons de comprendre… Donc, il a eu deux fils le vieux Mortimer ? Philip et un autre ?

— Oui, dit Laurence, futée. Joseph, l'oncle qui a écrit la lettre que tu as reçue.

— T'as cherché longtemps pour trouver ça ?… rigolait Peter.

Laurence a commencé à rire, avec son rire qui généralement entraînait celui de tout le monde. Je demande :

— Mais pourquoi il n'a pas commencé par écrire à son frère Philip pour avoir son avis sur la question déjà ?

— Parce qu'en faisant le tour du monde, Philip s'est fait bouffer par un tigre au Bengale il y a deux ans mais on ne te l'a pas dit ! L'oncle Joseph ne savait pas où tu étais. Et c'est grâce à *OK Magazine* qu'il a pu te retrouver, c'est écrit au-dessus, y a qu'à lire !

— Chapeau Peter, t'es un bon scénariste, le coup du tigre, fallait y penser !

On riait comme des malades ! Laurence qui s'essuyait les yeux ne pouvait plus s'arrêter.

— En tout cas, j'ai refusé d'être baron, pour suivre la vie que je m'étais tracée en France.

— T'as bien eu raison, dit Peter, refuser le titre, le château, les terres, les privilèges et les rentes pour pouvoir continuer de chanter à la télé en espérant gagner une place au hit-parade la semaine suivante, c'est courageux !

— Henri est pas possible ! Tiens, sers-nous un coup à boire qu'on s'en remette un peu.

(Et là on n'arrivait même plus à respirer tellement on riait !)

Pour les photos, l'escalier de l'hôtel était prétendument celui du château. Mais avait l'air plus grand que le château lui-même !

L'accolade avec le conservateur était le pardon de l'oncle Joseph dont la femme offrait du thé… Cela finissait en disant : « Cela ressemble à une belle étrange histoire de fées. » Ah oui, une fée à moustache qui s'appelle Elkaïm.

— Attendez voir, je vais l'appeler moi.

Je l'ai fait, mais n'ai réussi qu'à le faire rigoler aussi.

Je l'ai gardé celui-là. Il est trop bien.

7

RETOUR

Grande nouvelle : Mamy revenait en France ! La perspective d'un peu de calme et de véritable affection l'avait décidée à faire le long trajet. On lui manquait. Au moins elle n'aurait plus le sentiment de servir de bonniche. Elle ferait les choses pour nous, par amour. Ce fut avec un grand bonheur que je pus lui offrir un billet de retour. J'en avais enfin les moyens. Elle commençait à avoir des petits soucis de santé et pourrait désormais être entourée convenablement. Je gardais néanmoins dans la tête que Paulette et Jack n'avaient certainement pas été étrangers à cette décision. Ils s'étaient enfin mariés, et désiraient sans doute resserrer leur union sans avoir de belle-mère qui leur tourne autour.

Qui plus est, l'envoyer en éclaireur pour savoir comment les choses se passaient pour moi n'était pas sans intérêt. Peut-être pourraient-ils m'aider, et même, si j'avais besoin d'un manager, Jack, avec sa connaissance du milieu musical, pourrait prendre les choses en mains, qui sait ?

Ils continuaient à rêver, d'échec en échec, après

avoir tenté pas mal de choses dont ils ressortaient les grands perdants. Paulette se laissait bercer par les illusions de Jack, lequel n'avait pas assimilé l'esprit du temps et comment tout fonctionnait désormais. Rater autant d'années d'évolution dans une île refermée sur ses folies fêtardes depuis les années cinquante, et puis rester enfermé sept autres années dans une prison espagnole avait créé une sorte d'infirmité mentale qui l'empêchait d'outrepasser ses trop longues certitudes.

Enfin Mamy arriva, avec sa chienne bichon sous le bras, emperruquée à l'américaine, et portant lunettes à la mode aux angles pointus. Elle fut un peu intimidée par cette grande maison et craignit de ne pas savoir comment l'habiter. Elle n'en avait jamais connu que de petites, des toutes simples. Heureusement, la belle chambre qui lui avait été réservée, ouvrant sur le jardin, était confortablement et chaleureusement meublée. Elle avait sa salle de bains privée, et savait où se réfugier les jours de grandes invitations, puisque isolée du reste de la maison par un long couloir. Elle fut vite rassurée et s'y installa finalement avec joie. Cela me faisait plaisir de lui offrir cette nouvelle vie. En fait, je lui devais tout.

Elle eut un petit malaise, attribué dans un premier temps à ce long voyage nécessitant des transits d'aéroport avec de longues heures d'attente, et puis la route jusqu'à Montfort et enfin l'effet du *jet lag* toujours difficile dans le sens ouest-est. Pour en être certain, je fis quand même venir un médecin qui l'ausculta et fit faire une prise de sang. Quelques jours après, il avait diagnostiqué un problème sanguin, qu'il convenait de juguler par un traitement simple et adapté. Bon, pas de gros risques. De plus, ayant engagé depuis quelque temps une jeune femme parfaite, Gisèle, pour tenir la maison, et qui venait tous les jours, je la savais en sécurité. Elle ne tarda pas à prendre ses petites habitudes. Cette fin d'année qui jaunissait s'annonçait bien.

Honfleur

Peter arriva pour passer quelque temps. Il fut le premier à rencontrer Mamy. L'un comme l'autre était d'un abord facile et j'étais heureux de voir qu'ils se plaisaient bien. Elle n'était au courant de rien bien entendu des « sympathiques turpitudes », si je peux dire, de la maison. Pas plus que Gisèle d'ailleurs.

Mais où étaient les autres ?

Je savais Nelly en déplacement, Catherine en concert accompagnée de Do, quant à Laurence je ne me souviens plus... Seule Nico a répondu au téléphone.

(Je n'en relate qu'un court extrait.)

— Je pars demain... Alors ta Mamy est là ? Oh, comme c'est bien. J'ai une mamy aussi tu le sais à Thonon, je l'adore. Si tu cherches Patrick, il est à Honfleur.

— Honfleur ? Je ne connais pas, je ne connais que Trouville un peu.

— C'est à quelques kilomètres, il est à La Lieutenance, c'est sur la place Sainte-Catherine, juste en face de d'église. Il a son coin là-bas. C'est très joli, il y a le restaurant et ils font un peu hôtel pour les copains. Vas-y, ça va te changer les idées ! Oh, tu vas rigoler !

Sachant que tout allait bien à Montfort, je me suis décidé à aller voir ce que c'était, et puis voir la mer me fait toujours tellement de bien. Peter toujours prêt à l'aventure en était ravi. Il connaissait bien la route, ses parents ayant une maison à Vernon. Donc pourquoi hésiter ?

Bise à Mamy à qui j'ai promis de l'appeler tous les jours et nous voilà partis, dans la deux-chevaux aux marguerites. Évidemment la route a semblé plus longue qu'en Volvo, et les tressautements caractéristiques de cet antique engin (que pratiquement tout le monde a pu apprécier au moins une fois dans sa vie) m'ont moulu le dos.

Enfin, nous sommes arrivés à Honfleur. Le temps de chercher un peu (« C'est vers le port, allez tout droit ») et nous voilà à La Lieutenance.

Un homme charmant, vêtu élégamment d'une chemise-chemisier soyeuse et d'un gilet assorti au pantalon, est venu au-devant de nous.

— Ouiiii… oh, bonjour, je suis Pierre, Nicole m'a prévenu de votre arrivée.

— Elle a bien fait ! Je vous présente Peter. Voilà.

— J'ai de la place au-dessus, il reste une chambre qui donne sur l'église. Vous voulez déjeuner ? Une bricole parce que la cuisine va fermer, mais on va s'arranger… Ajoutant d'un air entendu : Patrick dort, il est rentré plutôt très tôt ce matin…

—Vous faites hôtel donc ?

— Non c'est pour les copains, on ne fait pas les lits, mais on peut monter un petit déjeuner. Bon, quelques huîtres et un poisson avec un bon petit blanc ?

— Oh, bonne idée ! a lancé Peter, toujours prêt à boire un coup.

— Parfait, installez-vous en terrasse. Je vais vous

faire un kir champagne en attendant, je fais moi-même mon cassis, avec des grains !

Arriva ensuite son compagnon selon toute apparence, Gérard, qui nous salua très gentiment, dit deux mots sur le temps chaud et repartit assurer notre commande. Sortirent, d'une porte attenante au restaurant, deux jeunes hommes impeccables dont il aurait été difficile de ne pas comprendre que l'un des deux au moins, vêtu d'un ensemble jean-chemise moulant à en craquer sous ses gestes de ballerine, n'avait rien d'un fan de rugby. Ce fut totalement évident lorsqu'on entendit sa voix gracieusement perchée quand Pierre nous présenta. Il s'appelait Alain. Son camarade dirons-nous, Philippe, portait un costume d'été tout simple. Ils étaient très sympathiques et apparemment appréciés de tout le monde. Je dis à Peter :

— Ben, dis donc quand même, c'est un vrai nid ici…

— Ce que t'es coincé toi ! Tu me fais rigoler…

— Non, juste pas l'habitude. Sinon je m'en fous tu sais !

— Oui, tu t'en fous pour les autres, mais pas pour toi (il n'avait pas tort, et j'étais bien en mal de lui répondre…).

Heureusement les huîtres sont arrivées, coupant court à tout…

Le déjeuner fut un délice. Pierre nous fit monter visiter la chambre. La vue sur cette curieuse église, dont le clocher se trouvait éloigné à au moins trois cents mètres sur l'autre côté de la place, était assez étonnante pour donner l'envie d'y aller voir de plus près. Nous l'avons donc visitée, admiré le toit de bois conçu en forme de coque de bateau, et après un tranquille petit tour de la place nous sommes revenus. Patrick était levé. Il devait être largement dans les quinze heures. Il nous a fait signe de la terrasse, tout heureux de nous voir. Il avait l'air en pleine forme.

— Oh, quelle bonne idée d'être venus ! Ce soir je vous emmène chez Betty, Betty Ulmer, la femme de Georges Ulmer tu sais, le chanteur de la chanson « Pigalle »… J'ai juste avant un petit rendez-vous pour y chercher quelque chose… Pour se mettre en train, histoire de commencer, quoi. Après on verra… Je connais quelqu'un dans le coin qui en a de la bonne, celle un petit peu jaune et qui sent la pisse de chat.

J'avais compris, au-delà de cette définition allusive, ce dont il voulait parler. Les reflets de la cocaïne varient à la lumière selon son mode d'extraction, et son infime odeur, à peine décelable, aussi. Celle dont il me parlait était effectivement classée parmi les meilleures à l'époque. Je n'en avais pas tant essayé que ça, juste goûté deux fois en fait, mais assez pour être d'accord. Je dis à Peter :

— Bon, dis, on vient pour prendre l'air, se reposer un peu, pas pour partir en vrille, je connais Patrick… Des fois,

— Mais non enfin, voir un peu d'autres personnes te fera du bien en plus, alors ne te torture pas l'imagination dans le vide, là, encore une fois quoi.

— Ben, c'est un peu mon métier… Me torturer l'imagination comme tu dis.

Patrick n'en étant qu'au petit déjeuner, c'est donc en compagnie de ces deux nouveaux amis, Alain et Philippe, que nous avons fait une petite promenade dans la ville.

Nous avons appris par la même occasion que le charmant garçon en jean, Alain, travaillait le jour au Club Méditerranée et le soir à l'Alcazar comme barman. L'autre était médecin du travail tout simplement, je dirais presque aussi simplement que lui-même. Je lui ai demandé :

— Tu as une spécialité ?

— Arrêts maladie, je suis dans la médecine du travail. C'est tranquille.

Tout en bavardant nous avons fait le tour des boutiques, visité des rues typiquement normandes, fait le tour du superbe port avec ses maisons aux murs entièrement couverts d'ardoise, et sommes rentrés un peu épuisés. La route en deux-chevaux, les insoupçonnables kilomètres que représente une longue promenade sur des pavés anciens, lesquels vous contraignent à négocier chaque pas, les petits coups de blanc du déjeuner, le temps qui s'annonçait déjà lourd au printemps, tout cela représentait beaucoup en une seule journée. Peter et moi avons quitté gentiment tout le monde pour une petite sieste. Moi :

— Pousse-toi un peu le poilu, tu tiens trop chaud !

— Tu peux toujours parler ! T'es aussi poilu que moi…

— Peut-être mais moi j'ai le poil fin… J'ai l'impression de dormir avec un sanglier !

— Tu veux que je te dise avec quoi j'ai l'impression de dormir moi ?

— Oh, ça va !

C'est largement à l'heure de l'apéritif que nous avons émergé. Voilà qui commençait bien, tiens ! Tout le monde avait déjà une coupe vidée devant lui, quelques touristes commençaient à s'installer et le service du soir se mettait en route.

— Alors, je vous sers ?... a demandé Pierre.

— Moi, un kir comme tout le monde, non ? a dit Peter.

— Alors, un kir pour tout le monde ?

— Heuu oui... mais moi... (ai-je tenté de dire...).

— Alors, cinq kirs ! a annoncé Pierre sans m'entendre.

Et c'était reparti ! Ne restait plus qu'à compter, hélas, sur le rendez-vous de Patrick pour tenir le coup tout au long de la menaçante soirée promise.

S'est ensuivi un dîner, le plus léger possible en ce qui me concerne. Et puis, les conversations allant, vint le moment de songer à se mettre en route. Un petit coup de fil à Mamy, un autre à Nelly et j'étais prêt.

Il s'agissait de se répartir dans les voitures. Philippe et Alain y allaient directement. Pierre et Gérard nous rejoindraient dès la fermeture du restaurant. Patrick devait nous conduire dans sa Rolls, ce qui impliquait un passage à son lieu de rendez-vous. Une étrange boîte de nuit sans ambiance, où nous ne sommes restés que le temps d'un verre et d'une sniffette aux toilettes. Toilettes dont le couvercle de la vasque, griffé dans tous les sens, donnait à penser que bon nombre de lames de rasoir y avaient tracé des lignes depuis bien longtemps. Enfin, instantanément ragaillardis, nous sommes allés rejoindre les autres au Brummell, le bar-club de Betty Ulmer sous le casino de Deauville, que j'allais découvrir.

Patrick conduisait toujours comme un fou, quel que soit son état, à une vitesse effrayante, sur l'étroite route constamment en virages qui menait à Deauville. Deux voitures ne pouvaient pas se croiser en maints endroits. J'en avais le ventre serré. Avouons-le, j'étais carrément terrorisé.

Heureusement le beau sourire que nous a offert Betty Ulmer à notre entrée m'a totalement apaisé. C'était une femme adorable, délicieuse (comment trouver le mot juste ?), qui savait recevoir, et à laquelle une belle vie extrêmement bien remplie avait donné un sens immédiat des êtres qu'elle croisait. Cela se voyait à la manière dont elle abordait chacun. J'ai tout de suite eu beaucoup d'affection pour elle. J'étais loin d'être le seul.

J'y ai rencontré Carlos qui possédait une maison dans les environs et avec lequel nous sommes devenus assez copains. Nous nous sommes vus chaque été que j'ai passé en Normandie. Que ce soit chez Betty, à La Lieutenance, au Normandy, à l'Hôtel Royal, où j'ai même emmené les enfants pendant un séjour en vacances.

Et puis à Cabourg, où il me rendait visite quand j'avais loué pour un mois une maison de vacances pour les enfants et deux de leurs amis d'école, et aussi à ce Grand Hôtel, celui de Proust, où j'ai logé assez souvent par la suite.

J'ai toujours un peu préféré Cabourg, un peu plus familial, dont Paulette Coquatrix était maire, alors que Bruno tenait encore l'Olympia.

Je suis allé au très sympathique mariage de Carlos au Club 13, le complexe hôtelier de Claude Lelouch, ce qui m'a donné l'occasion de connaître mieux Sylvie Vartan et d'autres de ses amis. Il était alors en pleine gloire à la suite de « Big bisous » que lui avait écrit Joe

Dassin. Nous étions heureux pour lui. On se retrouvait toujours avec joie. J'ai croisé bien d'autres personnages chez Betty, comme la détestable Manouche, une énorme ivrognesse ancien mannequin de Patou disait-on, que les médias avaient ressortie d'on ne sait où, et à laquelle il était apparemment difficile de fermer sa porte.

Elle ne savait dire que des horreurs et des insultes, avec un langage de porchère. Le cauchemar des établissements un peu select. J'ai vu Omar Sharif le premier soir où j'ai croisé cette femme la remettre vertement à sa place avec une bonne gifle. Elle avait été d'une indécence outrancièrement odieuse à son égard.

Elle était la cible favorite de Thierry Le Luron quand il la rencontrait dans un restaurant. Il se plaçait face à elle et lui répliquait sans cesse avec une humoristique férocité. Pour le coup elle n'avait pas le dessus, et il réussissait à la faire taire. Nous avons bien sympathisé lui et moi. Il avait un immense appartement dans le quartier des ambassades, au début du boulevard Saint-Germain, avec au bout d'une vaste entrée un très agréable jardin où je passais prendre un verre de temps en temps. Il m'a offert pour mon anniversaire un superbe briquet Dupont en or et laque de Chine que je me suis fait voler en peu de temps. C'est bien dommage. Le plus dommage étant qu'il nous ait quittés.

Nous avons passé à Honfleur une semaine un peu folle mais sans exagérations. Cela m'avait fait du bien. Mamy était en pleine forme à la maison, mais la douce Nelly m'attendait à Paris. Nous sommes donc rentrés Peter et moi, en passant par Lisieux, histoire de visiter un peu, seulement le temps était très pluvieux. Nous y avons donc renoncé, mais c'est là que j'ai compris à quoi servaient les marguerites collées sur le toit. Il était percé de partout ! Il fallait absolument qu'il se défasse de cet engin au plus vite. Je n'allais pas faire sans cesse appel à Laurence pour le moindre déplacement, et j'avais aussi besoin de temps en temps de vadrouiller entre potes, tranquillement, sans avoir le sentiment d'être tracé.

Nelly appelle :

— Allô, toi…

— Oh, ma Nelly…

— Comment va Cœur de laitue ?

— Il sieste dans le canapé…

— Bien ! Je suis là, je me suis échappée…

— Alors tu viens ? Peter a une nouvelle voiture. Une Volvo aussi, que j'ai rachetée à mon cousin pour trois fois rien.

— Oohh… Il peut venir me chercher tu crois ?

— Mais oui. Sa voiture est un plus petit modèle, elle est bleue mais elle est pas mal. Tu viens quand ? j'ai plein de choses à te raconter.

— Maintenant, mais s'il dort ?

— Je vais le réveiller, il va ronchonner un coup et puis c'est bon ! Disons dans une heure ?

— Il est adorable ! Mais oui ça ira.

— Alors, je t'attends… Bisous, je te préviens, il pleut ici…

Je raccroche et voilà que ça sonne encore :

— Oui c'est Laurence… Mamy est là alors ?

— Oh oui, je crois qu'elle s'y fait bien.

— Oh, j'arrive alors !

— Bonne idée ! Tu sais quoi ? Tu passes par Saint-Cloud dans une heure et tu prends Nelly, elle est rentrée.

— Oui préviens-la alors. Oh, dis donc, ton *Salut les copains* sur les USA est sorti !

— Houlà ! Ça donne quoi ?

— Pas génial, mais bon… Tu verras.

Après avoir rappelé Nelly je me suis fait une petite sieste aussi. Après tout…

Ce sont les filles qui nous ont réveillés en arrivant. Laurence m'a tendu le magazine. Oh, que le reportage aux USA était moche ! Un de plus quoi.

On a entrepris de faire du feu. Il commençait à faire frais. Le plafond cathédrale avec sa belle ferme de poutres blondes n'arrangeait pas les choses. C'était une maison de week-end en fait. Le fuel était à un prix abordable, mais la notion d'isolation n'existait pas encore. La haute cheminée devenait nécessaire.

— Je vais l'allumer, a dit Pierre.

— Ah, pardon ! Je vais le faire, j'ai appris quand j'étais louveteau… J'ai même eu un brevet de je ne sais plus comment ça s'appelle mais je…

— Pff, t'avais quel âge quand t'étais louveteau ? me fait Peter…

Moi piteux :

— Euh… douze ans ? (Rire de tout le monde.)

— Vous êtes toujours à vous chamailler, vous m'amusez les deux, là, enfin quoi ? a dit Nelly, à votre âge…

Du coup, un poil vexé quand même, j'ai laissé faire Peter.

— Mets de l'huile ! a dit Laurence.

— De l'huile ?

Je l'ai regardée.

— Oui moi je fais ça… De l'huile sur le feu ça ne te dit rien ?

— Ben, de l'huile de quoi ? On a des briquettes exprès… (Je lui montrai la boîte.)

— Ben, de l'huile à salade ! Tes trucs là ça pue et ça ne dure pas. Ou alors des bouts de vieilles bougies… Tu vas voir, ça fait bien partir !

Elle avait raison !… On a essayé et là *floup* ! Oh, les belles flammes ! C'était beau, c'était chaud.

Mamy pendant ce temps-là faisait un bœuf bourguignon… Un vrai ! Sa spécialité. La viande n'est pas coupée de la même façon aux USA, le vin n'est pas le même, ni les lardons, et les champignons non plus... C'était frustrant pour elle. Là on allait se régaler !

La maison se transformait, elle se préparait à entrer dans cette fin d'automne et l'on s'y sentait si bien. Il pleuvait parfois fort, mais nous, au chaud, serrés près du feu dans les grands canapés, qu'avions-nous à craindre ?

Les pompiers de Montfort-l'Amaury

L'hiver 1975 a attaqué rudement à Montfort. Nelly y avait passé quelques jours par-ci par-là, Peter et Laurence tout le temps, ainsi que sa fille avec mes enfants qui sont arrivés mais un peu plus tard, aux vacances de Noël.

C'est Peter, toujours curieux et fouinant partout, qui a jeté un œil dans la cave. Je n'en avais même jamais ouvert la porte.

— Hé, dis donc viens voir ta cave…

— Oui quoi ? Tu as trouvé un trésor ?

— Viens voir je te dis…

— Houlà ! Mais c'est plein d'eau !

Attroupement soudain de nous quatre en haut de l'escalier, pour constater que la cave est inondée et que l'eau est à moins de trente centimètres du compteur électrique.

— Ça vient de quoi ? demande Nelly. C'est une source ?

— Miraculeuse au moins, oui, je fais en rigolant…

— Il faut appeler les pompiers, me dit Peter, imagine que ça monte encore ?

— On avait bien besoin de ça juste avant Noël ! s'affolait Laurence.

— OK, j'appelle la caserne… Peter, regarde dans le bottin…

— Bah, fais le 18 voyons ! me répond-il en levant les yeux au ciel.

Me voilà en relation avec les pompiers. Évidemment, avoir William Sheller au téléphone a provoqué une grande sympathie à la caserne. Je leur explique le problème.

— Ah ouais, je vois, me répond un jeune gars, c'est normal ça arrive assez souvent chez vous.

— Ah, bon ? Je ne savais pas… il n'y a pas longtemps que je suis là.

— Ah ouais, on sait… ! Bon, vous êtes en bas de la pente, la propriété au-dessus de chez vous c'est du sable, et à partir de chez vous c'est de l'argile. Comme la cave est creusée dans l'argile vous avez l'eau de la pente qui s'y engouffre !

— Oh, la bonne nouvelle… Et là on fait quoi ? À part acheter une bouée ?

— Bah, vous inquiétez pas on arrive, on va prendre la pompe et on va vider.

Bon, je dis aux autres ce qui se passe, et nous voilà à attendre. Pas très longtemps d'ailleurs… Arrive une camionnette rouge tous feux allumés qui se gare sur le parking, et en sortent quatre jeunes gars souriants et costauds avec une énorme pompe.

— Hmmmm, a fait Laurence, ils sont pas mal les pompiers à Montfort.

— T'as raison… a répondu Peter entre ses dents…

— Vous dérangez pas on connaît ! nous dit celui qui devait être apparemment le chef.

— Ça va prendre longtemps ? ai-je demandé…

— Oh non, quoi dix minutes, ou quinze quand on aura tout installé…

On les observait se mettre en place, allonger des tuyaux jusqu'à la route, faire des branchements et finalement démarrer cette grosse pompe, moins bruyante que je ne le craignais vu sa taille.

— Bien ! alors c'est parti, nous a dit le chef…

— En attendant on vous sert quelque chose, a proposé Peter avec empressement…

— Oh ben, on veut bien…

— OK, vous voulez quoi ? Y a tout ce qu'il faut.

Il donnait l'impression de ne pas savoir où poser les yeux…

— Le Cœur de laitue, il est gentil il va leur fout' la paix hein ? lui ai-je glissé un peu rigolard à l'oreille.

Nelly ricanait discrètement en les regardant par-dessus mon épaule.

— Bah, quoi ?… Ils sont sympas, non ?… a dit Peter.

— Et pas seulement je te l'accorde, mais bon… Tu t'en occupes alors ? Je m'en voudrais de te faire rater ça…

Il les a servis, nous avons bavardé, parlé du village, j'ai raconté le temps où j'étais allé à Saint-Louis, et déjà la cave était vide. Le temps de ranger tout, Peter ne les a pas lâchés, observant tout ce qu'ils faisaient en allant de l'un à l'autre.

M'approchant de lui et avec un petit coup de coude :

— Alors le poilu, il veut s'engager chez les pompiers ou quoi ?

— Oh, ce que t'es bête quand tu t'y mets… !

Nelly se glisse vers mon oreille en me prenant la main :

— Tu ne serais pas un peu jaloux toi ?

— Meuh non… Pousse pas à la roue Nelly… Fais-moi un bisou, tiens !

Asticoter Peter m'amusait, il le savait d'ailleurs, et ne s'en formalisait pas. Tout a été finalement fait assez rapidement. Au revoir sympas, poignées de main, deux autographes « pour ma copine », disparition de la camionnette, et le calme est revenu. Nous étions tranquilles maintenant.

— Il y a quelqu'un qui sait faire cuire un œuf ici ?… Mamy se repose… (Silence total.)

— Je te fais des nouilles si tu veux, a fini par proposer Laurence.

— Oh non… ! (Et là j'ai lancé :) Et si on allait dîner à l'auberge ?

C'est d'un seul cœur que tout le monde a dit : Oh oui !…

Et hop ! Je préviens Mamy, et quelques minutes après nous étions le nez plongé dans de grandes cartes prometteuses. Nous n'en avions cependant pas fini avec nos amis pompiers…

8

CHALEURS D'ÉTÉ

Ceux qui ont vécu cet été 1976 s'en souviennent. Il faisait très lourd, très chaud, et très sec ! Il n'y avait dans l'immense terrain de la maison qu'un tout petit bassin décoratif avec une rocaille sous un saule pleureur. Pas de quoi s'y plonger. Mais tous les enfants ainsi que tous les chiens qui sont venus à Montfort sont tombés dedans. Par curiosité ou maladresse mais c'était inévitable. Plouf !

Sauf Siegfried, toujours un petit peu méfiant, surtout disait-on qu'une vieille carpe était censée y vivre dans le petit puisard du fond. Une légende évidemment. Mais on ne sait jamais… Une bête qui vit cachée… (Et c'était quoi, une vieille carpe en plus ? Un monstre peut-être.)

J'entends des hurlements de terreur, c'était Johanna :

— J'ai un poisson dans ma culooootte !

Moi :

— Mais non ma puce, le volume de ton corps a fait monter le niveau d'eau c'est tout… (Allons bon, comment expliquer à une gamine le principe d'Archimède ?)

Restait à la sortir de là. Peter l'a attrapée à bout de bras :

— Oh, mais alors il faut arrêter de pleurer tu sais, sinon l'eau va monter encore plus haut.

Sous le regard affolé de Ziggy – « Y t'a mordu le poisson ? » – on l'a emportée, douchée, séchée, rhabillée, assise au salon, on lui a mis un biscuit dans la bouche, et le calme est revenu.

— Oh, moi j'en veux un aussi ! a dit Siegfried.

— Oui mais toi t'es pas tombé dans l'eau ! lui a répliqué Johanna.

— Oui mais moi je… (Sachant qu'il ne lâcherait pas l'affaire, il fallait couper court à tout…)

— Bon, gobe ça et qu'on n'en entende plus parler.

Il commençait vraiment à faire très chaud. Mamy ne portait qu'une blouse légère.

Nous avons dû acheter un ventilateur pour sa chambre, et deux gros autres pour le salon. Mais ce n'était pas assez.

— Vous voulez vous baigner les enfants ? Tiens, je vais vous emmener. Prenez un maillot. Et vous savez où ?

— Ah, moi je ne sais pas où y a un maillot, dit Peter, et j'en ai pas.

— Ben, tu te baigneras à poil ! Que t'es bête, il y en a dans la chambre du haut. Je veux parler d'un endroit que je connais pour se baigner…

— Ah, bon ! Pas le lac au rocher ? Ce n'est pas très clean.

— Et puis y a peut-être des vieilles carpes aussi ! a ajouté Ziggy !

— Ah, vous allez me tuer ! Non, aux Étangs de Hollande, j'y allais étant gamin. C'est un lac artificiel, qui a été creusé par Louis XIV pour alimenter le château de… (Inutile de poursuivre, personne n'écoutait.) C'est une base de loisirs, il y a une petite plage, des cabines, des transats, même une buvette et ce n'est pas profond, c'est idéal. Je connais la route, enfin si je m'en souviens. Peter, prends une carte au cas où. Ce n'est pas très loin en allant vers Rambouillet. Moi je prends de la crème pour tout le monde, le soleil n'est pas le copain des blonds. On prend des casquettes aussi ! On a tout ? Bon alors en route !

C'est toujours, avec des petits, toute une expédition pour le moindre déplacement. Ah… mais quel endroit magique ! Deux bonnes heures d'eau fraîche, de calme aussi malgré le monde que la chaleur écrasait, et puis la nage ça fatigue bien. Nous avions donc en plus l'espérance d'une soirée tranquille et d'un bon sommeil.

Au retour, les enfants se sont jetés sur la télévision allumée, un sandwich à la main, et, comme tous les enfants, à vingt centimètres de l'écran. Tous les parents connaissent ça. (Ne restez pas si près, c'est mauvais pour les yeux !) Mamy regardait une émission qui la captivait, avec son tic révélateur du doigt qui appuyait sur sa bouche comme si elle se mangeait l'intérieur des lèvres. Après deux remontrances elle s'est énervée et a dit en se levant, menaçante à souhait :

— Fichez le camp de là ! Moi je vous préviens, la prochaine fois que vous vous mettez comme ça devant « Des Chiffres et des Lettres » eh bien moi je me mettrai devant l'écran quand il y aura « Goldorak » !

Elle était comique, mais la menace a été efficace. Pour un temps…

Avoir une vie de famille, pleine de petits moments intimes, même si de peu d'importance, toute personne un peu publique comprendra combien c'est nécessaire, c'est la vraie vie. Et j'en parle parce que cela faisait heureusement partie de la mienne.

Coup de fil de Nelly :

— Alors mon rayon de lune ? Pourquoi tu ris ?

— Oh, rien, je te raconterai, des trucs de gosses. Oooohhh… ma Nelly tu es loin…

— Ben oui, je sais… Ça va à Montfort ? Et Cœur de laitue, il est avec toi et les enfants, alors ?

— Oh oui, des fois j'ai l'impression d'avoir trois mômes à la maison mais ça va bien. Faut gérer quoi. (Petit rire de Nelly.)

— Je vois, et Mamy ?

— Oui ça va même on ne peut mieux, elle dirige la maison et s'est emparée de la cuisine. Maintenant elle dit « Ma cuisine ». Elle a tout rangé selon son goût, et pas question d'y entrer sans qu'elle surgisse en disant : « Qu'est-ce que tu cherches ? » Et toi ma douce belle ?

— Moi je rentre dans deux jours. Mais je vais venir vite.

— Oh oui, vite vite… ! Je m'ennuie…

— Oh, mais tu as Cœur de laitue…

— Oui, mais ce n'est pas pareil, en plus il est trop poilu il me tient trop chaud (rires de Nelly), et puis les enfants quand ils se réveillent très tôt me bondissent sur le lit alors vaut mieux qu'ils m'y trouvent seul… Oh, j'ai besoin d'un peu de douceur aussi ma Nelly tu comprends ? Ça fait long.

— Dès que j'arrive je t'appelle… Gros baisers mon

rayon de lune, j'ai du travail. Laurence pourra me conduire ?

— C'est Peter qui a la Volvo, je crois que Laurence est avec sa fille voir le père de la petite. Sinon il vient te chercher sans problème, mais je ne suis pas sûr de venir avec, à cause des enfants.

— Ce sera parfait, ne t'en fais pas… On fait comme ça alors, allez, bisous !

— Bisous !

En raccrochant je me suis dit : tous les deux tout seuls pendant le trajet, je vais avoir les oreilles qui sifflent, moi. Mais après tout ça m'amusait.

Mon voisin

C'est le lendemain qu'un monsieur très affable se présenta à la maison. Il avait un léger accent belge. Oh, cet accent, à peine je passe une heure à Bruxelles que je l'attrape et qu'il ne me lâche plus. Il a une musique intérieure très parlante, moins rigide et autrement expressive. C'est pire encore maintenant. Quand je reviens à Paris, je dois penser à reprendre l'accent français, sinon on me le fait remarquer.

— Bonjour. Je suis Alexandre Hanlet, votre voisin. (Hanlet, Hanlet Alexandre… Voyons… Hanlet + Belgique ça fait…) Je suis distributeur de pianos…

— Ah, je me disais aussi ! Enchanté !

— Je vous entends jouer de chez moi, d'ailleurs il y a un piano à changer chez vous, il a un vilain son.

— Oui je sais, j'attendais d'être un peu installé pour le changer.

— Nous pourrons en parler quand vous voudrez, mais là n'est pas le but de ma visite.

— Ah ?

— Non, vos enfants et les miens se chamaillent à travers le grillage et se lancent des pommes, il peut arriver un accident.

— Allons bon ! Je n'avais pas remarqué… Oh…

— Alors j'ai pensé que nous devrions les présenter tout simplement. Ils doivent avoir envie de jouer ensemble mais ne savent pas comment faire, alors ils s'abordent en inconnus, en étrangers, en s'épiant de chaque côté du grillage.

— Oui, c'est stupide.

— Si vous voulez bien, je vous propose de les emmener chez moi, et de les présenter. Je suis certain qu'en deux minutes ils vont être copains.

— Bonne idée… Les enfants, pourquoi n'iriez-vous pas visiter la maison de M. Hanlet et jouer avec les autres enfants directement plutôt qu'à travers le grillage ? Ce serait plus amusant.

Ils n'attendaient que ça bien évidemment, dommage que je ne l'aie pas remarqué plus tôt. Ils partirent donc avec lui et effectivement quelques minutes après ils couraient tous les quatre dans tous les sens. Lui comme moi ne les avions désormais pas tout le temps autour, cherchant à ce qu'on les occupe, et nous avions la paix.

Tous mes pianos, depuis ce jour, me sont venus de chez Alexandre. (Nous n'avons pas tardé à être assez intimes.) Et ceux qui étaient loués pour mes concerts devaient être agréés par la maison Hanlet. Même l'accordeur devait autant que possible leur être attaché. C'est aujourd'hui Franck, son fils, que j'ai donc connu tout petit, qui a pris les rênes de la société. Je n'ai jamais eu le moindre souci en m'adressant à eux. Alexandre, et sans même que je l'essaye, m'a fait livrer en peu de temps le piano qui me convenait parfaitement, à force de m'entendre jouer. Entre Schubert, Chopin, les Beatles et mes propres compositions, il savait parfaitement quel instrument pouvait le mieux me convenir.

Visite annoncée

Le jour d'après, premier levé, je descends à la route pour prendre le courrier.

Une lettre des USA. Hmmm… L'écriture de Paulette. En remontant vers la maison je lis ce que je craignais un peu. Ils vont arriver ! Cette année 1976 était celle du bicentenaire de l'indépendance des États-Unis, le 4 juillet. Belle occasion ce serait de fêter ça en France, à Montfort, et d'y inviter quelques amis américains (ben voyons, aux frais de qui ?). En plus ça fera plaisir aux enfants. Pour ça, c'est sûr. Mais en comptant bien cela ne me laisse que trois semaines pour tout organiser.

Je vois Mamy en train de faire du café dans la cuisine. Je lui annonce la nouvelle, qu'elle reçoit sans enchantement particulier :

— Ils restent combien de temps ?

— Justement ils ne le disent pas, en principe pour la fête du Bicentenaire le 4 juillet.

— M'ouais… Quand même je ne vais pas me taper ça toute seule.

— Non, on demandera à Gisèle. Elle a bien des amies à qui cela fera plaisir de faire la fête et nous aider, ou à l'auberge, on trouvera bien un ou deux gars en extra.

À l'annonce, les enfants ont sauté de joie !

— Ils arrivent quand tes parents ? demande Peter, qui avait tout entendu.

— Mes parents… Tu parles ! Paulette et Jack ? Le 1er juillet ! Il faudra aller les chercher. Et tu sais où ? Au Havre ! J'irai avec toi évidemment.

— Pourquoi au Havre ? Ils viennent en bateau ? Pourquoi ?

— Parce que Paulette ne veut pas se séparer de sa grosse chienne qu'elle a trouvée dans un champ de maïs. Une « boarder dog », un mélange de colley et d'une sorte de chien de berger. Ils ont dealé avec un capitaine polonais qui fait du transport de marchandises mais prend des passagers. La chienne s'appelle Road, parce que trouvée au bord de la route.

— Et puis ?

— Ah… je ne sais pas moi, ils débarquent le 1er si l'équipage n'est pas trop bourré elle me dit. En tout cas, la voiture ne sera pas suffisante, entre la chienne et leurs bagages. Il faut louer une camionnette. Ça va être gai, tiens !

Je relisais la lettre.

— Eh ben ça va en faire une organisation ! Tu vas avoir beaucoup de monde ?

— Le 4 ? Oh oui ! Les amis, ceux de Paulette et Jack, quelques personnes que notre Domboy national invitera dans les médias, des photographes sans doute, des gens de radio, de presse, de télé… Je vois bien deux cents personnes.

— Eh ben dis donc, tu parles d'une soirée !

— Oh, j'en prévois deux à ce compte-là je le crains. Dis, tu irais chercher Nelly demain ? Elle vient de rentrer. Tu vois avec elle ? Moi j'ai pas mal de coups de fil à passer, alors…

— OK. On se débrouille, t'inquiète pas. Et Laurence ?

— Elle va venir, j'attends qu'elle m'appelle.

Restait à trouver comment occuper « à l'américaine » pendant deux jours et deux nuits les quelque deux cents invités, si ce n'est plus, qui allaient envahir la maison. Nous n'allions pas faire une réception, non. Deux jours en famille, avec des amis, un « Venez comme vous êtes » pour fêter le bicentenaire.

Un peu avant ça, j'avais appelé Jean-Pierre Domboy à qui j'avais raconté nos projets. Il avait trouvé l'idée excellente et voyait là une occasion de faire éventuellement un article, quelques photos et en tout cas de me présenter du monde intéressant. Mais il fallait faire vite !

Il fit jouer toutes les relations qu'il pouvait avoir pour aider à faire une soirée réussie. De copains en amis, de connaissances en contacts plus lointains, nous avons déjà trouvé du matériel pour les divertissements. Il a été décidé de déposer un meuble spécial pourvu d'un grand écran qui passerait des vidéos courtes, dessins animés, enregistrements de concerts, etc. Juste devant la maison, soit avant la grande pelouse qui serait vite encombrée de voitures. Bien.

De l'autre côté, derrière la maison où il y avait une grande terrasse, serait le coin des barbecues, des chaises et des tables. Les autres pique-niqueraient dans l'herbe. Derrière cette terrasse bordée d'un petit muret d'une cinquantaine de centimètres, encore une grande pelouse surélevée, sur laquelle nous avons prévu, outre une belle sonorisation de musique, un gigantesque écran de cinéma afin d'y projeter *Tommy*, des Who, et *Music Lovers* sur la vie de Tchaïkovski, le soir tombé.

Par miracle, une des salles de bains du premier étage donnait directement sur l'écran. Ainsi nous n'aurions pas le bruit du projecteur que nous pouvions y cacher...

Tout s'annonçait très bien. Il fallait faire des invitations, a rappelé Jean-Pierre, sinon j'allais être envahi. Bon, faire des cartons... Il faudra trouver plus simple, on verra.

Et quoi d'autre ? Oh, un feu d'artifice par exemple ! L'idée était bonne. Comme un petit concours, chaque invité allumerait un feu. Un bâtonnet planté dans une bouteille qui calerait une charge à allumer. Le feu qui irait le plus haut aurait gagné. Gagné quoi peu importe, on trouvera, mais ça occupe.

Eh oui, mais... Là j'ai joué les rabat-joie :

— Attendez, c'est sympa mais il fait très chaud, le temps est très sec... Je ne veux pas risquer de mettre le feu à la pelouse qui commence à jaunir, ni qu'une braise tombe chez les voisins.

— Tu dois avoir un extincteur, non ? dit Peter.

— Oui, même deux pour la maison, mais tu as vu la surface de la pelouse ? Non, il faudrait...

— Ben, les pompiers, tiens ! s'est-il exclamé.

— Ah, bien sûr, toi tu y as tout de suite pensé, hein ?

Malgré mon sourire, je n'ai eu qu'un haussement d'épaules pour toute réponse.

— Bon, je vais leur demander déjà l'autorisation.

Et me voilà à nouveau en relation avec la caserne.

Je tombe sur « Ah ouais », que j'avais eu pendant l'hiver.

— Ah ouais, bonjour, vous n'allez pas nous dire que vous êtes encore inondé quand même ! (Rire du gars, c'était bien le même.)

— Non ça ne risque pas !…

Et là je lui explique nos intentions, la fête, ce que représente le bicentenaire, l'ambiance américaine, le cinéma grand écran, tout ça, et je finis par le feu d'artifice que je minimise le plus possible. Oh, un tout petit, des bâtons dans des bouteilles, chacun allume le sien, ça n'est pas Versailles.

Là, léger silence…

— Ah ouais, je vois le genre, des petits Ruggieri ou des trucs comme ça… Évidemment vu le temps… (re-silence)… remarquez, si on est là on peut surveiller un peu, et on prend ce qu'il faut pour intervenir. On sait y faire quand même.

— Oui ça, je n'en doute pas ! Ah, ce serait bien, vous venez, vous profitez de la fête avec nous, vous me donnerez des conseils si nécessaire, et au pire pas besoin de vous appeler, vous serez sur place.

— Ouais on sera là, ben c'est quand ? (Ton joyeux du pompier.)

— Les 4 et 5 juillet mais on fera le feu le 4, ou le 5 si vous êtes plus libres… Ah, c'est super en plus les invités seront rassurés de vous voir !

— Le 4 ça va ! Bon, j'en parle avec les autres et vous rappelle.

— OK ça va faire une belle soirée, chouette ! Allez bye !

— Ouais bye !

Alors ? me demande tout le monde.

— C'est OK. (Cris de joie.) Va falloir penser à nourrir tout ce monde maintenant. Le hamburger fait maison s'impose. J'espère que Paulette et Jack vont apporter des trucs un peu typiques. Des sauces surtout, mais on pourra trouver aussi de quoi grignoter, chez Marks & Spencer...

Appel de Nelly :

— Bisou toi...

— Alors tu es rentrée plus tôt ? Hmmmm tu viens dis ?

— De suite voyons...

— Attends... Heuu dis-moi Peter, ça t'embêterait d'aller chercher Nelly ? Comme d'hab' à porte de Saint-Cloud. (Peter me fait non de la tête. Un peu résigné mais il savait que cela me faisait plaisir.)

— Ça va ma belle, il vient te chercher. Dans trois quarts d'heure disons ?

— Oui... Hmmm je suis heureuse de te voir.

— Et moi donc, allez bisous à tout à l'heure, bye bye...

— Bye bye...

À peine était-il parti que Laurence appelle :

— Allooo... pffff... Je suis rentrée, vous en êtes où ?

— Je te raconterai ça, tu veux venir ce soir ? Peter est en route pour Paris, il va chercher Nelly porte de Saint-Cloud, il peut te prendre par la même occasion. Tu viens avec Sophie ?

— Ah, bonne idée. J'y vais. Je sais où, j'ai déjà été la chercher là-bas, le jour où t'as rencontré Peter, et que tu nous as raconté tes aventures.

— Ah oui c'est vrai, bon ben à plus alors, bise.

— Oui bise.

— Mamy ? Nous avons Laurence qui vient avec Peter, et Nelly que tu ne connais pas.

— Oui, c'est la fiancée à papa ! dit Johanna la bavarde.

— Ah, bon ? Mais qu'est-ce que je vais faire à dîner moi alors ?

— L'épicerie ne va pas être fermée le temps qu'ils arrivent. On trouvera bien quelque chose, va.

Enfin, le soir venu, la petite troupe était reformée, autour d'une grosse omelette aux pommes de terre.

Le matériel arriva petit à petit les jours suivants. Tout fut entassé en attendant les branchements. Pendant plusieurs jours des techniciens s'affairèrent sous les regards des enfants et de Pierre. L'épicier est venu remplir le double garage fermé et habituellement vide de boissons diverses, j'ai fait des invitations pour les voisins de manière qu'ils soient associés à la fête et pour les prévenir qu'exceptionnellement nous risquions de faire un peu de bruit. Gisèle avait trouvé des amies pour nous aider, et j'avais engagé deux serveurs en extra en supplément. Les préparatifs avancèrent donc. Mais de quel tourbillon déjà j'étais la cible !

Arrivée

Nous avons donc loué un de ces mythiques petits cars Volkswagen qui me semblait le mieux convenir, pris la route interminable jusqu'au Havre, trouvé le bon quai, et finalement cueilli les Hand et Road, que nous avons enfournés dans le car avec leurs bagages, et sommes repartis tout de suite. La chienne était adorable, avec une bonne tête et une belle fourrure blanc et beige feu. Une jeune chienne, mais déjà de bonne taille. J'avais prévu de l'eau et des croquettes. On trouverait bien des endroits pour s'arrêter. Ils m'ont raconté leurs périples avec les Polonais, les litres de vodka, les détours de livraisons, la traversée épique, et enfin nous en sommes venus à parler du grand soir…

Arrivés après quelques heures à Montfort, ils s'émerveillèrent en voyant la maison, ainsi que le montage en cours de la fête, et s'installèrent comme chez eux, avec ce petit brin de sans-gêne qu'ils avaient toujours eu. Ils avaient apporté de grands posters du Bicentenaire avec son symbole, la grosse cloche « Liberty Bell », qui décoraient magnifiquement le paysage. Ça, c'était une bonne idée !

Paulette connaissait bien Montfort, elle avait eu une « romance » tapageuse avec un personnage dont la famille avait une maison pas très loin. D'où mon internat au collège Saint-Louis. Où j'étais bien plus tranquille. (J'en reparlerai plus loin.)

Elle a très vite joué la dame élégante, en large tunique à fleurs rouges flottant autour d'elle, en explorant le jardin. La vue du grand potager du fond l'a tout de suite séduite. Elle adorait faire des plantations. C'était plein de groseilles et de mûres qu'elle grappillait avec délice. Jack s'occupait des enfants, racontant des histoires d'Indiens, se vantant d'actions héroïques qu'il n'avait jamais vécues, et buvant comme un trou.

C'était un alcoolique à whisky exclusivement. (Le vin c'était pour les ivrognes !) Mais un de ces rares alcooliques joyeux dont on aurait pu penser qu'il ne carburait qu'à l'eau de Vichy. Je ne l'ai jamais vu ivre. Il n'était guère trahi que par son haleine. C'était de famille, m'avait dit Paulette. Encore une chose dont je n'avais pas hérité, apparemment.

L'image enchanteresse et séductrice qu'ils offraient (un peu trop ostensiblement) me fit comprendre qu'à un moment ou un autre il fallait faire en sorte qu'ils ne s'attendent pas à pouvoir tenter la moindre ingérence dans mes affaires et dans ma vie. Il fallait marquer le coup. Je connaissais les deux personnages.

Je leur ai présenté Nelly, elle les trouvait drôles, et ils s'entendirent à merveille.

Pour Paulette j'avais enfin une fiancée pour remplacer Marianne, elle était satisfaite. Peter leur plut beaucoup aussi. Son côté bavard et charmeur le faisait apprécier facilement. Tout allait très bien. Alors, les sachant dépendants, vu qu'ils étaient chez moi et ne pouvaient guère donner un avis contrariant, je leur ai dit un soir très simplement à table (Mamy étant dans la cuisine) :

— Bon, je vais vous dire comment je vis. Je partage une égale affection entre Nelly et Peter. Elle est mon amie de cœur et Peter mon « compagnon de voyage ». Elle m'aime, il m'aime, je les aime tous les deux et notre vie est belle. Voilà.

Nous avons souri en les regardant et en nous tenant la main. Et toc !

Paulette est restée les yeux écarquillés mais n'a osé formuler aucune opinion, se contentant d'un sourire un peu mitigé mais signifiant qu'elle prenait la situation telle que je la formulais. Quant à Jack il a rigolé. Lui s'en fichait totalement et trouvait ça même très bien. Je savais qu'il avait un fils, un vrai à lui, que j'avais croisé quand il devait avoir seize ans, et qui, après s'être engagé dans l'armée, vivait avec un officier de son régiment. Il m'a même dit quelque temps plus tard :

— Quand même, tu es sacrément libéré toi ! Tu sais, j'ai été pendant un an barman dans une boîte gay dans les années cinquante à New York, mais vraiment je n'aurais pas pu.

— Bah, et alors ? Ce n'est pas une obligation. On ne se dit pas tiens, je vais voir si je peux ! C'est une question de circonstances. Moi pareil je te dirais, je n'aurais jamais pensé avoir une compagne dans une main et un compagnon dans l'autre. C'est juste un : « Parce que c'était lui et parce que c'était moi. » Mais déjà ce n'est pas la même époque, j'avoue que le terme « gay » de maintenant englobe des choses confuses. Tu vois, je ne me sens pas « gay », ben non. En fait je ne suis rien. Côté cœur je peux être tout. Pour le reste, c'est une pelote de laine qui reste à tricoter peut-être un jour, mais je n'ai pas encore trouvé les bonnes aiguilles. Je m'en fous. Pour l'instant je laisse aller comme c'est. Peter c'est mon pote, mon *buddy*, je ne le sens pas comme un « amant ». Je dors avec lui oui des fois, mais même dans nos « câlins » de mecs, ça reste en... comment dire ? En surface, tu vois ?

— Oui je comprends...

— Avec Nelly c'est différent, et là pas besoin de te faire un dessin je suppose...

— Non ça va je connais, merci. (On a ri.)

Nous n'avions jamais parlé aussi naturellement, aussi franchement lui et moi. Ni même parlé vraiment tout court. Nous nous étions vus si peu en fait.

Le lendemain je trouvai un mot de Paulette sur mon siège de piano. Il était écrit : « Je t'aime, Maman. » Cela m'a agacé, ce côté « T'es bossu avec les jambes de traviole mais je t'aime quand même » ! Qu'avais-je à faire de son opinion en plus ?

Elle n'avait rien compris et il n'y avait aucune explication à donner qui aurait pu lui faire assimiler quelque chose que je ne me figurais pas bien moi-même, mais je le vivais comme la vie me l'avait donné.

Si intelligente et efficace quand elle travaillait, ou manigançait des plans subtils, je savais depuis longtemps qu'au niveau de l'âme elle a été une grande « amoureuse », c'est certain. Mais tout ce qui sortait d'une bête réalité ou d'un stéréotype étroit lui échappait totalement. Son horizon littéraire se limitait, outre *Marquise des Anges* à la collection Harlequin, *Nous deux* ou la *Sélection du Reader's Digest.* Si, une fois je l'ai vue lire *Le Rempart des béguines*, de Françoise Mallet-Joris. J'étais étonné.

Mais qu'avions-nous en commun, elle, Jack, et moi ? Ils furent l'un pour l'autre l'amour de leur vie, par épisodes, mais c'était évident. C'était une conjugaison étrange du verbe aimer, du : « Je t'aime moi non plus ». C'était leur affaire. Pas la mienne.

La fête

Vint le fameux jour du Bicentenaire. Nelly ne vint pas. Elle connaissait beaucoup trop de mes invités et nous ne tenions pas à nous exposer. C'était notre histoire à nous seuls. Nos amis pompiers sont venus les premiers. Avec deux de plus que la première fois. Ils ont tout inspecté avec un sérieux très professionnel. Les câbles, qu'ils aidèrent même à dissimuler, les branchements qu'ils ont refaits parfois en les nouant entre eux par sécurité, l'inspection des feux d'artifice, etc., c'était impressionnant.

Les enfants évidemment trottaient derrière eux… Des pompiers, pensez donc ! Ils ont appelé les petits Hanlet pour venir voir. Papa ayant dit oui, c'est un petit troupeau qui s'est formé et n'a rien manqué de ce qu'ils faisaient. Quant aux questions, elles fusaient dans tous les sens. Ils en recevaient des réponses parfois amusées, mais les gars prenaient le temps de leur expliquer ce qu'ils faisaient malgré tout. Il n'est jamais trop tôt pour apprendre. « OK, c'est bon tout va bien ! » a dit le chef. Peter les a fait entrer se rafraîchir et avaler un petit quelque chose avec nous. Nous étions prêts. Les voitures arrivèrent petit à petit vers le début de l'après-midi. De ça, je me souviens bien, parce que plus tard… c'est plus nébuleux.

Nous avons envoyé la musique, et j'ai dit :

— Bon vous, tout le monde se sert, OK ? À boire c'est là, à grignoter c'est là, pour le reste vous êtes chez vous. Les boissons fraîches sont dans la salle de bains du bas, dans la baignoire pleine de glace à ras bord, vous fouillez dedans.

Ça arrivait de partout. Il fallait faire la circulation afin de ranger les voitures pour qu'elles ne se gênent pas en cas de départ. Nous avions négligé ce détail. Tout le monde y a mis du sien, les pompiers aussi.

Personnellement, devant accueillir les invités, j'avoue ne pas avoir vu grand-chose de ce qui s'est passé cet après-midi-là. Jean-Pierre Domboy m'assistait et me présentait ceux, importants, que je n'avais pas encore rencontrés. On m'apportait des cadeaux divers, de jolies choses et des mochetés, parfois kitsch ou rigolotes, et je retrouvais de vieux amis, ou d'autres que j'aimais bien et qui n'avaient rien à voir avec le showbiz. Même mes voisins avaient été invités.

Des chiens couraient partout, quelques enfants aussi qui ont rejoint Sophie et les miens. On me glissait dans les poches des sacs d'herbe, des bouts de hasch, des paquets de coke, même un sac plastique rempli de petits champignons verts. Jack recevait de son côté des amis jazzmen, blacks et blancs, qu'il me présentait aussi.

Tout cela me saoulait un peu. J'ai pris un moment de répit, et suis monté dans mon bureau, là où j'avais mon piano. J'ai vidé mes poches et fait l'inventaire… Allez, je me suis fait une petite ligne pour reprendre le dessus, et respirer un peu. Et puis je suis redescendu nager dans ce qui commençait à être une petite foule. Certains n'avaient pas attendu pour se mettre dans des états seconds en riant tout seuls dans un coin… C'était inévitable.

Une bagarre de chiens infernale et féroce s'est déclarée entre un cabot-clochard bien connu du village et le chien de Josiane Balasko. Les séparer ne fut pas facile, il a fallu utiliser le tuyau d'arrosage. J'étais terriblement gêné pour elle. Je ne pouvais pas fermer la grande barrière avant que les arrivages ne se calment. J'ai appelé le véto de Montfort mais il était en vacances. Je savais que ce chien n'avait pas la rage en tout cas, et j'ai rassuré Josiane là-dessus, tout en mettant du désinfectant sur le bobo.

Et encore des champignons verts ! Non merci… par contre j'avais soif. Je ne buvais que ce que m'apportaient ou Jean-Pierre ou Peter. Je voulais être sûr qu'on n'allait pas laisser fondre dans mon verre un « *window pane* », un minuscule carré de gélatine imprégné de LSD, cette indécelable et imbécile plaisanterie à la mode. Ça tirait sur les pétards d'herbe ou de hasch ici ou là. Je pense que les pompiers, toujours attentifs aux différentes odeurs de brûlé, devaient avoir un peu soupçonné quelque chose de bizarre, mais rien ne semblait les alarmer… Nous avions à peu près le même âge et ils n'étaient pas idiots.

Gisèle vint me dire :

— Oh, vous faites brûler de l'encens ? Ça sent une drôle d'odeur (aïe)…

— Oui, et il y a aussi des *beedies*, des cigarettes indiennes faites avec une feuille roulée.

— Ah, c'est ça alors ?

— Oui ça pue, j'en ai essayé une ou deux fois, ça fait tousser en plus.

J'ai crié :

—Y a quelqu'un qui a des *beedies* ?

Une hippie convaincue, encore attifée de la panoplie du genre, est venue vers moi, heureuse de trouver un rare amateur. Elle en avait tout un paquet. J'en ai allumé une et j'ai fortement toussé.

— Merci… Hem ! Tenez Gisèle sentez voir…

— Bouh… oui c'est ça ! C'est comme une feuille de laurier qui brûle. Ils fument ça là-bas ?

— Le tabac y est extrêmement cher vous savez. Les cigarettes anglaises se vendent à l'unité…

L'incident était clos.

Pendant ce temps, les pompiers se payaient un triomphe au salon, et sympathisaient avec tout le monde. Torse bombé, ils répondaient à mille questions, et racontaient leurs exploits, qui faisaient frissonner les jeunes femmes… et les moins jeunes tout autant. Ils étaient remarquablement sobres. Gentils, drôles, et détendus. Chez les artistes, on peut se laisser un peu aller, et l'air de rien ils étaient les stars des stars qui les entouraient. Privilège des pompiers. D'autres s'étaient éparpillés dans le jardin et j'entendais des « Ah ouais » au milieu des rires de temps en temps et ça me faisait sourire. Tiens, il est là lui. Faudrait que je voie sa tête. Les heures ont passé et les premiers fumets de hamburger commencèrent à envahir la terrasse. Une file s'est rapidement formée autour des grils. Les enfants Hanlet sont rentrés chez eux et les miens se sont présentés, avec Sophie, les premiers avec leur assiette à la main.

J'en ai profité pour monter me nettoyer le nez à grande eau, la première perlimpinpin offerte que j'avais essayée n'était pas bonne. J'avais le nez coulant et qui piquait. En ayant trouvé une qui semblait à l'œil bien meilleure, hop, j'en ai reniflé un petit centimètre qui a tout arrangé. J'avais les fameuses « dents de lapin ». C'était bon signe. Eh oui, ce n'est pas pour en faire l'apologie, ce n'est qu'un détail en passant, mais la bonne cocaïne anesthésie non seulement le nez mais aussi les incisives. Comme chez le dentiste. Bon, allez, retour dans l'arène.

Mais c'est à partir de là que je commence à avoir des trous. Après deux ou trois verres, quelques taffes de pétards variés qu'on me plantait dans le bec, je suis entré dans l'ambiance en quelque sorte. Sinon, ç'aurait été l'enfer. Me revint cette manie que j'ai, lorsque je sens que je déborde un peu de moi-même, de vouloir absolument rester digne. J'avais donc à cœur de me contrôler. Le résultat faisait plutôt sourire qu'autre chose.

Passons donc les trous, desquels je n'ai rien à raconter de particulier. Ah si, la chanteuse black de blues qui vomissait, assise au bord de la baignoire, la tête dans le lavabo avec les robinets grands ouverts. (Sous héroïne vraisemblablement !) Vision un peu dure. Elle y est restée toute la soirée (en pleine période de restriction d'eau !)...

Enfin la projection tant attendue apparut sur les écrans ! Aaaaaah... *Tommy*, des Who, dont le film, sorti juste l'année d'avant en Angleterre, était considéré comme le plus grand opéra-rock au monde. Un chef-d'œuvre ! C'était pour beaucoup une découverte. Avec les plus grandes stars de la musique tenant chacune des rôles aussi étonnants les uns que les autres. Outre les Who eux-mêmes, Elton John, Ringo Starr, Tina Turner, etc. (la liste est longue) étaient éblouissants. Presque deux heures de folie musicale et visuelle. Tout le monde était allongé sur la pelouse. Ça sentait tout ce que l'on voulait.

Laurence s'approche de moi :

— Dis donc... Ta maison elle gondole...

— Elle gondole ?...

— Ben oui, regarde bien... C'est parce qu'elle a été faite sur de l'argile, et que c'est mou...

— Oh... Dis donc toi, on ne t'aurait pas fait goûter un petit bout de champignon vert avec une queue fine et un petit chapeau chinois ?

— Si, mais le goût est pas terrible...

— Ah, ben ne t'étonne pas alors… (Elle me faisait rire…) Il y a longtemps ?

— Pffiouuu… Y a p'têt un bon quart d'heure…

— Alors elle va gondoler un petit moment encore mais ça n'est pas dangereux. Ce n'est pas très fort. Évite de goûter à ce qu'on t'offre, tu n'auras pas de mauvaises surprises. Et ne bois que ce que tu te sers toi-même. Tu n'as pas d'angoisses ?

— Non, j'arrête pas de rigoler, j'en ai mal au ventre. En tout cas le film est super !

— Eh ben ça va, regarde, rigole et attends que ça passe…

Le film finissait. On aurait aimé le voir une deuxième fois.

Après quoi tous les assoiffés qui voulaient des choses fraîches et sans alcool plongèrent les mains dans la baignoire à nouveau remplie de boissons, avec toujours la chanteuse de blues qui gémissait, les fesses trempées dans la glace. On la surveillait quand même, une overdose aurait été malvenue, bien que les pompiers que j'avais prévenus ne soient pas loin. D'après ses potes de jazz ça allait passer. Je la plaignais tout en lui en voulant beaucoup ! Se défoncer salement comme ça, invitée chez quelqu'un qu'on ne connaît pas, est quelque chose que je ne supporte pas. Eh oui, chacun ses intolérances ! J'en ai peu, mais quand même.

Une fois tout le monde ravigoté, en principe, venait le feu d'artifice. J'ai donc fait avec Jean-Pierre et Peter un premier tri parmi ceux qui tenaient debout, puis ceux qui ne titubaient pas trop, second tri, pour garder au final ceux qui étaient apparemment les plus aptes à se contrôler, et les rares sobres que cela intéressait.

Les pompiers, qui avaient compris que certains risquaient de faire les idiots, étaient avec nous, donnant des conseils d'allumage, ou les faisant eux-mêmes en démonstration. Ça les amusait aussi. Et la première fusée est partie ! Oooooh… Ahhhh… Ça a duré une bonne heure. Quelle belle fin pour une soirée !

Encore un dernier verre pour certains et une bonne partie de tout ce petit monde s'en est allée doucement.

— Faites attention quand même sur la route… !

(J'en connais cependant deux qui sous LSD ont pris l'autoroute à l'envers…)

D'autres ont préféré rester dormir sur la pelouse. Il faisait beau et chaud, rien à craindre, donc tout s'est bien passé.

Nos amis pompiers sont partis aussi, heureux de leur aventure, en me disant :

— Oh ben, ç'a été une sacrée longue nuit hein ?

— Ah, ça, on s'en souviendra ! En tout cas merci, c'était risqué quand même.

— Oui y en avait qui ne tenaient pas droit dans leurs bottes, on a pu voir ça.

— C'est le moins qu'on puisse dire oui… Alors bonne route ! Bye.

Laurence dormait dans sa chambre, apparemment. On a ramassé les enfants qui s'étaient écroulés de fatigue dans les canapés depuis longtemps pour les mettre au lit.

Peter a bavassé encore un peu, assis dans l'herbe, avec Paulette et Jack. Moi, je me suis vite couché. J'étais mort ! Oh, ce 4-Juillet !

Et ça continue

En matinée, les premiers zombies de la veille s'approchèrent de la cuisine. Le ventre creux avec une envie terrible de café. Sauf la hippie aux *beedies* qui voulait du thé vert. Il n'en restait qu'une dizaine, donc nous avons eu assez pour les rassasier. Après quoi, ils sont repartis visiblement contents. J'avais pris un petit peu de remontant.

Coup de fil de Nelly :

— Bonjour toi… Mmmm… Alors ?

— Génial ! Mais quel enfer aussi.

— Je vois bien le genre oui… Je connais. Tu recommences ce soir ?

— Pas vraiment non, juste un petit groupe. Je suppose que tu ne vas pas venir non plus ?

— Non tu sais bien…

— Mon anniversaire alors ?

— Oh, mon rayon de lune… Mon cancer adoré, mais bien sûr je serai là. Et tu me manques. Bon, je te laisse, je t'appelle demain. Bisous.

— À demain alors, bisous.

Je suis sorti dans le jardin… Road y trottait déjà avec Bibiche, la chienne de Mamy. Oh, la vision que j'ai eue ! Des bouteilles un peu partout, des papiers, etc. Un mini après-Woodstock qu'il allait falloir nettoyer. Par contre, et tant mieux d'ailleurs, pas un restant de saucisse ou de hamburger. Pendant la soirée les chiens avaient dû en faire leur régal.

Un coup d'œil dans le garage, où était la réserve de boissons, m'a permis de constater qu'une caisse de champagne avait été volée. Du Cristal Roederer en plus ! Quel joli monde décidément ! Ce soir je vais faire venir de la piquette. Vu l'état dans lequel ils se mettent n'importe comment…

Voilà qui ne me donnait pas envie de faire autant d'efforts pour cette deuxième soirée, et surtout d'en jamais donner d'autre par la suite.

Le nettoyage ayant été fait, les premières voitures arrivèrent. Je reçus les invités sans la présence de Jean-Pierre qui vint plus tard, mais je connaissais tout le monde cette fois. Cette soirée-là fut beaucoup plus simple. Curieusement, je vis venir plutôt des gens que j'aimais bien, et qui me laissèrent entendre qu'ils avaient évité la première soirée dont ils prévoyaient l'ambiance. Ils avaient vécu les débordements que cela peut engendrer et trop de monde n'était pas propice aux retrouvailles et aux discussions intéressantes. Comme ils avaient raison !

Le soir, la vidéo étant partie, restait le film. *Music Lovers*. Un autre film de Ken Russel, magnifique, qui n'avait pas le côté spectaculaire de *Tommy* et était plus intérieur, plus psychologique. Richard Chamberlain et Glenda Jackson crevaient l'écran.

Il n'y eut pas autant de folie que le premier soir, et bien des invités s'endormirent pendant la projection. Ce n'était pas assez « rock » pour certains sans doute. Il fallait quand même un minimum de culture pour apprécier l'histoire assez tordue il est vrai d'un musicien dont le nom disait vaguement quelque chose.

Personne n'est resté dormir, et la maison fut vidée bien avant le lever du jour. Tant mieux. Le lendemain le matériel devait être emporté.

Bien entendu, je fus seul à en supporter tous les frais. Aucun média parmi ceux qui ont pu profiter de ces soirées, surtout la première, n'a eu le moindre geste de sponsorisation. Enfin à ma connaissance. Il y a eu des prêts amicaux certes au niveau du matériel, mais pas le moindre centime. Certaines négociations (comme pour les boissons par exemple) se font longtemps à l'avance il faut dire, et nous n'en avions pas eu le temps.

— Eh bien, ça t'a coûté bonbon tout ça, m'a dit Laurence au bout de quelques jours, après avoir fait sa caisse…

— Je m'en doute, je m'en serais bien passé, mais je ne préfère pas savoir pour le moment. Ça va m'énerver. Ah, pour mon anniversaire, on ne fait rien, d'accord ? Loety et Jean-Pierre viendront certainement. Mais restons entre nous. En plus ce sera aussi l'anniversaire de Jean-Pierre à un jour près. Un bon gâteau, un truc à lui offrir, et voilà qui nous fera une bonne soirée. Pas de photos, pas de médias, pas de compte rendu, du calme joyeux sans plus. J'en ai marre.

Finalement Laurence raccompagna sa fille à Paris, et revint avec une surprise !

Oh, Nelly arrivait avec elle ! Pour rester quelques jours. Nous étions bien, je retrouvais un peu de douceur.

Finalement, cette voiture un peu en fin de vie, achetée d'occasion au mari de Nicole ma cousine (celle des roses z-à peine z-écloses de Pontmain) et qui était plus discrète, nous a été bien utile. Nous avons visité ainsi un peu plus les environs, la maison de Maurice Ravel, celle de Colette à Méré, et des curiosités du coin. Je leur ai fait voir la vieille tour en brique rose du château de Simon de Montfort, époux d'Anne de Bretagne, dont il ne restait pas grand-chose : la tour et un pan de mur.

Bien des années avant, nous y passions des fois avec les copains du collège, c'était une vraie poubelle dans le monticule qui y menait. On y trouvait notamment, entre les arbres et les buissons qui l'avaient envahi, des petits trucs ronds en caoutchouc qui avaient servi, et ça se voyait, à certaines activités peu avouables… « Oh, ramasse pas ça, c'est dégoûtant ! » Ça nous faisait rigoler bêtement, sans plus. Il y avait eu une remontrance de la part des curés auprès de la mairie pour faire nettoyer ce lieu noble et chargé d'histoire, mais ce ne fut suivi apparemment d'aucun effet, ou bien les activités continuaient vu qu'aucun grillage n'empêchait d'y entrer.

Anne de Bretagne avait fait construire une belle église, sur la grande place. Chaque année depuis 1899 se déroulait aux alentours un pardon breton. Un vrai, avec drapeaux, binious, bombardes et même en costume. C'était aussi étonnant que beau. J'espère que cela existe encore. Le dernier sur la place de l'église de Montfort dont j'ai eu connaissance eut lieu en 2009.

J'aimais à me promener dans la ville. Je fouinais pendant des heures chez l'antiquaire-brocanteur, ce bon Coville, qui se trouvait être capitaine des pompiers. J'ai rencontré Brigitte Bardot à deux reprises chez l'épicier, elle y faisait tranquillement ses courses. Personne n'aurait ennuyé cette adorable femme et chacun faisait comme si on ne la remarquait pas. On savait qu'elle avait une maison pas loin.

Arrivèrent Catherine Lara (que dorénavant je surnommais « Crin-crin » à cause du violon) et Do. Elles restèrent quelques jours. Violon, piano, partitions nouvelles, petits concerts en famille, rires, grandes discussions à propos des cartes entre Do et Mamy, enfin le temps passa. Nous avons fêté avec Loety et Jean-Pierre nos anniversaires de façon tout à fait tranquille. En « famille » disons.

Après quoi chacun partit de son côté. Ne restaient plus que Peter, Paulette, Jack, Mamy et moi. Avec les enfants bien sûr. C'était un vendredi et leur mère est venue comme d'habitude avec Joseph et leur petit Zack passer le week-end, pour repartir le lundi avec Siegfried et Johanna. L'école allait bientôt reprendre. Ils avaient plein de choses à leur raconter ! Les avions, l'Amérique, les fêtes, tout ça…

Marianne n'avait pas le même air que d'habitude. Je connaissais bien ces deux petites lignes qui se dessinaient entre les sourcils, la « ride du lion » qui lui vint plus tard. Elle avait un gros souci. Elle m'a pris à part et m'a confié que Joseph était en dépression… Elle était désarmée. Non, il ne suivait pas de traitement, il priait beaucoup le Seigneur pour en sortir. Et elle aussi. D'accord… Voilà qui ne me rassurait pas beaucoup. Mais peut-être les enfants allaient-ils aider à remonter un peu l'ambiance ? Il fallait attendre, cela irait peut-être mieux après. En tout cas nous devions rester plus en contact pour voir comment les choses évoluaient.

9

SYMPHOMAN

Cette fin d'année, à part deux ou trois émissions enregistrées pour les fêtes, a passé comme d'habitude, sauf quelques week-ends où j'ai dû aller chercher les enfants dans un lieu convenu, car Joseph ne se sentait pas bien. Nous avons préparé un gros Noël. Où ils sont venus, souriant un peu pour faire bonne figure... Et sont repartis rapidement. Tout ce monde joyeux évidemment était un contraste difficile à vivre pour eux. Ils étaient venus seulement pour les enfants. Il fallait encore attendre.

Pour me changer les idées je fis quelques allers-retours à Honfleur, où je retrouvais quelques amis, et puis bien sûr il y avait Nelly qui n'était jamais loin. Peter partait chez ses parents à Vernon pour me laisser tranquille le temps d'écrire. Je préparais un troisième album pour 1977.

Mais j'étais vide, sec, avec un sentiment de menace sourde à la reprise du manège qui m'attendait après. Un album par an, c'est bien quand on ne fait que chanter, ou bien si l'on est auteur-compositeur, quand on confie la musique à un arrangeur, qui fait tout le travail en aval et monte un play-back pour enrober la chanson. Mais j'écris la musique, les orchestrations, les textes, etc. Le travail est beaucoup plus long.

J'étais bien plus heureux à passer ces journées piano-violon avec « Catherine-Crin-Crin » qu'à chercher l'inspiration. Avec les romances nunuches d'un livre qu'elle avait déniché, et qui rassemblait des airs probablement fameux à la Belle Époque.

Déjà, ce que me donnait le piano ou ce que j'entendais s'éloignait de ce que j'avais publié jusque-là. Je ressentais à nouveau ce qu'était le vertige de la création.

Ça a l'air d'un grand mot, mais c'est aussi simple qu'impossible à contrôler. C'est différent pour chacun.

Pour moi c'est plonger dans le néant, dans le noir de l'imaginaire, pour tâcher d'entendre quelque chose. Pas un air, non, jamais. Un passage de musique tout fait. Tout orchestré, qui peut ne durer qu'une seconde ou deux. Comme quelque chose qui apparaîtrait furtivement à la lumière et s'enfuit, mais avec assez de force pour que l'on se sente profondément interpellé.

Quelque chose dont on sait déjà que cela appartient à un « tout » musical, et ce tout peut se laisser je dirais « fantomatiquement » percevoir en entier, à force de rappeler à sa mémoire ce petit passage. Ensuite, reste à deviner si ce que l'on a perçu est le motif qui engendre le morceau, ou s'il n'est que la conséquence de l'évolution d'un motif premier, lequel se trouve bien en amont. Cela par contre tient du « métier », alors. Quand je dis du métier, cela vient soit de par les études, soit de par l'expérience. Fût-elle autodidacte.

Oui ce n'est pas simple à expliquer, cela demanderait d'être accompagné d'une aspirine pour être bien saisi, peut-être, mais c'est ainsi.

Ou bien c'est laisser les mains divaguer sur les touches, attendant qu'elles envoient toutes seules une succession d'accords, parfois juste l'enchaînement de deux, mais qui semble exiger qu'on s'y attarde parce que c'est comme une pierre précieuse qu'on découvre dans le sable. On ressent alors que ces deux accords mériteraient qu'on les enchaîne à d'autres de leur famille. Et ceci toujours sans savoir si c'est un début ou la conséquence d'un développement.

Croyez-vous qu'on ait le temps de penser à ceux de la maison de disques qui vous demandent : « Alors on peut espérer un nouvel album pour quand ? Pour Noël ce serait bien… » (Saint Marketing priez pour nous.)

Je n'ai jamais écrit de paroles avant d'avoir terminé la musique, et même de l'enregistrer. Pendant que Paul Scemama, l'ingénieur du son, commençait le mixage final comme si c'était une simple musique de film, j'étais assis dans le studio dans un canapé derrière lui et venaient des mots, puis une phrase, une autre. Arrivait un moment où il se retournait pour me dire qu'il était temps de poser la voix. Souvent j'étais prêt, avec de dernières modifications, en passant le texte par le « gueuloir » comme disait Flaubert, qui lisait ses écrits à haute voix. Sentir comment ça passait dans la bouche. Il y en a eu ainsi que je ne sentais pas, et m'obligeaient à tout refaire.

Ce qui me venait musicalement maintenant n'était a priori pas ce qui était attendu de moi. Mais qui attendait quoi au fond ? Des Xerox à la chaîne ? Et moi là-dedans, j'attendais quoi de moi ?

Allez tant pis, j'entends ceci, le piano me donne cela, tout prêt à être mis en forme. Et comme cela me plaît !… Allez hop !

J'ai commencé à travailler sur un tout petit bout de musique sorti du piano. Un truc bizarre, un glissé du doigt, un jet de notes de deux octaves fonçant vers les aigus. Un effet qui me rappelait un peu celui d'un très court passage du premier concerto de Prokofiev. Fallait faire attention, ça peut faire mal quand on glisse un doigt sur le clavier pour parfaire le trait… Ah oui, mais ça je le garde, tant pis !

Tiens, avec une chute en octaves où les mains se croisent finissant sur un gros « Poum poum poum Boom ! » bien dissonant ! Et les cordes attaquent : « Tsin, tsin, tsin, tsin », pour donner le rythme. Allez, vite ! Du papier et un crayon, sinon je vais oublier. Et puis vas-y les cuivres, dont l'un cache au milieu une note dans une autre tonalité pour y mettre une petite goutte de vinaigre. C'est la fin d'une longue introduction ça… Mais avant la « fusée » ? Il fallait quelque chose de progressif, de simple, faire sentir que quelque chose va arriver… Hmmmm, et au bout de tout ça, comme la musique vient facilement, un motif simple et chantant qui fait commencer la chanson… Et elle part finalement toute seule.

Oh, et puis après tout, ça me plaît, « ils » ne l'exploiteront pas de toute façon. Je trousserai un ou deux trucs faciles à glisser dans l'album pour faire plaisir, et je me laisserai aller pour le reste. Vas-y, fonce mon gars !

C'est comme ça qu'est né l'album *Symphoman*. J'y ai associé Catherine dans une autre chanson qui lui était dédiée, et il en est venu une autre encore, si doucement nocturne, où je voyais Nelly derrière chaque note. Ce fut « À l'après-minuit ». C'était parti.

Je savais que cet album n'allait pas avoir le même impact que les précédents, mais on verra bien.

J'avais imaginé qu'au lieu de faire une photo j'allais me faire peindre une chemise en trompe-l'œil sur le corps. Jean-Pierre Domboy avait contacté un photographe dont la femme était peintre de trompe-l'œil, Edgard Clark. J'avais vu un reportage sur le *body painting* dans un magazine américain, et cela me plaisait beaucoup. Cela prit treize heures ! Les crèmes épilatoires de l'époque étaient agressives, surtout sur une grande surface comme un torse. En plus elles sentaient mauvais. J'ai dû me le raser, sans coup de tondeuse au préalable, ainsi que les bras, les aisselles, puis subir les lichettes de pinceaux froids avec la peinture qui piquait, ensuite la séance de photo, pour finir dans un bain en frottant beaucoup, beaucoup, et beaucoup encore... Et je ne parle pas des désagréments quand tout se remet à pousser... Mais j'en avais une vision finale qui me plaisait, enfin dans ma tête ! Tiens ! comme il semblera étrange et chouette cet album à sa sortie...

Quand j'ai entendu le résultat, j'étais effondré. Ce n'était pas l'ordre des titres qu'il fallait du tout, trop de voix, le mixage était une horreur sonore. Ce n'était pas la faute de Paul Scemama, l'ingé-son comme on dit, avec qui j'avais eu des résultats superbes avec des orchestrations que j'avais écrites pour Emmanuel Booz, François Bernheim, Titanic, et bien d'autres... Là, c'étaient des cordes vraiment crin-crin pour le coup, le reste de l'orchestre était écrasé. Je n'étais pas capable de supporter l'écoute des premiers titres. Après, ça s'arrangeait un peu avec Catherine. La pochette était ratée… On m'a dit chez Philips en souriant, enfin cette adorable Jeanne Juvigny :

— Avec toi, c'est compliqué, tu passes par tellement de choses différentes qu'à chaque album et même à chaque titre on doit recommencer toute la promo. Ah, mais c'est bien… (Pour elle tout ce que je faisais était bien…)

Elle était aux prises alors avec la contrainte de faire un succès avec le 45-tours d'une artiste inconnue, dont la chanson phare était une caricature médiocre et, disons-le tout net, « cochonnement suggestive » du style de Gainsbourg au temps des duos avec Birkin. Ça s'appelait « Le Petit Savon amoureux ». Tout un programme… Jeanne ricanait déjà en me disant : écoute ça !…

C'était d'abord un fond d'orgue avec un son à la « Je t'aime moi non plus », puis entrait une voix masculine : « Je suis le petit savon amoureux… le petit savon amoureux… » Suivi d'une voix féminine, une voix de souris, sans charme, qui entamait alors je ne me souviens plus quoi en réponse. On a interrompu l'écoute rapidement.

— C'est produit par un marchand de foie gras, m'a-t-elle dit.

— Oh ben, il n'y a pas que le savon qui fait de la mousse !

On riait bêtement, mais quand même… comment peut-on ?

Moi qui admirais tellement Gainsbourg ! Ce depuis « Le Poinçonneur des Lilas ». Son physique particulier déjà, ses grandes oreilles, m'avait étonné, ça ne ressemblait pas au style des chanteurs qui apparaissaient à la télévision en 1959 ! Le texte était pointu, riche, tellement ingénieux et poétique. La musique était simple et bien trouvée. La claque, comme on dit.

Nous nous sommes rencontrés lors de plusieurs occasions mondaines qu'il détestait autant que moi, c'est ainsi qu'à chaque fois nous nous retrouvions dans un coin, que chacun sans se concerter avait repéré vite fait d'instinct. Je me souviens de la première fois où je me suis trouvé à côté de lui, il était avec Jane.

— Tiens, m'a-t-il dit, toi aussi tu te réfugies ?

— Oui, j'ai horreur de ces machins-là.

— Ben tiens, prends un verre… Ça aide.

Nous ne parlions pas de nos chansons respectives proprement dites, juste des libertés qu'on était en droit de prendre. Ce qu'il avait remarqué chez moi, et que je connaissais si bien chez lui. Il n'hésitait pas à taper dans Chopin pour Jane ou Dvorak pour B.B. Et ses textes étaient poétiquement modernes, frisant le surréalisme.

Notre dernière rencontre fut dans les années quatre-vingt, dans un train qui avait été affrété spécialement pour emmener pratiquement tous les artistes et les cadres de Philips, avec en plus de nombreux journalistes, au célèbre Clos Vougeot près de Beaune. Un événement-pub quoi. Bonne idée ! J'avais alors comme directeur artistique Lee Halliday, le cousin de Johnny. C'est grâce à lui d'ailleurs qu'on s'est mieux connus avec Jojo comme il l'appelait.

Nous avons eu là une longue dégustation de nouveaux crus. On a commencé à nous en faire apprécier les saveurs : « Vous sentez la violette ? Et la framboise ? …»

Pensez donc, après un petit moment un ton joyeux est monté dans la grande salle :

— Ah ? Moi je ne la sens pas bien, je peux en ravoir ?

— Moi c'est celui d'avant que j'aimerais regoûter !

Ça riait, ça bavardait et la pauvre jeune femme qui était censée éduquer nos palais de béotiens avait bien du mal à remplir son office. Elle a dû en faire une extinction de voix après ça.

C'était au retour, dans le train, nous étions tous ivres morts. Là, dans l'allée centrale, j'ai senti deux hommes arriver par-derrière moi. Ils soutenaient notre « Gaingain » par-dessous les épaules, lui les jambes traînant sur la moquette. Il leur a fait un mouvement de tête pour qu'ils s'arrêtent à ma hauteur.

— Ahe… ? tu yen au… au bar ? On… on… a y boir' n coup ?

(Houla… mais j'ai compris. Entre « poivrotés » finalement tout devient clair.)

— Oui, vas-y, j'te rejoins. (J'articulais avec précaution mais à peine mieux.)

Je ne pouvais pas me lever de mon siège pour traverser dignement, selon mon habitude dans ces cas-là, trois wagons à la file. Je suis resté en face de Lee qui riait.

Ce fut la dernière fois.

L'album une fois distribué, est venue la promo. Radio, télé, magazines… On passait vaguement « Symphoman » en radio, dont on avait coupé l'intro pour la diffusion, ce qui rendait le morceau infirme, mais il était trop long. Pas plus de trois minutes trente environ étaient exigées par les stations. (D'où la première chanson où apparut Carlos : « 3 minutes 35 de bonheur ».)

Avec la compression d'antenne des radios, le résultat sonore était pire. Philips s'est donc jeté sur « Elle dit soleil, elle dit » avec son fond de fanfare... Quelques émissions de télévision ont aimé la chanson « Catherine ». Nous voir réunis en duo piano-violon faisait « classe » à l'image.

En Belgique, la réaction a été plus intéressée, c'est un pays où les gens sont plus curieux. Entouré par trois pays anglo-saxons et lui-même de souche flamande, l'ouverture culturelle y est plus large, donc l'esprit aussi. En France, nous n'avions que deux chaînes de télévision, quand eux en avaient déjà plus d'une dizaine. J'y ai fait beaucoup d'émissions. Et on s'y amusait bien il faut dire, surtout à Liège. On y trouvait tout ce qu'on voulait.

En tout cas ce qui me gênait, c'est que je voyais moins les enfants. Paulette et Jack s'en occupaient bien. Je rentrais le plus souvent possible. Nelly vivait à Paris donc il y avait plus de facilité de ce côté-là.

Le hasard nous obligeait parfois à nous croiser dans des soirées, mais nous gardions notre retenue, agissant comme si de rien était. Ça clabotait malgré tout. Comme disait un présentateur en privé :

— L'important dans ce métier, c'est de savoir qui couche avec qui.

Peter reprenait un peu son boulot. Il faisait les « marronniers » surtout. Des petits reportages de saison. L'annonce du printemps, Paris perdant ses feuilles en automne, etc. Le pauvre parlait atrocement faux quand il devait lire un texte. Il fallait qu'un speaker prête sa voix. Un jour, n'en trouvant pas, il m'a demandé de le remplacer. Ainsi traîne peut-être encore quelque part un reportage dont je fais la voix off. Un truc avec la tour Eiffel, mais je ne sais plus quoi.

On avançait donc en 1977. Nous touchions avril. Marianne, dont le mari ne semblait pas vraiment aller mieux, venait quand même chaque week-end avec Zack. Ainsi le contact restait proche entre les enfants, avec Paulette et Jack tout semblait se passer bien. Johanna de toute façon, chaque fois que j'arrivais, comme toujours et maintenant encore, me racontait tout. Mamy a fait ci, Grany a dit ça, Daddy a planté des graines près du bassin…

— Des graines près du bassin ? Ah ? Des graines de quoi ?

— Je n'sais pas, des graines qu'il avait dans un petit sac.

— Tiens donc…

J'allais voir tout le monde, pour parler un peu. Road en quelques mois avait bien grandi. Quand Paulette la caressait elle faisait un curieux son… On entendait « man-man » ! Pas avec moi ni personne d'autre ! Man-man. Paulette en était fière et en faisait la démonstration à tout le monde. « Elle dit Maman vous savez ! »

Je pris Jack à part et lui demandai discrètement :

— T'as planté des graines autour du bassin ?

— Oui, de la *weed*, j'en ai apporté un peu avec moi.

— Mais ça ne va pas pousser en France.

— Oh, que si, avec le temps qu'il fait ne t'inquiète pas. Au soleil et les pieds près de l'eau il n'y a pas mieux… C'est une première génération. Figure-toi que les Indiens en plantent le long d'une vieille voie ferrée qui marche encore à vapeur. Et plein soleil elles sont arrosées à chaque passage. C'est comme ça que les

Indiens ont fini par s'apercevoir que le « cheval-vapeur » avait finalement du bon. Et j'en ai récupéré un peu.

— Ah, je ne savais pas.

— C'est un bout d'histoire cachée de l'Amérique… Tu verras !

— Oui, oui… (mais il racontait tellement de choses…).

Décisions graves

Marianne avait besoin de me parler… Je la voyais tourner en rond… Voyant que Joseph marchait seul dans le fond du jardin, nous sommes allés dans mon bureau. Elle était très nerveuse. Cela devait rester entre elle et moi. Ça avait l'air grave, elle finit par me confier que son mari avait fait une tentative de suicide… (Ah !…) Et pas pour être aidé, non, une pendaison ! Là c'était vraiment beaucoup, c'était trop.

Après une longue conversation, sachant qu'elle-même, très émotive, n'y pouvait rien, et Jésus, pourtant sollicité avec ferveur, non plus, je lui ai proposé au final de garder les enfants, disons pour un an, le temps que ça s'arrange.

Ils avaient l'intention de bouger, elle et lui, de partir s'installer à la campagne, ce que je trouvais une très bonne idée. Ma proposition lui faisait un peu peur. Il était à craindre pour elle que je n'en profite pour intenter une action quelconque. Une aussi longue période aurait pu permettre que je déclare un abandon pour obtenir la garde définitive des enfants.

Je l'ai raisonnée, étais-je du genre à faire ça ? Déjà pour les USA, même avec son autorisation, j'aurais pu ne pas les ramener. Qu'aurait-elle pu faire ? Déposer une plainte ? Intenter un procès ? Lui ne travaillait pas, je versais une pension que j'avais de moi-même fait augmenter, et par un pseudo-procès qu'elle avait dû m'intenter, d'ailleurs à mes frais, pour l'obtenir. Peut-être qu'il touchait lui quelque chose de sa famille, je ne sais pas, mais elle n'aurait pas eu les moyens de s'offrir un avocat pour récupérer ses enfants.

Allons donc ! L'entente avait toujours été cordiale, ils étaient venus souvent à Montfort et il n'y avait pas de raison pour que cela cesse…

Maintenant ma proposition était sincère, mais c'était à elle et Joseph de décider. J'étais le père de ses enfants, oui, mais je n'étais plus son mari. Il fallait qu'elle le réalise une fois pour toutes.

Ensuite je suis allé au fond du jardin trouver Joseph, avec qui nous avons eu une franche conversation. Je connaissais mieux sa femme que lui, et je voyais bien ce qu'il traversait, seulement nous n'avions pas le même genre de comportement. Je ne subissais pas en comptant sur Jésus pour résoudre les problèmes. (Ce que je me suis gardé de lui dire, bien sûr.)

Quant à lui, il en est arrivé tout à coup à s'excuser d'avoir brisé quelque chose. Tel un péché qu'il ne se pardonnait pas et se devait d'avouer. Il était vraiment dans un état totalement dépressif.

— De toute façon, Joseph, dis-toi bien que tout était déjà fini, nous n'avions aucune possibilité d'avenir Marianne et moi, et nous étions sur le point de nous séparer. Tu le sais bien. Tu as été là comme un lien. Je n'ai pas à te pardonner, ni à te dire merci, mais c'est à partir de là que ma vie de musicien a décollé. Alors ? C'est la faute de personne, c'est la vie.

Il secouait la tête sans dire un mot pendant que nous retournions à la maison. J'en avais assez dit, et il en avait assez entendu pour réfléchir. Les enfants sont venus réclamer leur goûter et nous sommes passés à autre chose. Il les a même embrassés et enfin il a un peu souri. Mais quelle journée... !

Il a donc été convenu qu'à partir de la fin de l'année scolaire, Zig et Jo vivraient ici jusqu'à l'année suivante. Ils pouvaient continuer à venir comme d'habitude de toute façon. Je ne pouvais malheureusement pas prendre Zack qui n'avait pas l'âge d'aller à l'école, mais il pouvait très bien rester pendant les vacances. Il était important qu'ils ne soient pas totalement séparés.

Ils repartirent donc le lendemain rassurés, c'était de toute évidence la meilleure solution.

J'annonçai la chose avec précaution quand ils furent partis. Ce qui créa une étrange réaction, à la fois compatissante et heureuse de la part de tout le monde.

Tout fut organisé. Les enfants furent inscrits à l'école communale où déjà le fils de Richard Anthony suivait les cours. Chaque jour, Peter ou Gisèle ou Laurence, voire les Hand, les conduiraient à l'aller ou au retour si je n'étais pas là. Voilà qui les changerait d'une vie où le bonheur et le rire n'étaient pas la priorité semblait-il.

Sur ce *Symphoman*, quelques articles sortirent, auxquelles servirent des photos de l'année d'avant. Donc ma participation physique n'était pas utile. Dans certains papiers on lisait que j'avais « désenglué » la chanson des tares du yé-yé ! Ben, dis donc... Par contre, d'autres, écrits par ceux qui avaient un peu d'oreille, avaient les mêmes réactions que moi sur la même partie de l'album. Un travail d'amateur, voire de cochon. Bon, laissons tomber !

Sur ce, Peter est arrivé, en principe de Vernon. Il menait sa vie et je ne lui demandais rien. Ma foi, s'il avait des aventures tant mieux pour lui. Avec moi, en dehors de ma profonde affection, et des bons vieux câlins de « potes », il devait ressentir sans doute un peu de frustration. Le côté « gymnastique suédoise » n'était pas vraiment ma tasse de thé. Ça me donnait plutôt envie de rire… (Je revoyais les matches de catch à la télé chez Yvonne !)

J'étais content de le revoir. Il était en bonne forme.

Il a bavardé avec Paulette et Jack et leur a raconté l'histoire des pompiers… Du coup les voilà à regarder dans la cave :

— Oh, dis donc c'est pas possible, hé, William, viens voir !

— Quoi ? Ne va pas me dire que ça recommence !

— Mais si je te jure ! Moins grave mais viens voir.

Oh oui, l'eau avait remonté ! Un peu moins haut mais assez pour appeler la caserne.

J'appelle donc « Ah ouais » et lui explique.

— Ah ouais. Ben, c'est souvent hein… Je vous l'ai dit. Bon ben, on arrive, on n'est pas loin, ça va.

Pas longtemps après, les quatre mêmes que la première fois arrivèrent, et le chef, avec un air embarrassé, qui finalement n'a trompé personne, m'a dit :

— On est un peu embêtés parce que la grosse pompe n'est pas disponible, alors on a dû prendre la petite.

— Ah, c'est bête hein ? (Je souriais.) Et là ça va prendre plus de temps alors ?

— Forcément, oui… Disons bien trois quarts d'heure.

— Au moins oui, dit un autre en secouant la tête.

— Ben, allez-y alors, ce sera l'occasion de boire un coup. (Peter était ravi.)

— Oh, la fête c'était bien hein ? Bon, on s'y met, a lancé le chef.

Et les voilà apportant effectivement une petite pompe, qu'ils installèrent avec le même sérieux que pour la grosse, mais plus rapidement et c'était prêt.

— Bon, leur a dit Peter, je vous sers comme la dernière fois ?

— Oh, on veut bien…

Cette fois cela prit effectivement presque une heure. Bavardages, rigolades, souvenirs improbables de Jack qui poussaient Paulette à lever les yeux au ciel… Mais parler avec un vétéran américain n'arrive pas tous les jours. Il y avait une bonne ambiance. À la fin ils ont remballé le tout en disant :

— Bon ben, à la prochaine fois alors ? Surveillez régulièrement quand même, on ne sait jamais… Allez bye !

— Oui on surveillera ! Bye !

À dater de ce jour, la grosse pompe n'a curieusement plus jamais été disponible.

Retrouvailles

Moi, j'avais envie de bouger un peu :

— Bon, on ne va pas rester comme ça hein ? Moi je vous propose qu'on aille tous à Honfleur !

— Oh, Honfleur ! Je me souviens qu'en 1944..., commence Jack...

— Tu te souviens de quoi ? dit Paulette, tu n'y as pas mis les pieds ! T'as piqué une jeep et t'as déserté vers la Belgique avec un copain !

Ah, leurs chamailleries !

— Bon, ça va ! Alors on y va ? Il faut que j'appelle Pierre, voir s'il a de la place.

J'appelle, oui il y a deux chambres libres, les deux autres sont occupées mais ça ira. On peut venir ce soir.

Il ne restait plus qu'à prévenir Mamy, faire les valises, et se mettre en route. Où était Laurence ? Je ne sais plus, j'ai un trou. Ma Volvo était là, et celle de Pierre aussi...

Enfin bise à Mamy, on revient dans deux trois jours, nous sommes montés tous les quatre dans ma voiture et nous voilà partis !

Arrivés à La Lieutenance, presque à l'heure du dîner, pendant que Peter se garait, je suis entré, précédé de Paulette et Jack. J'allais les présenter à Pierre quand j'ai entendu de grandes exclamations !

— Oh, c'est pas vrai ? Ah, ben, c'est une surprise !

— Jack ! Ha haaaa... ! Ça c'est étonnant !

— Ah oui, alors ! Tu te rends compte ? Ben, tiens, je te présente Paulette, ma femme, et William, mon fils. Il est venu avec son copain qui est en train de se garer.

Pourquoi ajouter « son copain » ? Enfin, qu'est-ce qui se passait là ?

Non... ? C'était Fernand Legros ! En manteau de vison, pendentif en or et stetson noir comme dans les journaux. Le célèbre escroc aux mille peintures à La Lieutenance ! Ah, voilà qui commençait bien. Ils ne s'étaient pas vus depuis 1962 ! Retrouvailles, souvenirs, comparaisons de leurs séjours en prison, whisky, bloody mary pour Fernand… Joyeuse compagnie, quoi. Peter entre.

— Bonjour Pierre. (Et en se penchant vers moi :) Il se passe quoi là ?

— Fernand Legros est là, je lui dis, le vieux pote de Jack, je t'ai déjà raconté Ibiza, les faux Matisse, Alicante, tu vois ? Deux joyeux cocos.

— Ah, d'accord !… Eh ben !

— Oui, comme tu dis. Bon, on monte nos valises ? Pierre, on a la même chambre ?

Oui, me fait-il de la tête. Au passage Jack présente Peter à Fernand, et nous filons dans la chambre. Ouf ! enfin au calme. Me suis allongé me reposer de ma sale journée et Peter est redescendu rejoindre tout le monde.

Le soir il y a eu un bon dîner à six, dont j'ai signé la note assez salée. (Je n'ai jamais vu Fernand sortir un centime. Il se faisait inviter partout.) Après, ce fut un petit tour chez Betty. Paulette avait mis son nez dans les desserts et avait demandé ce qu'était la « coupe Betty ». Pierre lui avait expliqué avec fierté que c'était en hommage à Betty Ulmer, la femme de Georges, qui avait un bar sous le casino de Deauville. En entendant le mot bar, Jack eut envie d'y aller.

— Peter, tu as envie d'y aller toi ? ai-je dit. Moi heu… *ffoff*…

— Bah, moi pas vraiment non plus, et je ne vais pas te laisser tout seul dans la chambre. Je vais rester avec toi. On fera un tour en ville, ça doit être sympa le soir au port. Et puis j'ai un petit truc à fumer.

— Ah ? Ça me fera du bien oui. Je vais dormir tranquille.

Finalement ce petit séjour a été bénéfique. Jack et Paulette n'ont pas quitté Fernand. On a fait connaissance de son « copain », un jeune Allemand gigantesque, blond frisé, ne parlant pas un mot de français, ni d'anglais. Il s'appelait Jürgen et passait son temps devant une vieille télévision en noir et blanc dans le sous-sol de La Lieutenance. On ne les a pratiquement pas vus tous les quatre pendant tout ce temps. Ils avaient certainement tellement de choses à se raconter… Fernand les promenait on ne sait où, dans sa vieille Rolls noire, des journées durant. Tant mieux. Tous les matins au petit déjeuner ils se retrouvaient en bas, café, croissants, et Fernand engloutissait deux bloody mary bien tassés. C'était à son avis ce qu'il y avait de mieux pour se réveiller.

Nous ne pouvions pas ne pas aller faire la bise à Betty le soir suivant notre arrivée, mais sans s'y attarder trop longtemps. Malgré tout, en deux jours nous avons pu nous retaper. Je ne sais pas ce qu'avait fait Peter, mais il était aussi crevé que moi.

Les Hand avaient décidé d'aller à Paris quelques jours avec Fernand et Jürgen dans la Rolls. Peter et moi sommes donc rentés seuls. Je préférais. Je ne tenais pas à entendre le récit de leurs aventures normandes.

Allergie

Quelques jours passèrent. Je me sentais fatigué, amorphe, comme pour un début de grippe… Non, ce n'était pas ça, je le sentais bien malgré un sentiment de fièvre, mais j'éprouvais le besoin de rester au lit. Peter montait me voir un peu. La tête me tournait et discuter me fatiguait. Il n'insistait pas. Nelly m'a trouvé « pas bien » au téléphone.

— Oh, mon rayon de lune… Mais appelle un médecin enfin…

— Oui faudrait…

— Non il faut ! Et tout de suite. Tu en appelles un et tu me rappelles après. Promis ?

— Bon, oui, promis.

Sur les conseils de notre bonne Gisèle, j'appelle un médecin. J'avais le visage couvert de petits points rouges, comme si on les avait faits avec un feutre. Et ça se répandait sur les épaules. À cette époque l'on parlait de plus en plus de sida, même si je ne voyais pas comment j'aurais pu attraper ça, n'ayant que Nelly, et parfois superficiellement Peter, comme partenaires.

Non, impossible.

Un médecin est venu à la maison, m'a ausculté et ne voyait pas ce que je pouvais avoir. Ça pouvait ressembler de loin à une mononucléose, mais ce n'en étaient pas les symptômes typiques. Les petits points rouges n'apparaissent que si l'on a pris des antibiotiques et je n'avais pas de douleurs musculaires… On m'envoya une infirmière, pour une prise de sang qui devait en dire plus… mais rien. Je n'avais rien.

J'ai tout raconté à Nelly en détail, comme j'avais promis. Elle regrettait de ne pouvoir être là. Oh, moi aussi, mais à part en recevoir du réconfort, à quoi cela aurait-il servi ?

Peter allait à Vernon chez ses parents, revenait, repartait, je le sentais agité.

Fallait attendre, voir si cela évoluait ou disparaissait. J'ai dû prendre beaucoup de vitamines en tous genres et le médecin m'a conseillé de ne pas décrocher mon téléphone, de faire le vide, et de me reposer. Ce que je fis.

Un mois comme ça. J'en avais assez. Assez du showbiz, je commençais à comprendre que j'en avais une sorte d'allergie. Une allergie à *Symphoman* peut-être ? En tout cas, plus jamais ça.

Je me suis dit : « Arrête. Fais autre chose. Tu es compositeur, compose. Orchestrateur ? Alors orchestre. Ne t'embarque plus dans ce monde-là. »

Pendant plus d'un an je n'ai donné aucune nouvelle. Mais j'allais tellement mieux !

Plus de points rouges, plus de fatigue et plein d'envies. C'était psychosomatique, me disait Nelly… Oui, c'était, bien avant qu'on ne lance le mot maintenant à la mode, un « burn-out ».

J'ai évacué ceux dont je pensais qu'ils en étaient responsables. Prévenu le peu avec qui il serait bon de travailler encore, comme Jean-Pierre Domboy, je l'ai même dit dans de rares interviews, et me suis mis à revivre vraiment tout à coup !

Une vie à la maison, entre Nelly, Peter, Mamy, Paulette, Jack, et les chiennes… De bons amis aussi et les enfants qui venaient les week-ends… Et avec mon piano enfin retrouvé.

On allait à Honfleur des fois aussi, où je voyais la Nico, Juvet, Lara, Do, Carlos, Jean-Pierre et Loety et qui encore ? Sans ragots, en prenant le temps de trier les soucis inutiles de ceux réels de la vie. De ma vie.

On s'amuse

Un soir, justement à Honfleur, nous n'étions que quelques-uns, et nous avons eu l'envie de faire une plaisanterie.

Nous en avons parlé à Pierre qui a trouvé notre idée amusante et fut tout de suite d'accord. Il nous a donc choisi un jour où, vu que ce n'était pas encore la pleine saison, les réservations n'étaient heureusement pas trop nombreuses. La plaisanterie consistait à perturber gentiment les clients, mais il ne fallait pas risquer non plus de mettre à mal la réputation de La Lieutenance. Alors, pour le service du soir choisi, il avait été imaginé que :

Moi, je serais en maître d'hôtel, prenant les commandes.

Patrick Juvet, chef de rang, placerait les clients à partir du livre des réservations. Surveillé quand même par Gérard.

La Nico serait derrière le bar en essuyant les verres, avec le commis de salle habituel pour lui prêter un coup de main au besoin (un cocktail pouvait lui tomber dessus à tout instant).

Catherine Lara serait à la cuisine. Elle ne pouvait donc être présente continuellement, alors elle ferait des apparitions « de cuisinier » qui passe dire bonjour à une table comme cela se fait souvent avec les clients de marque, lesquels seraient Peter et Do, avec des amis de Pierre et Gérard qu'il mettrait au courant.

Pierre continuerait à servir ses précieux kirs, dont on savait qu'il ne fallait pas y toucher. Et de plus il était excellent pour faire le lien entre ses hôtes, allant de table en table, discutant avec eux en nous surveillant du coin de l'œil en cas de problème.

Plus ou moins costumés dans nos rôles, nous étions donc prêts. C'était une plaisanterie qui demandait de l'organisation. Nous avons dû répéter un peu dans l'après-midi. Il ne fallait pas se tromper. Au bout de quoi finalement nous pouvions frapper les trois coups !

Quand les premiers clients sont entrés, Pierre les a accueillis et dirigés vers Patrick car ils avaient une réservation. C'était un couple avec un jeune homme. La dame et le jeune homme regardaient ce chef de rang avec curiosité et se parlaient à l'oreille. Comme c'était étrange cette ressemblance avec Patrick Juvet… Enfin le plus sérieusement du monde il les a placés, pendant que Pierre leur offrait un kir (en compensation du petit tour que nous allions leur jouer), puis il allait recevoir les prochains, et à nouveau, s'ils avaient une réservation, ils étaient dirigés vers Patrick, et s'ils n'en avaient pas, Gérard s'en chargeait. Lui en outre devait faire le lien entre la cuisine et moi, en y portant ma commande au vrai chef, qui l'exécutait.

J'approchai alors de la première table pour prendre la commande. On ne fait pas vraiment attention au maître d'hôtel, en général, en déchiffrant une carte, mais quand leurs regards se sont portés sur moi, petit carnet et crayon à la main, il y eut un moment de silence… « Voulez-vous que je revienne d'ici deux minutes, le temps de faire votre choix ? »… Ce n'était pas possible, semblaient-ils se dire, on dirait… On me posa en me dévisageant une ou deux questions à propos du menu, pour me tuiler, mais depuis le temps que je fréquentais La Lieutenance je savais en quoi consistait la majorité des plats donc j'ai pu répondre aimablement à leurs questions :

— Bien, alors en entrée ?

— Votre plateau de fruits de mer pour trois… il est comment ?

— Énorme, Monsieur, frais et énorme. (Je notais.) Et en plat ?… Je conseillerais à Madame le bar au safran, il est frais de ce matin…

— Oui, ce serait bien ça… c'est léger pour le soir.

— Et pour Monsieur ? Oui… Un carré d'agneau… très bon choix, c'est une spécialité du chef. (Sourire.)

— Et le jeune homme… ?

— Heuu… (il écarquillait les yeux)… moi pareil.

— Bien, pour deux donc. M. Gérard va s'en occuper. Merci.

Gérard s'est approché, a pris ma commande et est entré dans la cuisine.

Non, William Sheller ne pouvait pas être aussi au courant… Ah, mais quand même c'est bizarre !

Quant à nous, il fallait absolument éviter de rire.

Puis ce fut le tour de la seconde table avec les mêmes réactions, puis une troisième, et ainsi de suite. Seuls les touristes étrangers ne réagissaient pas, évidemment.

Ce fut alors la Nico qui démarra. Elle s'adressa à Pierre d'une voix assez audible :

— Monsieur Pierre, j'ai l'impression qu'il nous manque du sucre de canne pour le ti-punch…

— Oh, il y en a dans le placard du bas à gauche, attention la boîte en carton se décolle.

— Ahhhh houuuu ! Ça coule partout ! Oooohh !

— Hiiiiiii ! faisait Pierre.

Ils hurlaient comme dans *La Cage aux folles*.

Les clients se retournaient… On entendait :

— Ah ! la barmaid ! Non mais, regarde, c'est le sosie de Nicoletta !

C'est là que Catherine Lara est sortie de la cuisine pour saluer deux tables.

Là ils se sont mis à rire… c'en était trop.

— C'est pour la caméra cachée ?

— Non, a dit Pierre, ce sont mes amis, et ils ont imaginé ce petit divertissement pour vous. En tout cas vous avez pu constater que la cuisine a été faite selon les règles de l'art, et par de vrais professionnels, qui sont restés dissimulés tout ce temps.

Les clients étaient enchantés. D'autant que les kirs et le dessert furent offerts.

Nous sommes donc passés aux tables de ceux qui nous avaient reconnus pour serrer des mains, signer des autographes, et nous avons été au final à même de comprendre un peu la fatigue que représente le service de restauration. Oh, que ça fait mal aux pattes !

Le Baladin

Il y a eu aussi des nuits dingues. Comment appeler ça autrement ? Une boîte un peu « hommes-femmes-dames » comme disait Catherine était tolérée dans Honfleur. Je me souviens de la première fois…

— Oh, on y va ? avait lancé la Nico.

— C'est quoi ce truc ? j'avais demandé, toujours sur mes gardes.

— Le Baladin. Ooh, il faut que tu connaisses, c'est trop drôle !…

Un petit coup de sniffette, et nous étions prêts.

Nous voilà partis tous les six. Le lieu du délit, une

Mon arrière-grand-père Colin Macleod, 1927.

Mamy et sa sœur, 1921. Elle refuse de faire du cinéma.

Mariage Papou et Mamy, 1925.

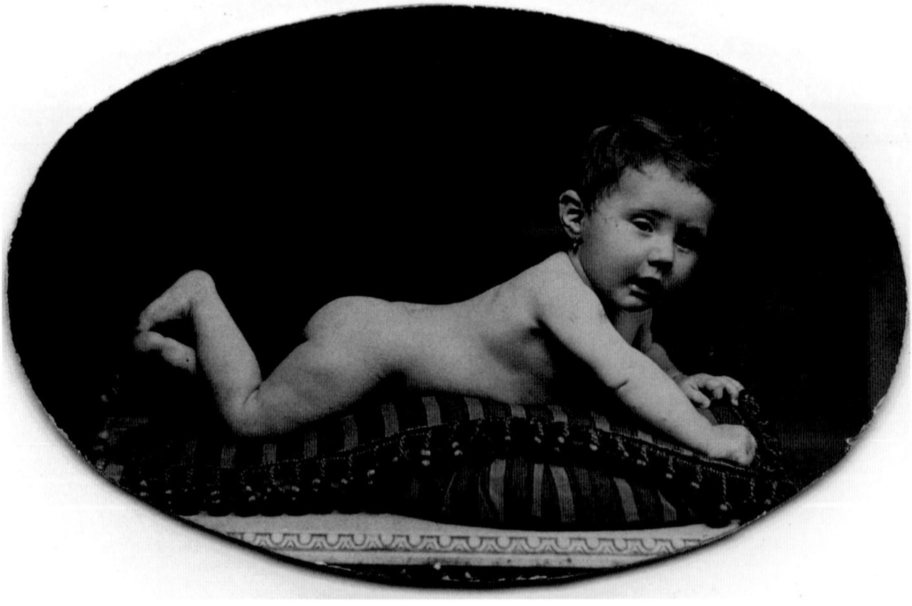
Paulette, 1925.

La combattante.

Famille Mamy (famille Mayeur).

Mon grand-père Colin Macleod à 5 ans.

Papou et son frère Eugène.

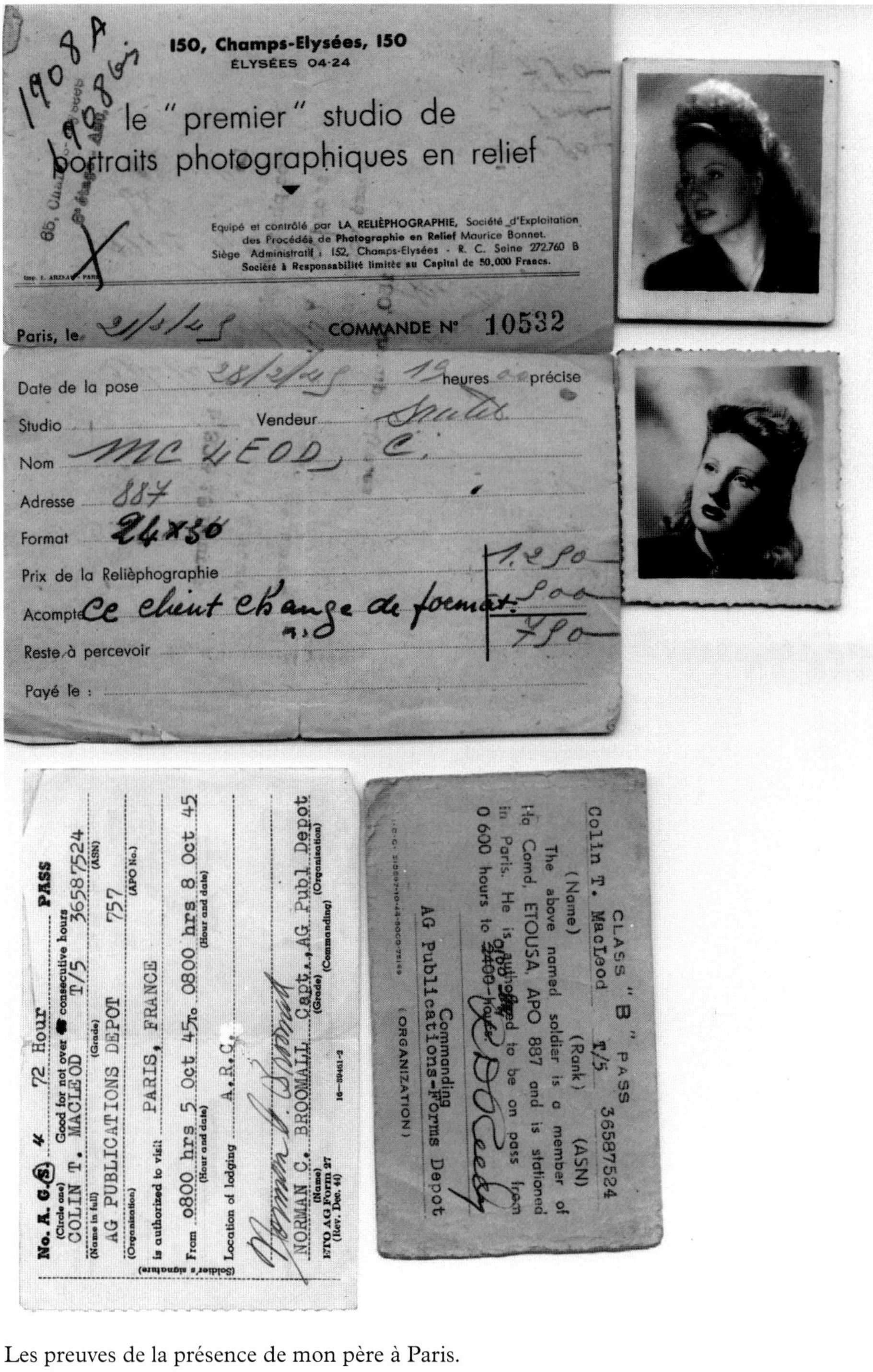

Les preuves de la présence de mon père à Paris.

Papa, Colin T. Macleod.

Papou au Châtelet.

Papou en uniforme de Marine.

Papa en route pour la France, 1944.

Première promenade en landeau.

Dans le jardin de Tata à Fleurus.

Ci-dessus : rue de Fleurus, devant l'escalier interdit.
Ci-contre : rue de Fleurus, ma première voiture.

On va partir. Maman, Jace et moi.

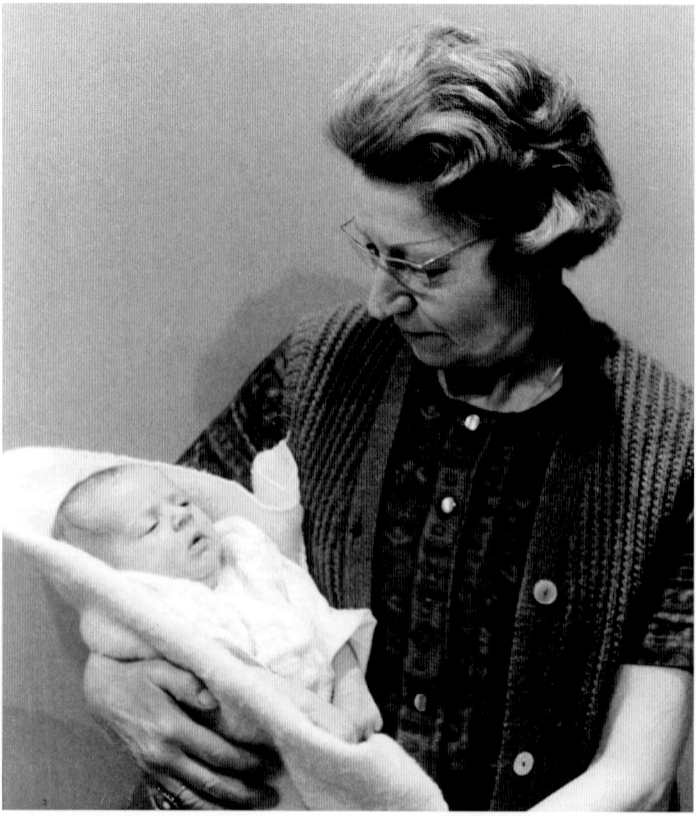

Dans les bras de Mamy.

Jack, le grand aventurier.

Paulette, en toute fierté.

Visite de ma mère à la famille d'accueil. Fin 1949.

Aux USA, à la maison de la guenon, Lake Milton, Ohio,1949.

Anniversaire, 1951. Avec ma panoplie d'Hopalong Cassidy.

Anniversaire, 1951. Notre première voiture.

À Newtownfalls, la deuxième maison, 1952.

Retour en France en 1954.

Rue de l'Ouest,
1957. En louveteau.

École Saint-Joseph. Photo de classe de Mademoiselle Thomas.

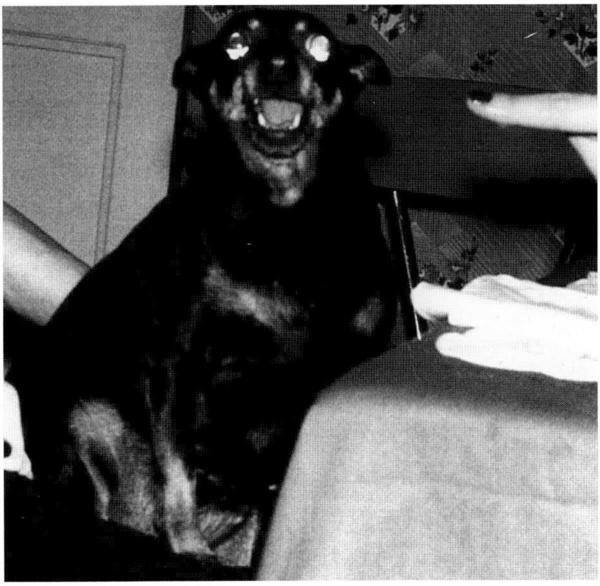

Bijou la grogneuse.

Théâtre des Chanps-Élysées, le commencement de tout.

Pontmain. Jean-Paul, mon cousin, décédé deux mois après.

Tonton et Mamy, à Pontmain.

Yves Margat, mon maître. Je suis encore en contact avec sa petite-fille.

Laurence.

Marianne.

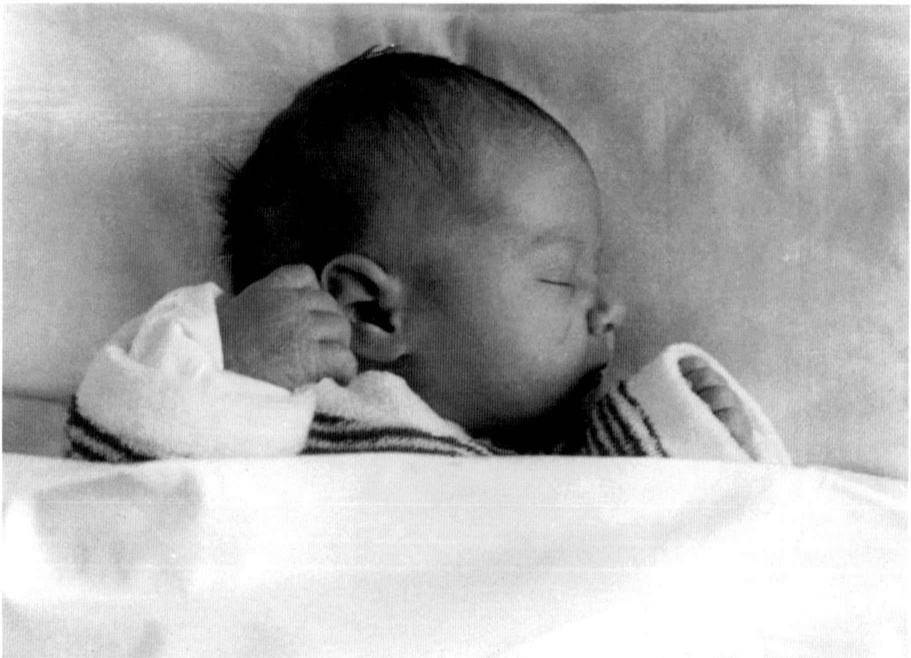

Johanna, née le 2 mars 1971.

Zig et Jo en visite chez Jean-Pierre et Loety.

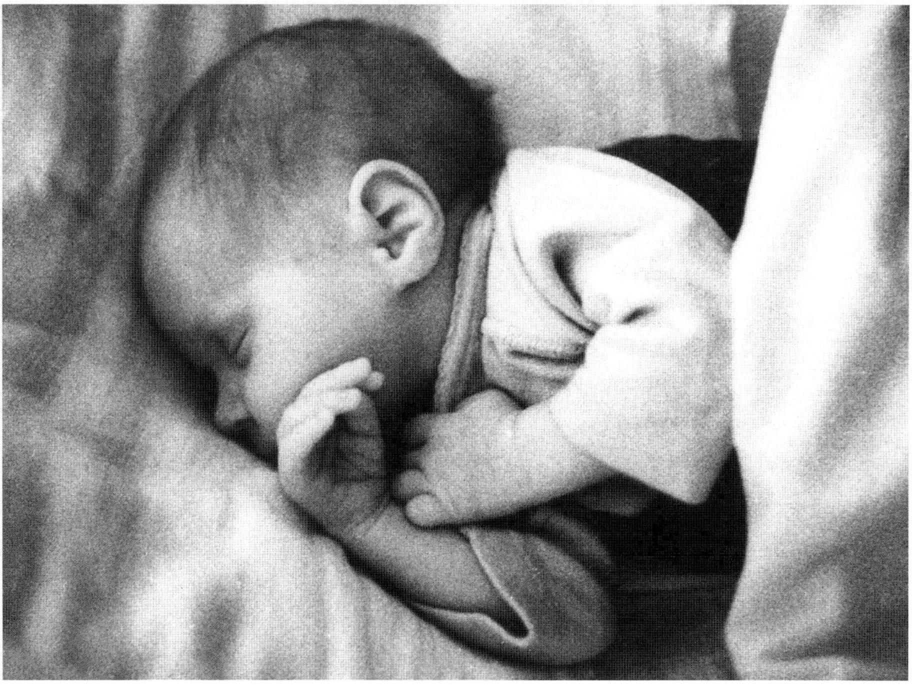

Siegfried, né le 8 décembre 1972.

Zig et Jo aux USA.

Peter.

Avec Nicoletta,
ma bonne complice.

Avec Catherine Lara lors d'une émission télévisée. La chanson « Catherine » lui était dédiée.

Avec Joe Dassin, nous avons écrit une chanson, «Le Lord anglais».

Avec Mick lanaro. Étude de la partition de «L'Empire de Toholl» (*Univers*).

Pleyel. Création du *Concerto pour trompette*.

Avec Micheline Dax, en répétition de son *Aria Dax*.

Avec le Grand Orchestre du Splendid à l'Espace Cardin.

Avec Jean-Claude Casadesus avant la série de concerts sur la Côte d'Azur.

À La Baule, dans ma chambre. Le micro est prêt pour le chant.

À La Baule avec Yves Jaget pour *Les Machines absurdes*.

Mes amies de La Baule : Jeanine.

Mes amies de La Baule : Josie.

La Baule, jour off. Zut, c'est fermé à Guérande.

Famille Macleod avec Papa. L'une des premières photos reçues.

Les retrouvailles avec le clan Macleod en 2006. Comme tu ressembles à Papa.

Avec Cam et Edie.

Tante Bubby qui savait tout depuis longtemps mais avait promis à Papa de ne rien dire.

Le clan Macleod en visite à la Tamla Motown.

Joël, mon « aîné » d'adoption.

Loety. Fête de la Saint-Sylvestre, 1969.

À La Baule, face à l'océan.

Jean-Pierre et Sylvie, sa compagne actuelle.

Victoires de la Musique, *Un homme heureux*. Meilleur album, meilleure chanson.

Victoires d'honneur. Louane, Cherhal et ma Véro tant aimée. Beaucoup d'émotion.

masse informe au toit de chaume semblait-il dans le peu de lumière, était niché tout en haut d'une petite rue aux pavés biscornus et curieusement très silencieuse. Je chuchote :

— Vous êtes sûrs que c'est ouvert ?

— Mais oui, me dit Patrick, mais c'est très bien isolé pour éviter les plaintes des voisins…

— Tu sonnes ? a dit La Nico.

Après quelques secondes, effectivement la porte s'est ouverte. Une bouffée de musique s'en est échappée, Donna Summer à fond. « Could it be magic » ! Le prélude de Chopin tourné en disco. J'adorais ce titre. Nous nous sommes engouffrés le plus vite possible et à notre vue ce fut un délire ! Quatre stars d'un coup ! On nous sautait dessus, ces « dames » à plumes nous marquaient de leur rouge gras à coups de grosses bises, et nous enroulaient leurs boas autour du cou. Do s'est mise un peu de côté, mais le beau barbu n'y a pas échappé, star ou pas ! Quel tourbillon !

— Oh, si tu voyais ta figure ! m'a dit Catherine en hurlant tellement la musique était forte.

— Oh, et la tienne donc ! Comment va-t-on retirer ça ?

(Peter avait la barbe toute rouge.)

Inutile de parler, on ne s'entendait pas. On nous a installés à une table bien en vue, un peu en hauteur, et peu de monde nous a abordés. Dans ce genre d'endroit, on vient se montrer, on regarde tout le monde, mais on n'embête personne. Ces petits établissements de province, où finalement il ne se passe jamais rien de spécial qui pourrait être malvenu, en fait sont toujours très amusants. Après quelques verres, même un bon nombre, nous nous sommes mêlés à ce joyeux troupeau pour danser un peu. Fatigue et vodka-jus d'orange aidant, au bout d'un moment nous avons éprouvé le besoin de se demander l'heure qu'il était. Déjà 6 heures ?

Nous avons fait nos adieux à la joyeuse équipe et sommes sortis, confettis dans les cheveux, énormes bisous rouges sur les joues, et emberlificotés dans les serpentins, pour attaquer la descente de la petite rue tortueuse. La Nico avait eu la bonne idée de mettre des talons ! Donc bras dessus, bras dessous nous avons avancé péniblement, après une ou deux chutes et d'immenses fous rires à nos ramassages, vers La Lieutenance. Je ne sais pas comment les autres ont fait.

Oooohhh, un bon lit ! Toilette de chat (ah, le rouge à lèvres sur la figure !) et vite se glisser entre des draps frais. J'ai compris pourquoi la chambre donnant sur la place de l'église était toujours libre… À 9 heures, les cloches se sont mises à sonner !

Oh nooon, pitié… et Peter qui ronflait… en plus des cloches ! Peu de temps après, Nico entre dans notre chambre, en tenue correcte mais très très légère :

— Alors, les garçons ça va on se réveille ? C'est bien les cloches, hein ? Oh, il va faire beau aujourd'hui ! Regardez ce beau soleil !

— Oohh, Nico… on n'a même pas dormi trois heures…

En bas, Pierre et Gérard, avec leur personnel, faisaient leur salle. Ils se demandèrent avec un peu d'étonnement pourquoi les paroissiens en file, avant d'entrer dans l'église pour le premier office, admiraient tant leur restaurant, tout à coup.

C’est en sortant pour abaisser le pare-soleil de la terrasse que Pierre leva les yeux.

La Nico avait ouvert les volets en grand, et toute bâillante, en levant ses bras vers le soleil, se pâmait d’aise… Hmmm.

J’imagine ce que la vision de Nicoletta, là au premier étage, en petite tenue, pouvait avoir d’attractif ! Réalisant ça, elle est rentrée très vite. En rigolant un peu je lui ai dit :

— Nico enfin… ! C’est l’heure de la messe…

— Rhoooo oui, j’ai pas réalisé…

Elle pouffait de rire, la main sur la bouche.

— Ferme les volets qu’on dorme un peu… On doit être à Montfort cet après-midi.

Elle est finalement repartie dans sa chambre. J’ai sombré quand vint enfin le silence.

Même le sanglier ne ronflait plus. Après cette équipée sauvage, un peu de sommeil et une bonne douche, c’est juste après avoir avalé un croissant vers midi que nous avons, Peter et moi, pris la route de la maison. Oh oui, de l’herbe verte et fraîche… et du calme. J’ai dormi une bonne partie du chemin.

10

LE BAL DES POMPIERS

Le printemps finissait. Paulette et Jack restaient à Paris. Ils avaient toujours besoin de bouger, et Montfort commençait à leur peser. Et les avoir autour était parfois crispant. Nelly était venue un peu, Laurence était avec sa fille, Peter restait là. Je me disais que j'allais attendre avant de reprendre quelque activité. La maison était en sommeil.

Un matin, il était assez tôt, seuls les chiennes étaient dans le jardin. Mamy les avait fait sortir et prenait son temps dans sa chambre. Peter dormait encore. J'ai entendu une voiture monter, je suis sorti… Tiens, les pompiers !

Ils étaient seulement deux… Un tondu que je connaissais depuis les deux pompages et un autre. Ils se sont garés dans le parking et je leur ai fait signe de venir sur la terrasse. Ils avaient l'air un peu gênés. Qu'est-ce qu'ils avaient donc ? On se connaissait maintenant, au point que souvent le tutoiement nous échappait, il n'y avait pas de raison de jouer les timides.

En se dandinant d'une botte sur l'autre, le tondu m'a dit :

— Ben, voilà… on aurait voulu savoir si tu… enfin vous…

— Oui ben, ça va, tu voudrais savoir quoi ?

— Si tu accepterais de venir à notre bal du 14 juillet ? Enfin si t'as le temps bien sûr…

— Bien sûr, je suis tranquille là, je n'ai rien pour le mois de juillet.

— Ça nous ferait bien plaisir en tout cas.

— Ah ouais ! dit l'autre. (Tiens ! mon « Ah ouais » c'était lui ?)

— Mais bon, je pourrai venir avec deux trois amis ?

— Oh si, bien sûr, a dit le tondu, tu nous diras combien, c'est pour les tables.

— Bon, je vais voir ça et je vous appelle alors ?

— Ah ouais… Oh, y a le temps, y aura un dîner avant, le maire sera là.

— Ça me fait plaisir, vraiment, je ne suis jamais allé à un bal des pompiers en plus… Ce sera à la caserne ?

— Non à la salle des fêtes, oh, merci c'est sympa en tout cas.

— Ah ouais… bon on v…' te laisse. Donc au 14 alors ?

— Oui, OK, bye !

Poignées de main, les voilà qui sautent tout contents dans leur voiture et disparaissent. C'était drôle de voir enfin mon « Ah ouais ». Il avait bien la tête de sa voix.

Je rentre donc, je vais dans la cuisine et là Peter débarque en slip !

— Ah, tu as raté ton effet !

— Quel effet ?

— Les pompiers viennent de partir. Hé, hé…

— Pfff… Tu ne changeras jamais toi, hein ? J'ai entendu une voiture, je ne savais pas que c'était eux. Je voudrais boire un café, j'ai mal au crâne.

— Nous sommes invités au bal du 14 juillet mon pote ! Si tu veux un remontant il en reste un petit peu que j'ai retrouvé dans mon bureau. Et *please* ne te trimballe pas comme ça devant Mamy avec ton slip qui pendouille !

— Au bal ? Oh, ça va être chouette, je le sens. C'est où dans ton bureau ?

— Dans la bonnetière, à la page 110 des *Études* de Chopin. Mais mollo, OK ? C'est costaud.

Hé, mais le bal était dans pas si longtemps en fait. Je rameute les amis, Catherine et Do, Jean-Pierre et Loety, Nelly, je savais qu'elle ne viendrait pas (mais cela l'a amusée de le savoir), Laurence non plus. Patrick avait sorti son titre « Où sont les femmes ? » qu'on entendait partout et craignait les minettes, bon nous ne serions que six. C'était bien. Il ne fallait pas arriver en foule.

Les enfants étaient en vacances dans le Sud je crois bien… Ils ne devaient arriver qu'en août.

Quelques jours avant le jour prévu arrivèrent Catherine Lara et Do. Elles restèrent quelques jours. Violon, piano, partitions nouvelles, petits concerts du soir, rires, toujours les grandes discussions à propos des cartes entre Do et Mamy, enfin le temps passa. Jean-Pierre et Loety arrivèrent peu après. Mais au fait, où c'était, la salle de fêtes ? J'ai appelé « Ah ouais » pour lui dire le nombre de personnes qui m'accompagneraient comme prévu, mais on ne savait pas où ça se passait. Il m'a expliqué tout en détail, depuis chez moi jusqu'à un bâtiment que finalement on connaissait, mais nous étions passés devant sans le remarquer. Bon, il n'y avait plus qu'à attendre le 14.

Et le jour arriva ! Nous nous sommes faits beaux, il fallait faire honneur à leur invitation. Allez, une sniffette, un bisou à Mamy et en route !

La salle des fêtes à l'époque (peut-être a-t-elle changé de lieu depuis) était jolie. C'est un peu flou mais je revois beaucoup de blanc, une belle scène un peu en encorbellement donnant sur un vaste parquet de danse en chêne clair. Au fond, légèrement en mezzanine et bordées d'une rampe soutenue par de petits pylônes, étaient placées des tables. Accueillis chaleureusement, nous avons été placés à celle du maire de l'époque, bien en vue, et avons joyeusement dîné. Les Montfortois entraient petit à petit. Il y avait juste une légère musique de fond. Puis s'est fait un petit moment de silence pendant que cinq musiciens s'installaient. On sentait un frémissement à travers la salle à leur arrivée.

Il n'y avait pas de DJ à l'époque, ce n'était pas encore l'ère des foules (la population a doublé depuis !), mais un véritable orchestre pour interpréter les tubes du moment, avec de vrais slows romantiques en alternance. Même des tangos, car Do en a dansé un avec Jean-Pierre ! (Il me l'a rappelé.) Il y avait déjà une belle ambiance quand un des pompiers que je connaissais est venu me demander si éventuellement je voulais bien leur chanter quelque chose, les musiciens connaissaient mes morceaux. Mais allais-je dire non ? Au contraire !

Je me suis levé et suis allé chanter mes quatre chansons qui passaient le plus en radio. Je me suis fait un énorme succès. C'était du tout cuit, je n'avais aucun mérite, mais cela a fait plaisir à tout le monde et j'en étais bien content. Ils ne connaissaient pas encore bien Catherine Lara.

Catherine, comme moi d'origine « classique », avait envie d'entrer dans le rock. Elle s'était approchée de la chanson en accompagnant Nougaro, Mouskouri, ou en enregistrant avec Françoise Hardy, Maxime Le Forestier, composant pour Barbara aussi. Même une musique de film, *Docteur Françoise Gaillard* avec Annie Girardot. Elle avait déjà enregistré elle-même et j'avais aimé son « Morituri te salutant ». Mais elle voulait autre chose, qui devait venir après.

Au dessert, le maire s'est adressé à Catherine et à moi en suggérant l'idée de donner pourquoi pas un concert dans l'église. Rassembler quelques cordes pour nous accompagner dans ses chansons et les miennes, à une occasion qui restait à déterminer. Comme l'idée était bonne ! Nous avons tout de suite dit oui. Nos chansons respectives, et même la création d'une petite pièce pour violon et orchestre. Un petit concerto par exemple. Cela ferait un évènement récréatif et culturel.

Après avoir un peu approfondi le sujet, le maire nous a quittés et nous sommes restés tard, très tard même. Venaient à nous des personnes que l'on connaissait un peu, des couples de danseurs, des demoiselles timides, et des pompiers en fête aussi, dont certains étaient même dans un état limite, avec bien évidemment des demandes d'autographes et des photos. (Les selfies n'existaient pas encore.) Enfin par là-dessus des flots de champagne (j'avais trois coupes devant moi, j'en donnais). « Allez, une dernière ! » Nous étions frais, tiens !

Le monde commençait à sortir, la musique s'était

tue, et là on s'est aperçus qu'il n'était pas loin de 5 heures. Catherine avait envie de bouger, Do était lasse et elles sont rentrées directement à Paris. De même Loety et Jean-Pierre, qui n'habitaient pas si loin, prirent aussi comme ils faisaient fréquemment la route pour rentrer chez eux. En ces temps-là peu importaient les taux d'alcool et les distances. Les contrôles n'existaient pratiquement pas.

Ne restaient plus que Peter et moi. Les musiciens remballaient, les serveurs débarrassaient les tables. Nous avons donc profité de tous ces mouvements pour aller discrètement aux toilettes, renifler un petit centimètre de ce que j'avais dans un petit paquet blanc pour nous réveiller un peu. Nous sortions de la même cabine quand un pompier est entré dans les toilettes et nous a regardés, un peu étonné. (Aïe !) Nous sommes sortis l'air de rien pour nous rasseoir. On se sentait mieux, on échangeait quelques derniers mots avec les partants, et nous n'étions pas loin de partir nous aussi.

Là, en s'approchant, un pompier moustachu m'a dit discrètement :

— Bon ben on va à la caserne, maintenant ? Vous nous suivez tous les deux, OK ?

— Comment ça à la caserne tous les deux ? À cette heure-ci ?

— Ben oui, me dit-il en souriant avec un clin d'œil, tout en se frottant la moustache du bout des doigts, on a organisé un petit truc… C'est entre nous quoi, et vous êtes tous seuls alors… (Ah… c'était quoi leur petit truc ?)

— Heuu… pourquoi pas… mais je vais lui demander quand même.

Et là je me penche vers Peter :

— Dis donc, les gars nous proposent de les suivre à la caserne, vu qu'on est « tous les deux tout seuls », ils disent…

— Et alors ? Visiter une caserne de pompiers ça n'arrive pas tous les jours.

— Oui, mais il m'a glissé dans l'oreille qu'ils ont organisé « un petit truc »…

— Eh ben quoi ? Tu ne penses quand même pas que c'est pour prendre une douche collective non… ? me dit-il l'air moqueur.

— Rhoooo !… Mais nooon… Allons, enfin !… Je te dis, c'est tout quoi. Je n'ai pas envie de trinquer encore ou Dieu sait quoi…

— T'es pas possible toi… toujours inquiet, là… Tiens t'es comme ton fils. Allons-y, je suis sûr que ce sera sympa c'est tout.

— Oui c'est vrai, au fond t'as raison, OK. Ça leur fera plaisir.

J'ai donc confirmé qu'on allait les suivre, et nous nous sommes mis en route.

La caserne de l'époque, rue de Paris, n'avait rien de commun avec la grande et nouvelle d'aujourd'hui ! Elle est devenue un restaurant branché de nos jours. On aurait dit alors un gros corps de bâtiment bourgeois, style Napoléon III ou dans le genre. Si je me souviens bien, enfin bien, c'est beaucoup dire, il y avait des pièces tapissées d'un papier peint rose ou bleu, style toile de Jouy. Avec des poutres en bois qui leur donnaient un air de maison de campagne, un peu.

Nous sommes montés à l'étage et on nous a conduits au mess, dans une salle à manger pas très grande où déjà certains pompiers étaient assis, l'œil rigolard et le sourire à fond les joues. Des assiettes creuses étaient mises, ah, donc en fait nous devions nous attendre à un petit truc pour se caler après une nuit arrosée... Voilà qui était sympa. Peut-être les classiques spaghettis du petit matin ? Je ne voyais que cuillères et fourchettes. On nous a fait asseoir, versé un coup de rouge... nous commencions à parler du bal en buvant le coup de rouge quand mes yeux se sont portés vers les murs.

Mon Dieu ! Ils étaient tapissés de photos d'accidents, au moins une centaine. Ce n'étaient que crânes fendus avec des yeux éclatés, mâchoires broyées, corps démembrés, cervelles éparses, intestins pendants, enfin des horreurs dont la réalité crue était cent fois plus effrayante que tout ce qu'on nous montrait des fois à peine une seconde dans des archives de guerre ! Peter et moi tournions la tête dans tous les sens en les regardant. Un peu effarés.

Je me suis presque écrié :

— Oh ! mais comment vous faites pour manger ici avec tout ça autour ?

— Bah, on ne les voit même plus, on est habitués.

— Non mais, ce sont des photos que vous avez prises vous-mêmes ?

— Ben oui, mais on en a plein d'autres ! Des fois on les change.

— OK, mais celles-là ne donnent pas tellement envie de voir les autres.

(Ça les faisait rire.)

L'un d'eux a lâché :

— Ah, ça fait partie de not' vie, hein... Il faut s'y faire sinon faut changer de métier.

— Oui évidemment… Mais voir sur place c'est une chose, après ça s'estompe, OK, mais les exposer comme ça…

— Justement, comme ça on n'oublie jamais… On ne perd pas de temps à réfléchir pour se demander ce qu'on voit quand on est sur place, on sait, on agit immédiatement. Des fois, récupérer une main rapidement ça peut aider à réparer le bonhomme.

Attention, c'est chaud ! a-t-on entendu.

Un de la brigade que je ne connaissais pas tenait une grande bassine en aluminium où trempait une louche et qu'il a posée sur le milieu de la table. Elle était pleine d'une grosse soupe à l'oignon, qui sentait le bon bouillon. De quoi nous remettre et nous nettoyer un peu des excès de la nuit. Je n'en suis pas très amateur d'ordinaire, mais l'abondance de fromage et la bonne odeur qui s'en dégageait me faisaient envie pour une fois. Elle était presque bouillante. J'en ai avalé une pleine assiette, Peter deux (il adorait ça). C'est vrai que ça nous faisait du bien, je me sentais moins ballonné, on allait bien dormir après. Celui qui nous avait surpris dans les toilettes nous regardait fréquemment et d'un drôle d'œil… Je ne dirais pas un œil complice. Mais bon… il devait se demander…

Finalement, avec le nez dans les assiettes et en se parlant, on ne voyait plus les murs.

Au bout d'une heure environ, après le coup de l'étrier avalé cul sec, nous avons dit de grands mercis, serré les mains, et deux nous ont raccompagnés dehors. L'escalier fut plus difficile à descendre qu'à monter, mais une fois à l'air nous allions un peu mieux. Allez, en voiture ! Je n'ai pas osé donner de conseil malvenu à

Peter, je me suis laissé conduire, advienne que pourra, sur les deux ou trois kilomètres qui nous séparaient de la maison.

Arrivés sains et saufs, nous nous sommes jetés sur nos lits, lui en bas, moi là-haut, où je me suis endormi dans le gros oreiller qui retenait encore délicatement prisonnier un léger fond du parfum de Nelly. Hmmm-mmmm…

Pour un an

C'est encore à un point de rendez-vous que Peter et moi sommes allés chercher les enfants. Pour un an, jusqu'à la rentrée de 1978. Le petit Zack était triste de les voir partir mais je ne pouvais pas prendre les trois, il n'allait pas encore à l'école, lui. Nous avons pris toutes leurs affaires que Peter a rangées dans le coffre. Et avant de partir j'ai dit à Marianne : vous venez quand vous voulez. Mais elle m'a fait comprendre que Joseph ne se sentait pas de faire le chemin jusqu'à Montfort, il était très fatigué. Ils verraient dès que ça irait mieux.

Elle avait le laisser-aller des mauvais jours, le teint gris, une allure de pauvresse. Le regard jamais fixe. On ne vit pas sept ans avec une femme sans connaître la signification du moindre détail que l'on peut noter chez elle.

Elle était le contraire de Nelly, qui à force de fréquentation du monde savait rester toujours la même. Elle manifestait ses émotions, elle ne les laissait jamais paraître. La nuance est de taille.

Arrivés à la maison, j'ai vu que la Rolls noire était là.

— C'est quoi la voiture ? a demandé Siegfried.

— C’est une Rolls, mon grand, une voiture anglaise.

— Elle est grosse ! C’est à qui ?

— À un ami de Grany et Daddy.

— Ils sont là alors !

Et les voilà qui filent dans la maison. Nous sortions les affaires du coffre de la Volvo avec Peter. Je priais pour que tout le quatuor vraiment « infernal », pour le coup, ne s’installe pas ici…

J’entendais les exclamations joyeuses. Les présentations rapides et expurgées faites par Paulette de Fernand et Jürgen.

— Ah ben, alors vous étiez où ? dit Grany.

— Oh, à Honfleur, passer deux trois jours, et on est allés chercher les enfants.

— Ah, alors ils habitent ici maintenant ?

— Oui pour un an.

— Tu sais, tu pourrais les garder après ça… (Paulette, toujours retorse et insinueuse…)

— Oui ! Mais c’est une affaire entre Marianne et moi, si tu permets.

Et paf ! Il fallait constamment la remettre à sa place. J’ai passé ma vie à ça. Quelle bourrique, elle se mêlait de tout ! Elle m’avait envoyé, un peu avant le voyage avec les enfants aux USA (quand, je ne m’en souviens plus parce que je m’en fous…), une cousine qui apprenait le français, pour deux semaines. J’ai compris assez vite qu’elle voulait me mettre dans les pattes une épouse possible, vu que je me trouvais célibataire. Si je pouvais me marier avec une Hand, ce serait tellement bien.

Les Américaines, celles ayant du temps à perdre et se fréquentant en petits comités, sont toujours à la recherche de qui pourrait se marier avec qui. Cela fait l'objet de spéculations, de ragots, voire de paris !

J'avais reçu la charmante cousine quelques jours, l'avais promenée dans Paris, lui avais fait visiter Versailles, l'avais emmenée dîner dans de grands restaurants, et puis l'avais raccompagnée à l'aéroport, pour la renvoyer le plus gentiment du monde vers son Ohio natal.

J'ai demandé en emportant les affaires des enfants :

— Je dis à Gisèle de préparer combien de chambres ?

— Oh, juste pour nous, Fernand est venu simplement nous déposer.

— Bien, alors elles sont déjà faites. Peter dormira dans celle de Laurence et quant à moi j'ai mon lit dans mon bureau. Nelly n'est pas là.

Fernand est parti dans la fin de la journée, suivi du géant blond, et la soirée fut assez joyeuse. Mamy trouvait qu'une seconde télévision serait la bienvenue, avec les enfants nous ne pouvions regarder que des dessins animés. Elle n'avait pas tort…

C'est après quelques jours que Paulette est montée dans mon bureau alors que je travaillais. Elle prit son air souriant de charmante complicité et chuchota :

— Dis donc, tu ne pourrais pas me prêter un peu de sous, là on est raides, avec Fernand tu comprends… (Lui « prêter »… joli mot !)

— M'ouais… Je vous ai déjà filé cinq mille francs (mille euros environ dans la valeur du temps) il n'y a même pas deux semaines…

— Je sais mais tu comprends, comme il m'a offert son vison…

— Sa vieille pelure ? Nooon ? Joli cadeau !… Et alors ?

— Bah, on s'est sentis obligés des fois de participer pour des frais. En général il est malin, il s'arrange pour qu'on quitte les tables où l'on est invité avant qu'arrive la note, mais dans les bars c'est plus difficile.

Je ne savais pas s'il fallait que je me cogne la tête contre les murs ou que j'éclate de rire.

— Bon OK, je vais voir ce qu'il y a comme liquide, te dirai ça demain. Mais au moins rapportez-moi les notes des frais en question, je pourrai peut-être les faire passer sur mes déclarations d'impôts. Ce serait au moins ça. Comme j'ai fait pour ceux de la fête de l'an dernier, qui sont passés en frais de représentation.

— Ah oui ? Alors on va faire ça. Bon, je te laisse travailler…

— Vous pensez rester combien de temps ?

— Oh, une semaine ou deux pour voir les enfants quand même…

— OK…

Grrr… Cette femme était sans scrupule… Jack aussi d'ailleurs. Ils s'étaient bien trouvés ces deux-là. Mais dès lors qu'elle avait obtenu ce qu'elle voulait (quitte à promettre de faire un trou à la lune), elle était charmante et adorable. Quelle merveilleuse maman vous avez, m'ont dit toutes les femmes qu'elle a connues. Je répondais par un grand sourire… (Tu parles !)

De mon bureau je voyais Jack déterrer précautionneusement des plantes autour du bassin… Je suis descendu…

— Tu fais quoi ?

— Regarde, je t'avais bien dit que ça allait pousser.

En effet, des petites tiges avec à peine quelques feuilles atteignaient déjà plus de vingt centimètres.

— Mais tu vas les mettre où ?

— Dans le potager, elles seront bien là...

— Bon, alors déjà il faudra prévenir le jardinier qui vient de temps en temps qu'il ne les arrache pas... Et le voisin d'à côté, quand il s'est présenté pour la fête, m'a dit qu'il était horticulteur en retraite...

— Je m'occupe du jardinier. Je suis sûr que l'horticulteur ne sait pas ce que c'est, ne t'inquiète pas.

Si, je m'inquiétais un peu. Que des invités se trouvent chez moi avec certains produits, passe encore, mais qu'on découvre que j'avais des plantations, c'était autre chose. Il y avait peu de risques c'est vrai, surtout à l'époque. Mais quand même.

Il n'a pas fallu longtemps pour que ces petites plantes atteignent un bon mètre.

Mon copain Jean-Pierre, lui-même horticulteur, m'avait dit que ça ressemblait exactement à du chanvre à ficelle, c'était tout. Mais ça peut grimper bien plus haut !

Et comme je l'avais prévu, l'horticulteur voisin, dont une fenêtre de chambre donnait sur mon potager, était intrigué. Il s'est demandé pourquoi nous faisions pousser ce genre de chanvre à ficelle dans le potager. « C'est une variété chinoise, lui avait dit Paulette, qui n'était pas à une invention près... J'apprends aux enfants à tresser des petits paniers avec. »

Cela avait dû lui suffire.

Les Hand sont rentrés à Paris, avec leur magot en poche, au bout de deux semaines, pour retrouver Fernand. En attendant, ça poussait...

La vie avait repris… Nelly est revenue, Laurence aussi, Catherine et Do ont fait des allers-retours, admirant mes plantations pour lesquelles Jean-Pierre me donnait des conseils de pro. Bref la petite famille était réunie.

L'été a filé vite. En balades au lac au rocher, en fouine chez Coville notre capitaine des pompiers-brocanteur, d'où je ramenais toujours quelque chose, et en vadrouilles sur Paris, qui n'était pas loin.

Des allers-retours des Hand aussi, que Peter allait chercher. Ils avaient trouvé un atelier d'artiste boulevard de Clichy, juste après la place Pigalle. Comment payaient-ils leur loyer, je ne savais pas, mais tant mieux pour eux, ils avaient l'air enchantés.

À part qu'un soir Jack s'est fait casser la figure par un travelo en plein boulevard, m'a dit Paulette… Quelle idée aussi d'aller se fourrer dans un coin pareil !

Ils venaient voir les enfants, surveiller les plantations. J'avais demandé à Jack qu'il revienne au moins à temps pour en couper vite les têtes quand elles seraient « mûres ».

Vint le jour voulu ! Il a coupé tout, a relié les grandes tiges et les a suspendues à l'envers aux poutres de la « chambre de la lune » pour que la cannabine descende vers les têtes. Ça sentait fort. Rien qu'à rester dans la pièce fenêtres ouvertes, on était « *contact high* » comme on dit en anglais, défoncé par contact de l'air en somme.

Après un bon moment, je lui ai demandé de suspendre ça dans une autre pièce avant qu'ils ne rentrent sur Paris, Nelly devait venir et il fallait vraiment aérer la chambre ! Tout fut mis dans le garage. Heureusement que l'épicier était en vacances et donc avait arrêté ses livraisons. Enfin tout a séché. Et il en a été récupéré deux grosses bassines en alu comme celles des pompiers, et à ras bord. Qu'allais-je faire avec ça ? Bon, elle était bonne il faut dire, mais c'était trop !

Peter en a gardé dans un sac plastique pour nous, et a raccompagné les Hand à Paris avec tout le reste. (Jack a dû certainement en tirer du profit...)

Je priais pour qu'il n'arrive rien jusqu'à ce que Peter revienne.

Ben non, il est même revenu avec Nelly !... Oooohhh...

Il l'avait appelée étant à Paris et elle venait de rentrer justement la veille. Les délicieuses retrouvailles... après ce qui m'avait paru un siècle.

Les enfants aussi étaient contents de la revoir. Il est vrai qu'avec son petit minois, ses yeux malicieux, son sourire, elle avait tout pour plaire aux petits, à leur papa bien sûr et aussi au pote à papa qui était au fond un grand gosse dans son genre.

— Hmmmm... Bonjour vous..., m'a-t-elle dit en sortant de la voiture.

— Oh oui, même plus que bonjour ma Nelly...

(Nous nous sommes serrés très fort.)

Les enfants nous ont sauté dessus ! Pour les effusions faudrait voir plus tard.

Bisous, questions, « où t'étais ? », « tu vas rester ? ». Les pots de colle ! Ils ne nous lâchaient pas. Du coup Peter nous a tous entourés de ses bras poilus en disant : « Et moi alors ? j'en veux aussi. »

Et voilà ! Il ne manquait plus que les chiens qui sont accourus voir et faire la fête !

— Bon, allez, un peu d'air ! ai-je demandé… Filez ! laissez Nelly entrer, quand même…

— Dis donc, ça sent fort dans ta voiture… On a roulé les fenêtres grandes ouvertes pendant tout le chemin.

— Je me doute oui, c'était pire dans la chambre il y a quelques jours ! J'ai dit à Jack de mettre sa récolte ailleurs. Rien qu'y rester cinq minutes, on se sentait déjà *high*.

— Remarque, dans le garage c'était pareil, a dit Peter, il a fallu l'ouvrir en grand.

— Ah bon ? Et maintenant ?

— Ça va. J'ai pschitté une canette entière de désodorisant soi-disant au citron, je crois que ça va.

— Mais ça sentait quoi ? dit Johanna.

(Ah… toujours l'oreille comme au bout d'un bâton pour écouter ce qu'on dit !)

— De vieilles mauvaises herbes moches qu'on a arrachées, ma puce.

— Et tu pouvais pas les brûler ? a demandé Siegfried, toujours pragmatique.

— Ça aurait été pire mon grand ! (Nelly et Peter riaient en imaginant la fumée et faisaient oui de la tête…) On n'a pas le droit quand c'est l'été. Allez, on rentre ! Mamy va vous faire à goûter.

Ils ont couru vers la cuisine, suivis de Road et Bibiche (goûter et cuisine sont des mots que les chiens apprennent vite).

Ça ne sentait pratiquement plus dans la chambre de la lune, les fenêtres étaient restées ouvertes, Peter dormait dans la chambre aux lits jumeaux de Laurence.

— Tu vas rester quelques jours, dis ?

— Ouiiii... Personne ne sait où je suis... Je vais prendre un peu de vacances. Et toi, tu as fait quoi ?

— Oh, de vilaines choses si tu savais...

— Hmmmm toi et ton côté...

— Kill Bill je sais ! Oh non, rien de méchant, après ton départ je suis allé vadrouiller à Honfleur où était le quatuor infernal... On a fait une petite amusette à La Lieutenance, la Nico nous a emmenés dans une boîte à travelos...

— Ah ben, c'est du joli ! (Elle souriait.)

— Sans toi j'étais tellement déprimé alors... Tu comprends ?

— Oui, oui, oui... Continue ça m'intéresse...

— On en est sortis à 6 heures, pleins de confettis !

— C'est normal... (On se tenait en se balançant un peu de droite à gauche.)

— Avec plein de serpentins partout et du gros rouge à bisou bien gras sur les joues.

— Et puis... ?

— Je te raconterai tout ça à l'oreille quand on sera tous les deux tout serrés...

Les enfants galopaient déjà dans l'escalier... « Bah, vous faites quoi ? » Nous n'avions plus qu'à redescendre avec eux.

Mamy pensait déjà au dîner.

— Qu'est-ce que je vous fais pour ce soir ? J'ai un roast-beef...

— Oh oui, avec des frites ! ont crié les enfants en bondissant.

— Bon, mais sortez de ma cuisine, allez hop ! les chiens aussi !

La soirée fut chaleureuse, belle, nous avons tous les

trois couché les enfants. Et elle fut si douce après, cette nuit-là. La lune était passée juste au centre de la fenêtre pour nous dire bonsoir.

Nelly resta effectivement plus d'une semaine. Peter, qui comprenait que nous avions besoin de nous retrouver elle et moi, partit quelques jours. Vernon ou ailleurs… Là où il se délestait du petit vide qu'il ressentait forcément…

11

CHARMANT MOIS D'AOÛT

Nelly n'est jamais venue avec moi à Honfleur. Non pas que ce qu'elle en savait lui déplaise, elle adorait que je lui raconte. Non, elle connaissait de par ses activités tous mes complices, et nous tenions à notre vie discrète. Cela me gênait un peu, Peter avait l'air de tenir le rôle de « chandelier ». On murmurait que je vivais avec un mec. J'étais un ex-père de famille, avec deux enfants, qui aurait retourné sa veste. Tout le monde s'en fichait un peu, je n'étais pas le premier dans ce cas-là. Mais bon…

La Nico savait, elle. « Oh oui, elle t'aime tu ne peux pas imaginer ! » mais elle était infiniment discrète là-dessus, et aimait beaucoup Peter en plus. Jeanne Juvigny, de la « promo » de chez Philips aussi, et elle en concevait une petite jalousie. J'avais bien remarqué depuis longtemps son petit œil qui m'envoyait une étincelle quand elle me voyait. Elle lâchait des insinuations ici ou là sans en avoir l'air. (La « pia-pia-teuse », l'adorable vilaine bavarde…) Sa spécialité était les diffusions radio. (N.B. : Il ne faut, au grand jamais, rien dire aux attachés de presse, leur nature et leur fonction est de tout raconter.)

Jean-Pierre et Loety ne pouvaient pas ne pas savoir, nous étions très proches, et ils avaient rencontré Nelly plusieurs fois à Montfort.

Jean-Pierre Domboy, qui était mon attaché de presse personnel et dont le terrain de prédilection était plutôt la presse et la télévision, bien sûr était au courant. Mais il ne disait rien de rien de ce qui était privé.

Nous avons passé un délicieux moment en tout cas. Mais Nelly devait repartir. Alors Peter réapparut. J'eus envie de faire quelque chose pour lui. Son exil volontaire m'avait peiné un peu. Oh, il avait dû trouver à s'occuper certainement et vadrouiller en s'amusant un peu, mais quand même…

J'eus alors une idée ! Une idée originale. Un voyage de découverte tous les deux. Je le savais curieux de tout, et moi depuis longtemps je voulais connaître le Nord. La Scandinavie ! La Suède, la Norvège, la Finlande.

J'ai donc appelé mon voyagiste pour qu'il me monte un petit séjour d'une semaine… Allez, en Finlande tiens. Mais très haut, au-dessus du cercle polaire, en Laponie pourquoi pas ?

Je reçus donc les billets d'avion, les documents pour une location d'une maison, et je lui annonçai la surprise. Il en a été vraiment heureux, l'idée lui plaisait beaucoup !

Mamy et Gisèle étaient suffisantes pour garder les enfants une semaine, ils étaient du genre sage, et la compagnie des enfants Hanlet les occupait. Donc tout allait bien.

Nous voilà partis. C'est pendant le vol, en consultant de près les documents reçus à propos de la maison, que j'ai commencé à m'inquiéter. (Déjà qu'il ne m'en faut pas beaucoup pour ça.) Cette maison isolée... (bien...) sans téléphone (moins bien...) était à une distance de deux kilomètres de la prochaine habitation... (bon... une voiture de location nous attendait à Helsinki...) l'endroit pour se ravitailler était à dix kilomètres... (hmm...) mais surtout il était conseillé de ne pas sortir des pistes... (comment ça, des pistes ?) la voiture n'était pas utilisable à cause des marécages recouverts de lichen (aïe) et il fallait être prudent à cause des ours ! Oh, là là ! Ah non, ça devenait une folie. Je n'ai pas du tout une âme d'explorateur et mon aventurier de Peter, plus audacieux que moi, manifestait aussi quelques réticences.

Nous avons atterri à Helsinki, pris la voiture, et avons fait une brève visite. Ne connaissant pas la façon de conduire dans la ville, nous nous sommes fait insulter par tout le monde. De toute façon on ne comprenait pas un mot (88 % de la population parle finnois, 5 % suédois et 6 % autres...). On s'en fichait un peu, mais c'était embarrassant. J'ai dit bon, on va trouver un hôtel et demain nous prendrons l'autoroute et visiterons Turku. C'est paraît-il très intéressant, il y a une cathédrale qui a demandé cent ans de construction et un château médiéval...

L'hôtel trouvé, grâce à un livre-guide et au concierge qui parlait anglais, nous nous sommes installés.

Il nous a recommandé de visiter Seursaari. Ah... Seursaari, c'est quoi ? En fait c'est une presqu'île aux écureuils, a-t-on compris... Aux écureuils ? Cela peut être amusant. Nous y sommes donc allés. Effectivement il y en avait partout ! C'était incroyable ! Bien sûr de petites boutiques étaient disséminées dans l'île pour leur donner des choses à grignoter. Ils n'étaient pas farouches et vous grimpaient dessus pour réclamer. Nous avons passé la journée là. Il y avait beaucoup de monde.

Bon, où se restaurer après ça ? Le même concierge nous a fait une réservation dans un grand restaurant, dont le nom m'a échappé, mais pas la cuisine !

Il y avait un spectacle pendant le dîner. J'ai le souvenir d'un ventriloque qui discourait (en finnois) avec un casque médiéval posé sur une sellette. Ce, parce que j'ai revu le même sketch à la télévision plus tard, mais en anglais cette fois.

Ne sachant pas lire les cartes, j'ai commandé les plats qui étaient sous-titrés en français « À la chez soi ». C'était apparemment plus prudent.

On nous a apporté l'entrée. Ah ! nous allions découvrir la cuisine franco-finnoise.

C'était une sorte de jambon de renne roulé. Pourquoi pas ? Oui mais dur comme du carton tellement il était pris dans le sel. Deux « touffes » de crème fouettée en ressortaient à chaque bout, et au-dessus il y avait en décoration deux mimosas en sucre. Du sucré-salé poussé à l'extrême, à la limite de l'immangeable. En tout cas cela donnait bien soif ! Nous avons bu facilement l'équivalent de deux bouteilles d'un curieux vin blanc pendant le repas.

A suivi une mince tranche de gigot de renne, avec je ne sais plus quel légume et il vaut peut-être mieux ne pas savoir, mais pas de quoi se rassasier. Sans intérêt. Restait donc le dessert.

Ce fut une découverte. Un quart de camembert, pané et passé dans la friture, accompagné d'une confiture d'airelles. C'était… Bizarre. Point. Et c'est fini. Le spectacle aussi. Et hop tout le monde dehors.

Ne restait qu'à rentrer à l'hôtel.

Nous avons traversé un peu la ville, dont les rues étaient à peine éclairées. Toutes les boutiques étaient fermées et noires. Sous certains lampadaires deux ou trois hommes ivres étaient accrochés, se repassant un sac en papier contenant une bouteille. L'alcool était interdit à cette heure et dans la rue. C'était d'une grande tristesse.

Il fallait partir vite, dès le lendemain, le plus tôt possible.

Nous avons donc repris la route assez tôt vers Turku. Alors l'autoroute ? Peter cherchait… Il n'y en avait pas ! Espérons que ça a changé, mais alors n'existait qu'une route où pouvaient à peine se croiser les voitures et sur laquelle il y avait de tout ! Voitures, bicyclettes, camions, excavatrices, motos, pour un peu la présence d'un ours faisant le chemin au milieu de tout ça ne nous aurait pas étonnés. Nous avons mis presque quatre heures pour cent soixante kilomètres environ. La route sentait mauvais. À cause des énormes différences de température elle n'était pas faite de goudron, mais d'un sel spécial pour ne pas se déformer.

Arrivés à Turku, nous nous sommes trompés, nous sommes allés au château, que nous avons cru être la cathédrale… (Il faut dire que le finnois est indéchiffrable, ne se prononce pas comme il est écrit, donc les panneaux indicateurs ne nous servaient à rien du tout.)

Nous sommes tombés sur une masse énorme, informe et d'une grande laideur.

— Eh ben, me dit Peter, ils ont mis cent ans à construire ça ?

— Faut croire… Ce n'est pas terrible comme résultat… ! Tu sais quoi ? Moi j'en ai marre, on rentre !

— Là je crois qu'on a mal choisi. La Suède aurait été mieux…

— Oh oui ! Allons sur Rovaniemi, c'est de là qu'on était censés repartir en avion. La maison, le lichen et les ours on oublie ! C'est à quelle distance ?

— Ben, vu la carte… attends… holà ! 960 kilomètres !

— Pff… et sans autoroute. Bon, on est foutus, faut faire avec. On va trouver un hôtel à mi-chemin et on va faire étape déjà.

— T'as raison, c'est le mieux.

— Quand même, je suis déçu.

Heureusement la route était bien moins encombrée. Nous nous sommes arrêtés dans un petit hôtel de voyageurs, dans un joli coin entouré de lacs.

— Tiens, les chambres sont comme aux USA, toutes les fenêtres sont tendues de grillage à moustiques. Ça doit venir de là, comme les fermes, les *red barns* qui sont peintes en rouge.

— Ah bon ?

— Oui, une tradition importée sans doute…

Ah, mais non, en réalité c'est que c'était infesté de ces bestioles dès la tombée du jour ! Un enfer ! Impossible même de sortir chercher un truc oublié dans la voiture sans en être couvert ! Décidément il y avait tout pour nous plaire ici !

Au bout des cinq cents et quelques derniers kilomètres, nous sommes allés directement à l'aéroport et j'ai fait avancer notre départ pour le prochain avion possible. Dans une heure ? Oh oui ! Il y a un supplément… Oui !

De là j'ai encore un trou. Nous sommes arrivés à Roissy, Peter a pris le volant de la Volvo laissée au parking, et nous voilà rentrés. En arrivant nous tombons sur Loety et Jean-Pierre.

— Ben ? Vous êtes déjà revenus ? a-t-il dit.

— On aurait même mieux fait de ne pas partir, j'ai répondu dans un soupir en m'affalant dans le canapé. Je vous raconterai. Et vous ? Je ne m'attendais pas à vous voir…

— On allait chez des amis, comme c'était sur la route on s'est dit on va passer lui dire bonjour et t'étais pas là, nous a dit Mamy. Et finalement on est restés.

— Ben, vous avez bien fait ! Peter, tu nous sers un coup à boire ? Vous êtes dans la chambre à la lune alors ? Bien, nous, on dormira chez Laurence.

— Oui la chambre au chapelet, ont-ils dit en souriant.

La chambre de la lune avait un grand lit tout de fer forgé noir, dont la tête avait en son centre une grande plaque de fer. En décoration y était suspendu un gros chapelet avec des grains de bois ouvragés. C'était très joli. Mais au moindre mouvement la croix toquait contre la plaque. C'était vite crispant. Et lorsque j'y installais des invités, invariablement le lendemain je retrouvais le chapelet entortillé dans les ornements qui entouraient la tête. Je faisais pareil il faut dire. C'était l'objet de bien des plaisanteries.

J'ai fait le bilan de notre escapade. Le voyage d'une semaine n'a duré que trois jours. Et ça avait coûté quand même un peu cher. Surtout pour le résultat. C'était il y a presque trente ans, les choses ont sans doute changé depuis, mais quelle aventure !

Jean-Pierre et Loety sont restés une bonne semaine au calme à Montfort. Bien des détails vus et vécus en Finlande, dont je ne parle pas dans ce récit parce qu'ils ne vaudraient pas la peine d'y consacrer au moins les dix pages nécessaires, les ont beaucoup amusés.

Le soir venu, nous retrouvant seuls, j'ai dit à Peter :

— Ben, tu vois, je suis désolé, je voulais te faire une surprise mon vieux pote, un petit cadeau, c'était un peu pour rattraper le… enfin…

— Oui je sais… Allez va… (Il m'a serré fort en me tapotant dans le dos.) Ça m'a fait plaisir quand même, c'est l'intention comme on dit.

— À ce prix-là, remarque, j'aurais presque pu t'offrir une Rolex.

— Oh ben, sûrement pas ! Bon, allez un bon dodo par là-dessus et on n'en parle plus.

Ça n'a pas pris longtemps. Le sommeil a été profond et les enfants ne nous ont pas réveillés. « Papa dort, il est très fatigué », avait dit Mamy.

On s'est levés vers les 10 heures, et après un bon café et une douche j'ai appelé Zig et Jo qui cavalaient avec les chiens. Jean-Pierre et Loety dormaient encore…

— Bon, on va faire des courses. Vous allez bientôt aller dans la nouvelle école et il faut acheter un tas de trucs, des crayons, des cahiers, tout ça. Ils ont la liste des livres à la librairie. OK ?

— Oh oui ! Maintenant ?

— Attendez un peu, Peter s'habille et on y va.

Je n'avais jamais connu ça. Les enfants qui choisissent longuement les cahiers, les stylos, les crayons, le sac, avec deux trois trucs inutiles en sus, ça n'en finit plus si on ne s'en mêle pas. Enfin le paquet de livres, les sacs de fraises Tagada judicieusement placés à côté de la caisse, et c'est fini.

— Peter, elle est garée loin la voiture ?

— Hmmm fe l'ai mife fur la flace..., me répond-il, la bouche pleine de Tagada...

— Ah..., ce n'est pas tout près, tiens prends les livres alors...

Ensuite ce fut l'achat pour chacun d'une bonne paire de chaussures et d'un blouson en vue de l'automne. C'est épuisant le rôle de papa au quotidien.

Et puis ce fut la rentrée. J'accompagnai les enfants. L'école était jolie, les maîtresses charmantes, ils n'étaient pas dans la même classe mais se retrouvaient aux récréations. Bon, tout allait bien.

Jean-Pierre et Loety étaient rentrés, j'étais seul avec Peter. Et sans les enfants la journée, ils étaient inscrits à la cantine. Laurence était revenue, je tapotais au piano, vaguement. Un jour ressemblait à un autre... Septembre commençait et la pluie aussi. Un matin, après avoir déposé mes petits écoliers, j'ai suggéré :

— Tiens, j'irais bien en curieux voir l'atelier d'artiste des Hand ?

— Ah, ben oui, me dit Laurence, il faut que j'aille à Paris.

— Moi j'en profiterai pour aller voir ma mère, ajouta Peter.

— Si tu veux... et on se retrouve pour le retour.

Je préviens Mamy que l'on sera rentrés pour la sortie des classes. Et nous voilà en route pour notre petite enquête…

111, boulevard de Clichy

J'appelle Paulette.

— C'est moi, je suis à Paris, je voulais venir visiter votre atelier, je peux passer ?

— Oh, bien sûr, tu verras comme c'est chouette ! C'est tout au fond, c'est au troisième.

— Bon ben j'arrive.

Je me trouve face à un grand portail et en l'ouvrant je découvre une grande allée de ciment bordée de bâtiments, tout au fond étaient les ateliers d'artiste. Je monte et Paulette m'ouvre la porte. Je dois dire que l'endroit m'a plu tout de suite. C'était un duplex bien conçu. Le bas avait été imaginé pour être totalement vide. Ce qui laissait la place aux artistes d'y entreposer leurs toiles ou leurs sculptures.

C'était très lumineux avec ces immenses vitres qui prenaient toute la façade, d'immenses rideaux pouvaient préserver l'intimité et devaient aussi sans doute protéger du froid en hiver, d'autant que le plafond central était très haut, et que le gros poêle devait à peine suffire… Une ingénieuse mezzanine accessible par un étroit escalier en faisait le tour. Elle comportait une cuisine sur la gauche, proche des vitres, avec une fenêtre pour être en contact avec le bas et qui suffisait à lui donner de la lumière. Puis venaient les sanitaires. Au centre un passage qui pouvait faire coin salon conduisait vers la droite à une salle de bains et à la chambre. C'était très bien conçu.

Jack est entré et était sincèrement content de ma visite. « Ah, tu es venu voir alors ? »

Tout cela était meublé un peu de bric et de broc mais ça collait avec ses goûts. Il a roulé un petit *stick* que nous avons partagé, et il me parlait de ses projets en détail. C'était audacieux, et comme toujours ça avait un goût de ratage programmé. Mais les deux étaient contents. Ils avaient mis la main sur une bonne combine. Jack me fit attendre quelques secondes en jubilant avant de m'expliquer le « *trick* ».

Faire venir des voitures américaines de luxe, qui devaient passer par on ne sait pas qui, pour obtenir des plaques d'immatriculation françaises, de manière à les vendre à il ne savait pas qui, mais par l'intermédiaire d'un copain bien placé qui allait lui faire rencontrer quelqu'un qui avait déjà des acheteurs potentiels... « Oui, oui, oui, oui... Répète voir... ? »

Que pouvais-je dire si ce n'est acquiescer et trouver l'idée ingénieuse ? En mon for intérieur, je me demandais ce qu'ils pouvaient risquer au bout de tout ça quand même.

J'ai passé malgré tout un après-midi agréable. Je les sentais bien et heureux. Comme il se faisait tard j'ai appelé Laurence, et j'ai préféré commander un taxi pour la rejoindre à Saint-Cloud plutôt que de lui faire faire un aller-retour dans les encombrements. Même chose pour Peter.

En partant vers la maison, je leur ai décrit l'atelier, le sentiment de joie et de bien-être qui semblait y régner et enfin raconté leur projet.

— Ils ne vont pas faire ça quand même ? s'est inquiété Peter.

— Oh, que si, tu ne connais pas Jack et ses combines. Une fois parti, tu ne l'arrêtes pas.

— C'est la police qui va s'en charger, oui..., me dit Laurence.

— Figurez-vous que dans les années quarante, quand il avait déserté pour partir monter un club de jazz en Belgique, il était recherché par l'armée. Il était de plus en plus cerné. Et on lui avait conseillé de partir aux USA le plus vite possible. Il serait mieux jugé là-bas.

— Il l'a fait ?

— Oui au final, mais attendez, il n'avait pas l'argent pour partir en douce. Il lui fallait un billet pour un passage en cargo. Alors il a imaginé un truc. C'est Paulette elle-même qui me l'a raconté. À cette époque beaucoup de gens avaient besoin de refaire leurs papiers et il leur fallait des photos. Donc se sont montées beaucoup de petites boutiques de photographies d'identité.

— Oui évidemment, me dit Peter. Et alors ?

— Alors Jack a repéré un photographe mais de portraits, une belle boutique, plutôt élégante, dans laquelle, profitant de l'occasion du moment, ce photographe d'art avait ajouté un appareil pour les photomatons.

— Pour la coller sur un autre passeport ? demande Laurence.

— Oh non ! Paulette, qui est une jolie femme, était vraiment très belle quand elle avait vingt-deux vingt-trois ans. Elle devait aller chez ce photographe pour des photos d'identité. L'autre la trouvant extrêmement jolie s'est laissé emporter par son sens de l'art et a voulu lui faire un beau cliché. Ce qui a pris du temps. Lumières, poses, etc. Bien plus que Jack ne prévoyait.

— Oui bon, et alors ?

— Attendez… ! Une fois le bon cliché choisi, il l'a insérée dans la machine pour le tirage. L'idée de Jack était d'entrer par surprise, assommer le photographe, saisir l'argent de la caisse, attraper Paulette, et filer en vitesse tous les deux avec le butin et les photos.

— Non ? s'étonne Laurence.

— Je te jure ! Seulement il a manqué son coup. Il a cogné le photographe mais la matraque a glissé et n'a fait qu'entailler le cuir chevelu. Il a paniqué et s'est enfui en courant.

— Oh là là…, ils ont fait tous les deux en même temps.

— Paulette a dit à ce pauvre homme : « Oh, mais c'est terrible ! Vous devriez appeler une ambulance ! Vous saignez. Ou appelez la police ? » Elle-même était secouée… « Oh non, ce n'est pas la peine, c'est une éraflure, ah, si vous saviez le nombre de voyous qui traînent… Oh, mais on le retrouvera, ne vous en faites pas ! »

Pendant ce temps-là, la machine tournait encore et Paulette attendait la sortie des photos. Si jamais la police mettait la main dessus, elle pouvait être recherchée pour être convoquée comme témoin. Et de là…

— C'est fou ! me dit Peter abasourdi… Elle a eu les photos ?

— Oui mais deux bonnes minutes après le timing

prévu. Et dans ce cas-là ça fait très long ! Elle a pris les photos, les a payées, a donné un faux numéro si on avait besoin d'elle, et est sortie rejoindre Jack à un endroit convenu d'avance.

— Oh, et elle t'a dit ça quand ? demande Laurence.

— Quelques jours après la fête, l'an dernier, elle flottait plutôt pompette dans le champagne et me racontait ses souvenirs de guerre.

— Eh ben, t'as une jolie famille dis donc, a dit Peter.

— Ah, ça ! Je peux le dire, oui. Paulette est aveuglée par sa passion pour Jack, et malheureusement, quand il se met à jouer les gangsters à la mie de pain, elle suit le mouvement. Bon, c'était une époque dure, agressive, où tout était bon pour s'en sortir. Il ne ferait plus ce genre de truc. Enfin je pense…

— C'est drôle parce que toi tu n'es pas comme ça du tout ! me dit Peter, enfin je te connais bien…

— C'est vrai, a surenchéri Laurence.

— Oui vous avez raison, y a quelque chose qui cloche là. Question d'éducation ? Je ne sais pas. Je ne comprends pas. Il faut dire que le père de Jack était un escroc. Ils étaient je ne sais plus combien de gosses, une ribambelle. Alors le père faisait un coup (je ne vous dirai pas comment, Paulette n'a pas détaillé) dans de grosses sociétés où il était comptable, se montait une fortune en détournant des fonds, achetait voiture de luxe, fringues sur mesure pour lui et sa famille, les faisait bouger de palace en palace, et de ville en ville. Évidemment vu que dès que ses détournements étaient découverts, il était recherché par la police.

— Mais ça durait longtemps comme ça ?

Ils me regardaient les yeux grands ouverts d'étonnement.

— Jusqu'à ce qu'il se fasse prendre.

— Et il se passait quoi alors ? me demande Laurence qui passait sa tête entre Peter et moi pour mieux entendre.

— Sa femme se retrouvait toute seule sans rien et les gosses, y en avait huit ou neuf, je sais plus, étaient placés dans des orphelinats.

— Oohh... sacrée enfance, oui..., faisait rêveusement Laurence.

— T'as raison ! C'est pour ça qu'il a appris à jouer les durs, il fallait survivre là-dedans... Mais le père faisait genre un an de prison en rendant une bonne partie du détournement. En Amérique tout se négocie... Donc il ressortait, changeait d'État, et reprenait un poste dans une autre société.

— Et il refaisait pareil ?

— T'as deviné ça tout seul Peter ? Bien sûr, la même chose ! Alors on ressortait les enfants des orphelinats et la grande vie recommençait. Voiture, palaces, cadeaux... jusqu'au prochain arrêt si je peux dire.

— Non mais attends, dit Peter, tu veux dire qu'ils ont eu une enfance entre palaces et orphelinats ? De quoi devenir dingue...

— Exactement ! Plusieurs fois de suite comme ça ! Dans les années 1922 à 1929, les *Roaring Twenties*, le fric était partout. Et en plus c'était difficile de tracer quelqu'un. Ben, le père en profitait.

— Et ça s'est fini comment ? s'interrogeait Laurence.

— Je vous le donne en mille ! Là ils l'ont coincé pour

longtemps. Et les mômes sont sortis petit à petit des orphelinats en ayant leur majorité ou de la famille qui se portaient garante. Le père, prisonnier modèle…

— Ah, quand même, il s'est rangé, constata Peter.

— Attendez… Modèle au point que les comptables de l'économat de la prison lui demandaient parfois quelques conseils pour de petites choses, et puis vu qu'il était là pour un bout de temps, il est devenu un peu leur conseiller. Il a même pris des initiatives qui les ont bien aidés. Quand il est sorti, ils ont constaté qu'il avait escroqué la prison même où il était incarcéré, en détournant plus de huit cent mille dollars !

— Quouaaaaa ?… m'ont-ils crié dans les oreilles.

— Eh oui ! C'était énorme à l'époque, imaginez !

— Mais il a fait comment ? m'interrogea Peter en fronçant les sourcils.

— Oh, là je ne sais pas ! Mais il a considéré que c'était comme le chef-d'œuvre de sa vie. Alors il s'est tenu tranquille après ça. Évidemment, il était grillé partout. Mais il s'en est vanté jusqu'à sa mort.

Je ne les entendais plus du coup. Ils se repassaient l'histoire en méditant gravement je suppose, et moi ça m'avait donné soif de leur raconter. C'est silencieusement que nous sommes arrivés à la maison. Une fois au parking, les enfants ont accouru, suivis des chiennes. Gisèle avait été les chercher à Montfort.

— Alors ça a été à l'école ? Bisous ?

— Oui, on t'attendait pour manger.

— Eh ben me voilà ! Allez, tout le monde rentre, on va s'asseoir.

— J'ai fait un poulet, dit Mamy, les enfants ont des patates frites, et un gratin de pâtes est dans le four. En entrée il y a des œufs mayo. Ils voulaient ça ! Il a plu toute la journée.

Maison

Ah ! Il allait falloir visiter la cave, mais nous avions faim. Ça attendra. Après dîner nous avons jeté un coup d'œil mais si effectivement l'eau commençait à monter, ce n'était pas méchant. Pas besoin d'appeler « Ah ouais » pour ça. Un peu de télé, c'est-à-dire un peu de dessins animés et à 9 heures c'était la mise au lit, avec une histoire. Laurence n'était pas douée pour en raconter mais aimait venir écouter. On se relayait Peter et moi pour raconter.

J'étais étonné, lui qui parlait si faux en lisant était très naturel et captait bien l'attention de son petit auditoire.

Coup de fil, la voix est douce. C'est Nelly.

— Bonsoir vous… Alors où en es-tu ?

— Oh, au téléphone ce serait trop long. Tu viens quand ?

— Encore deux jours et je viens. Tu as tout ton petit monde ?

— Oui tu penses !

— Tu es parti un peu ? Mamy m'a dit que tu n'étais pas là pour une semaine…

— Oui… j'ai emmené Peter en Finlande !

— Oh, ça a dû être super !

— Ça n'est pas exactement le mot qui convient… mais je te raconterai. Les enfants sont entrés à l'école, j'ai visité les Hand à Paris, et là ils sont enfin au lit. Peter leur raconte une histoire.

— C'est calme alors ? Bon… Je te quitte un peu vite, je travaille tard ce soir mais je voulais t'entendre…

— Oh, moi aussi tu sais… Mais je voudrais te voir surtout.

— J'arrive, j'arrive, je t'appelle, promis. Bise à Cœur de laitue.

— Oui, la bise au cactus ! (Je l'entends rire.) Allez, travaille bien… Bisous.

Mamy avait déjà changé de chaîne de télévision, et tricotait machinalement. Marianne aussi faisait ça. Je suis toujours intrigué par les femmes qui tricotent sans même regarder ce qu'elles font… Et hop je te retourne les aiguilles et je recommence un rang sans quitter l'écran des yeux. Et ça avec des résultats magnifiques qui ont l'air très compliqués. J'ai essayé, pour comprendre, mais au bout de cinq mailles tout devient serré au point que l'aiguille ne pénètre plus. C'est Françoise Hardy qui a dit, je ne sais plus où ni dans quoi, que dans les émissions de télévision c'était parfois si long d'attendre qu'elle emportait son tricot. Je me suis dit que peut-être nous les hommes avions de trop gros doigts mais il en est qui tricotent !

C'est très courant en Turquie par exemple. J'ai lu à droite et à gauche pour en savoir plus, et j'ai appris qu'en Europe au XVe siècle ce sont les hommes qui tricotaient. C'était un commerce, donc une affaire d'hommes. Les bergers des Landes tricotaient la laine de leurs moutons ! Ah, ben ça !… Ce serait l'industrialisation qui a tout changé. En tout cas je n'ai jamais plus essayé.

Nous passions à septembre, Nelly est revenue, les Le Bretonnic (Loety et Jean-Pierre) aussi, ainsi que d'autres. Je pianotais, je retrouvais mes partitions. Catherine et Do venaient quand nous travaillions le petit concerto. Do tirait les cartes pour Mamy qui les tirait pour Do. Et pour Catherine aussi.

Il faut dire que Do était étrange. Je ne sais plus trop quand, mais un soir par exemple nous étions à Paris, pour dîner avec Diane Dufresne au Châtelet. Elle devait repartir le lendemain pour Montréal. Après le dîner nous sortons Do et moi et tout à coup, du haut de sa grande taille, ses yeux se sont plongés dans les miens avec une grande intensité. Comme si elle me regardait jusqu'au fond des chaussures… C'était bizarre.

Sur ce Catherine sort, voit le tableau et demande : « Il se passe quoi là ? » « Rien, rien », avait répondu Do. Donc on dit bonsoir et à bientôt à Diane. Elle était merveilleuse, j'avais des fois du mal à la comprendre avec son fort accent québécois, mais j'adorais ses concerts, c'étaient de vrais spectacles. Oh, celui où elle portait une robe de marquise qui s'est ouverte pendant qu'elle chantait, découvrant des marionnettes à fils, éclairées, qui figuraient les personnages de sa chanson… Du génie d'invention !

Vision

Laurence m'a ramené à la maison. Les enfants dormaient. Peter aussi… Comme je l'entendais ronfler, je me suis couché dans mon bureau et me suis endormi.

En plein milieu de la nuit mon téléphone posé sur ma table de travail se met à sonner ! C'était Catherine. Elle parlait vite.

— Oh, excuse-moi mon titi mais quand on est sortis

du restaurant je vous ai vus vous regarder Do et toi et là je me suis demandé s'il se passait quelque chose entre vous… On s'est disputées, tu comprends, j'ai pensé qu'il y avait une histoire et je ne voudrais pas perdre Do, alors j'étais malheureuse. (Allons bon, une histoire… avec sa grande Do qui me dépassait de vingt-cinq centimètres et était si mince, presque maigre même !)

— Mais enfin c'est ridicule ! (J'avais envie de rire tellement c'était bête.)

— Ben oui, mais bon… Sur le moment…

En fait Do avait une histoire un peu semblable à la mienne. Elle ne préférait pas les femmes, elle avait été mariée, elle avait un fils, mais c'était comme ce que je ressentais à propos de Peter, c'était « parce que c'était elle, parce que c'était moi ». Elle me l'avait dit en confidence, si ce n'avait pas été Catherine, jamais elle n'aurait approché ou vécu avec une femme. Catherine craignait qu'elle ne se retourne vers les hommes…

— Alors c'est pour ça que tu me réveilles ?

— Ben oui, tu sais en fait elle m'a tout dit, c'était à cause de quelque chose qu'elle voyait, mais qu'elle ne pouvait pas te dire. Elle était obsédée par cette vision. Je lui ai dit qu'il fallait qu'elle te prévienne pour te le dire.

— Oui enfin elle m'a dit, elle peut pas dire, je lui ai dit, pour te dire… Et au bout c'est quoi ?

— Oh, je te la passe tiens…

— Allô, mon titi, ben voilà… Je t'ai vu tomber… enfin glisser contre un mur et tomber par terre. Ce n'est pas grave, ne t'inquiète pas… mais tu vas être très mal. Je n'en sais pas plus, c'est juste que je l'ai vu. Mais fais attention mon titi, hein ? D'ailleurs quand ça va t'arriver tu penseras à moi... Tiens je te repasse Catherine.

— Bon ben tu sais tout... Excuse-moi de t'avoir appelé comme ça, mais tu sais qu'on t'aime et qu'on tient à toi. Allez, on se rappelle, on t'embrasse... Clic !

Clic ? Je sais tout... Non je ne sais rien... Oh, en pleine nuit... J'aime bien le « fais attention » comme ça dans le vide, attention à quoi ? Et va t'endormir après ça ?

T'inquiète pas... Tu vas être très mal... Oh, c'est bien, me voilà rassuré ! Quelle heure est-il ? 3 heures ? Oh, et les mômes qu'il faut réveiller à 8 heures.

J'ai dû dormir trois heures, en faisant flip-flop dans mon lit le reste du temps. Impossible de refermer un œil. À 8 heures j'étais quand même présent. Se lever sans papa aurait engendré trop de questions.

— Mmmm t'as l'air frais, m'a dit Laurence en rentrant de déposer les enfants.

— Oh, pas à cause de Peter, va pas t'imaginer... Non, c'est Crin-Crin qui m'a réveillé en pleine nuit. Je te raconterai...

En rentrant nous avons trouvé Peter buvant un café dans la cuisine. Laurence est remontée dans sa chambre.

— Ah, je vous attendais...

— C'est gentil ça... et ?

—Y a du nouveau, enfin c'est pas nouveau, mais il y a une surprise...

— C'est quoi ?

— Va voir la cave...

— Ah non ! Encore ?

En effet c'était bien monté depuis le dernier coup d'œil. Eh ben ne restait plus qu'à appeler « Ah ouais ».

— Bon, écoute, ce n'est pas d'ici ce soir que ça va faire des dégâts ?

— Non évidemment, mais ça serait le moment d'y penser.

— J'ai très mal dormi cette nuit, je te dirai pourquoi, mais là…

— Comme tu veux…

Il me sentait de mauvais poil, et il s'est tu en levant la main en signe d'abandon.

C'est dans l'après-midi que j'ai appelé « Ah ouais ». J'étais enfin reposé un peu. Ils sont arrivés rapidement (avec la petite pompe) à la joie des enfants que Laurence venait de ramener de l'école.

« Oui salut les gars »… Et le reste à l'avenant bien sûr. Le pompage de la cave a été la grande attraction pour Zig et Jo !

— Ça descend pas vite l'eau…, estimaient-ils en se penchant.

— Ne restez pas au bord des marches ! C'est glissant !

Oui mais pour une fois c'était plus intéressant que la télévision. Ils avaient de quoi raconter aux copains à l'école, les pompiers avec la pompe à la maison et tout ! Ils n'en rataient pas une miette !… Moi ça allait mieux, j'avais dormi un peu… J'ai fait la conversation.

Une fois l'équipe partie, la cave pompée, Laurence et les enfants couchés, Mamy dans sa chambre avec les chiennes, j'ai dit à Peter :

— Ah, quelle semaine, quelle journée, et quelle nuit !

— Quoi, quelle nuit ?

— Je te dirai ça… Je peux dormir avec toi là-haut ? Me sens pas…

— Bah, évidemment ! Mais les enfants ?

— Ils n'ont pas école demain… Alors bon… C'est curieux Nelly n'a pas appelé… J'ai pas envie d'être tout seul et qu'on me dérange… Enfin… Allez, monte… je vais te raconter tout ça, dis, tu vas pas ronfler ?

— Moi ? Mais je ronfle pas !

— Bien sûr… Hé, hé. Allez, hop !

12

CHANSONS D'AUTOMNE

Il a dû y avoir des obligations de boulot de préparation d'émissions pour les « fêtes ». Je me souviens particulièrement d'une, où j'étais en Mozart et Michel Jonasz en Beethoven, avec deux chanteuses supposées être nos épouses, une grosse Anglaise avec casque à cornes pour lui, et une Allemande toute maigre en robe à paniers Louis XV pour moi. Jolis couples. Un petit sketch mêlé de chansons et censé être amusant avait été pondu rapidement pour l'occasion. D'autres petites choses aussi qui ont saupoudré la fin de l'année mais je ne me souviens de rien. C'est tout dire.

Je me demande si ce n'est pas à ce moment-là que j'ai trouvé pour Catherine et Do une maison avec une piscine pas loin de chez moi, après les avoir hébergées quelques semaines. Elles lâchaient l'appartement que Patrick Juvet avait laissé vide, et qu'il allait lui-même quitter pour s'installer à Los Angeles. En tout cas son « Où sont les femmes ? » marchait à fond. Désolé mais j'aimais bien ! C'était bien troussé.

L'air de rien, j'avais des appels « d'amis » télécommandés par Philips (ça se sentait à plein nez), histoire de savoir si j'avais des projets musicaux... Non, je n'avais rien.

En fait si... Notamment un morceau dont je ne parlais pas, qui était venu malgré moi dans le piano. « Les Petites Filles modèles » dont le tournicoti à la main droite m'obsédait. C'est une des très rares chansons dont j'ai « entendu » un peu le texte dès le début. Peut-être parce qu'il me revenait des images de choses lointaines.

C'est dans ce jardin qu'autrefois, dans mon habit de joueur d'escrime
Je venais souvent apprivoiser des chats qui se dandinent
Je portais toujours sous mon bras, n'importe quoi de Lamartine
Je regardais monter au ciel les oiseaux qui se débinent...

Oui, c'étaient celles du jardin du Luxembourg, tout près duquel j'étais contraint de vivre avec Paulette et son compagnon d'alors, issu d'une famille du milieu industriel, dont il n'était pas le représentant le plus valorisant. Je comprenais ces personnes d'excellente bourgeoisie, qui avaient des principes, et dont l'un des fils avait introduit une très jolie femme, mais qu'il avait dénichée dans un bar de Montparnasse. Une ex-copine d'un soldat américain et son bâtard.

Ils toléraient la situation, en tâchant de faire bonne figure, mais je voyais que cela passait difficilement. J'y jouais un rôle effacé, que je pensais correspondre à ce qu'on attendait de moi. J'y étais très mal à l'aise, comme dans un costume d'emprunt. D'autant que je savais pertinemment que tout cela encore une fois ne durerait pas. Le patriarche de cette famille avait bien saisi les choses :

— C'est vrai qu'il a l'air froid ce gosse, mais je crois qu'il aurait besoin de beaucoup d'affection, avait-il confié à son épouse.

Je restais le moins possible dans ce petit appartement de deux pièces où l'on me faisait dormir dans le salon-salle à manger, sur un petit lit servant de canapé le jour, et encastré dans un cosy-corner hideux en imitation chêne clair. J'avais un bureau de brocante qui se trouvait dans la chambre même de ces deux amants conflictuels. C'était commode !

Alors je sortais des journées entières. Je préférais le calme du jardin pour l'étude, la promenade, la lecture près du grand bassin où les enfants faisaient flotter leurs voiliers blancs. Il y avait souvent de vieilles dames qui donnaient à manger à des chats errants, dans un coin où je passais bavarder avec elles. Un court instant de vie, extrêmement précis, était ressorti du piano. C'est parfois à partir d'une simple image que se développe toute une scène où l'imaginaire ensuite prend le dessus et divague avec bonheur jusqu'au surréalisme.

Je devais avoir dans les onze ou douze ans. Je me revois traversant la rue pour aller en cours à Stanislas dans le VIe, me demandant ce que j'allais devenir, après ces vécus instables et chaque fois déroutants, quand il m'est monté une indiscutable certitude. Je devais être « comme Beethoven ». C'était naïf de me l'exprimer ainsi, mais pour moi cela contenait à la fois l'idée ferme que je serais musicien, quoi que l'on puisse tenter pour m'en dissuader, et aussi que j'aurais la force d'en affronter les éventuels aléas, quels qu'ils puissent être. C'était dit.

C'est à cause de cette ambiance dans laquelle je vivais, où j'étais en mal de me trouver un simple coin à moi, pour éviter d'être témoin quotidiennement des reparties stupides qui s'échangeaient entre ces deux êtres à mes yeux déplorables, que j'avais demandé à aller en internat. Et le collège Saint-Louis à Montfort-l'Amaury était proche de la maison où toute la tribu se retrouvait invariablement le week-end. Un peu comme dans le film *Les Grandes Familles,* d'après Druon, avec Gabin. Pas aussi grande, ni aussi féroce, non, mais on sentait de petites étincelles couver. Paulette se faisait parfois vertement remettre à sa place. Un jour où elle se plaignait de son compagnon, l'épouse du frère lui a dit : « Bien sûr ma chère, mais il faut voir aussi où vous allez les chercher… » Ambiance…

Cela me vengeait avec délice de certaines réflexions qu'elle faisait quand je discutais. Surtout celle où une fois j'étais en pleine conversation avec un client allemand du patriarche. Il parlait un français impeccable. Nous étions seuls au départ dans le grand salon, et il m'a soudain demandé ce que j'envisageais de faire dans l'avenir. La conversation s'est vite portée sur la musique, qu'il semblait apprécier beaucoup. Il m'a demandé qui était mon musicien préféré, sans hésitation j'ai répondu Mozart.

— Tiens, c'est assez rare pour un garçon de votre âge. En général on commence par les romantiques, il faut une certaine acuité pour comprendre le génie de cet homme. Avec peu d'accords, et des mélodies qui semblent faciles si l'on n'y prête pas attention, il crée des émotions assez fortes par des subtilités d'écriture auxquelles on est sensible à partir d'un certain niveau de connaissance. Vous jouez ses sonates ?

— Pas encore, Monsieur, j'en déchiffre un peu mais c'est difficile. Il n'y avait pas de pédales au piano à l'époque… Et depuis Beethoven, ça arrange bien les choses… (Là, Paulette entre, vient s'asseoir et nous écoute.)

— On n'y avait pas encore pensé. C'était un instrument issu du clavecin, dont les plus grands possédaient deux claviers, et qui était issu lui-même des…

— Oui, des épinettes, qu'il suffisait de poser sur une table.

— Mais dites-moi, vous avez l'air d'avoir une bonne connaissance globale de la musique, a-t-il dit, c'est bien…

— Oui, mais il ne faut pas oublier qu'il y a l'école aussi, hein ? a lancé Paulette bêtement.

Cela a jeté un froid. Et notre conversation s'est interrompue. Laissant un silence extrêmement lourd. Paulette est partie, ne se sentant pas à sa place. Cet homme passionnant a prétexté je ne sais plus quoi, et m'a laissé seul au salon.

Pourquoi ce besoin d'intervenir pour dire n'importe quoi ? Ce n'était pas la première fois qu'elle me rabaissait lorsqu'elle sentait qu'elle était dépassée par des conversations que je pouvais avoir avec des adultes, dont les propos m'apportaient beaucoup. Je me sentais blessé, et surtout j'avais honte pour elle.

Chansons secrètes

Et vingt ans après j'étais revenu là, le reste n'avait plus tant d'importance et je me plaisais à Montfort. Tout se passait bien, les enfants aimaient leur école, Nelly venait comme à l'habitude faire des apparitions, et je lui faisais jouer mes nouvelles musiques en cachette. Elle était la première à les écouter. Elle avait été touchée par la chanson écrite en pensant à elle : « À l'après-minuit » dans l'album *Symphoman*, bien cachée derrière les mots. Vu qu'elle ne fumait pas, mais oubliait souvent des choses à la maison. Par étourderie.

Tu n'as laissé qu'un peu de cendre au bord du tapis…
Et je me demande si tu n'es pas toujours peut-être un peu étourdie…

Il y en avait eu une déjà en 1976 : « À qui je m'abandonne », symphonique et tendre, qui était destinée alors à la fois à Nelly et à Peter, et je le leur avais dit.

C'est sans histoires, ça ne fait de mal à personne, et c'est bien comme ça…

et puis :

Toi, il n'est que toi, à qui je m'abandonne
Comme je le fais parfois…

Peter savait nous laisser seuls Nelly et moi dans ces moments-là, côte à côte sur la banquette du piano. J'en profitais pour me confier à elle. Je trouvais qu'il changeait. Cela faisait tout de même un moment qu'il ne faisait pas grand-chose pour devenir réalisateur, et ne partait plus beaucoup pour faire ses petits reportages non plus. Il était très présent, j'en convenais, il m'aidait et me soutenait beaucoup, mais je craignais que le soir il n'ait tendance, comme je l'avais observé, à se mettre à boire. Je n'aimais pas trop ça. J'avais vu assez d'ivrognes autour de Paulette, et cela me mettait mal à l'aise. Nelly calmait le jeu :

— Tu es toujours inquiet de tout, mon rayon de lune… Comprends-le… il se sent un peu de côté parfois. Tu t'occupes beaucoup des enfants, tu es plus souvent au piano… tout ça. Laisse faire le temps, allez…

— Justement, il devrait en profiter pour avancer dans son boulot, remarque. Il va souvent à Paris, c'est peut-être pour faire de nouvelles choses, mais en général, quand il travaille, il me raconte ce qu'il a fait.

— Laisse-le avancer à sa manière. Toi aussi tu donnes des fois l'impression que tu ne fais rien.

(Elle avait raison, parfois quand j'étais étendu sur le canapé les yeux fermés en « écoutant » dans ma tête les orchestrations sur lesquelles je travaillais, on me disait : « Dis donc, puisque tu ne fais rien… », mais je n'avais pas un verre à la main.)

— Allez, rejoue-moi tes « Petites Filles », là. Tu vas l'enregistrer ?

— Oui, on a réservé un studio, ce sera pour l'an prochain. Mais j'ai aussi un truc sympa et je ne sais pas quoi en faire. Je ne trouve pas un mot. Tu sais à qui je pensais le faire écouter ?

— Tu vas me le dire…

— À Françoise Hardy, elle prépare un album.

— Oh ouiii… Vraiment ? Oh, tu sais je l'adore !

— Qui ne pourrait pas ?

— Allez, joue-le-moi... Humm c'est bien... je pense qu'elle aimerait.

— Et moi j'aime tellement la personne qu'elle est. La première fois qu'on s'est vus, c'est par l'intermédiaire d'un journaliste qui la connaissait bien. Je lui ai dit que je rêverais de la rencontrer. Il m'a répondu que c'était facile, mais dans ce cas il faudrait que ce soit un jour où il serait là, parce que nous connaissant tous les deux, il pourrait un peu animer la chose.

— Pourquoi ça ?

— Parce que vous êtes pareils, m'a-t-il dit... Vous vous livrez peu, vous n'êtes pas du genre à parler dans le vide, et vous avez un petit côté timide aussi quand vous rencontrez quelqu'un pour la première fois. J'ai dit oui, mais j'aimerais tellement. Une date fut prise et je suis allé dans le XIVe, heureux de la voir et d'échanger au moins quelques mots. Arrivé là, Françoise m'ouvre, souriante, et me fait entrer. Elle était seule. Elle m'a dit que le journaliste ne pourrait pas venir.

(Aïe...)

— Et alors ?

— On s'est assis, on a commencé à se dire trois mots, puis cinq, puis dix, et puis beaucoup, mais quand la conversation s'est portée sur l'astrologie, alors là ce fut un échange qui n'en finissait plus ! Elle m'a même fait mon thème astral, là, en direct. Elle ne croyait pas une seconde à l'influence des planètes sur le quotidien de la vie, elle en avait une approche très particulière. Elle a fait la comparaison entre elle et ceux qui ont été mis en lumière comme elle avant moi, et ceux du même âge qui sont arrivés ensuite comme moi. Il y avait des signes.

— Sympa ça...

— Oh oui, en fait nous avions beaucoup de points communs. La journée a passé en discussions, au point qu'à un moment elle m'a dit : « Oh, il est déjà l'heure où je dois aller chercher Thomas à l'école. » Je suis parti en me disant que j'aimerais écrire pour elle. Vraiment c'était quelqu'un de charmant, d'une profonde humanité, adorable quoi.

— Ben, fais-le alors…

— Oui !…

Je lui ai donc proposé timidement ce morceau, qu'elle a aimé, et assez rapidement elle a posé dessus un curieux texte, qui épousait tellement bien la musique, et qui me ramenait à des impressions que j'avais déjà vécues moi-même. Elle a inséré la chanson dans son album *Star*, en compagnie de titres écrits par Michel Jonasz (encore un que j'admire), de Gainsbourg, de Catherine, Papamondis, le tout orchestré par Gabriel Yared, un excellent musicien qui a réalisé tout l'album. Je l'ai encore en vinyle. Ma chanson ? Ah oui… C'est devenu « Drôle de fête ».

Depuis lors, une relation lointaine mais toujours intacte existe entre nous. J'y reviendrai. C'est elle qui m'a poussé à écrire ce livre après en avoir lu les premières pages.

Ce fut l'époque aussi où, bien que je ne sois pas très fan de science-fiction, Peter m'a poussé à emmener les enfants voir un film qui venait de sortir et dont on parlait beaucoup. Faire la queue devant un cinéma était pour moi un enfer. Mais que ne ferait-on pas pour les enfants, surtout chauffés par Peter qui mourait d'envie de voir ça ? Je tâchais de me cacher dans la file, mais il y avait toujours quelqu'un pour venir à moi. « Vous ne seriez pas le chanteur ? »

Le film, c'était *Star Wars* ! Le 19 octobre 1977. Ça, je m'en souviens ! Je n'ai entendu parler que de ça pendant trois jours à la maison. Les enfants sautaient d'un canapé sur l'autre en mimant les scènes. Une révélation ! J'avoue que moi-même j'étais soufflé !

Studio

J'ai ensuite enregistré « Les Petites Filles modèles » et un morceau plus bluesy, que j'avais de côté, mais ce morceau a tourné inconsciemment en un message à mon bon vieux frérot que je ne voulais pas aborder de front. (Nelly avait raison. Laissons le temps agir.)

J'avais vu dans *Vogue* une superbe photo d'une mannequin. (Nous étions en plein Saint Laurent qui masculinisait fémininement la femme, pour la libérer, grand thème de l'époque.) Elle portait élégamment un chapeau qu'un homme aurait pu lui prêter un jour de pluie. Elle n'en était que plus belle. Tiens, comment tourner cette image du chapeau ? C'est là qu'une sorte de double sens s'est infiltré dans les mots. À travers ce qui émanait de cette superbe femme, à laquelle j'attribuais une histoire, je me suis rendu compte que sous le texte, une fois terminé, transparaissait un message subliminal à Peter. Que je sentais risquer de s'éloigner… Non mon vieux frangin, mon vieux « Cœur de laitue » va, je ne voulais pas ça, il ne fallait pas que tu penses que je me détachais de ton amitié.

Si par hasard quelque occasion furtive,
Mène ta voile vers d'autres rives,

C'est vrai que notre relation n'était pas satisfaisante pour lui, je lui donnais le plus que je pouvais, c'était câlin et chaleureux quand même, mais c'était trop en surface, je savais qu'il manquait du sensuel qu'il aurait désiré, et qu'il vadrouillait… Mais je ne pouvais aller au-delà, et combien de temps allait-il le supporter ?

Et même si l'amour t'emporte au dehors
J'me gênerai pas pour dire que j't'aime encore.

De toute façon, quoi qu'il puisse arriver, je savais que je lui garderais une affection profonde. C'était mon pote, mon frère, mon double, mon « arbre ».

Le simple est sorti, l'année d'après, et c'est cette dernière chanson forcément plus commerciale qui a été choisie par Philips en face A. Une seule personne a senti l'ambiguïté du texte. C'est Coluche, qui animait une émission sur Europe. Après le passage de la chanson il a dit : « Mais il parle à qui là ? Un mec ou une nana ? C'est curieux son truc. » Coluche, je l'aimais bien, j'ai passé quelques soirées assez sympas chez lui.

Nelly a tout de suite compris cette chanson :

— Tu as mis le paquet là, dis-moi… habilement, c'est sûr, personne ne comprendra, mais lui oui, ce pauvre Cœur de laitue, ça devrait le rassurer quelque part.

— Pour tout dire, ce message-là n'était pas mon intention au début, c'est sorti tout seul, tant mieux si ça le rassure. Pourquoi ? Ça te gêne ?

— Oh nooon… Mon rayon de lune, pas du tout.

C'est très beau cette chanson. C'est élégamment dit en plus. Hmmm, c'est tout toi, tiens.

(Ce n'était pas la première... Déjà en 1976, dans « Ça ne sert à rien », il s'était bien reconnu. Mais je l'avais écrite consciemment. Sur les images des longues routes faites ensemble en écoutant Julien Clerc.)

Alors, quelque temps après, j'ai fait graver sur une petite plaque en or chez le bijoutier de Montfort : « J'me gênerai pas pour dire que j't'aime encore. » (Tête du bijoutier de Montfort, qui n'avait jamais eu ce genre de commande !)

Violinade

Un jour Catherine déboule dans mon bureau, je ne vois pas d'autre mot, avec sous le bras un cahier cartonné de vieilleries déniché je ne sais où, rassemblant des valses et des mélodies improbables, en m'en signalant particulièrement une : « Un sourire », valse opus 64, d'un certain Guido Papini. Ce n'était pas mal, et typique de l'époque pré-1900. Très plaisant à jouer et pas difficile.

— J'ai une idée, je lui ai dit.

— Quoi ?

— Si on l'enregistrait sur un 45-tours ? Juste une face. On en fait tirer un certain nombre et on les offre en cadeau de Noël aux gens de radios que nous connaissons ?

— Oh oui, ce serait bien, je connais quelqu'un qui pourrait nous faire ça pour pas très cher.

— Je vais en parler à Domboy, ça va certainement lui plaire.

C'est ainsi que fut distribuée dans les radios cette petite valse, et le cadeau a été trouvé original au point de passer sur les ondes assez rapidement.

Ce n'est qu'à l'arrivée d'Internet que j'ai pu savoir qui était cet homme, Guido Papini, né en 1847 et décédé en 1912. Il a eu une certaine notoriété de son temps. Il a été un soliste de réputation internationale et a joué dans beaucoup de concerts notamment à Paris, dirigé par Jules Pasdeloup. Il a écrit un concerto pour violon, deux concertos pour violoncelle et de nombreuses pièces diverses.

Intermède de folie

Quelque temps avant, et je ne sais plus trop quand (je le prends comme ça me revient sinon je vais oublier), j'avais rencontré le Grand Orchestre du Splendid. À quelle occasion je ne sais plus non plus, mais qu'importe. Peut-être à une émission de Jean-Louis Foulquier. Ils jouaient en grand orchestre des chansons d'avant-guerre en se relayant à plusieurs aux micros. D'excellents musiciens ! Au moins une vingtaine ! Il y avait les frères Thibault, les fils de Jean-Marc le comédien que je connaissais depuis quelques années, Philippe Adler qui composait et Jacques Delaporte. De bons musiciens, et assez comiques. C'était parfait. Ils chantaient du Ray Ventura, du Trenet, etc.

J'avais envie de participer à ça, moi ! Rigoler un peu. Alors pour une soirée ils m'ont embarqué dans leurs folies pendant qu'ils étaient à l'Espace Cardin.

J'avais peu de temps devant moi pour apprendre les trois chansons prévues. Donc pour la première on a prévu qu'ils m'empêcheraient de chanter. Trois micros étaient en bord de scène. J'entrais le premier. Applaudissements… Courbettes genre merci c'est trop d'honneur… Tralala… et l'orchestre attaquait. Je me mettais en face du micro central qui m'était dévolu, et au moment où j'ouvrais la bouche, un des chanteurs, Jacques Delaporte, attaquait la chanson sur celui à ma droite.

Je mimais le gars qui semblait se souvenir qu'il ne devait attaquer qu'au prochain couplet, en m'y préparant, regardant la salle le sourire figé, et tourné vers lui, je me penchai un peu comme pour l'écouter en acquiesçant.

Au moment où c'était donc à mon tour de me replacer bien en face de mon micro, Xavier Thibault venait de s'y mettre et attaquait le second couplet ! Prenant déjà l'air légèrement agacé, pendant qu'il chantait je m'approchais de lui en lui faisant discrètement signe que ce n'était pas son micro mais le mien, et pas son couplet non plus. Bon, je le laissais faire.

Avisant le troisième micro je m'y dirigeais en ouvrant la bouche, mais le temps que j'arrive un troisième se mettait en place… Je tournais en rond derrière eux, terriblement frustré… J'ai fini par en pousser un pour chanter la dernière phrase et sortir comme furieux !

Ils ont repris un ou deux morceaux, et j'ai pu revenir, cette fois seul.

Tout allait bien. Enfin pour les premiers couplets, parce que j'ai soudainement eu un trou de mémoire… Ne pouvant pas m'arrêter, j'ai continué sans me démonter la chanson, l'air extrêmement convaincu, en un baragouin japonais très expressif, mais totalement bidon. On se serait cru au Kabuki. Ça a passé ! Ils n'avaient rien compris, mais applaudissaient fort, probablement un rien complices. Je traînai alors un peu devant la scène en saluant, pendant qu'on me poussait en douceur vers les coulisses l'air de dire « bon ça suffit maintenant ».

Reprise ensuite du spectacle, tout aussi farfelu, pendant que je me préparais…

Oohh… Alors là, pour le final, je suis arrivé juché sur un âne, vêtu d'une chemise mexicaine rouge à volants pailletés, un sombrero qui pendait dans le dos, avec dans une main un ukulélé et tenant dans l'autre une des premières chanteuses de l'orchestre, qui portait une grande robe « explosante » de tulle. (J'en ai encore des photos.) Ils avaient concocté un arrangement mexicain de « Rock'n'dollars » totalement dingue et qui collait à merveille. Quelle soirée ! Je me suis rarement autant amusé que ce soir-là. Et après on viendra dire que je suis un mélancolique.

C'est Mick Lanaro, un ingénieur du son que je connaissais depuis longtemps, avec lequel j'ai fait quatre albums par la suite, qui disait : « Vous ne le savez pas, mais William c'est un grand comique ! » J'aime le rire, et le faire naître. C'est incroyable ce que j'ai pu lire sur mon compte. Des extrapolations totalement à côté de la plaque, faute de connaître le bonhomme. Si ma pensée est au soleil parfois mon cœur est à la lune. Si ma pensée est à la lune, mon cœur alors est au soleil. Et je pose un joker.

Chansons cachées

Après ce temps-là, ce fut un retour à l'angoisse. J'ai désespérément bougé, avec le quatuor infernal, avec Peter, ou seul, ou avec qui ? Les paquets blancs, les verres sans fond, les lames en or, les plongées noires, les peuples aliens, à croiser, toucher, humer, repousser... Avec les yeux acides et les oreilles pirates, le corps en surnage, et le souffle qui ne retrouve plus d'air. Ces gens de plus en plus laids, l'alcool qui prenait un sale goût sur des relents de joint qui donnait la nausée. Enfin rentrer à l'heure presque du coma, et puis écrire encore et encore. Le vers baudelairien, le feu de Lautréamont, l'imaginaire de Cocteau, et s'écrouler sur le lit. Que demain ne vienne pas et me laisse à mes rêves.

Y a des gens plein ma vie entière
Mais je n'dis rien
J'bois dans mon verre
Un jus d'éther
Au cœur de joint.

Ensuite, ce furent des moments fiévreusement écœurants peut-être, mais dont les rudes images qui parfois vous écorchent étaient abominablement riches.

Des fois on me demandait : D'où vient cette chanson-là ? Et celle-là ? Il faudrait n'écrire que des chansons bêtes, ainsi on n'aurait rien à expliquer. Mais quel ennui à interpréter !

Ahhh... et puis ras le bol de devoir s'expliquer ! J'inventais n'importe quoi, qu'on consignait comme une sainte écriture, et que je relisais après en souriant. Ce besoin de tracer, d'épier, de fouiner... Cet éternel : « Nos lecteurs voudraient savoir. » Oui, mais moi je ne veux pas qu'on sache !

Ce que je dis sur scène, c'est autre chose. Ce sont des anecdotes qui ont amené à introduire des chansons, ou des descriptions de « tableaux » d'une autre époque comme « Le Nouveau Monde » ou de pays lointains comme « La Sumidagawa ». Parfois ce sont des petits riens philosophiques comme « Les Millions de singes » ou « Excalibur ». Du Bollywood avec « Darjeeling ». Même du celtique tendance écossaise dans « Moondown ». Ou simplement des apartés amusants. Privilège de ceux qui font l'effort de se déplacer pour vous voir.

Il n'empêche que certains commentaires sur ce que j'ai dit, ou sur les textes des chansons elles-mêmes, me font comprendre que certains n'ont pas écouté les mots ou n'en ont pas saisi le sens. En plus, il en est qui donnent leur avis, ce dont personne n'a cure, à partir de leurs propres élucubrations. Il est des « explications de texte » qui me font hurler de rire !

Maintenant je ne lis plus ce genre de choses. Seuls les livres m'intéressent.

Une fois, j'ai bricolé un petit air amusant, on était passé du rock au punk, au reggae, au ska, et puis à la new wave et à je ne sais quoi. Ça filait les appellations de style ! J'ai donc écrit « Pourquoi t'es plus new wave ».

Dis-moi pourquoi t'es plus new wave ?
Pourquoi t'aimes plus mes rock'n'roll qui tournent en 45-tours ?
[...]
Je n'trouve plus une idée nouvelle.
J'suis bon qu'à faire de la musique à remporter les concours.
Ma guitare a du plomb dans l'aile.
Mes doigts gèlent j'me sens lourd.

Françoise Hardy que j'ai eue au téléphone m'a dit :

— Ah, écoute, cette chanson je l'adore, j'étais ce matin comme une folle toute seule chez moi à danser dessus !

— Ben, c'est fait pour ça, sans plus… C'est bien !

Et ce fut l'hiver, ce fut Noël, et ce fut à nouveau « Ah ouais » et les copains pompiers avec toujours la même petite pompe.

Tiens, justement à propos de l'hiver, il me revient le bijoutier de Montfort, qui est venu cette année-là à la maison pour le nouvel an. Il y avait une tradition assez sympathique qui faisait qu'on allait de maison en maison souhaiter une bonne année aux personnes qu'on connaissait. Une aimable façon de garder des liens serrés dans le village. Il a pris un verre avec la famille, les Hand, Coville notre capitaine des pompiers brocanteur et sa compagne, les Le Bretonnic, Mamy, les enfants, Peter, Laurence, enfin tout le monde. À un moment il me dit, alors que j'avais acheté un mois auparavant trois petites cuillères en or pour offrir à quelques « nez » que je connaissais :

— Ah, dans la chanson, c'est vrai que vous ne savez pas à l'avance ce qui va marcher… C'est comme pour nous tenez, depuis que c'est la mode de ces tout petits couverts en or, on a des couteaux, des fourchettes, des cuillères, eh ben, on ne vend pratiquement que des cuillères. C'est étonnant !

— Ah, bon ? (J'ai failli m'étouffer dans mon verre.) Tiens donc... ?

— Si, je vous assure, le marché est bizarre des fois.

— Je ne vous le fais pas dire, oui… (Je n'en pensais pas moins…)

Alors, bonne année, bonne santé à tous, une autre année venait de commencer.

13

MOUVEMENTS

Ce fut la sortie de « J'me gênerai pas… ». Avec des commentaires qui rataient leur cible. En fait je n'ai pas fait de vraie promotion sur ce disque. Je n'en avais ni l'envie ni le temps. Je finissais le petit concerto en trois mouvements pour Catherine, et d'autres projets étaient en route.

Je sortais assez souvent aussi. Pas tant dans les bars que dans les cabarets-spectacle. Dès qu'il y avait une scène et des rideaux, j'étais heureux. Comme j'étais connu on me laissait entrer un peu partout. Et en peu de temps je me retrouvais dans les loges. Il y règne un parfum particulier. Une mixture de maquillages, de tissus, de vernis, où je retrouvais un peu d'enfance. Les « filles » avaient toutes des noms incroyables et j'étais un des rares hommes à être accueilli en copain. Il y avait toujours aussi deux ou trois « hommes-dames » qui me faisaient penser à fameuse « Missy », la compagne-compagnon de Colette pendant un temps.

Hors de Paris était un lieu qui s'appelait Le Gros Chêne. C'était Yves Mourousi qui m'avait amené là pour mon anniversaire. C'était un vaste labyrinthe. On entrait dans un bar-club meublé de fauteuils anglais, disposés par quatre autour de ce premier jeu électronique que tout le monde a connu. Un écran noir et blanc où l'on jouait à une sorte de ping-pong dans un certain calme. Il y avait généralement peu de monde.

Sur la droite du bar cela devenait plus amusant. On passait devant un vestiaire, jouxtant la porte des loges, et la pièce suivante était une petite scène destinée aux petits spectacles. C'est là que les « transformistes » interprétaient ou personnifiaient leurs artistes préférés. On y assistait debout sur un parterre de carrelage et j'aimais regarder leurs performances, accoudé au bar.

Un soir, j'arrive, évidemment pas inaperçu de la clientèle, et comme la porte des loges était ouverte j'y suis allé faire la bise aux quatre filles que je connaissais. (Les « Missy » n'embrassaient jamais les hommes. Une bonne poignée de main était suffisante.) On nous regardait... Et alors quoi ? Elles étaient des artistes, comme moi !

Il y en avait une, Elvira Ketty, qui se désespérait parce qu'elle venait de s'acheter une nouvelle perruque dont la frange était trop longue. Plus elle tentait de rogner avec ses ciseaux plus c'était catastrophique. Je lui ai dit :

— Mais ma chérie, ce n'est pas comme ça qu'il faut faire !

(J'ai toujours parlé aux personnes selon le genre auquel ils ou elles se sentaient appartenir.)

Du temps où je portais les cheveux bien longs et m'occupais de ceux des copains j'avais acquis (beaucoup grâce à Luce) un peu de technique de base.

— Regarde, il ne faut pas couper droit, il faut couper de haut en bas à la verticale, ainsi les mèches du dessus seront plus courtes, se poseront sur les plus longues de dessous et ne formeront pas des crans. Bon, je vais te montrer. Tu as des pinces ?

Inutile de dire que cela causa un petit attroupement devant les vestiaires… Imaginez William Sheller coupant les perruques des travelos dans les loges, voilà de quoi raconter à table. En y glissant probablement quelques sous-entendus coquins. Grand bien puisse leur faire…

Il y avait pour continuer un coin restaurant légèrement en mezzanine pour les VIP où l'on ne manquait pas de nous installer, Yves, Catherine, Do, Juvet et quelques autres. Avec notamment deux ou trois militaires racolés par Yves dans Dieu sait quelles circonstances. Et parfois deux ou trois gendarmes à moto à qui il adorait faire des farces.

Il avait toujours sur lui des petits flacons de poppers dont il imbibait sa serviette de table et disait aux gendarmes (lesquels ne demandaient qu'à s'amuser) :

— Hé, venez là renifler la culotte à Lily…

Les gars venaient fourrer leur nez dedans et se retrouvaient complètement défoncés. Pas longtemps, mais assez pour monter très haut. Personnellement je détestais ça. Ça me collait mal au crâne et ça sentait souvent mauvais.

Encore plus loin un grand restaurant sous une verrière qui avait donné son nom au lieu parce qu'un gros chêne y poussait, au centre. C'est là que se donnaient les « grands » spectacles. Nous y restions parfois jusqu'à la fermeture, à manger un sandwich dans la cuisine.

Donc j'avais plusieurs endroits de distractions comme ça. Pas trop bruyants. J'aimais écouter, regarder, imaginer, rencontrer.

C'est ainsi que j'ai fait la connaissance à l'Alcazar du célèbre Jean-Marie Rivière, qui a ouvert ensuite le Paradis Latin. Et je fréquentais assez assidûment ce cabaret. C'était d'un autre niveau.

J'aimais l'esprit que Jean-Marie y faisait régner. J'y venais bien avant l'heure de l'ouverture et j'y retrouvais un peu l'atmosphère que j'avais tant aimée au Théâtre des Champs-Élysées. Les décors, les costumes, les répétitions. Évidemment, je connaissais le spectacle par cœur, et j'y avais toujours une bonne table. Proche de la scène. C'était agréable, mais permettait aussi à Jean-Marie, lorsqu'un numéro manquait, de poser son micro devant moi et de me faire signe de monter sur scène pour y chanter quelque chose. Si un tableau n'était pas prêt, cela faisait attendre le public, et ravissait la salle. J'étais alors accompagné par l'orchestre de complément qui faisait les enchaînements pendant les changements de décor.

Un jour il me présente Pierre Simonini. Un talentueux homme de théâtre. Metteur en scène, costumier, et décorateur de génie. C'était un homme plutôt petit, un peu trapu, tout frisé, très italien, toujours suivi par son chien, un fox-terrier qui pissait partout. Il m'a montré un dessin au fusain sur lequel je devais imaginer un tableau.

On y voyait une sirène, un Pierrot, une grosse dame, un arlequin, un cirque, et Madame Loyal, laquelle devait être interprétée par Catherine Rivière, qui devait décrire ou « argumenter » le tableau dans une chanson.

— T'as une sirène qui sort de la mer, elle est découverte par le Pierrot qui en tombe amoureux, mais Madame Loyal est jalouse et fait empailler la sirène pour décorer le cirque. Tu te démerdes, tu trouves quelque chose à raconter et puis voilà, m'a dit Jean-Marie avec son impayable accent de la Dordogne.

J'étais bien avec ça pour tout renseignement ! Enfin je l'ai écrit, et enregistré. Tout a disparu. Si ce n'est la partition que j'ai toujours. Le tableau est resté au programme un peu plus d'un an, et la revue a été modifiée, comme souvent. Mais c'est un bon souvenir.

Un soir Catherine Lara passe à la maison avec Do pour dîner, avec sous les bras une petite chienne dont on aurait pu longtemps spéculer sur la race. Elles venaient de la trouver au bord de la route, trempée, malheureuse, et probablement abandonnée. C'était une petite chienne blanche plutôt longiligne, aux yeux noirs avec de longs cils, qui tenait vaguement du loulou, de la levrette, et allez savoir quoi encore, avec un pauvre petit regard craintif. Quel nom avait-elle reçu avant son abandon ? Elle mourait de faim.

Nous avons cherché longtemps, jusqu'à ce que le son « ette » attire son attention. Pepette ? Et la voilà qui se sentait presque reconnue et semblait tout heureuse. Elle est devenue célèbre, on a entendu son nom d'abord dans un film de Josiane Balasko, puis dans d'autres par la suite.

Comme Catherine avait déménagé pour revenir à Paris, dans un curieux appartement entièrement en sous-sol dans le Marais, un « appartement d'architecte » comme on dit, et qu'elle se préparait à partir pour le Québec enregistrer ce qui allait devenir « Coup d'feel », j'ai donc adopté Pepette. Cela me faisait trois chiennes à la maison. Les enfants étaient contents. J'avais juste une petite inquiétude. Road semblait avoir mal à ses pattes arrière, elle était malade. La pauvre bête n'a pas tenu longtemps, peut-être deux ans, et j'ai dû me charger de la faire piquer. J'ai toujours été chargé de faire endormir tous les animaux qui sont passés à la maison. Personne ne voulait le faire. Il fallait bien que je me dévoue.

Japon

C'est cette même année que Jean-Pierre Domboy, qui manageait une jeune chanteuse, Lydia Virkine, que je connaissais bien, m'a proposé d'écrire les orchestrations d'une chanson qu'elle devait présenter à Tokyo pour un festival international du genre *Eurovision*. J'étais invité à y aller avec elle. J'ai dit oui tout de suite ! J'ai écrit les arrangements selon la nomenclature de l'orchestre qui était mal équilibré. Et nous sommes partis. Enfin j'allais voir ce pays qui m'avait toujours attiré !

Déjà vers treize ans je m'étais abonné à une revue sur l'art asiatique, et j'avais des disques de musique « classique » japonaise. J'ai été comblé. Nous n'y avons rien gagné, si ce n'est un lot de consolation. Une brique en cristal. (Bien qu'ayant fait de mon mieux, avec les instruments que j'avais à disposition, l'orchestration sonnait mal et le résultat n'était pas à la hauteur.)

Mick Lanaro, cet ingénieur du son qui était un ami de longue date, et à qui je dois beaucoup, m'a indiqué une boutique peu connue, à l'extérieur de la ville, qui fournissait des appareils électroniques. Chez Maeda. Je m'y suis rendu. Les habitants des banlieues, qui n'ont pas l'habitude de voir des « Longs Nez », ainsi qu'ils appellent les Européens, sortaient sur le pas de leur porte pour me regarder passer. On se sent la nécessité de garder un sourire amical.

Chez Maeda, pas de devanture, juste des cartons. On choisissait ce dont on avait envie, on donnait ses coordonnées, on payait, et un jour on voyait un monsieur évidemment japonais qui venait chez vous avec l'objet commandé. Pas de douane, rien Merci.

J'avais acquis un gros appareil qui comprenait : radio, lecteur de cassettes, et un tout petit écran de télévision. Du beau hi-tech mais peu utilisable : la télévision ne captait évidemment rien.

J'avais rapporté aussi pour les enfants un D2R2 de *Star Wars* télécommandé et deux ou trois robots. Avec en supplément, ce que je ne pouvais pas mettre dans ma valise, des lampes en forme de vaisseaux spatiaux et autres bricoles dans un gros sac. Hélas je l'ai oublié dans le bus qui nous a emmenés au retour de Tokyo à l'aéroport de Narita. Heureusement le joli kimono féminin pour Nelly était bien plié dans ma valise, ainsi que trois autres plus colorés généralement portés par les hommes ou les femmes au moment des fêtes pour Peter, Laurence et moi. Un beau voyage quand même.

En France, le 45-tours du « Carnet à spirale » se promenait tranquillement sur les ondes. La chanson a été bien reçue. Je me suis même retrouvé numéro 1 au Sénégal, le côté rythmé avait quelque chose de balancé qui avait plu. Tant mieux.

« On » m'a demandé si je n'avais pas autre chose pour la rentrée Hmm, encore. Oui, j'ai un machin si vous voulez… J'en ai même deux, mais l'un est instrumental et je l'ai fait pour Catherine Lara. C'était OK. Je suis entré en studio et ai enregistré donc « Fier et fou de vous ». Le morceau instrumental intitulé « La Toccatarte » était déjà prêt. Heureusement, vu que Catherine était au Québec.

La petite vie de Montfort avait repris. Je retrouvais mon petit monde. Nelly revenait toujours, égale à elle-même. Elle m'avait beaucoup manqué. Les enfants étaient fous de leurs jouets, Peter était resté depuis mon départ, Marianne et Joseph, lequel semblait aller mieux, revenaient le week-end comme avant…

Cœur gros

C'était bientôt la fin juin et la fin de l'école, c'est là que Marianne m'a fait part timidement de son désir de reprendre les enfants. Craignant ce qui les attendait j'avais un peu le cœur serré, mais que faire ? Entrer en guerre et faire jouer l'abandon ? C'était la traîtrise de dernière minute, le couteau dans le dos.

Ils seraient à la campagne où il y avait des animaux, dont un cheval.

Refuser avait de fortes chances de replonger le couple dans la déprime. Je connaissais bien Marianne, sa façon de formuler les mots, sur un ton inquiet, un peu nerveux qu'elle avait parfois. Cela faisait craindre un effondrement à court terme si je refusais. J'avais toutes les armes en main pourtant.

Ils semblaient aller bien mieux. Lui comme elle. Je n'avais que quelques jours pour prendre une décision. Moi, c'était l'ombre du Jésus obsessionnel qui me faisait peur. Comme chez tante Mary. Est-ce que ça s'était calmé un peu de ce côté-là ?

J'en parlais avec Nelly... Qui me disait d'accepter, d'attendre pour voir comment cela se passait dans leur nouvelle maison. Que j'avais assez de témoins de leur présence d'une année chez moi pour revenir sur ma décision si je voyais que cela tournait mal... Oui ce serait la guerre. Aucun document ne faisait preuve d'un consensus entre elle et moi. Au pire, ils les avaient repris contre ma volonté. Alors ?

Oh, Nelly... Ma douce Nelly, qui avait toujours cette façon unique de me détacher de ces angoisses qui rendent parfois aveugle. Il fallait voir au-delà. Il y avait toujours une solution. Oui, elle avait raison. Ma Nelly... Peter avait raison, aussi, j'étais comme mon fils, toujours inquiet de l'inconnu. Mais là j'avais de quoi.

Les enfants avaient très envie d'aller dans la maison à la campagne où il y avait un cheval, ils voulaient vivre avec maman. Ils ne se rendaient pas compte que l'on ne se promenait pas comme ça d'une famille à l'autre si facilement, sauf pour de courts séjours, et que la maison de Montfort ne serait plus autant la leur. C'est le cœur gros que j'ai fini par accepter.

Et je les ai vus partir. Image indélébile. Je suis allé jusqu'à la route, tout en bas. Le sourire aux lèvres ils agitaient les mains à la vitre arrière, ils avaient l'air heureux. Je souriais aussi. Oui, au revoir ! Je faisais semblant d'être content pour eux.

Restait à respirer profondément un grand coup, remonter à la maison où l'ambiance n'était pas très joyeuse. Peter est arrivé. Peut-être une heure plus tard.

J'étais dans mon bureau. Je me suis levé. Content de le voir.

— Tu tombes bien tu sais…

— Ben ?… Les enfants ne sont pas là ?

— Non… Ils ne sont plus là, et pour longtemps.

— Ah !…

Il avait tout compris.

Il regardait par terre. Il ne savait pas quoi dire. Il s'est approché, m'a attrapé avec ses bons gros bras de pote, de frangin. On est restés un moment comme ça, tête contre tête, en silence. C'était comme prendre un arbre à pleins bras, s'ancrer à du solide, c'est ce dont j'avais besoin. Nelly avait raison encore une fois, il m'apportait l'autre partie de ce qui faisait mon équilibre.

Je lui ai demandé :

— On irait à Honfleur ?

— Mais oui, si tu veux. Change-toi les idées… respire !

— OK, alors.

J'appelle Nelly, :

— Peter est là.

— Comme c'est bien mon rayon de lune, tu n'es pas tout seul. Ça me rassure.

— Heureusement oui qu'il est là. Il est chouette tu sais… Un mec bien même si des fois…

— Je sais oui… Mais je l'aime beaucoup.

— Je suis passé dans leur chambre, elle est tellement vide… J'ai envie de bouger, je n'ai pas envie de rester là. Et toi tu es encore sur une autre planète quelque part ?

— Une vilaine planète sans ton sourire, et bien fatigante. Va mon toi… Change-toi les idées. Je rentre bientôt. Je t'embrasse.

— Oui moi aussi, très fort. Allez on se quitte ?

— Jamais ! On se retrouve bientôt.

Donc ce fut un séjour cette fois en touristes. Nous quittions La Lieutenance tôt le matin et allions visiter les plages du Débarquement. Je me rappelle que nous nous sommes arrêtés dans une sorte de petit café meublé de grandes tables pour y boire du cidre.

Tout à coup sont entrés des marins russes. Une dizaine environ. Des géants blonds aux yeux bleus, que Peter ne lâchait évidemment pas du regard. Moi non plus d'ailleurs, ce genre de rencontre est si rare. Ils se sont assis à notre table en souriant, ils ont montré du doigt ce que nous buvions, et semblaient vouloir goûter la même chose. Ils ne parlaient pas un seul mot de français. J'ai donc commandé à leur place. Ça semblait leur plaire.

L'un d'entre eux a tendu timidement vers nous un paquet de cigarettes. (Toujours l'objet qui sert à établir la communication selon Lévi-Strauss.) Nous en avons pris chacun une, et l'avons allumée. Quatre centimètres de carton vide et environ trois de tabac. Une horreur à fumer ! Ça me rappelait les Gauloises que fumait Mamy dans les années cinquante. J'ai tendu mon paquet de cigarettes anglaises et en ai offert une à chacun. Le contact était établi. Je n'ai pu dire qu'un seul mot :

— *Rusky ?*

— *Da !*

J'ai dit à Peter tu sais quoi ? Va à un bureau de tabac, on va leur offrir une cartouche. À dix paquets pour dix marins, je crois qu'on a fait leur bonheur là.

Finalement, après avoir goûté mes anglaises avec le sourire, l'un d'eux a fait signe qu'il fallait partir.

Nous avons continué nos balades ainsi pendant deux jours. Évidemment je pensais aux petits, par moments, mais il fallait bien se faire une raison. Et puis il y aurait les week-ends pour sentir comment les choses évoluaient.

Après une visite pas très passionnante à Sainte-Thérèse à Lisieux, nous sommes rentrés.

Là, arrivés dans la maison où il n'y avait plus un bruit, sans les cris des enfants, ça devenait triste. Jour après jour, Peter ne faisait rien, devenait fainéant. Dépression ou je ne sais pas quoi, mais il s'affalait de plus en plus devant la télévision, un verre à la main.

Un jour j'avais invité des amis au Paradis latin, j'avais eu un rendez-vous juste avant pour acheter deux petits paquets, histoire de me redonner un coup de fouet. Mais Peter avait beaucoup bu au bar du haut, beaucoup trop. Laurence devait voir sa fille et comme il avait sa voiture c'est lui qui devait me reconduire à la maison. Tout le long de la route j'ai senti qu'il ne contrôlait pas bien sa conduite.

— Doucement Peter, rien ne presse…

Je m'assoupissais un peu quand j'ai été réveillé par le puissant coup de klaxon d'un camion, qui nous a frôlés de si près qu'il en a arraché le rétroviseur ! Peter a ralenti brusquement, s'est arrêté, et m'a dit :

— Pardon, William…

J'étais muet. Figé. À trois centimètres près on était morts. Et que faire ? Il m'a fallu un bon moment pour reprendre mes esprits. Lui aussi a eu très peur.

— Non, Peter, là, ça ne va plus, hein… ?

— Oui, je sais. Excuse-moi…

— Qu'est-ce qui est à excuser ?

Après cinq minutes, nous sommes repartis quand même, très doucement cette fois, sans dire un mot, sur les cinq ou six kilomètres qui restaient. Quand nous sommes arrivés je lui ai dit :

— Je crois que ça ne va plus, Peter. Tu es quelqu'un d'autre, de plus en plus. J'ai du mal à reconnaître mon vieux pote, un coup tu es un mec génial, et puis on ne sait pas pourquoi mais par moments t'es lamentable. Tu ne fous rien. Tu bois, tu deviens même agressif des fois. Franchement je me demande si on ne devrait pas se donner un peu d'air… se remettre la tête en place.

— M'ouais… Je te comprends.

Le lendemain il partait. Sans rien dire. Il a mis ses affaires dans son coffre. Au moment de monter dans la voiture il a dit : « Ben, salut alors… ? » Et il a filé.

J'ai appelé Nelly :

— Allô, Nelly ?… Peter est parti…

— Comment ça parti ?

— Hier soir il a failli nous tuer en voiture contre un camion.

— Nooon ?…

— Oh, que si !… Il était ivre mort. J'ai eu la peur de ma vie, lui aussi je peux te dire ! Je ne sais pas où il va il ne m'a rien dit. Mais moi j'en peux plus là… Je ne suis même pas en colère. Je ne réalise pas, mais ça ne peut pas durer, le chaud et le froid comme ça… non.

— Hmmm… Tu veux que je vienne ? Je vais tâcher de me débrouiller, tiens demain j'appelle Laurence… hein ?

— Oh oui… Tout s'en va, d'abord les enfants, et puis

lui… Pourtant on était partis deux jours et tout se passait bien, c'était chouette même.

— Allez, j'arrive, va…

— Oh oui, viens ma Nelly…

Entre-temps, en prenant mon blouson, je me suis aperçu qu'il avait pris avant de partir un des deux paquets de coke dans une de mes poches. Il avait fouillé dedans. C'était le bouquet ! N'importe quoi. Ce n'est pas la cocaïne qui donne du courage ni de la volonté. Ça concentre, ça donne du punch, mais si c'est pour ne rien faire, ça énerve, c'est tout.

Nelly est arrivée avec Laurence, je me suis épanché sans trop de lourdeur, je n'avais pas besoin d'insister, elle comprenait si bien et si vite. Laurence de son côté évitait de s'en mêler. Nous sommes restés ensemble quelques jours. Ça m'a remonté un peu.

Peter m'a appelé pour me dire qu'il viendrait chercher des affaires qui lui manquaient. Je lui ai répondu que je les déposerai vers l'entrée en bas. Nous arrivions au week-end, les enfants venaient et je voulais éviter des explications sur ce qui se passait. Je n'avais même pas d'animosité à son égard. Je ne comprenais simplement plus. Quelque chose se cassait.

Donc Marianne, Joseph et les trois enfants sont arrivés et avaient l'air de bien se porter. J'étais soulagé et content de les voir. Évidemment Johanna qui a les yeux partout a aperçu Peter au bout de la pelouse et n'a pas manqué de le signaler :

— Mais c'est Peter qui est là en bas ? Pourquoi il ne vient pas ?

— Parce qu'il est très pressé, il ramasse ses affaires pour aller travailler voilà !

— Il va faire quoi ?

— Je n'en sais rien ma puce. Il n'a seulement pas le temps.

Nelly est arrivée en fin de journée avec Laurence. Marianne et elle se connaissaient déjà bien. Elles avaient un rapport de bonne intelligence, mais ne vivaient pas du tout dans le même monde. « Elle n'est pas heureuse, leur mère... C'est comme si elle savait qu'elle ne le serait jamais. » Elle avait tout compris. Pour Marianne, Nelly était tout ce qu'elle n'était pas. Ouverte, cultivée, chaleureuse. Mais elles n'avaient pas eu le même vécu non plus.

Les moments que nous avons passés étaient agréables. Les trois enfants qui revivaient maintenant ensemble se voyaient comme dans une grande famille, dont les parents séparés s'entendaient bien. Mamy pouvait reprendre ses exploits de cuisinière.

Pompier d'honneur

Sur ce, je reçois un appel de Domboy.

Ils avaient pensé, avec Elkaïm, faire un article à Montfort sur moi avec les pompiers. (Après l'article bidon en Écosse, je l'avais appelé pour râler, mais il rigolait, et puis comment l'engueuler ? Avec sa bonne tête de farceur ?)

— Oh non... Il est malade ? Il a fumé quoi cette fois ?

— Non je t'assure, c'est sérieux, trois pages centrales avec photos, un super article !

— Je ne sais pas quoi te dire, moi, il faut les contacter, savoir s'ils seraient d'accord, et en tout cas pas avec le photographe de la dernière fois !

— Tu les connais mieux que moi, alors fais-le, tu leur donnes mes coordonnées et j'arrange le coup. Ils vont être ravis je suis sûr.

— A priori, je pense, oui mais… Bon, j'essaye on verra bien.

J'appelle donc « Ah ouais » pour lui parler du projet.

« Ah ouaiiiis ! » Ah ! là j'ai senti vraiment de l'enthousiasme.

Je lui donne les coordonnées de Domboy, à transmettre à Coville le capitaine, qui serait susceptible de prendre la décision, et je laisse faire.

Même pas deux jours après, j'apprends que cela va être fait rapidement et que j'étais nommé à cette occasion « pompier d'honneur » de Montfort. Eh ben !…

Pour l'occasion je préviens Jean-Pierre et Loety pour qu'ils passent voir. Ça risquait d'être amusant et ils connaissaient certains des pompiers depuis le bicentenaire et le 14-Juillet. Enfin tout s'organise, et me voilà en unif complet avec toute la brigade en prise avec les photographes… Cela a pris l'après-midi entier. « Une comme ça, oui regardez-moi… Hop, hop, hop, hop ! Voilà c'est bon, et maintenant une autre… on ne bouge plus. » Fatigant, mais les gars étaient contents et ça me faisait plaisir de leur offrir ça… L'équipe de presse est repartie après avoir bu un coup, Domboy aussi. Ils avaient à faire.

C'est un costaud de la brigade qui m'a dit au moment de partir :

— Au fait, on vous a préparé une petite surprise

pour ce soir. On a un bon chef et là il fait mijoter quelque chose, je suis sûr que vous allez aimer…

— Ah, ça, oui il est bon votre cuistot ! Oh, la soupe à l'oignon… ! Je peux venir avec mes amis là ?

— Oh oui, y en aura pour tout le monde ! On avait même prévu pour les journalistes mais ils ne pouvaient pas rester alors y a de quoi !

— Alors on sera quatre. Vers quelle heure ?

— 19 h 30 à l'apéro, enfin dans une heure quoi ?

À l'heure dite, nous nous sommes présentés à l'entrée. L'ambiance était bourdonnante, ils se rappelaient leur aventure médiatique, en se baladant dans la cour… Enfin nous avons eu le gros accueil habituel, et on nous a dit d'entrer.

Une fois au mess une bonne dizaine de verres se remplissaient déjà. Comme l'attention était attirée vers la table, Jean-Pierre et Loety n'avaient pas encore porté leur regard vers les murs. Tout à coup ils ont eu un moment de silence. Ahhh… ! Et comme moi la première fois, Jean-Pierre s'est effaré à la vue de toutes ces photos d'horreurs, et ce fut avec eux la même conversation qu'avec moi la première fois. Il faut dire que c'était secouant. Je ne leur en avais pas parlé pour leur laisser la surprise. Cela méritait bien un deuxième verre pour s'en remettre !

Du coup les voilà assis. Un peu médusés et regardant dans tous les sens sous les sourires amusés de la brigade :

— Tiens on a changé ces deux-là, de ce matin. Un accident vers Grosrouvre.

— Ah, ben oui ça manquait, ai-je dit. Et qui se charge de changer la… déco si on peut appeler ça comme ça ?

— Bah, ça dépend…

Sur ce, arriva le grand cuistot. Comme ça sentait déjà bon ! La bassine toute fumante était plus grosse que la première fois.

— Allez on fait de la place !

Et là, se pose devant nos yeux le plus beau coq au vin que nous ayons jamais vu. Et pas seulement beau ! Jean-Pierre s'en souvient encore. Il m'en a parlé avec chaleur au téléphone il y a peu. Comme s'il en avait toujours une cuisse dans la bouche. Nous nous en sommes gavés. Je n'en pouvais plus, mais c'était trop bon. Si on avait pu lécher la bassine nous n'aurions pas hésité ! Si je m'en souviens bien il n'en restait rien. Je me demande si Jean-Pierre et Loety pour le coup ne sont pas restés dormir à la maison, vu qu'elle était quasiment vide. J'ai l'image d'une distribution d'effervescents dans la cuisine avant d'aller dormir.

Je pensais en avoir fini pour un temps. Le reportage avec les pompiers avait eu un gros succès. Ils ont dû en vendre pas mal sur Montfort, déjà !

Appel de Nelly :

— Tu as vu *Salut les copains* ?

— Oui c'est pas mal, El Kanoé a rattrapé le coup de l'Écosse.

— Et sinon toi, tu vas ?

— Oui, ça pourrait être mieux mais bon…

— Et Cœur de laitue ?

— Il m'a appelé pour m'emprunter du fric…

— Et alors ?

— J'ai dit que je regrettais mais il fallait peut-être qu'il trouve du boulot. C'est un peu vache, mais il faut qu'il se réveille, quoi.

— Tu as bien fait.

— Je ne sais pas, j'en suis encore à m'inquiéter pour lui, un peu.

— T'en fais pas… Allez, bisous, bisous…

Tentation

Appel d'un nouveau « chef de produit » de chez Philips. Avant on disait : directeur artistique. (On notera la différence.)

— Franchement, tu es sûr que tu ne voudrais pas faire un nouvel album ? Le dernier single marche bien tu sais…

(Hmmm… Pensant poser des exigences qui le feraient renoncer, je dis peut-être, mais alors à Los Angeles…)

— Bah, pourquoi pas ? Si tu veux oui. (Tiens, tiens…)

— Mais avec qui ?

— Lee Halliday, tu penses qu'avec Johnny il connaît bien le coin, il va tout organiser.

— Ah, si c'est ça alors… Il n'y a qu'à lui en parler.

Moins d'une semaine après, Lee m'appelait.

— Oh, c'est super si tu vas là-bas ! Tu sais quoi, je vais me renseigner sur les musiciens qui y sont en ce moment et je viens te voir avec des disques qu'ils ont enregistrés. Tu pourras choisir avec qui tu veux jouer.

— Oh oui ! Toi tu me donnes envie, là… Allez on y va ?

Quelques jours passent et il m'apporte des disques à écouter.

— Tiens, alors : Toto. Steve Lukater en ville.

— Super-groupe et super-guitariste, oui tout de suite !

— Emery Gordy aussi ça t'irait ? Et Steve Gadd ?

— Tu parles que oui ! C'est George Harrison, c'est King Crimson !... Arrête là... Je vois qu'on aura ce qu'il faut, va.

— Steeve Gaad aussi ! Et Jeff Porcaro ! Bon alors je m'occupe de tout. Je te prépare ça !

Lee... enfin un bon, un vrai, avec de l'expérience, et grâce à qui j'ai vécu de sacrés moments, musicaux et autres aussi... auxquels je ne m'attendais pas.

J'ai donc fait mes adieux à la maison, à Nelly et Laurence. Ils étaient contents que je ne reste pas comme ça, planté dans le vide, et trouvaient l'idée excellente. J'allais enfin avoir un son parfait. Mais je n'avais presque rien d'écrit. Quelques musiques, dont je n'avais pas les textes, mais je verrai bien sur place, j'ai demandé un piano numérique pour travailler dans ma chambre.

Bon, il était prévu un premier « set » de trois mois. À cette époque-là il fallait un visa. Je l'ai obtenu, bien que l'on m'ait interrogé à l'ambassade pour savoir pourquoi je n'avais pas demandé la nationalité américaine. Ça paraissait anormal de ne pas vouloir devenir américain quand on en a la possibilité. J'ai argué que j'étais divorcé et que mes enfants résidaient en France. Ça a passé. J'ai eu un visa de touriste de trois mois. Et nous sommes partis, Lee et moi.

J'étais dans un hôtel typique. Sur Sunset Boulevard. Belle chambre double avec salon plus un bar-kitchenette, une confortable chambre et salle de bains. Elle donnait d'un côté sur la ville, et l'entrée se faisait par un balcon faisant le tour d'une grande cour avec piscine.

Lorsque je suis allé le premier jour à 9 heures au studio Sunset Sound, j'ai découvert une ambiance vraiment différente, d'un professionnalisme étonnant. Je me souviens de Jim Keltner, batteur célèbre qui avait joué avec McCartney, Ringo Starr, George Harrison et tant d'autres, qui était assis juste à l'heure à sa batterie et attendait.

Il a demandé qui produisait l'album. Lee m'a désigné en disant : « C'est M. Sheller le compositeur qui va diriger les enregistrements. » Donc son premier souci a été de me demander quelle caisse claire je souhaitais qu'il emploie pour le premier morceau.

Là je suis allé le voir, comme les autres, et j'ai dit à tout le monde que je souhaitais d'abord leur faire écouter une ou deux choses, puis décider tous ensemble, comme pour un groupe, ce qui devait convenir le mieux.

Entre-temps, Lee avait fait à partir de la cabine de son un numéro de téléphone à seulement trois chiffres, et une jeune femme était venue avec un attaché-case contenant différentes qualités de coke. Connaissant les musiciens qui étaient là, elle m'en a conseillé une, dont j'ai acheté quelques grammes, pendant que l'assistant de l'ingénieur du son astiquait un espace en miroir qui était prévu à cet effet sur la console. Je n'avais jamais vu ça.

Les musiciens sont entrés, très sérieux, très à l'écoute des instructions, et j'ai alors déballé les petits paquets sur le miroir et là tout a changé !

— Oooohhh coool ! Mmm… Great… !

Dès lors je n'étais plus le petit Français qui vient pour avoir des noms fameux sur son disque. J'étais un musicien qui savait vivre, qui était comme eux, et on est devenu un groupe, où chacun imaginait les sons à employer, quelle guitare était la mieux adaptée, etc. En plus ils aimaient bien ma musique.

De là, même lorsqu'ils n'avaient pas à jouer, mais sortaient d'une autre séance d'enregistrement en passant dans le coin, ils venaient écouter où nous en étions en donnant parfois leur avis, comme si cet album était le leur.

Pour « J'cours tout seul » nous cherchions un bon saxophoniste. L'un d'entre eux a eu l'idée d'appeler un jeune prof d'université qui était libre. On l'a essayé. On n'a pas été déçu. Ses interventions étaient simples, avec le son qui convenait parfaitement. Ce fut pareil pour les autres morceaux, nous faisions de plus en plus connaissance et finissions dans les restaurants de La Cienega Boulevard ou sur Sunset. J'aimais aussi le Moustache café, un restaurant français où l'on entendait Julien Clerc, votre serviteur, ou Michel Jonasz...

De là j'étais adopté et j'ai commencé à fréquenter les villas d'Hollywood, et les parties assez folles où je me sentais, au niveau de la poudre, un petit amateur incapable de suivre le mouvement. J'ai vu des tas d'au moins dix à quinze grammes posés sur des tables basses. Chacun se servait à sa guise. Ne parlons pas de l'herbe qui était loin d'avoir la même qualité en Europe. C'était un peu trop pour moi.

Mais quel monde incroyable ! Par exemple : Je voyais de ma fenêtre un immeuble se construire. Les ouvriers mettaient dès le matin la musique rock à fond, ce qui me réveillait évidemment, s'échangeaient des pétards, et malgré tout montaient chaque jour un étage nouveau en conservant un équilibre qui me semblait extrêmement précaire sur les poutres de fer, ce qui eux n'avait pas du tout l'air de les impressionner. Moi qui ai tant le vertige !...

Si je n'avais pas eu les enfants, ma tendre Nelly, et Mamy et Laurence, je crois que j'aurais fait en sorte de demander mon passeport américain. J'y avais droit. Mais c'était impossible.

J'ai adopté comme beaucoup la moustache, que je porte sur le single de « Ho ! J'cours tout seul » et que j'avais encore en rentrant en France. Du coup, la Nico m'appelait « le Colonel ». Ça n'a duré qu'un peu plus d'un an. En France on me disait : « Ah, t'es fan de Village People ? On dirait Victor Willis. » Ah..., je me retrouvais face à l'esprit plat qui régnait toujours en maître sur notre territoire.

Côté Catherine, pour le concerto c'était fichu. De Montfort, le projet avait grimpé à l'église Saint-Roch, elle me disait que Montfort c'était bien gentil, mais ça méritait mieux. Puis elle m'avait parlé d'un collaborateur du ministre de la Culture francophone en Belgique qui était intéressé. Par l'intermédiaire de cette personne, j'ai fait la connaissance du directeur du conservatoire de Bruxelles, qui a trouvé sympathique l'idée de créer ce petit concerto avec les élèves du conservatoire, et un projet fut mis en route. Cela vint aux oreilles du service protocolaire de la cour qui a estimé que l'événement méritait la présence si ce n'est du roi, tout au moins de membres de la famille royale. Une date possible était envisagée. Le tout en grande pompe.

Seulement, revenant à Paris du Canada, Catherine m'a annoncé qu'elle avait accepté une tournée au Québec et serait dans l'impossibilité d'envisager un concert, l'album devait sortir l'année suivante. Bien, j'ai donc fait décommander le conservatoire, le ministère de la Culture, le service du protocole, et la famille royale. Bon. Nous verrons plus tard.

Vu que le concerto avait été abandonné, que je n'avais pas eu le temps d'écrire grand-chose, avec tous ces évènements, je me suis dit que j'allais en utiliser certains motifs pour finir l'album. Je venais de relire les *Lettres de mon moulin* de Daudet et me suis arrêté je ne sais pas pourquoi sur les pages de « La Mort du dauphin ». « Le petit dauphin est malade, le petit dauphin va mourir… » J'avais eu il y a longtemps l'envie de le mettre en musique. Instinctivement j'ai donné à une réduction pour quatuor du troisième mouvement du concerto le titre « Le petit Schubert est malade ».

Ce fut donc le retour à Los Angeles pour la seconde partie de l'album *Nicolas*. Je retrouvais avec plaisir les comparses de la première fois, Plus d'autres tout aussi intéressants. Ils aimaient ce « petit Schubert » au point qu'ils l'ont décliné en plusieurs versions. C'est James Newton Howard, un des compositeurs de musique de film les plus en vue actuellement, qui était venu pour jouer les parties piano. Le puissant syndicat d'artistes m'interdisait de jouer. Il m'avait dit :

— Oh, ce morceau-là je crois que tu devrais l'enregistrer toi-même parce que tu l'as bien en main, et c'est vraiment un « Killer ! », il est superbe. Si quelqu'un du syndicat venait à passer on dira que tu me montres comment l'interpréter. Tu sais, tu devrais rester ici toi. Tu aurais ta place.

Les autres musiciens acquiesçaient… Mais non… c'était impossible. Je suis rentré.

Je me suis trouvé une fois cependant dans une loge face à un musicien que cela devait agacer de voir des Français venir pour enregistrer aux USA en pensant que cela les valoriserait. (Beaucoup les appelaient en général les « *french comics* ».) Il m'a dit :

— Mais pourquoi tu viens ici pour enregistrer ? Il n'y a pas de musiciens chez toi ?

Je lui ai donc répondu :

— Si, mais il y a des musiciens ici avec lesquels j'avais très envie de jouer.

— Ah, OK oui, c'est bon, ça va, alors excuse-moi…

Ce fut la même folie qu'avant, je me souviens de la maison de Jim Keltner. Une splendeur d'architecture contemporaine, avec une piscine éclairée par-dessous l'eau et dont un côté n'avait pas de bord. Elle donnait directement sur le vide avec juste une petite bordure de verre, et l'on avait une vue incroyable sur le quadrillage lumineux de Los Angeles qui s'étalait tout en bas.

Nous devions aller dîner dans un restaurant chinois, et en attendant que la compagne de Jim soit prête, je fumais une cigarette que j'ai écrasée à son arrivée dans un joli cendrier en pierre ponce. C'est là qu'elle a dit qu'il était temps de partir et a pris le cendrier pour se le mettre au bras, parce qu'en fait c'était un bracelet. Oh, la honte ! C'est stupide, mais ça marque, ce genre de bévue.

Dans ce restaurant, à notre grande table, il y avait d'autres musiciens dont David Gilmour de Pink Floyd. Je l'avais connu, et partagé la même scène lorsque le groupe débutait sous le nom de « Flowers », quand je jouais avec quelques copains, vers 1967, histoire de se payer des vacances avec des potes. Une amie qui nous accompagnait avait fini la soirée avec lui.

J'en parle à Jim, qui demande à David quels noms ils avaient en commençant. Il en a énuméré quelques-uns. « Non, et avant ? Non, et encore avant ? » lui demandait à chaque fois Jim. Oh ! « The Flowers ! » a-t-il répondu. Cela datait de 1967, on avait fait une tournée dans le sud de la France, nous avions été engagés pour un soir dans un petit club.

— Ça ne serait pas le Radio London ? je lui ai demandé…

— Oh si, je ne me souvenais plus !

— Eh ben, j'étais dans le groupe nul qui est passé avant vous.

C'est drôle, j'ai donc joué aux côtés de Pink Floyd dans un concert, sans le savoir.

Nous avons fait pas mal de studios différents, mais un qui m'a frappé est celui d'Emilou Harris. Chanteuse plutôt country. Ce n'est pas vraiment un studio. C'est sa maison. Dans laquelle elle enregistrait de moins en moins.

Il y avait dans la cuisine différents amplis, des micros dans le salon, et des guitares ainsi que d'autres instruments un peu partout. Enfin c'était assez curieux. Par contre un gros bus dans le jardin servait de cabine, avec tout le nécessaire pour enregistrer, et il était relié par câbles à la maison. J'ai eu envie de faire une photo dans cette cuisine pour la pochette de ce qui allait devenir *Nicolas*.

Cette pochette a coûté très cher. À une époque où n'existaient pas les ordinateurs, un très habile photographe de renom, Richard Roeca, avait pris une photo en couleur, et il avait fait en sorte que je sois en couleur, mais que le reste soit noir et blanc. Petite prouesse à l'époque.

Enfin l'album était presque terminé, il me manquait juste un titre. Pas grave, nous allions le faire à Paris. Ce fut « Billy nettoie son saxophone ». Avec Mick Lanaro. Une plaisanterie sur des sons plutôt électroniques, comme ceux des premiers jeux vidéo.

Résultat

Une bobine originale multipiste a été perdue dans le voyage.

La photo de la pochette si originale, qui avait coûté si cher, a été recouverte d'un voile sépia. Pour faire plus joli, ont estimé les graphistes de Philips. Ce qui ruinait tout le laborieux travail graphique.

Enfin aucun musicien, aucun studio n'a été crédité sur la pochette intérieure. L'ingénieur du son non plus. Belle conscience professionnelle. C'est pourquoi aujourd'hui j'ai tant de mal à pouvoir citer ceux avec lesquels j'ai passé de si beaux moments. Et je n'ai jamais pu retrouver le jeune ingénieur avec qui j'avais réalisé l'album. Bravo et merci beaucoup !

L'album terminé je suis donc retourné en France. L'année avait été chargée. J'avais besoin de repos. Ce n'était pas encore le moment.

14

RETOUR DE L. A.

Lorsque Laurence est venue me chercher à Roissy, elle avait des choses à me dire. Mamy avait fait une sorte de malaise impressionnant, une sorte de coma. Allons bon…

Le docteur qui l'avait auscultée avait diagnostiqué un problème au niveau du sang. Pas une leucémie, pas ceci, pas cela, mais cela affectait en même temps le cerveau. Rien de très dangereux dans l'immédiat, mais la maladie risquait de faire son chemin. Maladie de Horton, avait-il supposé. Et pas d'Internet à l'époque pour savoir ce que cela pouvait signifier.

À part ça, que devenait tout le monde ? Elle m'a dit qu'elle n'avait pas de nouvelles des Hand depuis un petit moment, mais qu'ils étaient au courant.

— Sans plus ?

— Non, ils ne sont pas venus. Je ne sais pas ce qu'ils font, mais ils ont l'air très occupés.

— Cela ne présage rien de bon, je vais les appeler.

Une fois entré dans la maison je suis tout de suite allé voir comment se portait Mamy. Elle gardait le lit, avec les chiennes autour, et des médicaments sur la table de nuit. Elle me disait qu'elle était fatiguée, mais qu'elle se sentait mieux, que Gisèle s'occupait bien de la maison. C'était là son principal souci. L'impossibilité de pouvoir tout faire, de ranger, de préparer la cuisine, lui semblait pire que les malaises ou les douleurs. Elle avait toujours été ainsi. Papou disait en se moquant un peu d'elle que, s'il se levait à 4 heures du matin pour prendre une aspirine, quand il revenait dans la chambre le lit était fait ! C'était exagéré, mais il est vrai qu'elle avait toujours le torchon à portée de main.

— Ne t'en fais pas, repose-toi. Je suis rentré, Laurence et Gisèle sont là…

— Oui, mais qui est-ce qui va te faire à manger ce soir ?

— Mais enfin Mamy, je n'ai pas dix ans, je sais me faire cuire un œuf ! Je suis surtout un peu décalé par le voyage et j'ai plutôt envie de dormir. Tu devrais faire pareil. Non ?

Laurence souriait en me regardant. Non, Mamy décidément ne changerait jamais. J'ai laissé passer la soirée tranquillement, j'ai avalé un comprimé de mélatonine, remède très à la mode contre le *jet lag* à l'époque, et je me suis couché. Pour la suite, demain j'y verrai plus clair. Mais que mijotaient donc les Hand ?

Les grandes affaires

Je les ai appelés le lendemain en fin de matinée, leur ai annoncé que j'étais rentré de Los Angeles. Je suis tombé sur Paulette et lui ai parlé du voyage, des musiciens, de mes impressions, de Mamy pour laquelle il avait fallu appeler un médecin et d'autres choses. Et eux, que devenaient-ils ?

Elle m'a répondu qu'ils étaient sur une « affaire » très intéressante. Allons bon... Je ne tenais pas trop à en savoir davantage. J'aurais dû.

Comme elle me demandait ce que j'avais en projet, je lui ai dit que je n'avais rien de spécial. Si ce n'est une invitation quasi obligatoire pour l'ouverture d'un grand espace qu'un disquaire inaugurait prochainement. Domboy tenait à ma présence, parce que d'autres artistes devaient y participer. Bon. C'était tout.

Je me suis donc rendu le jour prévu pas loin du pont de l'Alma sur une grande avenue, je ne sais plus trop où exactement. Il y avait effectivement beaucoup de monde. Tout ce que j'aime, quoi

À un moment je ne sais plus qui est venu à moi :

— Dis, il y a tes parents dehors dans un super van ! Ils voudraient te voir.

— Comment ça dans un van ?

— Oui je te jure, ils boivent un coup avec Elkaïm !

Je sors, et là je vois effectivement un luxueux van bordeaux. Je m'en approche, et découvre à l'intérieur un confortable salon avec télévision, réfrigérateur, fauteuils pivotants, le tout d'un luxe rare. Évidemment, me voyant dedans, d'autres artistes ou des gens de médias s'en sont approchés, ont visité, pensant que cela m'appartenait.

Comment les Hand avaient-ils su où je me trouvais exactement ?

Simplement, Paulette s'était renseignée en appelant, avec tout le charme possible, le bureau de Jean-Pierre Domboy. Hmm ! Mais dans quel but ?

J'en suis sorti, questionné par diverses personnes :

— C'est génial ton truc, tu l'as eu où ?

— Moi ? Nulle part, il est à mes parents.

— Ça vient des USA ?

— Probablement oui… (je commençais à m'inquiéter).

Quand j'y suis retourné, j'ai vu Jack sortir un catalogue de vans avec différentes dispositions intérieures, pouvant être livrés de toutes les couleurs, le tout avec les prix correspondants. Ils se servaient donc de moi et mes relations pour tenter sans aucune gêne de placer des commandes !

J'ai dit à Laurence que je voulais partir. J'en avais assez, là. J'avais fait une apparition, cela suffisait. J'ai appris par la suite que Jack avait déjà tenté de se placer dans différents endroits de Paris, sans résultat, et que donc cette inauguration était une aubaine à ne pas rater.

Hélas pour lui, il s'est posé quelques jours plus tard place de l'Opéra. Et parmi les admirateurs de son véhicule s'est trouvé un inspecteur de je ne sais quoi, et il a été arrêté, et le van confisqué.

Vu que n'ayant pas de licence il faisait du trafic au noir, première chose. Qu'il était un étranger en situation irrégulière, deuxième chose. Enfin qu'il avait interdiction de travailler en France, troisième chose : donc le van a été confisqué, lui-même a été interdit de séjour, père de star ou pas. Le tout assorti d'une amende, dont je n'ai jamais su le montant, mais qu'ils n'ont pas payée en s'enfuyant en Belgique. Oui, mais une fois là-bas ? Oh, après tout, c'était leur affaire.

Oracle

Après un petit moment de repos, Jean-Pierre m'a dit qu'il y avait une vidéo à faire sur « Les Petites Filles modèles ». Quelque chose d'intéressant même… Voilà de quoi susciter ma curiosité.

Tandis que je commençais à jouer l'introduction de la chanson, trois danseuses, par une incrustation d'image, entouraient gracieusement un chandelier, par contre bien réel, posé sur le bord du piano. Elles semblaient l'une après l'autre s'éveiller au son de la musique et se mettaient à danser. Je devais, tout en continuant à jouer sur mon instrument et à chanter, apparaître au milieu d'elles et entrer dans leur danse, comme dans une sorte de rêve… Ce n'était pas facile à mettre au point.

Après une ou deux prises principales de la chanson, où je jouais devant un chandelier vide, nous sommes donc allés travailler tous ensemble avec la chorégraphe, que je connaissais, de façon à utiliser du mieux possible l'espace dont nous pouvions disposer, et perfectionner un ou deux soulèvements des danseuses. Technique que j'avais perdue depuis longtemps. J'étais assez fatigué ce jour-là.

J'ai donc, bien que je ne souhaitais plus y toucher, eu l'envie de me remonter avec une petite ligne de coke. Je n'en prenais pratiquement plus, sauf en cas d'urgence. Donc un vieux paquet entamé restait dans une poche et depuis longtemps. Je n'avais pas de paille… mais sachant que la chorégraphe en prenait aussi à l'occasion, je lui ai demandé si elle pouvait me prêter la sienne. Ce qu'elle fit. Je me suis retiré dans les toilettes, en suis ressorti, lui ai rendu sa paille…

Et là je me suis senti faible, une faiblesse à laquelle j'avais été déjà confronté, et de plus en plus, au point de m'adosser au mur. J'étais incapable de mouvements et je me suis laissé glisser jusqu'au sol.

Bon sang ! Do ! Elle me l'avait dit ! « Je te vois glisser et tomber. »

Ce n'était pas de la cocaïne que la chorégraphe prenait… mais de l'héroïne. En aspirant ma poudre, cela avait entraîné quelques cristaux de son produit à elle, mais y étant totalement allergique, c'était suffisant pour me provoquer une réaction foudroyante. Résultat, je suis resté assis par terre et la répétition a été reportée. Mais quand était-ce ? Vraisemblablement avant *Nicolas*. Mais je prends encore une fois les images qui me reviennent, au fur et à mesure. Même si elles sont décalées. Je n'ai pas l'âme d'un historien ou d'un archiviste.

Toujours est-il que nous nous en sommes au final sortis très bien. Surtout avec les conditions techniques de l'époque.

Chantage

À peine un mois plus tard, Paulette s'est à nouveau montrée comme parfois dans son plus détestable aspect.

Je rentrais du jardin dans la maison, lorsque j'ai vu Laurence le téléphone à la main, l'air gêné, qui ne disait que : « Oui… oui… oui… » et me faisait des grimaces signifiant un gros problème…

À cette époque les téléphones avaient un écouteur. J'ai donc voulu savoir ce qui se passait. C'était Paulette qui éructait :

— Eh bien, tu diras à ma saloperie de fils que s'il ne

m'envoie pas au moins cinq mille francs maintenant, je vais appeler la presse moi, tu vas voir, je vais leur dire qu'il laisse crever sa mère sans un rond et que...

J'ai pris l'appareil et l'ai laissée cracher encore quelques horreurs... pour l'interrompre pendant qu'elle reprenait son souffle.

— Oohh... Eh bien c'est intéressant ça, ma chère mère... Peut-être je pourrais en avoir à raconter aussi. Je ne sais pas, voyons Comme la fois où tu as été raflée par les flics sur les Champs-Élysées, complètement bourrée au milieu de soldats américains, ce qui t'a conduite à être mise en carte, par exemple ?

Elle m'a raccroché au nez, signe que ce que m'avait rapporté Mamy un soir en pleurant, tellement elle en avait bavé avec elle, était vrai.

C'est beau la famille.

Après la sortie de *Nicolas*, la chanson « Ho ! j'cours tout seul », bien vite francisé en « Oh, j'cours tout seul » (parce que ce n'est pas comme ça que ça devrait s'écrire, ce qui m'a copieusement agacé) fut tout de suite un succès. Télévision, radio, magazines, tout cela est reparti de plus belle. Tant mieux, mais encore la routine. Il fallait casser ça. Nico avait raison.

J'ai eu envie de voir la scène de plus près. J'ai rassemblé quelques musiciens et, de façon un peu cachée, je me suis produit au hasard, fatalement dans de mauvaises conditions et dans des endroits sans grand intérêt, mais histoire de voir. Ce n'était pas cela que je voulais. Je préférais attendre.

Après quatre ou cinq apparitions, je suis rentré à Montfort, très indécis. Laurence m'attendait à la gare pour me ramener. Elle avait encore une sacrée nouvelle à m'annoncer.

Paulette s'était séparée de Jack et était à Montfort. Ah, ben, tiens donc… Décidément aucun amour-propre.

— Ça fait longtemps ?

— Un bon mois environ, remarque elle s'est occupée de Mamy. On était inquiètes.

— Il était temps ! Et avec l'intention de faire quoi ?

— Je ne sais pas…

— M'ouais… on verra bien…

En arrivant à la maison, Mamy était couchée. Elle était fatiguée. Quant à Paulette, elle a sorti son grand jeu de larmes, qui se déversaient sur commande comme je l'avais vue souvent faire. Tout cela en oubliant totalement ses invectives, ses menaces, ses insultes. Elle s'accrochait à moi en jouant piteusement les victimes.

Je détestais son contact, et surtout dans ces moments-là… Quand elle se montrait en pauvre bonne femme réduite à rien, implorant on ne pouvait savoir quoi, certainement pas un pardon puisqu'elle avait déjà oublié. Elle ne s'angoissait que sur son sort, comme toujours. Qu'est-ce qu'elle avait donc dans la peau ?

Je suis allé voir Mamy. « Ça va un peu mieux », disait-elle. Elle n'en avait pas tellement l'air mais elle ne voulait pas m'inquiéter, c'était visible. En revenant dans le salon j'ai dit que j'avais droit à un peu de repos, et que l'on reparlerait de tout cela demain. Tout était de trop cette fois !

J'ai décidé qu'il fallait changer de vie, totalement. J'allais avoir Paulette sur le dos, Mamy malade, je ne recevais quasiment plus personne, à quoi bon rester à

Montfort ? Eh bien, Paulette ne vivrait plus chez moi, et prendrait en charge Mamy. Je vivrais donc seul, à Paris, en gardant Laurence comme secrétaire.

Déménagement

Par une coïncidence assez curieuse, je reçois un appel de Jacqueline Herrenschmidt, grande directrice artistique avec laquelle j'avais travaillé pour des orchestrations, notamment pour François Bernheim, un excellent auteur-compositeur dont les chansons m'avaient beaucoup plu. Jacqueline avait découvert quelques grands noms dans la chanson. Elle avait du « nez ». Elle me disait qu'un jour dans un simple café elle avait vu un jeune guitariste auquel personne ne prêtait attention, et avait dit : « Lui, il va devenir quelqu'un. » On se moquait d'elle, mais des années plus tard c'était devenu Julien Clerc. Elle avait eu des productions qui avaient marché comme un groupe de gamins appelés Les Poppies et d'autres comme Renaud, Esther Galil et un certain Emmanuel Booz, un génie totalement incontrôlable. Un de mes meilleurs souvenirs d'orchestrateur, malgré tout.

Elle m'appelait pour avoir des nouvelles. Je lui parlai un peu de mon prochain album, et de mon projet de quitter Montfort. Elle m'a alors dit qu'elle pouvait me trouver un appartement si je voulais… Ce que d'ailleurs elle a fait ! Elle était incroyable, elle arrivait toujours à ses fins.

C'est dans son immeuble même à Neuilly, à côté de l'Hôpital américain, qu'elle m'a trouvé un bel appartement de trois pièces au troisième étage. Donnant sur un jardin intérieur. Elle-même avait le sien au rez-de-chaussée. Voilà un excellent cadre pour un changement de vie.

(Cette proximité de l'Hôpital américain allait être utile de façon inattendue, j'en parlerai plus tard.)

Paulette de son côté, bien obligée d'accepter les faits, a trouvé un appartement par l'intermédiaire de ma cousine Nicole, vers Saint-Quentin, et a pris un travail de secrétariat de direction dans un golf.

J'ai donc déménagé, fin 1979, vendu la voiture pour une plus petite à l'usage de Laurence, n'en ayant plus besoin moi-même vu la profusion de taxis juste en face de chez moi.

Je m'y suis installé, et j'ai pu me ressourcer dans la bonne vieille solitude qui était ma meilleure compagne. Comme dans tous les déménagements j'avais perdu beaucoup de choses. Notamment des partitions, dont le concerto de Catherine. C'est dommage.

C'est à Neuilly que m'a appelé Jean-Marie Poiré. Il venait de réaliser un nouveau film, *Retour en force*, avec Victor Lanoux et Bernadette Lafont. Une comédie dont il souhaitait que je fasse la musique. Voilà qui allait me changer. Une ouverture sur une nouvelle expression. J'avais bien fait de bouger. De changer un peu de vie. Jean-Marie aimait bien ce que j'avais écrit. C'était ma seconde musique de film, dix ans après *Erotissimo*. Il y en a eu d'autres… Mais peu.

Je sentais Jean-Pierre Domboy moins investi dans notre aventure depuis que j'avais lâché cette mauvaise équipe qui m'entourait en partant aux USA. Il était ami avec eux depuis longtemps, et avait peut-être aussi été influencé par ceux qui avaient été remerciés. En faveur de Lee.

Il y avait cependant des choses intéressantes, comme cette fois où j'ai rencontré un groupe tout nouveau, en promotion lui aussi, qui s'appelait Thaï Phong. Il y avait deux musiciens parmi eux que je trouvais intéressants et talentueux. On bavardait facilement, amicalement. On se rencontrait peu mais toujours avec plaisir. Et puis ils ont disparu.

Ces deux musiciens ont fait une belle carrière après l'éclatement du groupe. L'un s'appelait Michael Jones, pour qui plus tard j'ai écrit des orchestrations pour son album solo, et l'autre s'appelait Jean-Jacques Goldman !

Paris

Eh oui… j'étais régio-parisien à nouveau. C'est à cette période que Nelly m'a annoncé, dans un taxi et le plus naturellement du monde, qu'elle venait de rencontrer quelqu'un dont elle était tombée amoureuse et que j'allais l'adorer. Elle était ainsi.

Elle présentait le futur à l'ancien quand elle sentait qu'ils allaient beaucoup s'apprécier. Ce qui lui semblait extrêmement important. Elle ne s'était pas trompée. Nous sommes devenus très amis, son futur mari et moi. Même longtemps après leur mariage.

De toute manière, nous savions depuis le début qu'il serait impossible de construire quelque chose de définitif entre nous. Nous avions tous les deux la trentaine, j'avais des enfants, et pas elle. Elle souhaitait se marier, moi pas, et d'autres facteurs que je comprenais fort bien intervenaient dans sa décision. Ce fut sans accroc, sans difficulté aucune, et même, vu l'affection que nous gardions malgré tout l'un pour l'autre, j'étais heureux pour elle. J'ai vu leurs enfants grandir et ai même assisté au dîner de mariage de l'un d'eux.

J'ai recroisé Peter, ce fut moins facile. Il restait un vieux fond d'affection qui embrouillait un peu les choses. C'était cassé mais en même temps c'était un frangin en quelque sorte, et on avait de bons souvenirs. On se les remémorait, mais de moins en moins, et un peu tristement. La ville maudite nous éparpillait. Il se noyait dans l'alcool. Je l'ai revu bien plus tard après un concert à l'Olympia, dans ma loge. Il était avec un compagnon, aussi négligé que lui. On ne se ressemblait vraiment plus, je le reconnaissais à peine, il avait changé. Je n'ai pas osé demander des nouvelles de ses parents. Ni voulu savoir où et dans quoi il pouvait vivre. C'était fini. J'ai tenté un jour de le retrouver, me demandant ce qu'il était devenu. Il n'y avait son nom nulle part, à aucune des adresses que je connaissais. Ne reste de lui que quelques photos dans un carton, quelque part.

La vie va

J'allais voir Catherine, dans son incroyable appartement. Nous y passions de grandes soirées… Nous avions un jeu particulier assez idiot auquel participaient Annie Girardot et Bob Decout. Le lecteur VHS de Catherine avait cet avantage d'enregistrer et remplacer le son d'origine d'une cassette. Nous prenions une ancienne série comique américaine, « Les Arpents verts », nous regardions une première fois l'épisode, puis nous nous répartissions les rôles. Après un retour au début commençait le doublage. Nous improvisions bêtement des dialogues assez salaces, qui nous créaient des fous rires nous contraignant à interrompre de temps en temps nos enregistrements imbéciles pour reprendre notre souffle.

Une fois cela terminé, venait le visionnage du résultat, en buvant un coup. Quelles délicieuses horreurs, que Catherine n'était pas la dernière à inventer !

La comédie musicale qu'ils ont écrite tous les trois à l'occasion de la grande réouverture du Casino de Paris a été une catastrophe. C'est cette pauvre Annie qui en a fait les frais (dans tous les sens du terme, le spectacle étant d'abord basé sur son nom).

J'ai assisté à la première avec Do. L'idée de base n'était pas mauvaise. Dans ce théâtre fermé depuis bien longtemps, Annie entrait par le fond de la salle, avec une lampe de poche à la main, et s'apercevait tout à coup que des spectateurs étaient assis, attendant qu'un spectacle commence. Elle les éclairait en disant :

— Mais qu'est-ce que vous faites là ? Le théâtre est fermé !

Et là les acteurs, Catherine, Bob, et Jakie Quartz dont la chanson « Juste une mise au point » était dans toutes les oreilles, entraient en scène à ce qu'il m'en souvient pour dire qu'ils étaient venus lui redonner vie. Annie montait alors les rejoindre et un spectacle de cinq personnages commençait. Pourquoi pas ?

Encore eût-il fallu que la salle soit pleine pour ça, ce qui était loin d'être le cas. (Il devait y avoir au bas mot quatre cents personnes.) Éclairer des fauteuils vides en disant son texte, et en allant chercher d'un pas rapide jusqu'aux dix premiers rangs un auditoire à qui s'adresser, s'annonçait assez pénible à voir. Ce qu'elle a compensé avec son sens profond du théâtre.

Elle est entrée comme pour voir si tout allait bien et apercevait là-bas des gens assis. Mais qui êtes-vous là-bas ? commençait-elle en s'approchant, d'où venez-vous ? Il lui fallait improviser un peu plus de texte pour traverser la salle sans courir. Arrivée en bord de scène, le rideau s'est soudainement levé, révélant l'entrée des acteurs l'invitant à les rejoindre (si ma mémoire est bonne).

Il y a eu une série de « tableaux ». L'entrée de Catherine qui avait déniché un costume de gâteau en plastique dans une malle a fait sensation. D'autant qu'elle doit faire 1,57 mètre ou 58 et que le gâteau avait dû être prévu pour un mannequin de 1,80 mètre... Nous échangions avec Do des regards navrés.

Je ne savais pas que le directeur du théâtre était assis dans la loge à côté de la nôtre et que rien de nos commentaires ne lui échappait.

Parmi les autres tableaux dont on peut garder trace en mémoire, il y a eu, pendant un changement de décor, la tirade du fantôme du Casino de Paris. Écrite sans doute à la va-vite avec des parties improvisées pour gonfler l'ensemble.

Là nous avons assisté à quelque chose d'unique. Je ne crois pas que dans toute l'histoire du théâtre (ou pour une caricature comique) il ait existé une actrice parlant aussi faux ! Je dis à Do :

— Dis-moi qu'elle le fait exprès !

— Je ne crois pas hélas, c'est quelqu'un de la troupe qui l'a fait engager parce qu'il n'avait pas payé sa pension alimentaire depuis deux mois. Ils se sont arrangés comme ça. (Le directeur à côté entendait tout bien sûr.)

Je riais…

— Oohh c'est pas vrai ? Oh, le fantôme !

— Si, je te jure…

Le décor ayant été changé et le fantôme évanoui, nous avons vu un ring de boxe. Ah… Y sont grimpés Bob en imperméable kaki avec un chapeau, Catherine encombrée dans son gâteau, Annie égale à elle-même, élégante et jouant le jeu, et Jakie Quartz, transparente et qui semblait ne pas savoir quoi faire de sa peau… Allait-elle chanter ?

Non. On a entendu un 45-tours de James Brown, « This is a man's world », qui grattait. Et du début jusqu'à la dernière note, les quatre protagonistes fumaient une clope, sans rien dire, en se promenant sur le ring comme des inconnus qui se croisent. Et soudain les lumières se sont éteintes. Nous étions dans le noir total.

J'ai dit à Do : « Ah, ils ne vont pas nous remettre le fantôme quand même… »

Et là un Américain s'est levé en colère et a insulté tout le monde. Casino de Paris !… Il y était venu en espérant voir quelques plumes agrémenter les rondeurs de jolies filles, et tombait sur un truc incompréhensible, et qu'il n'y avait décidément que les Français pour apprécier ça. Nous ne pouvions qu'approuver son désenchantement, n'y comprenant rien du tout non plus. Pour le reste qui semblait bien long, tout s'est terminé j'avoue ne pas savoir comment. J'ai dû m'endormir puisqu'il paraît qu'ils ont chanté. Les lumières de la salle revenant, nous avons compris que c'était terminé.

Les acteurs ont salué, de vagues applaudissements de politesse, ou de commisération, se sont fait entendre. Et quant à Do et moi, nous avons décidé de ne pas aller voir la troupe dans les loges. Qu'aurions-nous pu leur dire ? Nous sommes rentrés.

Nous avons appris que cette pauvre Annie avait dû tout supporter financièrement. Avec même disait-on des procès pour retard de paiement de la part de certains qui l'avaient entraînée dans l'aventure. C'est tout au moins ce qu'une grosse rumeur laissait entendre à la suite d'articles de presse.

Un peu d'air

Lorsque je recevais les enfants le week-end, je les emmenais au Jardin d'acclimatation. Nous y passions des journées entières. Ils avaient leurs endroits favoris, mais il y avait beaucoup de choses à découvrir. Et ils voulaient sans cesse y retourner. Ils s'y amusaient mieux finalement qu'à Montfort. J'avais bien fait de partir. Marianne et Joseph venaient aussi de déménager pour une maison à Suresnes. Nous n'étions plus très loin. Paulette elle-même avait démissionné du golf, et forte de son instinct de fouineuse s'est installée avec Mamy à Suresnes aussi. Histoire de surveiller comment les enfants étaient traités.

Ainsi je pouvais aller voir aussi Mamy plus souvent. Bon, tout semblait se calmer.

Je pouvais vivre un peu pour moi. Enfin.

J'en profitais pour sortir pas mal. Surtout avec Catherine qui connaissait des endroits totalement fous. La Grange, tiens. Comme je l'ai expliqué, la rue de l'Ouest, où j'avais vécu étant petit, formait un angle que nous avions baptisé « place de l'horloge » avec la rue Guilleminot. Vers le 20 de cette rue était une boutique d'appareils photo, où l'on m'avait acheté pour ma première communion un Brownie Flash Kodak. Une boîte carrée simple et facile d'utilisation qui venait de sortir. Depuis lors, cette boutique avait disparu au profit d'un établissement de nuit un peu particulier.

Il était tenu par Dany et Doni. Dany était un ancien légionnaire musclé d'un bon mètre quatre-vingt-cinq qui avait une passion pour Edwige Feuillère à laquelle il s'efforçait de ressembler. Perruque, grosses boucles d'oreilles en strass, maquillage et sourcils épilés retracés au crayon n'arrivaient pas vraiment à en donner l'illusion. Ce pourquoi, en manière de modèle, une grande photo de l'actrice dans *L'Aigle à deux têtes*, encadrée d'un miroir pyrogravé, trônait entre les verres sur l'étagère centrale du bar. Doni était un petit Italien dont les épaules dépassaient à peine du comptoir. Oh, le joli couple.

La première fois qu'elle m'y a emmené, dès l'ouverture de la porte m'est arrivée une odeur de moisi, dû au toit de chaume vieillissant qui recouvrait le bar à gauche de l'entrée, garni d'une dizaine de tabourets. Sur la droite, une longue banquette rouge en skaï, qui avait fait largement son temps, était « soignée » par de grands sparadraps roses afin d'éviter que les ressorts du siège n'incommodent les postérieurs des clients. Quatre petites tables s'y suivaient en file juste devant avec chacune deux chaises en bois. Ensuite, vers le fond, le coin VIP si l'on peut dire, une table ronde qui était notre endroit réservé. Nous nous y trouvions, Patrick, Catherine, Do et moi afin de profiter du spectacle. Parce qu'il y avait un spectacle ! Toujours le même mais qu'importe. Pas de rideau, pas de musique spéciale, ça se passait là tout simplement, sur un espace un peu plus large mais visible de tous et qui pouvait servir de piste de danse. L'anti-Paradis latin en quelque sorte.

La plantureuse meneuse de revue avait un costume de chat. Ou tout au moins un symbole de costume. Sa poitrine, manifestement plus acquise par la chimie que par la nature, était pudiquement ornée de deux petites têtes de chat en velours, collées sur les tétons. Autour des deux petits yeux en strass, les moustaches étaient tracées au crayon à sourcil à même la peau. La petite culotte était du même tissu, et la queue du chat était faite d'un étui toujours de velours noir enfilé sur un fil de fer tortillé qui lui évitait de pendre sous les fesses.

Elle annonçait, après avoir fait le service et distillé des histoires graveleuses de table en table, les artistes du spectacle.

La vedette du show était sa tête de Turc. Elle annonçait :

— Et maintenant Le Tonneau joyeux dans son répertoire des chansons de Fréhel !

— Ohhh, arrête un peu, répliquait l'autre, vexée, pendant que la meneuse continuait le service.

C'est vrai qu'elle était énorme… Une blonde, avec de mauvaises dents, et boudinée dans une robe verte.

Elle se concentrait et attaquait sa première chanson. La voix n'était pas vilaine.

— Ne tuez pas les goélands…

— Ils ont le trou du cul derrière les dents ! commentait la meneuse…

Voilà l'ambiance générale dans laquelle se déroulait le spectacle. Se présentait parfois un pauvre jeune Maghrébin tout en os, qui s'essayait au spectacle en faisant une danse du ventre peu convaincante, et en espérant se faire glisser un billet à la ceinture de sa jupe de perles. Ou encore un autre qui avait emprunté manifestement la trousse à maquillage et les vêtements de maman pour chanter du Sheila. Mon Dieu… !

Lorsque l'on manifestait l'envie de se faire un petit centimètre de poudre, Dany nous faisait entrer dans la cuisine. (Ils servaient vers les six heures du matin des spaghettis sauce tomate pour les « filles » qui arrivaient du Bois.) Cette cuisine assez spacieuse avait en son centre une assez grande table recouverte de linoléum sur laquelle nous faisions nos petits rails.

L'inconvénient était d'en nettoyer d'abord un coin si l'on ne voulait pas sniffer des boulettes de crasse en même temps que le produit pur.

C'était bien plus qu'une cuisinière qui servait à préparer les plats, plutôt un « piano » professionnel suivi d'un grand évier. Le tout faisait la largeur du mur.

Au-dessus de cet espace cuisinière-évier, et sans aucune protection, une tringle géante supportait toutes les tenues de Dany, soit une trentaine de robes et une dizaine de boas. Un long manche qu'on appelle un « décrochez-moi-ça » était posé contre le mur. Comme le « piano » était constamment chaud, on pouvait voir les barbes de plume des boas qui s'agitaient doucement dans l'air montant au plafond, et en accueillaient très probablement les odeurs des « mets » pendant leur cuisson.

Il ne se passait rien dans ce lieu, au final. Quelquefois ils recevaient des équipes de rugby en mal de folklore qui s'y amusaient terriblement, en se torchant le nez comme ils disaient, histoire en rentrant dans leur patelin de dire : « On a été à Paris, on a même vu des travelos. » Quel exploit ! Il y avait aussi des messieurs mariés et discrets que l'on faisait descendre au sous-sol en désignant une artiste du jour pour lui tenir compagnie… Mais en dehors de ça, jamais rien qui ne pût être manifestement répréhensible.

Dany nous adorait ! Au point que nous avons eu droit Catherine et moi à l'exposition de nos photos dans un joli cadre aux côtés de la grande Edwige Feuillère. Touchante attention.

Le lendemain, nos vêtements étaient imprégnés de l'odeur de La Grange et bons à laver d'urgence.

Voilà où passait quelquefois le « quatuor infernal ». Ce n'était pas méchant.

Joe Dassin

Pourquoi Neuilly et Joe Dassin ?

Pour expliquer, je dirais que cela remonte à quelques années plus tôt.

Déjà à mes tout débuts, j'avais intrigué Joe. Il voulait me connaître.

Il a été le premier à m'inviter dans une émission qui lui était consacrée. Et ce, peu après mon apparition chez Guy Lux. Je me souviens que je prenais mes repères dans le décor pendant les répétitions, mais je n'interprétais pas la chanson à fond. Je voyais Joe venir régulièrement sur le plateau me dire :

— Dis, vas-y hein ? Pendant l'émission faudra que tu te donnes à fond.

— Ne t'inquiète pas, là je répète, je prends mes repères.

— Bon, mais sois énergique, hein ?

— T'en fais pas... là je m'économise.

Évidemment, j'ai fait une prestation volubile, allant ici où là, revenant, repartant, grâce aux repères que j'avais pris. En aucun cas je ne risquais de déraper, ou de chuter. J'avais fait de la danse, j'avais préparé mes pas. Il ne le savait pas.

À la fin il est venu vers moi en me disant que je l'avais étonné. Que ça avait passé du tonnerre à l'écran. Il ne s'y attendait pas. Une estime réciproque était née.

Nous nous sommes revus sur des émissions de télévision, surtout chez les Carpentier, célèbres producteurs de télévision, et j'ai commencé à être invité à Feucherolles lorsqu'il s'y est installé. Christine, sa femme était adorable et pleine d'humour. Jonathan était tout petit et comme tous les bébés dormait beaucoup. On le voyait peu.

C'était un bonheur de parler avec Joe, d'une culture riche, que ce soit en peinture, anthropologie, philosophie ou musique. Ah, s'ils pouvaient tous être comme ça dans ce métier !

Je passais au moins une fois par semaine à son immense maison pas très loin de chez moi. Après un bavardage avec Christine et lui, suivi d'une tasse de thé, nous allions dans sa pièce de travail faire de la musique.

J'ai commencé à le fréquenter comme ça vers 1977 par amitié, simplement. Si par hasard une chanson avait pu en naître c'eût été tant mieux, mais ce n'était pas le but. Pourtant un jour je lui ai fait entendre un « truc » en deux bouts qui l'ont tout de suite accroché. Il a tapoté au piano avec moi, a proposé un enchaînement entre ces deux bouts et m'a dit : « Attends, je vais appeler Claude Lemesle, il va nous faire un super texte là-dessus. » Claude est un auteur prolixe qui a le don de la concision et des trouvailles simples mais très imagées. J'aimais bien son écriture. Cela a donné « Un Lord anglais », qu'il a créé dans un petit sketch chez les Carpentier avec Carlos et Jane Manson. Vers quelle année ? Disons 1978-1979 ?

Parfois il avait l'air un peu fatigué, surtout les derniers temps à Feucherolles. Nous avions de sincères et franches discussions, sachant que j'étais très discret. Il m'avait fait part des petits problèmes cardiaques qu'il avait eus d'une part à cause de la fatigue des concerts, et aussi à la prise de poudre pour se ravigoter, si je peux dire. Ce que beaucoup d'entre nous faisaient pendant les grosses tournées, mais les siennes étaient internationales et beaucoup plus fatigantes (France, Belgique, USA, Canada, Russie, Grèce, etc.). Mais ce n'était pas tout.

Seul à seul, il m'a confié, en se servant un whisky puis un autre, que tout n'était pas rose dans le couple Dassin. J'écoutais. Il avait besoin de s'épancher. Je n'étais qu'un confident et j'évitais toute question indiscrète. Ce qu'il semblait apprécier. Je me contentais de noter les whiskys qui dépassaient la mesure à laquelle généralement l'amateur raffiné qu'il était se limite.

Les médecins donnent des recommandations selon des examens mais ne cherchent pas vraiment les causes privées et profondes qui mènent à l'alcool. Il reste toujours cette idée que toute personne qui a tendance à boire a toujours une excuse plus ou moins valable.

Nous autres artistes avons tous des fatigues, des problèmes affectifs, et sommes en butte à des entourages pas toujours fiables. Surtout si l'on est une star de son niveau.

Je le trouvais un peu fatigué, je savais qu'il avait des problèmes cardiaques. Christine semblait être plus inquiète que lui... Car en dépit des recommandations des médecins, ce n'était un secret pour personne de ses amis, Joe reniflait un peu la poudre et buvait quand même pas mal.

Une fois, ils ont été amenés à congédier un couple assez désagréable qui faisait le service et le gardiennage de la maison, en limitant les heures de travail de façon drastique, en refusant de travailler le week-end dès le vendredi soir, et en faisant des réflexions désobligeantes. (J'y ai assisté plusieurs fois.) Et ils avaient raison ! En guise de vengeance, ces derniers ont tenté de les faire chanter. Ils ont exigé une somme coquette en montrant un bout de haschisch, disant que sinon ils les dénonceraient à la police. Ne se démontant pas, Joe a pris le téléphone, a demandé à parler au commissaire et lui a simplement dit :

— Mes gardiens tentent de me faire chanter en me menaçant d'une dénonciation sur le fait qu'ils ont entre les doigts un bout de haschisch qu'ils prétendent avoir trouvé chez moi.

— Bien alors nous arrivons...

Quelques minutes après le commissaire est arrivé, a regardé le morceau, l'a senti, et en a conclu que c'était vraiment du haschisch. Les gardiens ont été condamnés pour tentative de chantage. Fin de la partie.

C'est en 1980, lorsque j'ai quitté Montfort pour Neuilly, que Joe m'a prévenu que Christine allait accoucher de leur deuxième enfant. Elle était à l'Hôpital américain, juste en face de chez moi. Il lui a donné mon numéro de téléphone parce qu'il était aux USA, de façon qu'elle me prévienne et que je l'appelle lui pour lui annoncer la naissance du bébé. J'ai donc noté le sien là-bas et lui ai promis de l'appeler. C'est au matin que j'ai entendu la voix de Christine au bout du fil. Avec le décalage horaire, c'est donc en pleine nuit que j'ai eu Joe pour lui annoncer que son fils était né. Il était fou de bonheur. C'est pourtant la dernière fois que je lui ai parlé.

Je suis allé visiter Christine plusieurs fois à l'hôpital pour lui apporter ce dont elle pouvait avoir besoin, puis elle est sortie. Et ensuite, je ne les ai revus ni l'un ni l'autre. Sa disparition a été un choc ! Il aurait pu vraiment être un ami, différent de tous ceux que je connaissais.

Et la scène ?

Après quelques expériences dans des coins impossibles, il fallait tout de même se montrer à un moment donné dans des conditions plus médiatiques. Peut-être même à Paris.

Ce fut à Bobino l'année suivante, organisé par Philips. Je devais passer en deuxième partie, précédé d'artistes maison débutants, dont Isabelle Pérusat, Dave Stewart, un transfuge d'Eurythmics, et Philippe Lafontaine. Je n'étais pas très à l'aise devant un parterre de stars aguerries, alors j'ai opté pour faire comme je sentais, et vas-y !

Ce fut finalement très bien accueilli, tant par le public que par les médias. Un succès. Voilà qui me réconfortait. Et là j'ai vraiment pris le virus de la scène dont me parlait tant ma Nico.

Il y avait dans la salle un homme à qui je dois d'avoir été vraiment révélé : Michel Boris, directeur artistique de l'Olympia. Un grand bonhomme, sans concession, et doué d'un grand flair. Il allait me donner ma chance un peu plus tard pour un concert d'un soir, puis plusieurs fois ensuite pour de plus longs séjours, au cours de ma carrière.

À l'occasion de cette première apparition, Philips a sorti un simple, avec un tout nouveau titre : « Chanson noble et sentimentale ». Un clin d'œil à Schubert, que j'aimais jouer.

Ce fut ensuite une seconde apparition avec Catherine pour Amnesty International au Châtelet.

J'étais donc dès lors porteur d'un troisième chapeau. Homme de scène.

Jusqu'alors mes prestations n'avaient rien d'original. Autant faire comme tout le monde avant de bifurquer vers des choses moins conventionnelles. Ce n'est pas moi qui ai dessiné une route différente mais le public. Et le public belge surtout, avec lequel j'ai toujours eu une relation privilégiée.

Un homme, Jo Dekmine, encore une fois un découvreur. (Il avait produit, au Théâtre 140, à Bruxelles, les Rolling Stones à leurs débuts, Pink Floyd de même, Gainsbourg du temps où il se faisait siffler...) Personnage un peu fou qu'on ne pouvait qu'aimer tout de suite. Il m'a engagé pour un concert en fin d'année 1981.

J'ai donc commencé mon récital normalement et puis j'ai eu envie, après un court entracte, de faire quelques chansons au piano seul. « Nicolas », « Les Petites Filles modèles »… puis sont revenus les musiciens. Là ce furent des cris, des sifflets, des houuuu… Tant et si bien qu'ils sont ressortis, et que j'ai joué toute la deuxième partie seul au piano. Là ce fut un triomphe (tiens, donc…).

J'ai sorti cette année-là, avec ces mêmes musiciens, l'album *J'suis pas bien*. Un album un peu bâtard, fait entre plusieurs studios, qui compilait des 45-tours et quelques nouveautés.

Moins de promos. J'avais plus de temps. Les enfants, les amis, la lecture. Même un voyage au Maroc. Ah, aller à la rencontre d'une culture solaire, chaude, enivrante… Oui, mais lorsque j'y suis arrivé, il n'y avait jamais eu de temps aussi froid depuis les années quarante ! Enfin c'était un gros inconvénient pour les Marocains, mais moi je ne sentais pas trop la différence avec les températures françaises. J'ai atterri à Marrakech, guidé par Pierre, de La Lieutenance, qui semblait bien connaître la ville. Nous avons séjourné à la célèbre Mamounia, où un ami d'ami m'avait recommandé au chef de cuisine. Nous y avons été traités royalement.

Pour ce qui est de la ville, Pierre préférait quand même Fès. Donc en à peine quelques heures il nous avait réservé une suite au Palais Jamaï. Il connaissait très bien le directeur, M. Pic. Je peux même dire qu'à

Fès il connaissait tout le monde. Il se disait qu'il avait ses entrées partout, ayant été un des « favoris » du roi Hassan II dans sa jeunesse. Il y avait fait en tout cas son service militaire en tant qu'infirmier, et y avait séjourné de longues années. Et parlait assez couramment l'arabe.

Nous avons loué une 4 L brinquebalante, après de longs palabres, et avons roulé un peu plus de quatre heures en direction de Fès.

Par contre, en remontant vers le nord le soleil s'est mis à chauffer dur ! Je ruisselais. Mais il n'était pas question d'ouvrir une fenêtre, à cause du postiche de Pierre. (J'en reparlerai plus loin.)

Oh, quel superbe hôtel ! C'était à l'origine un palais en forme de U avec un magnifique jardin. Ce palais, dans sa partie au fond du jardin, était loué en tant que suite et contenait le mobilier que le roi avait fait enlever de son train personnel. Beaucoup d'or et de satin partout. Il avait été clos par la suite par un immeuble moderne et élégant qui était donc l'hôtel principal.

À notre arrivée la suite n'était pas prête. Nous avons passé la nuit au quatrième étage dans de grandes chambres, chacune donnant sur la ville. Pas de fenêtre. Juste une grande arcade qui permettait de tout voir. Une splendeur de ville.

Le lendemain nous avons intégré l'ancien palais lui-même, à l'autre bout du jardin. Et puis une première visite a été organisée. Nous avions un guide assermenté, ce qui éloignait les gamins qui réclamaient toujours une pièce, et surtout nous évitait de nous perdre dans la médina. J'y ai eu une drôle de surprise. Ce guide, que Pierre connaissait de très près et depuis longtemps, puisque c'est sur son intervention auprès du roi qu'il lui avait fait obtenir cette honorable fonction, nous a invités un soir à dîner dans son riad de famille. Il y avait là deux jeunes, un ado genre dix-sept ans, et un plus jeune dans les quatorze ou quinze ans. À la fin du somptueux dîner traditionnel, où le vieux père nous mettait à pleines mains les morceaux d'agneau qui lui semblaient les meilleurs, le plus jeune des garçons, en me regardant à plusieurs reprises, a parlé à l'oreille de son frère, lequel m'a dit en un français impeccable :

— Mon frère il me dit qu'il a dans la chambre une photo qui te ressemble.

— Ah, bon ? Qui me ressemble ?

— Oui, tu veux voir ?

— Je veux bien, oui.

Nous sommes alors montés et j'ai eu la surprise de me voir sur une page de *Salut les copains* collée au mur. Elle devait dater de 1975. J'ai dit :

— Oui, c'est bien moi. Mais, il me connaît ? Enfin, il sait qui je suis ?

— Non, mais il trouvait que t'étais beau, alors il l'a acheté un dirham au souk.

— Ah, tout simplement ?

— Oui, il me dit que tu as changé.

— Tu sais, ça date d'il y a six ans maintenant, c'est un peu normal.

Ça m'a fait rire, quand même c'était étonnant... Après ils ne me lâchaient plus. Ils avaient appris que j'étais une star en France et voulaient me montrer à leurs amis.

J'ai trouvé pas mal de musiques intéressantes en entrant chez un disquaire et lui ai demandé ce qui était nouveau, actuel, et à son avis intéressant. Il m'a sorti quatre cassettes dont deux seulement portaient une étiquette. Le reste, comme j'ai pu le constater en retournant au Maroc, ou en allant en Tunisie, était de simples copies avec des étiquettes écrites au feutre. On les achète ainsi sans demander plus. C'était apparemment un bon choix, parce que lorsqu'il m'est arrivé de les faire écouter à des invités de Pierre, ils m'ont demandé où j'avais eu ces musiques qui étaient magnifiques.

Et puis tout se termine un jour. Je serais bien resté un peu. Les garçons me disaient que je pouvais dormir au riad… C'était gentil, mais impossible.

J'ai retrouvé ma vie habituelle. Les enfants le week-end, Mamy, les sorties, retrouvailles du piano. J'écrivais. Plutôt de la musique, des quatuors, des « choses » symphoniques qui allaient d'ailleurs me servir plus tard. J'ai commencé à développer une mémoire sélective. Et bien des choses ne s'y sont pas imprimées.

Ainsi, jusqu'à la fin de l'année 1981, ou même début 1982, il n'y a rien eu de particulier ou de mémorable.

15

OLYMPIA

Jean-Michel Boris, donc, m'a proposé de venir jouer à l'Olympia trois soirs de suite. En avril 1982. Bien sûr j'ai accepté immédiatement ! J'étais honoré de son invitation ! Je lui ai dit qu'alors j'aurais souhaité un spectacle de music-hall dans la tradition. Une soirée distrayante avec une première partie de son choix.

Cela semblait lui plaire. Je me souviens notamment d'un numéro d'un magicien qui rate tout, très imité depuis, Johnny Lonn, et des « Démones Loulou » dont faisait partie alors Marianne James. Trio affolant, dans des tenues à l'ancienne, qui tout à coup se mettaient en porte-jarretelles à la french cancan et chantaient en tirant des coups de revolver dans tous les sens. Cela m'amusait beaucoup, même si ce n'était pas au goût de certains coincés. Seulement j'avais une culture de cabaret, et j'étais donc plus enclin à apprécier des numéros un peu loufoques.

Pour cette occasion, Philips avait eu envie de sortir un nouveau 45-tours. Comme l'ensemble de mon répertoire était plutôt axé sur la nostalgie, la tendresse, la mélancolie, ou l'anecdote intime, j'avais envie de quelque chose de léger, de dansant. Je repensais à ce vieux titre : « Shame in the family », une sorte de Calypso que j'avais bien aimé. J'ai donc écrit et enregistré « Rosanna Banana ». Une bêtise sans prétention, qui faisait aussi référence à « Juanita Banana ». Un rythme nouveau à tenter. Qui allait parfaitement avec les Démones Loulou. Un moment de rigolade.

Ce soir-là, j'avais un beau parterre, Jonasz, Delpech, Girardot, Lara, et bien d'autres… J'en connaissais personnellement certains, mais d'autres sont venus, curieux de savoir ce que je valais. J'ai apparemment passé le test de façon plus qu'honorable, les médias étaient enfin à même de juger l'artiste et s'en sont trouvés enchantés. À part un critique qui disait : « Il y a des dizaines de Sheller réfugiés dans les maisons phonographiques. Il y a des centaines de Sheller végétant dans le circuit associatif ou dans celui des maisons de jeunes et de la culture. » Voilà qui m'amusait plus qu'autre chose. On avait bien prophétisé que Johnny Halliday ne durerait pas un an…

Les concerts ont été enregistrés pour sortir un *Concert live* en double album. Oui, mais pas un micro dans la salle pour témoigner de la présence du public. On n'y entendait que quelques clap-clap.

Je me suis rendu compte, petit à petit, que les morceaux qui n'avaient pas été remarqués en disque devenaient des titres phares sur scène. On me demandait plus souvent « Les Petites Filles modèles » ou « Symphoman » que « Rock'n'dollars » qui s'oubliait un peu. Je le jouais quand même de temps en temps en troisième rappel, mais le public s'en passait volontiers.

Voir le musicien chanter ces chansons un peu particulières et les jouer en direct avec les mains qui virevoltent sur le clavier comme les pianistes classiques n'est évidemment pas très commun. Et comme aux concerts classiques, la partie gauche de la salle, celle où l'on peut voir les mains, était toujours réservée en premier.

Je reste persuadé qu'il y a la musique à écouter, et la musique à regarder jouer. L'enregistrement a fait beaucoup pour bien des compositeurs, comme Edgard Varèse par exemple. C'est un peu ennuyeux à l'orchestre mais sublime à écouter en enregistrement. Moins attiré par les gestes des musiciens, on entre alors dans des images profondes et riches que rien ne perturbe. Au contraire, un concerto demande à voir le soliste.

Je me souviens que, tant que c'était possible, pour les œuvres d'orchestre, j'aimais assister au concert avec la partition de poche de l'œuvre. À moins que ce ne soit un grand chef dont on admire la direction.

En 1982, quoi encore ? J'étais sur les routes en donnant des concerts, mais je n'en ai pas gardé une grande mémoire. Oui, j'écrivais. Allez, il fallait bien faire un album un de ces quatre, alors en prévision… et puis je restais toujours en contact avec Mamy, Paulette, les enfants…

Inquiétudes

Justement, les enfants. Ils me semblaient moins ouverts qu'avant, lorsque je les voyais le week-end. Ils se retenaient en tout, moins de rires, moins de confidences. Quelque chose n'allait pas. Johanna prenait du poids, incompréhensiblement parce qu'elle ne mangeait pas plus que le menu sommaire que Marianne leur préparait.

Je me souviens d'un Noël que j'étais allé passer chez eux. Marianne était en blouse à carreaux, pas coiffée, avec un tablier de cuisine, et a jeté sur la table un saumon encore emballé sous vide dans son plastique et s'en est retournée à la cuisine en traînant les pieds. Vision suicidaire d'un soir de fête.

J'ai pu me rendre compte alors du rituel qui s'était installé. On faisait la prière avant le repas, on ne parlait pas pendant, parce qu'il fallait écouter de la musique classique.

En fait, Jésus envahissait tout. Marianne était en permanence dans un état somnambulesque, comme je l'avais connue dans les mauvais jours.

Pas de télévision. Pas de radio. Et le téléphone débranché s'ils devaient partir en laissant les enfants seuls. De toute façon, dans ces cas-là, le salon était fermé à clé. On leur bourrait la tête de choses invraisemblables : j'avais fait pacte avec le mal. Jamais je ne me soucierai d'eux, donc inutile de faire appel à moi…

Les défauts de Paulette s'avéraient pour une fois utiles. Elle surveillait de près ce qui se passait, et les enfants venaient la voir pour se confier un peu. On ne pouvait manifestement pas leur interdire de rendre visite à leur grand-mère.

Elle jouait parfaitement son rôle favori de tigresse, n'hésitant pas à se déplacer pour aller sonner chez eux et dire son opinion. Au moins elle savait faire peur.

L'école où avait été inscrit Siegfried était, disait-elle,

tenue par des bonnes sœurs. Il s'y passait du racket des grands sur les petits, à l'insu des religieuses qui n'avaient d'yeux que pour leur chapelet et ne surveillaient rien.

Johanna, ayant eu un petit accident nocturne à dix ans, s'était vu agrafer sa culotte salie sur son sac à dos pour partir à l'école… Quand la punition tourne au sadisme, où est la chrétienté ? Que pouvais-je faire ?

Marianne et Joseph avaient des accointances avec je dirais des « plus que chrétiens », genre de vague secte à l'américaine, où il était de bon ton de se rebaptiser en se plongeant dans l'eau et autres folklores du genre. Cette « secte » avait été agréée par l'Église catholique et romaine. Hum !

On priait Jésus dans une église qui les accueillait, et parfois jusqu'à minuit ou plus. Les enfants morts d'ennui en sortaient et se promenaient dans la rue. Bravo !

J'y suis allé une fois, dans cette église, près de la place Victor-Hugo, pour voir un peu. Les fidèles allaient et venaient entre les bancs, et parlaient entre eux. Une jeune fille en jupe et talons plats, avec un pull ras du cou, d'où émergeait un petit col Claudine agrémenté d'un collier de perles, était sur une sorte de scène, et chantait sans accompagnement un cantique que personne n'écoutait. Il fallait la chercher des yeux, vu qu'aucun éclairage ne la signalait.

On peut dire ce qu'on veut, mais au moins aux USA dans ce genre de manifestation, un bon spot aurait attiré l'attention sur elle. Là, non. L'incompétence totale.

Partant du principe qu'il n'était pas chrétien de blesser autrui par une remarque qui aurait pu être désobligeante, et faire de la peine, on laissait les incapables avoir des idées lamentables, et l'on faisait avec.

Que l'on ait une vie spirituelle et une foi intime, oui, je l'admets fort bien. Mais là, c'était quoi cette caricature, où la quête avait sa place en bonne et due forme bien entendu ? Donnez ce que vous pouvez...

J'étais effaré. Il allait falloir agir, mais comment et quand ?

Partir

Neuilly finissait par me peser. Je n'étais pas très loin de la Seine et parfois je marchais longtemps la nuit. En ruminant. Il valait mieux que je m'installe au cœur de Paris.

Préparer peut-être la place pour les enfants si jamais j'avais à les accueillir. Un quatre-pièces, voilà ce qu'il fallait. J'en ai trouvé un ! Jacqueline était désolée de me voir partir, mais quelque chose me poussait à le faire.

Je me suis installé pas loin du parc Monceau dans l'angle d'une petite rue qui donnait sur ce qui avait été les ateliers de Bartholdi, là même où il avait construit la statue de la Liberté. Tout avait été changé depuis, évidemment.

À la place il y avait une école hôtelière. Voilà qui animait le quartier ! Il y avait une fois par an la fête de l'école et il ne s'agissait pas de traîner dans la rue ce jour-là, sinon vous pouviez recevoir des œufs et de la farine. Les rombières grincheuses étaient leurs cibles privilégiées.

J'aimais beaucoup le coin. Il y avait tout à portée de main. Un petit restaurant en face, Chez Papa, un bistrot en bas, un restaurant chinois au bout de la rue, des boutiques partout. Plus le superbe parc aménagé par

Napoléon III où l'on pouvait se détendre et lire. Je crois que c'est là que j'ai écrit les morceaux que je préfère.

Et voilà comment se remplit une année, l'air de rien.

Révélation

Il me semble que c'est cette même année que le festival appelé « France amour », en Belgique, m'avait sollicité pour la finale du concours de chanson française à La Louvière. Je m'y étais donc rendu la veille, pour parler de l'organisation, et j'avais appris que cette finale devait être retransmise en direct sur la RTB. Nous devions passer en seconde partie derrière les lauréats du concours. C'était là une belle opportunité d'avoir un large public et de se faire connaître de ceux qui ne sortent pas aux concerts. Vu que nous étions suffisamment rodés, nous n'avions rien à craindre, et j'attendais mes musiciens pour leur annoncer la bonne nouvelle.

À cette époque, pour passer la frontière avec tout le matériel de scène, il fallait avoir avec soi un carnet ATA, sur lequel devait figurer chaque élément. C'est-à-dire les amplis, les câbles, les micros, et diverses autres choses, enfin tout ce qui n'était pas les instruments eux-mêmes.

J'avais hélas parmi les musiciens qui m'accompagnaient un farfelu, excellent bassiste, ce pour quoi je le gardais, qui trouvait cela agaçant. Tous les techniciens trouvaient cela agaçant, mais la plupart du temps les douaniers jetaient un coup d'œil sur le carnet et laissaient passer.

Oui, mais cet excellent bassiste, Patrick Dupont, s'est mis à caricaturer l'accent belge pour dire une ânerie, ce qui a vexé le douanier, lequel a exigé de vérifier en détail tout le contenu du bus. Comme Dupont s'est mis à devenir désagréable, le douanier en a fait autant, et après un échange d'aboiements réciproques, le matériel a été interdit de passage. Ils pouvaient passer la frontière avec le bus vide, leurs instruments aussi, mais rien d'autre. Les autres musiciens étaient consternés et tentaient d'arranger les choses, mais le douanier est resté intraitable.

En rage, notre Dupont a écrit dans la poussière à l'arrière du bus, et de manière bien visible : « Belges = Enculés », c'était le pompon !

L'idée idiote fut alors de tenter de passer par un autre poste-frontière, où un second douanier n'a eu qu'à faire le tour du bus, lire l'inscription pour les refouler. Ils ont essayé une autre route, après avoir nettoyé la poussière du bus, sans penser une seconde que tous les postes-frontières s'étaient prévenus entre-temps. Ils étaient donc bloqués de partout.

J'étais dans le théâtre, me demandant pourquoi ils avaient pris tant de retard, et finalement je les ai vus arriver, l'air piteux. Ils m'ont donc raconté les exploits de Dupont et ce qui en a suivi. J'ai passablement houspillé le coupable, mais en quoi au final cela pouvait-il résoudre le problème ? Qu'allions-nous faire ? Louer du matériel local ? Impossible, nous avions des réglages bien définis, éprouvés, et il ne fallait pas tenter l'aventure.

En désespoir de cause, j'ai proposé de donner un récital seul au piano. Je n'étais pas très sûr de mon coup, c'était risqué, je n'avais jamais joué en direct à la télévision, et je vous jure que l'idée est impressionnante, mais c'était la seule solution.

Au moment de mon passage, le présentateur a annoncé que j'avais choisi de donner mon récital seul au piano. Je suis entré le ventre serré, j'ai attaqué, c'est bien le mot, ma première chanson un peu vite et me suis rapidement dit que je devais me calmer. Je suis entré plus à fond dans le personnage, mais comme par habitude j'ai chanté un peu fort vu qu'en général avec les instruments électriques je m'entendais à peine. J'ai donc adouci le chant et là, ce fut une révélation.

Pour la première fois, j'entendais vraiment la salle. Il y régnait un silence attentif que je n'avais jamais soupçonné.

Quel bonheur d'être écouté comme ça. J'ai donc pu nuancer les mots, les images, jouer avec les tempos, enfin je pouvais vivre mes personnages et faire mieux passer mes histoires.

Là venait de se produire un évènement décisif.

Pourquoi ne pas donner des concerts seul au piano ? Comme j'avais vu Barbara le faire au Théâtre des Champs-Élysées, et comme elle m'avait entendu le soir où elle m'a dit : « Tu devrais chanter » ?

Comme j'avais bien fait ! En un court passage j'avais changé l'image du chanteur de 45-tours en celui d'un véritable artiste, capable d'émouvoir. On entendait les mots, on percevait les images, on les vivait. Le succès fut énorme.

C'est alors que Jo Dekmine me proposa de donner un récital, voix et piano, sur trois jours, dès février 1983 au fabuleux théâtre mythique, le 140. Là c'est un autre monde qui s'est ouvert. Les médias furent unanimes.

La Belgique m'avait adopté. Comme j'avais dit un jour, « la France est ma mère patrie, mais la Belgique est ma petite fiancée ».

Philips, devenu Polygram, voulait une nouveauté. Oh, pour une fois, j'avais de quoi. Douze titres ! Ce qui est rare. Mais un nouveau directeur avait pris place. Sorti de l'industrie du petit pois, il envisageait l'industrie de l'édition phonographique comme toute autre. Sa grande imagination l'avait conduit à penser que des demi-albums, soit six titres, se vendraient mieux. Comme si vendre des demi-pommes en ferait vendre deux fois plus. Donc j'ai enregistré six titres. Il est curieux de voir que cinq de ces six titres sont devenus les plus demandés en scène.

De retour en France, j'ai annoncé que j'allais dorénavant donner des concerts au piano. Réponse du nouveau directeur de Philips, devenu Polygram :

— Vous ne faites pas ce qu'il faut pour avoir la place que vous méritez. Cela vous regarde, vous savez j'en connais qui partent sur les routes avec un sac à dos, si c'est ça votre vie, on ne peut pas aller contre, mais c'est dommage.

Le problème était que la place qu'il imaginait devoir me revenir ne m'intéressait pas du tout. Un disque, une promo, un disque, une promo… Non. J'avais trouvé une autre porte.

J'ai, sur la demande d'une autre maison de disques, dont le président était un ami, donné donc mon dernier concert en formation « variétés », pour offrir un coup de pouce scénique à de récents artistes, qui n'avaient pas encore abordé la scène. Il fallait une tête pour attirer du monde.

C'est ainsi qu'en première partie j'ai eu la surprise de revoir Jean-Jacques Goldman qui venait de sortir « Comme toi », de Buzy, et d'autres, dont (qu'ils me pardonnent) je n'ai plus le souvenir. Un bon moment quand même.

Allez, je prends mon sac à dos.

J'ai à partir de là donné beaucoup de récitals piano-voix. En Belgique principalement ou avec quelques intrusions dans le haut nord de la France. J'ai commencé aussi à me produire en Suisse, où j'ai reçu un accueil chaleureux.

Je séjournais beaucoup à Bruxelles, dans le quartier Montgomery. J'y étais très heureux. Je revenais pour les week-ends voir les enfants, ou je les faisais venir quand ils avaient quelques jours de vacances.

Mais je pensais que je devais ajouter quelque chose… quelque chose de jamais vu. Tiens, un quatuor à cordes… Je n'osais pas m'adresser à des professionnels que je ne connaissais d'ailleurs pas encore en Belgique. J'ai donc fait appel à des amateurs de bon niveau. Le quatuor Halvenalf. Le mot en flamand veut dire « moitié-moitié », parce que, comme ils me l'ont expliqué, il « était composé de deux juifs et de deux goys, de deux néerlandophones et de deux francophones, et de deux hommes et deux femmes ».

Nous avons beaucoup répété et nous avons donné notre premier concert toujours au 140 pour trois soirées. Une surprise, et un grand succès. Nous avions même un décor. Trois colonnes en trompe-l'œil et une autre, noire et laquée, surmontée de la photo découpée d'un chat monté sur la tête d'un buste romain. Sous la lumière il ressortait en relief. L'effet était extraordinaire.

C'était tellement réaliste qu'à la suite de la première, deux gentilles dames un peu inquiètes m'ont demandé si c'était un chat empaillé que je montrais sur scène.

Afin de les rassurer je les ai fait venir sur le plateau, constater par elles-mêmes qu'il ne s'agissait que d'une photo, un instantané, collée sur une légère plaque de bois. La lumière menteuse faisait le reste, et c'était là la magie de la scène. Elles étaient rassurées, et heureuses d'avoir découvert un secret de théâtre.

Voilà qu'au sommet de Philips on s'apercevait que ce pauvre sac à dos, que l'on pensait se disloquer, était en train de se doubler de vison… Il y avait donc là matière à profit… Il fallait voir de plus près. Une grosse équipe est venue assister en fanfare à un de mes concerts. Non, je ne voulais pas rencontrer ces gens-là dans ma loge, ni avant, ni après. Encore moins assister au grand dîner qu'ils avaient prévu. Retournez donc chez vous.

De là quand même j'ai fait quelques incursions en France, et notamment à l'Olympia la même année où est sorti « Simplement », mais c'est avec le quatuor que j'en ai enregistré une version *live*. Bien accueillie.

Ensuite j'ai donné énormément de concerts un peu partout, Belgique, Suisse, France, dont je ne me souviens plus du tout.

Et pendant ce temps-là, que devenaient les enfants ?

Je suis donc rentré sur Paris. Je reprenais régulièrement contact avec eux dont la situation ne changeait guère, malheureusement, comme me le rapportait Paulette. Je n'avais pas le temps matériel de faire une action quelconque, d'entamer des procès, des plaintes, de remuer la boue en envoyant des journalistes de presse à scandale investiguer, épier, et publier des articles douteux dans des journaux auxquels il faut éviter de faire appel. Les « services » rendus dans ces cas-là se retournent fatalement un jour ou l'autre contre vous, sous prétexte de donnant-donnant.

C'était extrêmement délicat. Je me suis permis un petit avertissement cependant :

« Voulez-vous que j'alerte la presse sur la façon dont mes enfants sont élevés chez vous, dans une maison sale, coupés de tout, et endoctrinés par des discours malsains ? » Il fallait attendre que les enfants eux-mêmes prennent l'initiative de me demander asile. Ce qu'ils firent plus tard.

En attendant, je mijotais encore d'autres formes d'écriture. Plus ouvertes sur toute la musique, de quelque époque qu'elle puisse être, de quelque culture qu'elle puisse provenir, enfin la liberté totale. Ah, ce « canon » (entrée successive et décalée du même motif) de quatre trompettes me sonnait constamment aux oreilles. D'autres passages aussi, dans ce même style, guerrier, dans lequel pour la première fois j'affirmais des convictions. Ce n'était pas étranger à la situation dans laquelle je sentais mes enfants prisonniers.

J'imaginais un jeune homme recevant son père de retour de conquêtes religieuses, et lui faisant respectueusement part de tout ce que cela impliquait aussi de destructif sur le plan humain.

C'était parti !

De là suivit « La Tête brûlée » à partir de cette toile de Watteau, *L'Embarquement pour Cythère*. Une ode à l'amour qui se perd.

C'était long à écrire, avec juste du papier, un crayon et une gomme.

Et curieusement, je m'aperçois, aujourd'hui où les logiciels décident presque avant vous de ce qui doit être écrit, me lassent et me font perdre parfois l'inspiration, à force de manipuler des boutons, des potentiomètres, des sons récalcitrants, qu'on en oublie le propos d'origine.

J'en reviens donc à l'écriture manuelle. Évidemment cent cinquante à deux cents pages manuscrites pour grand orchestre, sans le « copier-coller » parfois bien utile, n'est pas si facile à remettre en main. J'ai perdu la célèbre « verrue de l'écrivain », cette boursouflure à l'arrière de l'ongle du majeur, que forme l'appui constant du crayon au fil des années d'écriture. Mais elle revient doucement.

Les JMF

1985 était déjà entamée, avec toujours beaucoup de concerts, dont une longue série avec les Jeunesses musicales de France. Une formidable association, laquelle dans le cadre de l'initiation à la musique pour la jeunesse donnait de nombreux récitals de différents styles.

Et notre formation en quintette convenait parfaitement à leur concept. C'était destiné aux élèves majoritairement internes à ce que j'ai pu comprendre, et la possibilité de voir William Sheller les changeait un peu de leurs habitudes. Écouter, entre un piano, une plante, et un violon une sonate de Brahms était un moyen de s'échapper un peu de leur établissement scolaire, mais cela n'avait pas tout à fait le même attrait pour de jeunes élèves.

C'était on ne peut mieux organisé. Un régal.

Cela a donné lieu parfois à de curieuses expériences.

Je me souviens qu'à La Flèche, en entrant sur scène, je me suis trouvé face à une salle remplie de jeunes portant un blazer vert et une cravate rayée jaune et bleu. Cela fait un drôle d'effet les premières minutes. C'étaient les élèves de l'école militaire, m'a-t-on expliqué ensuite.

Et ces petites dames aussi, qui venaient avec en liquide dans leur sac à main, et par les rues tortueuses de certaines villes, apporter les cachets qui nous étaient destinés. Plus d'une fois nous en avons raccompagné certaines, leur chemin paraissant aussi long que dangereux.

C'est à l'occasion d'un de ces récitals que j'ai fait la connaissance à Brest de Jean-Yves de Linarès, dont la mère, organiste, faisait partie des JMF. Lui-même était producteur de groupes, de chanteurs, et j'ai apprécié la qualité d'organisation des deux dates où nous avions été invités à jouer par lui. Il n'allait pas tarder à devenir mon producteur exclusif pendant presque vingt ans. J'ai décelé en lui un homme non seulement organisé, mais respectueux des musiciens, de leur travail, et qui aimait vraiment la musique.

Montpellier

À la suite de cela, j'ai reçu la commande d'une œuvre pour orchestre de la part de Radio France, et qui a été créée dans la cour Jacques-Cœur, avant l'exécution d'une ennuyeuse *7e Symphonie* de Tchaïkovski, exhumée récemment d'un tiroir et bricolée par une association de compositeurs russes.

La partition de la *Suite française*, sous la direction de Cyril Diedrich, a eu un énorme succès auprès du public, ce que je sais par les très longs applaudissements que l'on peut entendre sur l'enregistrement en direct dont j'ai la copie, mais l'œuvre a été glacialement perçue par les commanditaires. Ni bravo, ni merci, ni va te faire voir… Pour quelle raison je ne le sais pas, mais l'exécution a été totalement occultée par la suite de tous les comptes rendus de Radio France et l'est encore aujourd'hui. Elle n'existe pas, c'est simple !

Il y a quelque chose là qui me rappelle le jour où, jouant dans une ville que j'ai oubliée, il n'y avait pas de piano. Ah, tiens ? (Comme c'est étonnant.) Il y avait bien celui du conservatoire mais le directeur, méprisant et tatillon, exigeait au moins une photocopie d'un prix de solfège de ma part. Le pauvre homme… Ne se rendait-il pas compte qu'un prix de solfège peut être accordé aussi bien à un joueur de tambour qu'à un flûtiste ? En quoi cela aurait-il assuré que le détenteur du document était capable de jouer du piano ?

À Dijon, les techniciens ont monté avec dégoût, mépris, et maintes réflexions désobligeantes, nos décors un peu fragiles, en marchant sur les toiles, en les repoussant du pied ostensiblement, pour montrer leur désapprobation. Je me suis dit que je ne jouerais plus jamais à l'Opéra de Dijon.

Une autre fois, j'ai eu sous les doigts un « objet » appelé pompeusement « piano ». Une cochonnerie lamentable qu'on aurait dit faite de contreplaqué ! Lorsque je m'en suis plaint, le loueur m'a dit, outré et condescendant :

— Mais… Enfin ! L'accompagnateur de François Deguelt (« Le ciel, le soleil et la mer », une « scie » des années cinquante…, etc.) s'en est très bien trouvé !

(Petites mesquineries que je livre en aparté simplement parce que cela m'amuse.)

Dans ce même endroit, et le même soir, les membres du quatuor qui m'accompagnait en remplacement ont retrouvé leur voiture, bien garée au fond du garage, mais posée sur des parpaings.

J'ai repris donc les JMF, la Belgique, la Suisse et la composition de ce qui allait devenir *Univers*.

Bruno

Je m'intéressais au mouvement punk, notamment au groupe Smith ainsi que Clash… J'avais en tête une saga musicale un peu sci-fi qui ferait appel à la fois au symphonique et à un rock d'avant-garde. Le synopsis était le suivant :

« On supposerait avoir découvert, sur un autre monde d'un autre temps, des manuscrits d'œuvres éparses. Ils sembleraient assez précieux pour avoir été conservés dans des coffres portant tous la même inscription. Tout pouvait être supposé. Était-ce historique ? culturel ? religieux ? La grande complexité de la langue, aussi verticale qu'horizontale, basée à la fois sur des symboles totalement inconnus, de très rares éléments mathématiques universels, des idéogrammes stylisés à partir d'originaux possibles, donnait à penser que cela pouvait faire partie d'un tout.

« Ce ne serait qu'une seule œuvre répartie et non pas des ouvrages thématiques. En outre de longs passages seraient des palimpsestes (des regrattages destinés à être recouverts par des textes nouveaux, soit pour les dissimuler soit pour leur donner un sens différent selon l'évolution des idées).

« Certains signes pourraient faire penser à l'écriture de la musique asiatique basée sur des lettres donnant la hauteur du son assorties de signes donnant la durée. Maigre piste, mais qui pourrait donner quelques résultats. On sait que la musique est un moyen mnémotechnique basique mais efficace. Elle peut être simplement allouée à de petites choses comme des tables de multiplication, mais aussi à de longs textes religieux ou historiques (les deux allant souvent de pair) dans les cas d'analphabétisme. Donc il s'agirait d'un vaste chant-mémoire, largement perdu, dont ne resteraient que certains extraits pour faire revivre quelque chose qui fut. »

Il fallait donc une sorte de livret afin d'en donner une idée.

Bon, c'est « complicailleux » si je peux dire, je suis d'accord. Mais c'est en deux minutes que tout cela vient dans la tête et n'en sort plus. Je me souviens de Marie-Ange Guillaume (écrivaine dont je mettrais bien les œuvres sur ma table de chevet si j'y avais encore assez de place), laquelle à la sortie de l'album *Ailleurs* a écouté ça sans avoir reçu d'explications et a dit des choses genre « on dirait que cela a été écrit en 1939 ». Évidemment c'est plein d'empereurs, de guerres et autres vilenies auxquelles la science-fiction fait appel. On en a rigolé après.

Je commençais donc à naviguer dans les lieux où un certain genre de faune, qui cherchait à se démarquer de la « beatlesmania », en imprimant à leur musique une notion de délire agressif mais pas inintéressant, avait tendance à vadrouiller. Je voulais un rock hargneux, sec, avec batterie sans moelleux.

Je m'y faisais discret et observais beaucoup.

Un jour, j'étais à un bar des Halles, tenu par un pote, David Girard, un petit mec malin, propriétaire de plusieurs établissements, ouvert à un peu tout, et par qui j'avais fait plus ample connaissance d'Yves Mourousi, que j'avais déjà rencontré dans des émissions et qui venait justement d'ouvrir son propre bar à deux pas de là. Celui de David, appelé Haute Tension, était accolé à son propre restaurant et était l'endroit naturel où l'on finissait la soirée après dîner.

Je venais de m'asseoir au bar et de commander un verre lorsque je vois une main planter devant moi une énorme paire de gants de motard, en cuir clouté.

— Full contact ! me dit le serveur que je connaissais bien en me posant mon verre.

Je vois une grande silhouette s'en aller, et sortir. Je demande au barman :

— Hé, viens voir… Qui c'est ce gars-là ?

— Tu connais pas ? C'est Bruno de Tolbiac.

— Waahh ! Dis donc ! Noblesse d'Empire ou quoi ? je dis en souriant.

— Non il fait partie des Tolbiac Toads, c'est pour ça.

— Ah, OK, c'est un groupe alors ?

— Ouais disons plutôt genre skin, tu vois ?

— Ah, d'accord… Je vois. Genre extrême droite alors ?

— Oh, si tu veux, mais quand on le connaît, en fait…

Le Bruno en question revient, s'assoit à côté de moi, donc je me sens un peu obligé de lui adresser la parole :

— Bon, tu veux quelque chose ?

— Ouais, vodka-orange je veux bien.

Là j'ai commencé à le regarder. Bon sang qu'il était beau de visage ! Je comprenais pourquoi ceux de la boîte avaient la langue pendante en le regardant. Dès lors qu'il s'était assis à côté de moi, c'était terminé. C'était devenu comme on dit « chasse gardée ». Il était « avec » Sheller. Je ne demandais rien, moi. Je voulais parler de son groupe, c'est tout.

Ce que je voyais en lui, au-delà évidemment du fait qu'il avait « une très belle gueule d'hidalgo », avec un très léger strabisme quand il regardait direct dans les yeux, c'était d'abord un grand gamin.

Il m'a parlé de son groupe, de ses copains, des bandes rivales, des bastons, des voyages à Berlin. Il avait dans les vingt-deux ans je crois. Une bonne partie de la nuit a passé comme ça, et quand même il était pour moi le temps de rentrer.

— Bah, je vais te raccompagner, j'ai ma bécane…

— Ah ? c'est quoi ?

— Une Honda FZ750… (Ça ne me disait rien du tout une FZ machin…)

— Mais je n'ai pas de casque, moi…

— J'en ai un en plus, tu l'essayeras.

J'ai pu enfiler le casque intégral en y glissant mes oreilles comme je pouvais et suis monté derrière lui. Je n'avais jamais fait de moto.

— Alors, tu glisses tes genoux à fond dans le creux des miens, tu te colles à moi, tu me serres le torse et comme ça, on fera corps. Pour le reste laisse-moi faire.

Du « full contact » en effet… Mais le conseil était judicieux parce qu'il roulait passablement vite. Et heureusement que j'avais fait de l'équitation parce que je réussissais à négocier les virages, qu'il prenait des fois un peu brusquement.

Une fois arrivé, il m'a dit :

— Ben, t'as jamais fait de moto ?

— Moi ? Ah non, pourquoi ?

— Parce que tu m'as étonné, là… J'aurais pas pensé tu vois.

— Tu sais, j'ai fait du cheval pendant un moment, alors…

— Ouais c'est pas pareil, mais t'arrives à faire corps avec moi et la bécane et c'est ça qui est important. Bon, je peux me garer où ?

— Comment ça, te garer où ?

— Bah, je vais rester chez toi.

(Ah non, pas le coup de Peter… encore.)

— Pourquoi, tu habites loin ?

— Non, mais je voudrais pas réveiller ma mère…

— Ben, mais tu vois je…

— Ouais c'est OK, j'ai compris. Prends le casque, qu'il ne traîne pas dehors.

— Il faudrait déjà que je puisse en sortir !

En effet il a rangé sa bécane, on est monté chez moi, je n'avais qu'un lit à l'époque, il s'est glissé dedans en slip et T-shirt, on a parlé un peu, allez bonne nuit bisou. « J't'iambe bien toi. » Tu éteins ? Et c'était tout. J'étais soulagé.

Mais dis donc, fais voir ton tatouage là ? Avec fierté il m'a montré un crapaud en jean chaussé de grosses rangeros, avec un bomber vert entouré d'un cercle, et où il était écrit « Skinhead », des fois qu'on ne comprenne pas.

— Il est beau, je dois dire.

— Hé, huit heures ça a pris.

— Tu me raconteras ça. Bon, j'éteins !

C'est comme ça qu'à quarante ans j'ai inauguré une sorte d'état de papa de substitution pour parfois de jeunes gars dans son genre, qui ne demandaient rien d'autre que d'être écoutés. Gays ou pas ou ne sachant pas où se situer, peu importe.

Le sien, d'origine espagnole, avait été dans la police et s'était fait descendre. Bon, des fois il me faisait des confidences la tête sur mon épaule, une main sur la poitrine. Mais ça n'allait pas plus loin. S'il y avait la moindre tentative, je repoussais gentiment. Je ne voulais pas ça. « L'affaire » Peter était encore trop présente. J'avais l'impression que de me fréquenter de façon trop intime finissait par être un peu destructif. Par facilité de vie peut-être.

Bruno par contre a rapidement établi son arrivée dans ce qui allait devenir le « clan », et en y affirmant au besoin sa priorité. Je travaillais dans mon bureau, et les entendais rigoler dans le salon avec Siegfied. Ça ne me dérangeait pas, contrairement à ce que je craignais.

Il me disait :

— C'est dingue, tu vois, j'ai l'impression que je t'ai toujours connu !

J'avais aussi cette impression-là. Je me souviens d'une fois où, me regardant dans les yeux et en souriant, il m'a lâché :

— Tu sais que tu me casses les dents toi ?...

Et il secouait la tête. Je n'avais jamais entendu une telle expression. Et je me suis bien gardé d'en sourire, comprenant que dans sa formulation « tribale », c'était pudiquement une déclaration d'affection extrême. J'ai compris que je n'en avais pas fini avec lui… Dans quoi m'étais-je laissé embarquer encore ?

C'était un faux skinhead en fait. La gentillesse même. Poli, et attentionné. Il roulait des mécaniques la journée et venait se pelotonner contre « papa-nounours » le soir pour causer avant de dormir. Il faisait même la vaisselle. Il passait deux ou trois fois par semaine et il se couchait tôt. Il travaillait lui au moins ! Au ministère des Finances. À 10 heures il était déjà au lit. Un fonctionnaire modèle. Voilà qui changeait. En fait il me réveillait vers les 8 heures du matin en même temps que lui, ce qui me donnait une régularité plutôt bénéfique pour mon propre travail.

Petit à petit, j'ai appris qu'il avait eu un beau-père qui le traitait très mal. Non seulement psychologiquement, mais parfois avec la main leste. (Ah, son poème de la petite baleine, dont l'autre prétendait avec une méchanceté évidente qu'il était incapable d'avoir écrit ça, et qu'il me récitait parfois.)

Il avait aussi servi de souffre-douleur vers l'âge de cinq ou six ans, ses cousins par exemple lui ont fait tenir un pétard, qu'ils ont allumé et qui lui a explosé dans la main. En effet il en avait vécu !

Il avait été complètement déboussolé par l'existence. Je le laissais raconter, sans jamais poser de question. C'était la seule condition pour en apprendre davantage.

Le pauvre gars. Il adulait sa mère comme une madone.

Je pouvais avoir une totale confiance en lui au point qu'après un moment je lui ai donné un double de mes clés. Lorsque j'étais absent, il pouvait venir se réfugier là. C'est ainsi qu'un matin en rentrant chez moi, de retour d'un concert, je l'ai vu tout souriant qui m'attendait devant une pile de valises, des cartons et un tas de vêtements.

— C'est quoi tout ça ? Tu as l'intention de t'installer ici ?

— Oh, et encore j'ai pas apporté mes boîtes… (ce qui voulait dire oui).

— Tes boîtes ? Tu collectionnes des boîtes ?

— Ah. Et il y a quoi dans tes boîtes ?

— Des boîtes. Je te montrerai.

— Eh bien tu seras gentil de mettre tout ça dans la pièce vide.

Bon. Il s'est installé. Au fond, il me tenait compagnie, ne demandait rien et il m'était utile. En plus je prenais goût à la moto.

En passant…

Je n'ai jamais retrouvé d'autre Nelly… Jamais. Des « ombres » de tout genre en vitesse, parce que, et hyper discrètement… Mais sinon…

On ne me croit pas, mais maintenant je m'en fous finalement. « C'est dans la tête », me dit mon médecin en se tapotant le front avec le doigt. Je le sais bien, mais ça change quoi ?

— Ce que je vous donne, ça ne vous fait rien ?

— Oh si, après une sieste dans l'après-midi… C'est très utile !

Ça le fait sourire, moi aussi.

16

UNIVERS

Il me fallait un complice pour réaliser tout cela. Non seulement un grand technicien, Mick Lanaro ! Le seul qui m'ait expliqué la façon de bien enregistrer une harpe), et c'était aussi un homme de goût et d'aventure. Suite à mes succès qui restaient hors de logiques éprouvées (peut-être depuis trop longtemps) par Polygram, j'ai eu ainsi tous les moyens possibles pour réaliser enfin l'album que je souhaitais. Avec moi, ils ne savaient plus à quoi s'en tenir.

Cela s'est fait en plusieurs étapes. Interdiction, sauf sur mon invitation, de venir écouter quoi que ce soit. Une seule personne de la maison de disques entrant dans le studio aurait entraîné un arrêt immédiat de la séance en cours. L'enregistrement s'est fait sur six mois au total. Pour le titre « Les Miroirs dans la boue », absolument avoir Janick Top, ce bassiste, « transfuge de Magma » et cloué d'une âme musicale profonde. C'est le seul, à part Roland Roubach, étonnant guitariste, qui a branché un ampli. Tout a été joué par des instruments acoustiques.

Petite anecdote : lorsqu'a eu lieu le déchiffrage du « Nouveau Monde », composé dans le pur style du XVIIe siècle, en forme d'« ouverture à la française » (c'est-à-dire commençant par un *largo* doublé, suivi par une entrée de fugue ; le tout avec les ornementations archaïques d'époque), je vis alors réapparaître parmi les cordes le vieil antagonisme concernant les ornementations. Certains affirmaient qu'elles s'attaquaient par le dessus, comme Haendel, les autres par le dessous, comme Couperin. Cela a bien duré une demi-heure. Même cet excellent chef d'orchestre, Raymond Lefèvre, s'en mêlait aussi. Il a fallu que je rappelle à tout le monde que c'était une sorte de pastiche, et qu'il m'étonnerait bien que le grand public fasse la différence. Nous avons donc opté pour Haendel qui me semblait plus adapté.

Cet album à sa sortie en 1985 fut un événement. Il a servi de référence à pas mal de musiciens. C'est le seul disque d'or que j'ai gardé. Tous les autres depuis mes débuts ont été offerts à des amis, notamment le docteur Claude Ménager, le sauveur de ma famille depuis plus de trente ans, qui doit en posséder une dizaine, sans compter les disques de platine. Il en a pas mal aussi de Michel Polnareff.

Ensuite ce fut « Le Nouveau Monde » qui fut exploité en premier en vidéo. Il ne s'agissait pas d'en donner une image « d'époque ». Non, ce fut un ensemble de punks et de skins qui jouèrent dans le clip. Des négociations menées par Bruno furent nécessaires entre bandes plus ou moins rivales pour arriver à les réunir sur le même plateau.

Lydia Andreï interprétait la reine Mean. Nous

avions, pour simuler la neige, décidé de tourner dans les carrières de Marne-la-Vallée dont le sol était entièrement blanc. C'était beau, mais très humide et collant. C'est-à-dire qu'à chaque pas nous accumulions une petite couche de mélange d'argile et de je ne sais quoi, qui nous surélevait constamment. Il fallait gratter nos semelles à chaque prise. Bruno était bien entendu du casting, ce qui semblait certifier le bruit qu'il était mon amant. Ce n'était pas vraiment le cas, mais vu qu'il habitait chez moi… Et puis je m'en fichais complètement.

Ensuite ce fut « Excalibur ». Je fis appel à Philippe Druillet, passionné autant que moi de la musique de Richard Wagner, et dont j'étais aussi un admirateur depuis de longues années. Je collectionnais toutes ses illustrations, toutes ses bandes dessinées. J'en possède encore des originaux, dédicacés bien sûr, et même un buste de shaman édité par Daum et qu'il m'a offert. Un travail épuisant de plus d'une semaine. Dont la partie « 3D », balbutiante à l'époque, a un peu vieilli, mais quel délire ! Il en fut commercialisé deux coffrets, un blanc comportant le script image par image, dessiné par Philippe, et un autre comportant la vidéo du tournage lui-même. Un bel événement. Qui a fait date. Tous les titres ont été joués sur scène, et ont toujours fait partie de mon répertoire.

Pour monter une tournée avec un tel répertoire, et qui puisse être rentable, détail à ne jamais oublier, j'ai réorchestré les partitions afin de les réduire à une vingtaine de musiciens. D'après Jean Jean-Yves, qui produisait, le plateau pour « L'Empire de Toholl », c'était impossible. Mais pour les autres titres, avec une bonne sonorisation due à Laurent Buisson, j'ai pu obtenir de bons résultats. Je voulais que la musique sorte de nulle part. On ne voyait pas un seul micro. Chaque musicien avait le sien, directement attaché à son instrument. Le tout en HF.

Les lumières de Philippe Langelé et de Jean-Philippe Willocq avaient ainsi toute la place pour s'exprimer. Pas un seul ampli. Ils étaient dissimulés sous deux estrades en caillebotis de fer noir. Je n'avais qu'un retour de son dissimulé à ma gauche, qui ne diffusait que ma voix et un complément de l'orchestre. Je gardais le piano en acoustique. Je l'entendais suffisamment. Lorsque je chantais en avant-scène il me suffisait d'avoir deux petits retours pour contrôler la voix, et Laurent en avait tout de même fait poser un troisième au centre, destiné au confort du public des premiers rangs.

Japon, retour en fleurs

Ce devait être dans les mêmes années et un peu après, hélas pour différentes raisons (décès, perte des coordonnées), personne ne peut me dire exactement quand. Je reçois une demande pour « illustrer » la présentation de mode d'un couturier japonais, non, pas Ise Myake… mais qui ? Enfin on me demandait d'imaginer une musique, voire un sujet même de présentation. Ce devait se situer en avril au moment de la fête des fleurs de cerisier.

Ça valait le coup ! Une semaine à Tokyo. Deux jours pour se remettre d'un long et pénible voyage à l'époque. On ne passait pas encore par le pôle Nord mais on devait faire escale en Alaska. Plus d'une heure. Un endroit effrayant, en tôle ondulée, décoré par un ours empaillé sans âge, et envahi de boutiques proposant des porte-monnaie et des porte-clés en peau de phoque, avec enfin de repoussantes cafétérias proposant des jus d'orange tièdes, et pas de chaises suffisantes.

Donc déjà on avait deux jours pour s'en remettre avant la grande réunion avec tout le staff de la maison. Atterrissage à Narita. Soit soixante kilomètres de Tokyo.

Nous en avons profité de ces deux jours ! Même un peu trop. Le premier jour fut un moment de repos, et une petite visite de jardins. Le lendemain on a voulu me faire connaître les lieux sympathiques de la ville qui swinguaient un peu plus, soit Chinju Ku ! On y trouve de tout, m'avait-on dit. Ah…

Tout a commencé par la visite de cette imbrication de rues où se côtoyaient un peu de tout. Beaucoup de petits *markets* où l'on trouvait indifféremment de la boisson, de la nourriture, des jouets érotiques, des mangas, des bonbons, dans d'étroits espaces où tout était à portée de main, même des enfants.

Nous sommes allés ensuite dans un bar plutôt privé, assez élégant, dont le thème était, pour mon malheur, la possibilité de déguster différentes sortes de saké.

J'aime le saké. Je m'attendais à ces petits flacons qu'on nous sert en France pendant les repas, mais là, c'étaient de beaux verres bien pleins, bien bouillants, tenus par une sorte de maillage de métal. Je n'en avais jamais bu d'aussi bon.

Le premier étant vide, j'en commandai un autre.

Une petite heure après, déjà un rien gris, mais à la japonaise, c'est-à-dire que l'on n'est pas saoul, mais pris d'une euphorie douce. Une sensation que je ne connaissais pas. Je n'ai jamais vu un Japonais agressif à cause de l'alcool.

On me proposa un autre bar moins chic, à quelques mètres de là, à un premier étage où il y avait surtout de la musique. Je repris donc deux autres verres et, tout en parlant avec ceux qui m'accompagnaient, je ressentis des émotions extrêmement fortes, de l'euphorie exacerbée et puis, face à la confrontation de cette civilisation si étonnante, je suis passé à un regard plus sérieux, plus introspectif allant jusqu'au désespoir le plus total. Je me suis mis à pleurer de toutes mes larmes sur des millions d'années de malheurs. J'ai « vu » l'infini, et sans encore avoir lu Cioran, j'ai senti le sens de l'inutilité de la vie.

C'est là précisément que mes jambes se sont dérobées sous moi. Mes genoux se sont pliés et j'étais incapable de me relever. Apparemment ce n'était pas si inquiétant que cela puisque deux barmen sont venus tranquillement vers moi en disant à mes amis de ne pas s'inquiéter, qu'ils allaient s'occuper de tout. Ils demandèrent où je vivais, mon numéro de chambre, glissèrent un petit papier dans ma poche de chemise, appelèrent un taxi. Et quelques minutes plus tard (entre les deux ce fut un trou noir), deux gardiens de l'hôtel m'ont sorti du véhicule et apparemment porté et déposé sur mon lit.

Le lendemain matin, ce fut l'horreur.

J'ai été réveillé par la télévision qui hurlait ! Qui l'avait allumée ? Je n'en sais rien. J'en aurais bien été incapable moi-même.

Ensuite, la vieille « gueule de bois européenne » n'a rien à voir avec cette douleur insupportable de brûlure que l'on ressent dans tout le crâne.

Par contre on se sent clair, éveillé, sans reste aucun d'ivresse. Ce qui permet d'apprécier d'autant plus l'enfer que l'on vit. On retrouve parfaitement l'usage de son corps.

La première idée est de courir dans la salle de bains voir les dégâts… Faut-il encore pouvoir ouvrir les paupières suffisamment pour distinguer quelque chose. Seraient-elles alors paralysées ? Non, à les toucher elles devaient être gonflées simplement. Alors on se plonge le visage dans le lavabo rempli d'eau froide. (J'en profite pour prévenir que les sanitaires sont à la taille des Japonais. On se cogne vite partout.) Enfin j'arrive à regarder un peu mon visage, et je m'aperçois que mes paupières étaient couvertes de cloques d'eau comme de grosses méduses blanches.

C'est donc presque aveugle que j'ai pris mon bain dans la petite baignoire dans laquelle je n'ai pu m'installer que les genoux hors de l'eau vu sa taille, en me servant de gels dont je ne pouvais pas lire ce à quoi ils servaient, mais tant pis, ça lave, alors nous verrons bien.

Mais… c'est que j'avais rendez-vous le jour même dans trois heures avec tout le staff pour exposer en détail la merveilleuse idée que j'avais conçue pour le défilé. Bien.

Le problème, c'est que je n'avais rien du tout préparé. Si, il s'agissait de mes chansons, oui, mais dans quel contexte qui puisse faire rêver le couturier, le chorégraphe, le metteur en scène et tout le monde ?

Je commençais à voir (je parle de mes yeux), j'ai pu donc me vêtir très convenablement, j'ai voulu aller à la salle des petits déjeuners, mais on n'y offrait que des nouilles... Tant pis, cela fait des calories pour reprendre le dessus.

Heureusement des employés du desk parlaient anglais. À leur sourire, j'ai pu constater qu'ils voyaient bien que je me relevais d'une belle cuite.

Je leur ai demandé si je pouvais trouver des lunettes de soleil, ils m'ont gentiment proposé, et sans doute par habitude, d'envoyer un groom m'en acheter. Le jeune homme est revenu avec une élégante paire, bien noire et bien large, qui couvrait tout. Il me l'a remise avec le même sourire, en échange d'une belle grosse note, et d'un gentil pourboire de remerciement. J'étais prêt.

J'ai fait appeler un taxi. Cela valait mieux.

Petite digression

Pour ceux qui ne connaissent pas les taxis à Tokyo, ils sont assez curieux. S'ils sont en file vous prenez celui qui vous accepte. Il est conseillé de ne pas insister car certains chauffeurs refusent de prendre des *gaijins* (les étrangers). Peut-être le suivant ?

Mais là vous ne touchez pas la portière, qui s'ouvre seule. Vous vous installez, vous tendez la carte de visite qui indique le lieu où vous devez vous rendre. L'air conditionné y est poussé à fond ! Donc comme il fait très chaud dehors, la sueur accumulée sur votre dos glisse en gouttes extrêmement glacées.

L'homme est toujours poli, souriant, muet et vous dépose précisément là où vous devez vous rendre. Vous tendez des billets dont vous ne connaissez pas encore la valeur, qu'il fouille et prend ce qui doit lui revenir, en vous rendant une monnaie que vous ne pouvez pas estimer.

De là, la porte s'ouvre seule encore, et vous avez l'impression, avec le dos glacé, d'entrer dans un four. Votre première respiration semble être connectée à un sèche-cheveux. Ah… vite l'entrée du building !

Par contre, si jamais vous oubliez dans le taxi même un simple magazine, il se fait un devoir lorsqu'il s'en aperçoit de vous le rapporter en main propre. Je n'ai jamais vu cela.

Réunion au sommet

Une très jolie et infiniment élégante hôtesse, à la lecture de votre carte de visite, vous reçoit avec quelques mots anglais de bienvenue dans un accent impeccable, vous demande de patienter afin qu'elle prévienne les personnes concernées de votre aimable visite, ce qui m'a donné le temps de chercher ce que j'allais leur dire.

Je savais par ma connaissance un peu littéraire du Japon, notamment Sei Shonagon, favorite de l'impératrice Fujiwara no Teishi et femme de lettres dont le journal de la cour (*Makura no sōshi*), heureusement traduit en français par *Notes de chevet*, écrit entre 1001 et 1010, m'avait fait tomber amoureux du raffinement japonais de la perception du monde. Bien sûr par de nombreux films. Ils aimaient les légendes, les dieux, les mythes des pays lointains.

La de plus en plus charmante hôtesse après un café me demanda de la suivre jusqu'à une double porte pourvue d'un sas, ouvrant sur une grande pièce meublée d'une seule table pourvue d'une bonne quinzaine de fauteuils. Je m'aperçus que je n'étais pas le dernier arrivé. Tant mieux. Mais soudain tout le monde se leva d'un seul mouvement.

Le maître couturier faisait son entrée. Quelle discipline !

Il parlait un français assez correct, parfois en anglais, en me parlant de sa collection, et tous les regards se posèrent sur moi. Le *gaijin* à lunettes noires avait dû passer une nuit longue. Ce n'est pas poli de cacher ses yeux, alors autant les retirer honnêtement, les lunettes. Qu'allais-je dire ? (En anglais bien évidemment.)

— J'ai eu une longue nuit (sourires des uns et des autres…) en marchant dans la ville, en pensant à vous, pour faire le bon choix (là les regards se firent plus attentifs et moins moqueurs…). J'ai pensé à ce mythe très ancien qui permettrait à la fois de mettre en scène des récits de dieux, de poètes, de présenter un certain nombre de femmes, ce qui n'est pas si facile dans les récits et les contes. J'ai pensé à Orphée !

Ce fut un succès immédiat. « C'est une merveilleuse idée ! Vous avez tout compris de ce que nous attendions. » La collection, destinée à l'Europe, se satisfaisait de ce mythe ancien. Des dieux, des poètes, beaucoup de femmes se présentant autour d'Orphée assis à son piano, dans des mouvements mettant en valeur les modèles…

Le couturier, le chorégraphe et d'autres personnes se levèrent pour me serrer les mains de bonheur.

Les répétitions commencèrent le lendemain dans une salle qui s'y prêtait exactement. Il a fallu quand même que je traduise les textes en anglais parce que les mannequins ne savaient pas quelle attitude avoir exactement. De manière à pouvoir avoir l'impression de s'adresser à moi.

J'étais donc Orphée qui ne reconnaissait pas l'épouse qu'il était venu reprendre. Ce jusqu'à la dernière, enfin reconnue, mais que le chorégraphe déguisé en Hadès japonisant tentait de retenir.

Toutes les femmes alors, portant tous les modèles, permettaient au couple de lui échapper.

La présentation fut un triomphe !

Le triomphe encombrant

À la toute fin, en mon honneur, on me remit en grande pompe une énorme branche de cerisier ! Eh oui, c'était la fête des fleurs de cerisier. Elle devait faire facilement deux mètres de tour. J'ai longuement manifesté ma gratitude aux côtés du couturier et du chorégraphe.

Une fois entré dans la loge, on m'avertit que j'étais attendu à un grand dîner. J'ai donc posé la branche de cerisier et j'ai suivi l'hôtesse.

Mais un jeune homme m'a couru derrière parce qu'il fallait absolument que j'emporte ma branche pour montrer l'immense honneur qui venait de m'être fait. Ah, bon…

À la sortie de la salle m'attendait un taxi. J'ai donc dû entrer dans le taxi avec la branche qui commençait à perdre ses fleurs, dont j'essayais de prendre soin, mais le chauffeur semblait lui-même être honoré d'en avoir quelques-unes répandues sur ses sièges. Je ne sais pas ce qu'a pu en penser le trottoir quand je suis ressorti du véhicule, tandis qu'elles continuaient à se répandre, mais je me suis dirigé vers le restaurant. Je pensais laisser la branche au vestiaire, mais non ! Il fallait traverser tout le restaurant sous les applaudissements des convives et saluer profondément chaque table. Au bout de quoi, je fus installé enfin, avec ma branche derrière mon siège, et un dîner quasi impérial fut servi. Ce fut long, mais délicieux. D'autant que le saké n'était pas en reste.

Enfin on donna le départ. Je quittai mon siège mais un des serveurs me suivit avec la branche qu'il fallait que j'emporte avec moi. Un autre taxi m'attendait pour m'accompagner à mon hôtel. Autant dire qu'il ne restait plus beaucoup des jolies petites fleurs, mais le symbole était là.

Une fois à l'hôtel, je suis entré à nouveau sous des applaudissements, et un garçon du desk s'est proposé d'avoir l'honneur de porter la branche et de me raccompagner à ma chambre.

Enfin, j'étais au calme ! Et sans cette branche dont je craignais presque que l'on m'oblige à reprendre l'avion avec ! J'en riais tout seul. Quelle expédition !

17

PLEYEL

J'avais été contacté l'année précédente, déjà tellement bien fournie, par Thierry Caens, trompettiste virtuose (élève de Maurice André), avec lequel j'avais fait quelques enregistrements, et qui avait trouvé mon écriture intéressante pour son instrument. Il m'a donc commandé un concerto pour trompette. J'étais perplexe.

Celui que j'avais composé pour le Palais des congrès et dédié au violoncelliste Jean-Philippe Audin était plus facile à imaginer dans la mesure où j'utilisais cet instrument assez couramment. Mais là… J'avais peur d'écrire quelque chose qui au final aurait eu une atmosphère de corrida. Évidemment je connaissais l'instrument, ses possibilités, ses petits défauts, mais je n'avais jamais, en tant qu'instrument soliste, entendu et lu que celui de Haydn. Je m'en suis ouvert à Thierry qui m'a dit : « Mais non, avec toi je ne me fais pas de souci. » Quelle confiance…

Je me suis mis donc au travail. Le premier jet de quelques mesures ne l'a pas séduit. « Ce n'est pas du

Sheller, ça. » Bon. J'ai remis mon nez dans le traité d'instrumentation de Koechlin et je me suis lancé ! Trois mois après il était écrit !

La création eut lieu à la salle Pleyel le 24 janvier 1993, à l'instigation de Jean-Luc Caradec, à l'époque directeur musical de l'orchestre Lamoureux. Je me souviens de la date exacte, parce que je m'y suis trouvé avec Mozart et Stravinski ! J'ai encore le programme. Le jeune chef Yutaka Sado, assistant à l'époque de Seiji Osawa, en a dirigé magnifiquement la partition. Je ne m'attendais pas à un tel triomphe. Deux mille mélomanes debout ont demandé à bisser le troisième mouvement, et beaucoup ont été chez le disquaire voisin pour tâcher d'en acheter un enregistrement. Il n'existait pas, puisque c'était une création. Je n'en revenais pas.

Cette même année on me commanda la musique d'un film, *L'Écrivain public*, avec Robin Renucci. J'ai beaucoup aimé écrire cette partition pour piano et quatuor à cordes, une de mes écritures favorites, que j'ai enregistrée avec évidemment mes amis du quatuor Parisii. Musique pour laquelle on m'a remis d'ailleurs une troisième Victoire au titre de « Meilleure musique de film de l'année ».

J'ai calculé que dans cette année-là j'avais usé cent cinquante crayons. J'avais un petit adaptateur qui leur prolongeait la vie. Je les enfilais dedans lorsqu'ils devenaient un peu courts, et je finissais avec une collection de tout petits crayons d'un centimètre. Non pas par économie, mais je trouvais ça joli au final.

J'allais oublier la croix du Mérite national accordée par Douste-Blazy. J'ai reçu une invitation pour me rendre chez le trésorier de la ville voisine, afin d'y retirer un « bon » m'autorisant à aller acheter la croix au Palais-Royal à Paris.

On me proposait la Légion d'honneur après deux années nécessaires d'attente. Mais j'estimais quand même que cette décoration, en principe attribuée à des personnes ayant eu une action en faveur de la France, ou de son rayonnement, comme ce fut le cas pour Line Renaud dont elle est grand officier, ne convenait pas vraiment à des artistes à peine éclos, ou étrangers de passage qui n'avaient rien fait d'autre que de plaire en haut lieu. C'est donc gentiment que j'ai été amené à refuser cette distinction.

Après quelques prix et médailles de tous styles, j'ai été par un beau document officiel signé Jack Lang nommé chevalier des arts et lettres. Puis par Frédéric Mitterrand, toujours par un beau document, élevé au grade d'officier. Bon. Pour finir j'ai reçu un courrier simple de la SACEM, dont certains membres me félicitaient pour ma nomination au grade de commandeur. C'est un honneur certes, mais par qui ? La croix est belle et ostentatoire. Il faut l'acheter aussi. Passons…

Une fin

Mamy allait de plus en plus mal en tout cas. Je montais chaque soir la visiter un peu. Elle avait perdu l'usage de son bras gauche, et son visage changeait. En me voyant à l'entrée de sa chambre elle me confondait parfois avec mon grand-père :

— Ah, c'est toi Jean ?… Je t'en ai fait voir hein ?…

— Mais non Mamy, c'est moi… Ça va ?

À ma voix elle me reconnaissait, et levait sa main

droite pour me faire signe de m'approcher parce qu'elle voulait une cigarette. J'en allumais toujours une et la lui glissais entre les doigts, en promenant un cendrier sous sa main par précaution. Elle tirait une bouffée, faisait la grimace et me la rendait. C'était un petit rituel que nous avions. À quatre-vingt-cinq ans, et si malade, quel petit plaisir lui restait-il ?

Elle en profitait pour me raconter ce qu'elle faisait :

— Hier soir on nous a emmenés dans la baie de Rio de Janeiro, et là Johanna est arrivée avec plein de coussins. Je me demandais où elle avait pu trouver tous ces coussins... ?

— Oui, c'est étonnant quand même...

Enfin, un soir, rien n'allait plus. Paulette redevenait plus « humaine » avec elle. J'ai tout de même dit qu'il fallait appeler un médecin, avoir au moins une opinion. Il s'en est présenté un assez rapidement, il l'a regardée beaucoup, l'a un peu auscultée, a injecté dans son cathéter une solution, et nous a dit : « Ce soir attendez-vous à ce que la nuit soit assez longue... » Nous avions compris.

La dame qui gardait Mamy, qui s'appelait Gisèle aussi, et Paulette sont restées auprès d'elle. Je suis redescendu dans mon bureau travailler à des corrections. Je n'avais pas l'esprit à faire quoi que ce soit d'autre.

Environ deux heures après, Paulette est venue me voir et me dire : « C'est fini. »

Je suis alors monté, je me suis approché d'elle, j'ai posé ma main sur son front et tandis que je lui caressais le visage elle s'est assise, m'a regardé en ouvrant les yeux, a émis un « Aaahhhhh... » très doux, mais pas un râle de mourante... en se laissant doucement retomber, et je sentais que je n'avais pas besoin de la soutenir. Je ne saurai jamais si cela était nerveux, ou si elle m'attendait pour partir. Mamy s'en allait…

Je porte encore son alliance qu'elle m'avait donnée la veille en me disant :

— Tiens, c'est pour toi, elle te portera chance.

J'abrégerai ce qui s'ensuivit car elle avait manifesté le désir d'avoir un rituel religieux. Ce ne fut ni aimable dans les démarches, ni facile dans l'organisation. On me demanda :

— Mais cette personne faisait-elle partie de la paroisse ? (Le ton était inquisiteur.)

— Non, elle habitait Suresnes, mais je l'ai prise chez moi lorsqu'elle ne pouvait plus se déplacer. J'aurais souhaité un office avec musique. (L'idée d'ajouter un petit bonus aux frais de la cérémonie a rendu l'entretien un peu plus courtois.)

— Ah, c'est que notre maître de chapelle n'est pas là, auriez-vous l'amabilité de revenir cet après-midi vers les 14 heures ?

— Bien sûr mon père.

Je rencontrai donc l'organiste, auquel j'ai demandé quelques interventions musicales qui ont eu l'air de beaucoup lui plaire. D'abord le célèbre « Ich zu dir Herr Jesu Christ » de Bach, en principe un choral protestant mais qu'importe, la mélodie en est douce et simple. Ensuite je lui ai proposé, à son choix, quelques œuvres d'André Gédalge, compositeur probablement peu demandé, dont j'avais étudié le traité de fugue dans ma jeunesse.

Pour la suite tout a été conforme aux rituels en usage dans notre famille et bien des amis étaient là. (J'avouerai discrètement que ses cendres reposent dans un lieu sûr de mon bureau, et je ne m'en séparerai jamais...)

Reprendre la route

Je donnais un peu plus de concerts qu'avant avec cet ensemble de vingt-deux musiciens.

Je tenais à loger dans le même hôtel que la troupe. Pour deux raisons. D'abord j'avais le plaisir le matin d'entendre les musiciens se lever, attraper leur instrument et le chauffer. Ainsi je percevais le basson jouer les premières mesures du *Sacre du printemps*, le cor le fameux air de *Till Eulenspiegel* de Richard Strauss, et l'hôtel se réveillait en musique. Ensuite qu'allais-je faire à m'ennuyer seul dans un grand hôtel de luxe, avec le privilège d'un chocolat sur l'oreiller, à un prix exorbitant pour une simple nuit de passage, alors que des fonds dépensés pour rien auraient pu donner un peu plus de confort à tout le monde ? Nous étions une troupe très solidaire, lorsqu'un nouveau musicien était nécessaire, soit pour l'ajouter, soit pour un remplacement, cela se faisait toujours par cooptation. Jamais par audition. Ainsi tout le monde se connaissait bien.

Beaucoup de concerts, mais où au final ? Seul Dominique Duplessis, dit Nounours, m'a assuré récemment avoir encore les feuilles de tous les endroits où nous avons joué. Pour nous, la pensée, toujours portée vers le lendemain et le prochain concert, n'imprime pratiquement plus ce qui vient de se passer la veille à moins d'un détail particulier...

Tiens, par exemple : je ne saurais pas le nom de la ville, mais on me disait que la salle n'était pas loin de l'hôtel. Alors j'ai décidé de monter dans le bus avec tous les musiciens. Il y avait toujours une très bonne ambiance. Ce pauvre Pierre, qui ne pouvait se séparer de sa vieille flûte et jouait des heures entières, avait été relégué à la demande générale sur le toit du bus. Il a fait ainsi des centaines de kilomètres, assis en tailleur, à exprimer sa virtuosité autant qu'il a voulu. C'est vite crispant une flûte en solo !

Ah, c'est ici que l'on joue, s'amusait-on à dire devant une vieille grange, ou une cabane de cantonnier. Jusqu'à ce qu'on arrive devant un gros amas de tôles ondulées. Cela ressemblait à la tombée du jour à un hangar à bestiaux. Nous avons tous blêmi. Le bus s'y dirigeait tout droit.

— Ah non, on ne va pas jouer là quand même ? ai-je dit au chauffeur.

— Ben si, c'est là.

— Ah, très bien ! Bon, alors les enfants ce soir ce sera la « Club Med » !

Nous avions trois sortes de prestations.

La « Club Med ». Sans entracte, avec un bon spectacle quand même mais plus court de quatre ou cinq chansons, un petit rappel, et bonsoir…

La « Royale ». Celle des tournées un peu moins fatigantes, avec un petit entracte, quelques chansons en moins, un rappel de deux titres, et Merci.

Enfin « L'Impériale ». Celle des grands soirs, des beaux théâtres, celle où l'on jouait tout, plus de vingt chansons avec entracte, et les rappels à la demande.

Nous entrions passablement grognons dans le hangar décoré simplement mais avec tout de même l'intention d'humaniser le lieu. Bon. J'entre dans ce qui me servait de loge, un peu ronchon, j'ouvre deux trois lettres comme d'habitude et je lis :

« Monsieur Sheller, je m'appelle Josiane, j'ai onze ans, merci d'avoir choisi (tu parles !) notre ville pour venir chanter, parce que je n'ai jamais vu de vrais musiciens qui jouaient sur une scène… » Le tout était agrémenté de petites fleurs et de dessins malhabiles qui m'ont totalement bouleversé.

Ah, bon sang ! Du haut de mes Victoires, de mes médailles, de mes prix, de mes triomphes, et de mes disques d'or, je ne voyais plus la réalité !

Ces gens n'avaient que ce lieu-là à proposer. Rien d'autre. Je réalisais combien ils avaient dû se démener pour trouver ces bouts de moquette et ces arbustes en plastique pour nous accueillir ! Je suis allé sur la scène où déjà les musiciens étaient réunis. La salle n'avait que des chaises d'appoint, et à première vue probablement une acoustique effrayante, mais le piano était parfait.

J'ai dit à la troupe : « Venez voir là, et écoutez ça. »

Je leur ai lu la lettre. Il s'est fait un silence, et là je leur ai dit :

— Ce soir, mes amis, nous allons alors leur donner « L'Impériale » en y mettant tout notre cœur ! Ils nous ont offert tout ce qu'ils peuvent avoir, c'est peu, mais pour eux c'est beaucoup ! Alors donnons-leur tout ce que nous avons. Ce sera peu pour nous, mais tellement pour eux…

L'amour que nous avons reçu en échange de ce concert allait bien au-delà de l'admiration. C'est nous qui avons été éblouis. Le retour en bus s'est fait dans un silence total et rêveur. Nous y étions encore en nous mettant au lit.

En rentrant de la tournée, j'ai vu que du liquide avait été ponctionné dans le tiroir où il était conservé au besoin. Je ne le comptais jamais, mais la petite liasse pas bien épaisse avait diminué. Paulette avait dû faire un peu d'aménagements dans l'appartement où elle vivait seule maintenant, sans doute. Je n'ai rien demandé.

British ?

Je voulais enregistrer quelque chose de plus rock. Bon, les quatuors, le piano, l'orchestre belge… Voilà déjà un moment que nous promenions le même répertoire. Il fallait autre chose… je suis entré en studio. Je ne travaillais pratiquement plus depuis un moment que sur ordinateur. C'était bien plus simple et ne me changeait pas trop de mes habitudes. J'écrivais mes notes comme sur du papier. C'est après que c'est devenu compliqué, mal adapté à l'écriture directe, et pas intuitif du tout. Et le problème surtout c'est qu'une partition manuscrite est un objet. Il existe. Il ne risque pas aussi facilement de s'évaporer d'un disque dur ou d'un CD qui flanche. Cent ans après on peut le consulter. Un disque dur de cent ans, on ne peut pas présager pour l'instant de sa fiabilité.

J'ai réuni à Paris d'excellents musiciens mais au résultat ça sonnait « français » par ce côté « propre » dans le jeu. Bon, il fallait traverser la Manche. Mais travailler avec qui ?

— Mark Wallis ! on m'a dit. Il connaît bien la France. Lui, c'est U2, Talking Heads, Silencers, The Wampas, etc. Tu as aussi Steve Boltz, souvent en Belgique. Lui c'est David Bowie, Phil Collins, The Who. Gary Tibbs, c'est Roxy Music, Adam and the Ant, Keith Emerson. Et Davis Ruffy, il est partout ! The Who, Prefab Sprout. Un sacré batteur !

Donc j'ai traversé la Manche. J'y ai rencontré des musiciens comme je les aime. À Ridge Farm Studios. En pleine campagne. Comme c'était l'été, les musiciens m'avaient demandé, vu la taille de la ferme, son immense terrain au fond duquel était le studio, si cela me dérangerait qu'ils fassent venir leurs épouses ou compagnes, les enfants et les chiens. Bien sûr que non, voilà qui mettrait un peu d'animation ! Et ce fut un grand plaisir.

Nous étions placés sous le couloir aérien de Gatwick et l'on peut affirmer que tout le long de l'album les avions sont passés au-dessus de nous. Seulement mes amis jouaient tellement fort qu'on ne les entend pas. Mark a fait exploser deux « boomers », ces énormes haut-parleurs destinés aux basses. C'est tout dire.

Pour l'enregistrement nous avons utilisé les méthodes des 70's soit deux magnétos analogiques à larges bandes qui donnent un son tellement plus chaud que les enregistrements numériques.

Le problème est qu'il faut l'écouter sur vinyle, parce que les transcriptions sur CD ont tout fichu par terre.

Évasion

De retour en France, les amis étaient je ne sais pas où, et Pierre et Gérard de La Lieutenance s'étaient installés à Paris, près de Notre-Dame. J'y allais de temps en temps les visiter, voir Carlos, Jacques Attali que j'avais rencontré chez Philippe Druillet, et d'autres personnes que je connaissais de vue. C'est là que j'ai rencontré Micheline Dax. Comme j'ai aimé cette femme « parfumée d'humour » comme je disais, cultivée et pleine de reparties… Une fois elle m'a raconté qu'étant petite fille elle adorait partir à vélo sur les routes et siffler des heures entières.

— Ah, bon, tu siffles ?

Elle m'a fait une démonstration qui m'a laissé pantois.

On aurait dit parfois les petits chants d'oiseau que l'on entend dans les dessins animés de Walt Disney…

— Ahhh… Eh bien, attends-toi un de ces jours à quelque chose…

— Tu me fais peur…

— Je le fais exprès tu penses…

Cabourg

En fait, me détendre me manquait un peu. J'avais aussi envie de bouger, de me changer les idées. J'appelle Bruno, déjà pour savoir où il en était. On dîne ensemble au Dragon Joyeux, le chinois-cantine où j'allais très souvent, et je lui propose d'aller passer quelques jours à Cabourg :

— Ah ouais, ben tiens, justement j'ai un copain, ses grands-parents y ont une maison, je pourrais passer le voir.

J'appelle l'hôtel et je réserve la belle suite au premier étage, celle qui a une terrasse donnant directement sur la promenade et la plage. Chouette !

J'y suis allé en train et lui à moto.

Il faisait beau, je lâchais un peu les soucis de l'année précédente, sachant qu'à partir de juillet ou septembre j'allais être très pris. Bruno a été voir son copain, et moi je me suis promené un peu partout, aaaah… respirer, me détendre, ne penser à rien. Ou peut-être à ma fille partie au loin, à Siegfried qui avait l'air de commencer à bouger pas mal avec ses copains.

Après deux bonnes heures, peut-être plus, je reviens à l'hôtel et m'allonge sur un des lits jumeaux à écouter la mer et les enfants qui jouent au loin. Ça fait du bien…

Et là j'aperçois Bruno sur la terrasse rigolant avec un petit Maghrébin qui devait avoir dans les treize ou quatorze ans.

— Dis-moi, Bruno… Viens voir… C'est qui lui ? Qu'est-ce qu'il fait là ?

— Ben, c'est le petit frère de mon copain Djalil, tu sais ses grands-parents ont une maison dans le coin, je lui ai fait faire un tour en moto et il a voulu visiter l'hôtel, et puis la belle suite… tout ça…

— Ah oui ? tout ça…. et alors ? Il est entré… comment ?

— Par l'escalier, normalement.

— Mais ça va pas, non ? Devant le concierge, le barman ? Hé, t'es pas tout seul mec ! Heureusement que j'étais pas là. Tes conneries, il vaut mieux que je ne te dise pas ce que j'en pense, mais tu les fais ailleurs. Je ne veux pas être associé à ça moi. Ça me révulse !

— Ouais mais c'est lui qui voulait, il aime bien.

— Je m'en fous, qu'il aime bien ! Tu lui dis de se rhabiller et tu le ramènes vite fait chez lui. OK ?

— Ouis, OK… ben y veut te faire un bisou avant…

— Non ! Mais ça va pas là, hein ? Bon, en vitesse, et je ne veux plus le voir. On est d'accord ?

— Ouais… Bon ben je le raccompagne. Ah, il t'aime bien, tu sais…

— Oui, ben de loin… Voilà.

Ah, moi qui croyais être tranquille !

Le Bruno se ramène une bonne heure après, j'en avais profité d'ailleurs pour faire une petite sieste. Le voilà qui me réveille en me jetant sur l'oreiller un petit sac en plastique avec des comprimés blancs.

— C'est quoi ça ?

— C'est des ecstas.

— Des ecstasys ? Mais t'as eu ça où ?

— Ben, c'est lui il me les a donnés pour toi parce qu'il t'aime bien il m'a dit.

— Oh tiens, comme c'est gentil ça ! Parce qu'il deale des ecstas en plus ?

— Pas lui, son grand frère, mais il les planque chez les grands-parents.

— Et ils le savent ?

— Je pense pas non…

— Alors je fais quoi moi ? Hein ?

— Ben, goûte-les, elles sont bonnes, je te dis pas !

— Mais Bruno, t'es malade ou quoi ?

— Ben, t'en a déjà pris avec moi au Queen.

— Je sais… Ça n'est pas une raison ! Maintenant viens là. Assieds-toi sur le lit et écoute bien. Bon, il y a deux options. Je déballe tout à la gendarmerie et tout le monde se retrouve au gnouf ! Peut-être moi avec, pour complicité va savoir. T'imagines le scandale, les journaux, tout le bazar ? Ou alors je ferme ma gueule mais…

— Ben, si t'en as avalé au Queen c'est parce qu'y a des gars qui les amènent quoi.

— T'en as pris là ?

— Ben oui, chacun un quand on était là…

— Oui ça va, j'ai compris.

— T'es sûr que t'en veux pas ? Allez…

— Non ! Pas comme ça en plein jour, il fait bon, y a du soleil, fait beau. Ça va avec la nuit ça.

— Oui c'est vrai hein… Mais en plein jour, ça devient beau partout, et toi aussi tu sais t'es beau là au soleil…

— Holà… T'es sûr que t'en a pris qu'un ?

— Oh, j'en ai pris un autre en rentrant…

— C'est bien ce que je croyais… Tssss… Oh, Brunooooo… ! Bon, on va sortir prendre l'air. Allez !

Je l'ai traîné comme ça une bonne partie de la journée, je l'ai fait marcher, respirer, sous une avalanche de compliments totalement irrationnels, au point que j'essayais qu'on soit assez isolés pour qu'on ne l'entende pas trop. Le poète de la « petite baleine » se réveillait :

— Tu vois, souvent j'ose pas te le dire, mais ce que tu dégages c'est tellement beau, et puis tes cheveux blonds là avec la lumière du ciel où y a même pas un nuage, mais, c'est un deuxième soleil pour mes yeux tu comprends ? T'as le visage d'un dieu, quand tu me regardes, tu ne peux pas imaginer ce que je ressens. Et tes yeux avec ce vert comme du jade, ce bleu de topaze qui ressort des fois comme des petites lames. Des lames qui peuvent me blesser que j'en aurais presque envie de pleurer… Quand tu m'engueules, je me sens comme un gosse battu.

Et comme ça pendant encore une bonne heure… Ah, c'est certainement mieux que de recevoir des coups de poing dans la figure ! Mais enfin, quand même… ce côté aubade espagnole à la Hollywood… Ah, mais c'est vrai qu'il était un peu espagnol en plus. Me suis mis à sourire.

— Allez viens Bruno, on va manger un bout… Non Bruno !… Ne mets pas ton bras autour de mon cou ! Tiens, là, en terrasse, on sera bien, tu verras plein de monde passer. Assieds-toi.

J'ai eu peur un moment qu'il ne se mette à admirer verbalement le serveur, mais non. Lui, ce n'était pas son Dieu. C'était déjà ça. Manger l'a fait un peu redescendre et la soirée, après une autre longue marche, a été plutôt calme. Il a dormi profondément. Il était inutile que je planque les ecstas, étant sûr qu'il en avait dans les poches ou dans la bécane.

Le lendemain, la veille de partir, nous sommes sortis le soir. Il y avait un grand night-club, sans genre particulier, vaguement casino, qui jouxtait l'hôtel. Oh là là… Bruno qui m'avait refilé ce poison à portée de main… Ben oui, je n'ai pas résisté, j'en ai gobé un demi.

Je me suis mis comme je m'y attendais dans un état imbécile de bonheur total, j'aimais tout le monde, je faisais des compliments à de jolies jeunes femmes sur leur tenue vestimentaire, à des jeunes hommes sur leur façon de danser. C'est vrai que j'étais bien… Bruno dans le même état me suivait partout avec une main sur mon épaule. C'était soit qu'il ne voulait pas me perdre dans la foule, soit pour me protéger, soit marquer sa possession. Je n'en sais rien mais je n'en avais que faire. Et ne sais pas non plus, vers la fin, ni vraiment quand ni comment nous sommes rentrés, ni ce qui s'est passé… J'ose espérer qu'avec Bruno… Oh, non !…

Depuis le temps maintenant que nous nous connaissions, nous n'avions plus de gêne et il n'était pas rare que je le rencontre nu dans la maison. C'était une sculpture grecque vivante, un être magnifique aux proportions dignes du nombre d'or. Il est certain que, sans désir d'ailleurs, je l'admirais, il le savait et ne détestait pas se montrer tel que. Il me trouvait un peu « plat » et m'a poussé à faire un peu de sport. Il avait un peu raison, et m'a entraîné quelques matins par semaine. De simples mouvements au sol, un peu durs au début mais finalement faisant partie du réveil, comme un complément qui me faisait me sentir mieux pour démarrer la journée.

J'avoue avoir eu un certain plaisir le jour où étant moi-même nu devant la glace de la salle de bains il est venu derrière moi sans arrière-pensée, m'a regardé, m'a presque détaillé, et en posant ses mains sur mes épaules il m'a dit en souriant : « Tu n'imagines pas comme tu as changé en six mois ! » C'était vrai, et j'en ai ressenti une petite fierté. Quant à lui, c'était un motif de plus d'adulation. Je ne comprenais pas ce qui lui trottait dans la tête. Ce n'était pas Sheller son Dieu, c'était un quelque chose en moi qu'il ressentait d'une façon quasi mystique et avait choisi. Il y avait quand même quelque chose de bizarre dans un coin de sa tête. Plus tard, je devais apprendre ce qu'il en était…

Olympia

Monter *Albion* sur scène aurait été compliqué. J'ai donc écrit une version plus compatible avec mes anciens titres à vingt-deux musiciens. Nous avons tourné un peu et ensuite nous nous sommes installés pour trois jours à l'Olympia. Pour enregistrer un double *live* comprenant un bel ensemble de ce que je jouais alors sur scène. J'avais préparé en plus deux surprises.

J'avais composé pour ma bonne Micheline Dax une aria pour siffleuse et orchestre à cordes. Je lui ai dit :

— Tu sais, dans quelques mois je vais donner une petite série de concerts à l'Olympia qui va faire l'objet d'un enregistrement, et je souhaitais avoir des invités. Alors j'ai pensé à toi.

— À moi ?... Mais pour faire quoi ?

— Depuis que je t'ai entendue siffler, j'ai écrit une aria pour siffleuse et orchestre, et j'aurais tellement aimé que tu l'interprètes.

— Ah non ! Mais tu es fou, je n'y arriverai jamais !

— Bon ben alors il va falloir que je décommande l'Olympia, que veux-tu ?...

— Ça va pas ? C'est déjà bourré !

— Je l'ai enregistrée, tu écoutes, et vu que tu sais lire la musique...

— Oui évidemment, je chantais de l'opérette quand j'étais jeune.

— Alors, tu lis la partition, tu fais en quelques endroits des petits changements si tu trouves que cela est nécessaire. Quand tu te sens prête nous faisons une répétition avec l'orchestre et le soir de la première tu te fais un immense triomphe, derrière lequel j'aurai l'air bien petit...

— Oh ! N'exagère pas quand même, bon alors tu me montres ça quand ?

— On dînerait à La Lieutenance par exemple ce soir ? Comme deux conspirateurs, cachés par un gros vase fleuri ?

— Si tu veux, mais je ne te promets rien.

— Non, juste jette un coup d'œil…

— Oui, oh ben, c'est le piège quoi ! En plus ça va être très beau j'en suis sûre, ah, toi alors !

Le lendemain elle m'appela :

— Oh, comme c'est beau ! Oh, j'adore ! Mais jamais je ne vais y arriver.

— Mais si voyons, ce que tu peux être traqueuse, toi !…

— Mon problème, c'est que mes chats me sautent dessus quand je siffle.

— Noon ? Tu rigoles ?

— Si, je te jure, je suis obligée de les mettre dans la pièce à côté.

— Ah, nous voilà bien… Fais comme tu peux, nous avons le temps.

Ensuite ce fut le tour de Marie-Paule Belle :

— Allô, mon chériii plein de gros bisous ! Tu vas bien ?

— Très bien, je voulais te demander si la chanson que tu aimais bien l'autre jour, « L'homme que je n'aime plus », tu viendrais la chanter à l'Olympia pour le *live* ?

— Oh oui… Tu me donnes les accords et je te la chanterai. Ah, ça me fait plaisir mon chéri, tu sais comme je t'adore !

Le programme était bouclé.

La première, ainsi que les concerts suivants, se sont passés très bien. Et les petites surprises que j'avais ménagées ont beaucoup plu.

J'ai annoncé, pendant que l'on posait un pupitre et un petit verre d'eau sur l'avant-scène :

— Je voudrais maintenant accueillir une personnalité célèbre, au talent méconnu… Alors je vous prie d'applaudir Mademoiselle Micheline Dax !

Un frisson joyeux s'est répandu dans la salle, on applaudissait à tout rompre, persuadé qu'on allait assister à quelque chose de divertissant, qui sait, un sketch peut-être ? Faire la Miss Piggy des « Muppets » dont elle doublait la voix ?

Micheline s'est posée devant son micro et s'est trempé les lèvres dans son verre d'eau. D'un signe de tête m'a fait comprendre que nous pouvions commencer. J'ai levé les bras pour attirer l'attention de l'orchestre et j'ai fait attaquer l'introduction de l'aria. Je n'avais aucun mérite à diriger la partition, d'autant qu'ils auraient pu jouer sans moi. C'était surtout pour rassurer Micheline qui ne me quittait pas des yeux.

Elle fut écoutée dans un silence quasi religieux. Le public n'en revenait pas !

Presque cinq minutes d'applaudissements, de retours de saluts, quel triomphe !

Dommage qu'à la suite de ça des gougnafiers lui aient proposé de faire un affreux disque de « standards », qu'elle a, hélas, accepté d'enregistrer. J'aurais pu lui écrire tout un album ! Elle n'a pas dû oser.

Et d'autres choses

La tournée reprenait. Je n'avais aucune appréhension sur ces longues dates. Tout était si parfaitement huilé qu'aucune fatigue n'était à craindre. J'ai fait même un retour à Pleyel pour deux concerts avec l'Orchestre Lamoureux qui me donna « carte blanche ». N'ayant pas le temps habituel à consacrer à l'écriture, j'ai écrit une très mauvaise symphonie, aussi inintéressante qu'ingrate à jouer, et que j'ai mise à la corbeille le lendemain !

Ma fille rentra saine et sauve. Siegfried se cherchait un coin à lui. J'allais d'ici peu me retrouver seul dans ce grand appartement avec Paulette. Entre-temps, je m'étais acheté une jolie petite chienne fox-terrier comme il y en avait une à Ridge Farm. Je l'adorais, un rêve de chien. Elle me tenait compagnie et on ne l'entendait jamais. Par contre elle savait se faire comprendre et apprenait vite un nombre incroyable de mots. C'était mon premier chien à moi.

Gisèle continuait à venir. Régulièrement. C'est là que j'ai appris que les petits fonds de réserve qui diminuaient servaient à aider cette « bonne » Gisèle.

— Tu comprends, son mari c'est un salaud ! Il ne lui laisse rien. Alors je l'aide, me disait Paulette sur un ton véhément.

(N'importe comment, avec elle, tous les hommes étaient des salauds ! Ce n'était plus depuis longtemps un motif valable.)

— Avec le peu qu'il lui a laissé, elle a acheté deux chambres de bonne qu'elle a l'intention de louer.

— Et alors ?

— Nous avons acheté de la peinture et du papier, et nous faisons des travaux de façon que ces chambres soient correctes. Tu comprends ?

Paulette, qui ne changeait même pas une ampoule dans la maison, s'était mise à faire des travaux. Après tout elle était fille de compagnon et devait de toute façon s'en sortir d'après elle. Bon.

Crise

Par une fin de journée, on sonne en bas dans le hall. Qui cela pouvait-il être à cette heure-ci ? Il était dix-neuf heures et quelques, et je n'attendais personne. Je décroche l'interphone et j'entends : « C'est Bruno. » Ah, tiens, eh ben monte.

Une fois arrivé, je lui dis : « C'est une surprise dis donc, je ne t'attendais pas. » C'est là qu'a commencé la crise :

— Non mais tu te fous de moi là, tu viens de me dire viens à la maison on va dîner ensemble !

— Mais je ne t'ai jamais dit ça Bruno, c'est sympa de te voir, mais je te jure je ne t'ai pas appelé.

— Alors arrête de jouer avec moi là ! Tu cherches quoi ? à me rendre cinglé ? (Le ton montait de plus en plus…) Je t'ai entendu ! T'es venu dans ma tête et tu m'as dit Bruno rince tes nouilles et viens à la maison ! (Je me suis assis pour me préparer à faire face à quelque chose qui risquait de me dépasser.) Tiens, regarde ma main je me suis brûlé à cause de toi en vidant la casserole tellement je me suis dépêché !

— Mais enfin Bruno… je…

— Ouais, arrête, hein… Je sais… T'as des pouvoirs que tu dis pas ! Et tes copains francs-maçons et tout… Ça suffit maintenant, j'en ai marre de toi. Tiens tu sais quoi ? J'aurais envie de te tuer là !

Je savais que je ne risquais rien. Il n'aurait jamais touché à son Dieu.

Je restais calme à l'écouter jeter un flot de délire. J'étais un « Illuminati », un manipulateur et je m'amusais avec lui comme avec un hamster dans une cage. Et des fois il m'entendait lui ordonner de faire ceci, d'aller là et...

— Bon et tout ça tu l'entends de l'intérieur de ta tête ?

— Ouais, t'as réussi à entrer dans mon cerveau, maintenant je suis un zombie, là.

— Bruno assieds-toi... Écoute-moi bien. Si j'avais les pouvoirs que tu me prêtes, mais mon Bruno je serais le roi du monde, je dirigerais cette planète. Tu crois que j'aurais du temps à perdre à ordonner à un brave gars qui se fait cuire des nouilles de se brûler comme ça pour le plaisir ? Hein ?

Là, il s'est tu. Il regardait par terre, l'air de plus en plus gêné de ce qui venait de se passer et de ses menaces. Il réalisait lentement.

— Ouais... Bon ben alors, je crois que tu vas pas vouloir dîner avec moi maintenant ?

— Mais non, va... Ça me fait de la peine de te voir penser des choses comme ça. Va voir un médecin, Bruno... Ne reste pas comme ça, on voit que tu n'es pas bien. Tu débloques il y a des moments.

— Oui, t'as raison, mais je sais pas qui, moi.

— Je vais appeler Claude Ménager. C'est un copain depuis trente ans. Il n'est pas psy, il est gastro. Il va t'écouter, c'est un homme très ouvert. Et je suis sûr qu'il pourra t'aider.

— Tu viendras avec moi ?

— Mais oui, bien sûr.

En fait il développait un début de schizophrénie pour lequel il a été très bien traité. Il redevenait le Bruno normal que j'avais rencontré. Je l'ai revu plusieurs fois et il me disait qu'il se sentait bien mieux et n'avait plus ces voix qui lui parlaient. Ô joie, je n'étais plus le centre de sa vie et de sa pensée. Un soulagement quand même.

Il vivait plus à l'extérieur, il venait se changer, dormir parfois, prendre des affaires, mais il avait l'air d'aller bien. En disant que c'était stupide de ne pas prendre ses médicaments, on était tellement mieux après. C'est certain. Mais apparemment cela n'a pas duré.

Le double album *live* de l'Olympia est sorti en 1995. Se sont ensuivies des vadrouilles musicales un peu partout. À noter la création, toujours par Louis Langrée que je venais de retrouver, d'une petite « Symphonie de poche ». Un divertissement.

Depuis un moment, Paulette se plaignait parfois d'une douleur dans le dos. Les analgésiques ne suffisaient pas. Cela peut arriver. « Ce doit être à cause du fauteuil. » Je vais le changer.

Casadesus

J'aime beaucoup Jean-Claude. Je l'avais déjà croisé au Grand Siècle à Lille, ou il m'avait fait l'honneur de me prêter sa propre loge. J'avais joué sous sa direction aussi. Je ne parlerai pas du chef dont la réputation n'est plus à faire, non, mais de l'homme avec lequel j'ai donné une série de concerts dans le sud de la France et à l'Orchestre national de Lille. Courtois, avec de l'humour, méticuleux. Avec évidemment beaucoup d'anecdotes à raconter. Une personne plaisante à fréquenter tout simplement.

J'ai l'excellent souvenir d'une douzaine de concerts que nous avons donnés dans le sud de la France avec au programme des pièces classiques, et mes chansons écrites pour piano et orchestre symphonique. J'étais aux anges. L'orchestre était au complet cette fois, la centaine de musiciens ! Six contrebasses ! Ce sont les compositeurs morts qui ont généralement droit à ça. Moi qui implorais presque pour en avoir trois pour mes enregistrements…

C'était produit par un mélomane marchand de taureaux. Le concert dont je me souviens le plus se passait au bord d'un lac magnifique. La scène lui tournait le dos. Face à nous de larges estrades avaient été montées pour le public. Les répétitions se sont très bien passées, il faut dire que nous commencions à avoir nos habitudes. Oui, mais…

Lorsque le jour a décliné, les lumières se sont faites en direction des estrades pour que le public s'installe, puis nous sommes entrés en scène selon la tradition classique. Les musiciens de rang, comme on dit, se sont installés les premiers, et en les regardant je les trouvais un peu agités… C'était curieux. Ensuite ce fut le tour du premier violon chef d'attaque (celui qui en cas de malaise du chef peut prendre sa place pour diriger, et donne le *la* à toutes les cordes, puis s'interrompt et le hautbois donne le *si bémol* pour les instruments à vent), lui aussi agitait les bras.

C'est lorsque ce fut notre tour d'arriver en scène sous de larges applaudissements que Jean-Claude et moi avons compris. Le plateau s'éblouissait de lumière, tandis que les estrades s'assombrissaient. Rapidement une nuée de moustiques se sont jetés sur nous. Des tout petits, ceux qui piquent bien fort et que l'on voit à peine ! Un enfer. J'avais l'impression de me retrouver en Finlande. En plus de cela, non seulement le temps était très chaud, mais sous les projecteurs, c'était pire ! La sueur de nos fronts coulait dans nos yeux. Personnellement je pouvais fermer les miens mais les musiciens étaient contraints de suivre le chef et de lire leur partition.

Une tardive distribution de bombes antimoustiques n'a pas tellement arrangé les choses pour les instruments à vent qui ont besoin de respirer quand même, et fortement parfois. On entendait tousser de temps en temps. (Moi-même j'ai dû avaler deux ou trois bestioles pendant mes interventions.)

Enfin le « par cœur » que nous avions acquis lors des répétitions et des premiers concerts nous a sauvés. Nous sommes arrivés au bout. Double triomphe, de par la musique, mais aussi parce que le public voyait bien ce que nous avions enduré.

Cela s'est terminé par deux scorpions dans ma loge, dont on m'a dit qu'ils n'étaient pas dangereux, mais pouvaient avoir une piqûre douloureuse quand même… Donc il fallait que j'inspecte bien mes chaussures et mes vêtements avant de les enfiler. « Ah, très bien… merci du conseil. »

Émancipation

Un soir Siegfried, qui avait apparemment trouvé à se loger ailleurs, m'a appelé pour passer dîner à la maison. Allons bon, pourquoi m'appeler pour ça, sachant que je n'avais rien de spécial qui puisse m'empêcher de le voir ? Ah… Il voulait me présenter quelqu'un… Ce qui voulait dire ne pas traîner en peignoir, me raser, et tâcher de me faire beau.

Effectivement, il voulait me présenter sa copine. Il en avait eu d'autres, comme Nathalie, une petite Asiatique charmante qui vécut même plus d'un an à la maison. Très amie avec Paulette avec laquelle elle est partie visiter les USA jusqu'aux Keys, ce petit chapelet paradisiaque au sud de la Floride. Voyage qui a coûté une fortune et m'a un peu agacé, mais j'ai laissé passer.

Enfin, je l'aimais bien. J'ai toujours eu une petite faiblesse pour les Asiatiques.

J'appris même un jour que j'ai failli être le grand-père de petits jumeaux eurasiens, ce qui fut évité grâce aux manigances de Paulette derrière mon dos.

(Il faut tout cacher aux hommes, c'est un principe de base.)

Je ne l'ai su que parce que, sur les deux petits, l'un était resté dans l'utérus et qu'une infection se déclarait. Nathalie dut retourner à la clinique. Il a bien fallu finalement tout me dire. Un peu de regret, oui (oh, des petits-fils eurasiens…), mais ils étaient bien jeunes pour assumer une famille, et je crois qu'ils ne songeaient pas à en fonder une de toute façon.

Non, cette fois, c'était Flo. C'était la bonne. Il fallait donc qu'elle soit présentée plus officiellement. Et ce fut par elle que j'ai eu deux petits-enfants par la suite. Yeal et Lloyd.

Elle lui plaisait, il l'aimait, c'était le plus important. Mais en plus elle était gentille, délicieuse, enfin tout allait bien… L'avenir se dessinait pour eux…

Johanna de son côté repartait pour un long séjour de six mois, cette fois encore en Asie. Elle m'a donné en garde sa petite yorkshire terrier. Ilsa. Je craignais un peu, vu que Janette ma fox était une chienne alpha, qu'il y ait des conflits. Pas du tout, elles étaient encore toutes petites et ont été élevées ensemble sans le moindre problème.

Le défaut de cette adorable petite Ilsa était que, dès que je voulais m'allonger un peu, elle venait sur mon oreiller, au-dessus de ma tête, et qu'au moindre bruit elle jappait à m'en donner des crises cardiaques. Je l'aurais tuée !

Johanna a vécu des choses très intéressantes, du Viêt-Nam elle est allée au Cambodge et au Laos, toujours en mobylette et en se faisant héberger chez l'habitant.

Au Viêt-Nam, soit on lui crachait dessus en la prenant pour une Russe, soit en la voyant arriver dans un village et se faisant reconnaître comme Française, on la conduisait à la « maison » d'une très vieille femme qui avait été éduquée par les sœurs dans une école religieuse du temps des colonies, et qui parlait encore un petit peu le français.

Une fois, arrivée là-haut chez les Mongs, une autre vieille dame en tirant sur ses vêtements lui a fait comprendre qu'elle ne devait pas rester habillée comme ça. Elle lui a fourni une tenue complète de Mong, noire et ornée de colifichets, qu'elle a gardée, et elle est même revenue à Paris avec celle-ci sur le dos. Elle n'est pas passée inaperçue dans le métro…

Elle vivait dans une « maison » où il y avait un bel oiseau de bonne taille… Ah, oiseau ? Oui oiseau, oiseau… L'oiseau était choyé, nourri, tous les jours on parlait à l'oiseau. Vint le moment hélas où Johanna devait rentrer. Tristesse dans la tribu. La veille au soir, on prépara un dîner d'adieu. Johanna voulait caresser une dernière fois l'oiseau et le chercha… Alors la vieille dame lui montra la cocotte…

Eh oui ! Le repas d'adieu c'était l'oiseau ! C'est tout ce qu'ils avaient à offrir en l'honneur de sa visite.

Et voilà 1997

Paulette avait de plus en plus mal au dos…

— Mais enfin, Claude ne réagit pas plus que ça ?

— Oh, je ne suis pas allé le voir, je vais à côté…

— À côté ? Où ça ?

— Il y a un docteur juste en face… et il est quand même moins cher…

(Non mais, je n'en revenais pas. Elle qui dépensait sans compter pour les copines, et tapait dans la caisse sans scrupule, osait me dire que Claude Ménager était cher !)

— Mais il est spécialiste de quoi, ton docteur pas cher, là… ?

— Il est pédiatre…

— Ah, mais comme tu as raison ! C'est idéal un pédiatre pour le mal de dos d'une femme de soixante-douze ans… ! Ça suffit là, tu vas prendre un rendez-vous avec Claude. Et c'est tout.

Le rendez-vous fut pris, Claude l'a auscultée et l'a dirigée immédiatement vers un confrère qui était tout proche, et qui avait un laboratoire incroyable, où grâce à Claude nous avions une prise en charge immédiate.

Le temps a passé. Elle y est restée pratiquement tout l'après-midi.

En rentrant elle nous a annoncé :

— Bien, je suis allée au laboratoire, on m'a dit que le temps de revenir chez Claude ils auraient les résultats et que je voie avec lui.

— Et alors ?

— Il m'a fait asseoir et m'a dit : « Ma chère, vous avez un cancer à la colonne vertébrale. »

Le coup de massue. Bon, à partir de ce jour, elle a suivi tous les traitements possibles, parfois insoutenables, avec au final aucune chance de s'en sortir. À partir de là je l'ai accompagnée jusqu'au bout. Elle est venue avec moi au festival des Nuits de Champagne à Troyes, qui a duré une semaine, pour lui changer les idées. À part cela, ce fut la course des cliniques et des hôpitaux.

J'avoue m'en vouloir, mais je veux être honnête avec moi-même. Oui je l'ai suivie comme je dis au début, tant il me semblait vain de faire remonter des griefs ou la mettre face à elle-même. Elle n'avait plus que moi et sa conscience. Mieux valait la laisser en paix… J'avais en arrière cette mauvaise pensée, à force d'avoir subi toutes ses combines, que d'ici peu je n'aurais plus jamais à craindre quoi que ce soit d'elle. Ni moi ni personne. Je perdais à la fois une irremplaçable alliée dans les affaires, mais, comme je le dis, une pernicieuse ennemie intime.

On laissera imaginer ce que fut toute cette année-là…

18

AUTRE VIE

Et nous voici de retour à ce que j'ai raconté au début. Mais qui allait prendre la place de Paulette ?

Quelques années après s'être installés à Paris, fuyant un peu Honfleur… où ils laissaient derrière eux quelques ardoises criantes, Pierre et Gérard eurent la chance de s'installer dans un restaurant qui s'appelait avant Le Temps des Cerises, rue Chanoinesse, à deux pas de Notre-Dame. Un superbe bâtiment, de l'époque carolingienne, dont on dit que la rue où il se situait doit son nom aux nombreux chanoines attachés au service de la cathédrale. C'était la principale artère, peut-on lire, du cloître Notre-Dame, fermée la nuit par de larges portes. Les bons chanoines bénéficiaient d'une exonération d'impôt en ce qui concerne les locations de maisons avoisinantes. Ils y logeaient plutôt des dames… dont on ne demandait pas les activités. De braves et pauvres veuves sans doute… On laissera à l'imagination de chacun les avantages d'une telle situation. Il était notoire que c'étaient des bordels gérés par l'Église. D'autant qu'ils avaient une certaine immunité face à la justice du roi.

Ce fut pendant la révolution française une boucherie dont les simples barreaux ornaient encore la façade. Le bas était le domaine de Pierre. Il y avait son bar où il servait toujours ses kirs « avec ses propres grains », en attendant que les commandes soient prêtes. On pouvait y passer pour simplement prendre un verre, ou les bons copains pouvaient même y prendre un plat léger en bavardant avec lui.

Par contre le premier étage, dont la salle elle-même du restaurant était installée dans l'ancien réfectoire des chanoines, recevait du beau monde. Mitterrand, Chirac, nombre d'hommes politiques, d'acteurs et de visages célèbres du monde entier. Pierre avait un carnet d'adresses quasi unique. Il m'arrivait parfois en y arrivant de voir la rue filtrée par la police. Signe qu'un personnage politique important y dînait. J'entrais quand même bien sûr, après m'être fait reconnaître. Cette salle magnifique, toute en longueur, était le dortoir des chanoines à l'origine. Elle était abondamment fleurie. D'énormes bouquets parfumaient la salle et permettaient de se cacher un peu. Pierre y tenait beaucoup et dépensait une fortune chaque semaine pour en renouveler les essences. Mon copain Jean-Pierre lui en fournissait beaucoup.

C'est là que j'ai rencontré Laurent qui y avait été engagé au départ comme cuisinier. Puis, devant l'incurie des serveurs qui n'avaient pas la classe suffisante pour ce genre d'établissement (une fois des clients s'étaient plaints que l'un d'entre eux avait une grosse épingle à nourrice pour fermer sa braguette), ils ne gardaient pas longtemps leur personnel. En plus la cuisine était en bas, et il fallait monter l'escalier pour faire le service. Laurent alors se proposa de les remplacer en salle. Ils engagèrent donc un autre cuisinier. Et tout repartit à peu près normalement.

Nous y venions souvent, avec Carlos, Catherine, Do, Alice Dona, Micheline Dax, Nico, et pas mal d'autres. J'y ai fêté plusieurs anniversaires, avec les enfants aussi. On s'y sentait un peu chez nous.

Malheureusement, Pierre perdit son compagnon, Gérard, d'une infection pulmonaire due aux complications du HIV. Et ce fut le désastre. Outre les énormes dettes accumulées auprès des fournisseurs, il y avait la confusion fréquente, si ce n'est quotidienne entre la caisse, et la poche de Gérard, qui passait ses nuits dehors.

Pierre lui, après la fermeture, avait tendance à « recevoir » des gendarmes à moto dont la caserne était dans la même rue. Il leur offrait beaucoup de petits verres et organisait des galipettes secrètes et quelquefois… initiatiques. Assisté souvent par la tenancière d'un bar voisin qui apportait dans un caddie de supermarché des objets divers en plastique, dont les tailles différaient, tant par la longueur que par la largeur. Les couleurs étaient en rapport avec certains fantasmes. Les plus fins en jaune pour l'aspect asiatique et destinés aux initiations débutantes… Les roses, de calibres différents mais supérieurs, faisaient européens. Des plus gros et longs, un peu bruns figuraient le Maghreb. Enfin les plus gros étaient censés figurer l'Afrique. Elle en avait tout un choix. À plumes ou à petits picots, voire avec un mouvement actionné par une pile qui faisait tortiller l'objet.

Des petites parties secrètes, souvent à trois ou quatre, que Pierre me racontait après. La barmaid était là pour ceux qui préféraient être initiés par une femme, avant de tenter autre chose. Je n'ai jamais assisté à ces amusettes, mais en ai croisé quelques-uns des participants, et jamais on aurait pu penser que…

Passons…

J'étais vraiment désolé pour Pierre. C'était un homme foncièrement bon et que j'aimais beaucoup. Il était presque un peu « poire », comme on dit. Je me souviens que, ayant été renvoyés, le serveur à l'épingle à nourrice ainsi que son collègue avaient volé de l'argenterie pour s'acheter un petit camion-boutique et descendre dans le Midi à la belle saison vendre des bonbons. Leur « affaire » n'ayant pas marché du tout, ils revinrent voir Pierre en pleurant, lequel les réengagea !

C'était Pierre. Il vivait sa vie, mais tout le monde l'adorait ! Il avait ce secret inviolable dont j'ai parlé à propos du Maroc, la perruque. Personne n'a jamais voulu avoir l'air de s'en rendre compte. Il avait d'ailleurs un surnom secret, vu la cherté des additions, qui était « Moumoute écrase les prix ». Jamais avec son compagnon, au paroxysme de leurs disputes, ce dernier, qui le traitait de cacatoès, de vieille fée, et toute sorte d'insultes du même genre, n'a fait allusion à sa perruque. C'était encore là une source de dépenses non négligeables…

Ce que Pierre ne savait pas, c'est que le tout était assorti de manipulations financières peu orthodoxes par un banquier complice de Gérard, et là, ce fut la faillite noire. Pour réparer les dégâts après l'éviction du directeur en question, il fallut que trois banquiers travaillent sur les dossiers. Laurent fut nommé juste pour quelques mois en tant que gérant pour liquider l'affaire. Elle fut vendue et disparut. Pierre avait toujours travaillé au noir et n'avait aucune ressource.

Il tenta de remonter quelque chose avec Laurent, ce qui était loin d'être facile. Ils trouvèrent finalement un petit endroit, bien loin de ce qu'avait été La Lieutenance des grands jours, mais Pierre n'avait pas changé dans ses habitudes.

Il passait à votre table en vous disant : « Mes chéris, ce soir la table est pour moi. » C'était gentil, mais Laurent avait déjà rentré la table en caisse. Donc, nouvelle faillite.

J'ai appelé Pierre et lui ai demandé ce que Laurent faisait depuis. Il m'a répondu qu'il faisait des extras. Je lui ai donc expliqué que me retrouvant seul maintenant. Il m'était difficile de tout faire dans la maison et qu'un peu d'aide aurait été nécessaire :

— Alors là, tu ne pourrais pas mieux tomber ! Il conduit, il fait la cuisine, et sait parfaitement gérer une maison.

— J'ai même l'appartement de Paulette à sa disposition. Je vais l'appeler.

Évidemment, d'avoir un poste fixe et d'être logé l'a beaucoup intéressé, et depuis ce jour Laurent s'est occupé de tout. Même encore aujourd'hui.

Bon, tout était prêt pour un nouveau décollage.

Les machines absurdes

C'est dans une grande et belle maison, avec piscine, prêtée grâce à l'intervention de mon amie Josie, de La Baule, que je connaissais depuis plus de dix ans, que nous nous sommes installés. Nous y avons vécu presque un mois et demi. La maison était surélevée et quasi invisible de la rue. Pour enregistrer Yves Jaget avait apporté son « Voyageur 1 » conçu par lui-même. Une merveille de technique, un studio d'enregistrement logé dans un camion, qu'il avait garé dans la rue devant la porte du garage. Cette maison assortie d'un camion d'enregistrement a suscité bien des curiosités chez les voisins. Il était accompagné de son complice Gaël, qui nous a été d'un précieux secours lorsqu'il s'est agi de tripatouiller les sons disons « hip-hop » dont j'avais très envie.

Certains, persuadés que nous y tournions un film porno, sont plusieurs fois venus demander si nous avions besoin de figurants.

Yeal venait d'avoir un an, il y avait tellement de place que j'ai proposé à Zig et Flo de venir passer quelque temps avec nous. Johanna était je ne sais où, peut-être encore en Asie, mais en tout cas cet enregistrement où personne n'est venu nous déranger a été pour moi un grand bonheur. Je travaillais à mes textes dans ma chambre, et lorsqu'on avait besoin de ma voix un micro était à mes côtés. Les câbles passaient par la fenêtre et en connexion avec le « Voyageur ».

Bien sûr il y avait des éléments acoustiques que nous avions apportés, comme « Parade », ou ce difficile « Indies » écrit à partir d'un raga indien et qui a nécessité plusieurs enregistrements et de longues répétitions.

Sans compter les milliers de notes qu'il avait fallu écrire pour obtenir ce que je désirais. Les *glissandos* typiques indiens devaient être traduits en écriture occidentale, laquelle n'a pas la culture du quart de ton.

À part ça, le reste fut assez facile à enregistrer. Je me souviens dans « Moondown » du joueur de bombarde. Un pur Breton, auprès duquel j'ai beaucoup appris. Il m'a par exemple signalé que les ornementations que j'avais écrites appartenaient plus à la tradition écossaise que bretonne. En plus cet instrument était utilisé par l'armée à l'origine, et servait à se repérer entre régiments. On le croit volontiers, d'autant que le son est extrêmement puissant ! Les vitres de la maison résonnaient pratiquement à chaque note !

La masseuse perverse

Un jour de fatigue, je trouve, dans la boîte aux lettres de la maison où nous travaillions, un mot d'une jeune femme pratiquant des méthodes orientales, à base de massages, d'huiles essentielles destinées à détendre, ressourcer, et mille promesses de récupération d'énergies, etc. Ma foi, c'était gratis, alors j'ai pris rendez-vous. Elle était deux maisons plus loin…

Je suis allé dans son cabinet décoré de diplômes de gurus totalement inconnus dans tous les sens, avec beaucoup de petites tables recouvertes de flacons de toutes les couleurs. Bien.

— Oui, dit-elle, je vois votre aura. Oh, vous avez des faiblesses de… (et elle tombait juste)… Voyons, pouvez-vous vous allonger sur ce lit que je vous sente de plus près ?

Alors je me mets en petite tenue et m'allonge. C'est là qu'elle me tend une légère serviette de lin en me disant : vous m'excuserez mais je dois travailler sur un corps nu. (Allons bon…) Elle sort et je m'allonge donc avec ma petite serviette et j'attends. Elle revient, me masse les tempes, les bras avec une autre huile, et les mains aussi. Ensuite elle m'a dit laissez-vous aller… Là je me suis senti effectivement détendu comme rarement. Au point où je me suis endormi profondément.

À mon réveil elle m'a dit vous avez dormi une heure et demie. Vous allez mieux ?

— Oui, beaucoup mieux, mais je me sens lourd.

— C'est normal… En rentrant vous allez avoir l'impression d'être au-dessus de votre corps, qui mettra un certain temps à se rassembler…

— Ah bon ?

Sur quoi elle sortit, me laissant me rhabiller, et j'avais effectivement une sensation d'ivresse, mais très agréable, comme si j'avais grandi. Un grand bien-être m'envahissait. Allons bon, moi qui étais incrédule à propos de ces huiles essentielles, je venais d'en ressentir les étonnants bienfaits. Cette jeune femme en avait une réelle et sérieuse connaissance. Depuis lors, je me suis intéressé à ces médecines parallèles.

Je suis remonté à la maison et évidemment tout le monde m'a demandé ce qui s'était passé.

J'ai dit : « Écoutez, je ne sais pas… J'ai disparu, j'étais dans le noir total. J'ai perdu conscience, et voilà. »

C'est devant des sourires incrédules que j'ai dû tenter de m'expliquer, mais je n'avais rien à dire, donc peut-être tout à cacher. La pauvre jeune femme s'est donc vue affublée du nom de « la masseuse perverse ».

Dont tous ceux qui sont venus nous voir ont entendu parler. De toute façon, je ne saurai jamais. Je n'y suis jamais retourné.

Le grand concert

L'album sortit en 2001 et fut bien reçu. Le visuel du CD était magnifique.

À la suite de quoi nous avons donné trois concerts au Théâtre des Champs-Élysées. Deux « normaux » d'une heure et quelques, et le dernier jour, un concert de quatre heures ! Il débutait vers 19 h 30, suivi d'un gros entracte permettant au public de se restaurer, puis une seconde partie qui nous a menés vers minuit. Quarante chansons, sans compter de petits rappels. Et tout s'est passé sans fatigue. Claude Ménager est venu dans ma loge et en bon médecin m'a demandé :

— Non mais dis-moi, tu as pris quoi, là, pour tenir comme ça ?

— Oh ben une petite ligne pendant l'entracte…

— Bof, une fois en passant ça n'a jamais tué personne, va… Mais fais attention.

Le public a été enchanté, nous n'arrivions plus à sortir de scène ! C'est là que M. Lepigeon, directeur de la salle, m'a offert un des cendriers d'origine de 1913, soit avant la réfection du théâtre. C'est donc une pièce de musée que je conserve chez moi. Je me plais à penser que peut-être Diaghilev y a laissé tomber négligemment un de ses légendaires cigares…

— C'est quoi ce machin ? m'a dit un jour un photographe.

— C'est un pot de chambre, je lui ai répondu. (Crétin, va !)

Intuitions

Je sentais chez Viva Production, et surtout chez Jean-Yves, un certain flottement je dirais. Nous avons donné beaucoup de représentations. Dans les mêmes conditions, mais je le sentais plus absent. Il avait des soucis. C'était quelqu'un de franc, mais secret.

Nous avons joué néanmoins dans de gros festivals.

Notamment aux Vieilles Charrues, devant quarante-cinq mille personnes ! Puis à Spa, pour lequel il a loué un avion pour y être le lendemain. Un vol de rigolade !

Là nous attendaient trente mille autres spectateurs. Et le tout s'est terminé sur la grande scène du Paléo Festival de Nyon… Et là, cinquante mille personnes ! J'étais face à une colline dont on ne voyait pas le moindre brin d'herbe. J'en ai encore les photos. C'est impressionnant.

Ayant visité Orléans pour la conception du visuel des « Quatuors » par les Parisii, avec ce graphiste de talent à qui j'avais confié aussi celui des « Machines absurdes », et qui m'a juré après quoi qu'il ne travaillerait plus jamais pour Universal… (air entendu souvent), j'ai dit aux enfants : pourquoi ne vous installez-vous pas à la campagne, plutôt que de rester dans cette tour à la Bastille ? Le petit y serait tellement mieux. Flo, prenant la gérance de l'édition, n'aurait qu'à travailler par Internet avec un salaire confortable. En plus Gaël avec lequel Siegfried s'était très bien entendu y vivait pratiquement à l'année et avait dans l'idée de monter quelque chose. Les connaissances en mathématiques de Siegfried l'intéressaient beaucoup.

Ils s'y installèrent donc, et je venais souvent le weekend leur rendre visite. À force, je me suis dit : « Et si je m'installais moi-même en Sologne ? »

Flo m'a trouvé une maison. Une grande bâtisse un peu vieillotte mais posée sur quatre hectares de forêt. Donc, au 1er août, je déménageai. C'est là que je fis les dernières démarches pour retrouver ma famille, et que je fis connaissance de Joël, juste en 2006. Je venais de sortir *Épures*, enregistré chez moi, sur mon propre piano. Ce qui m'amusera toujours c'est que lorsque l'on découvre un nouveau disque, on l'écoute mais on ne lit rien. Certaines fines bouches ont estimé que le son n'était pas merveilleux. Évidemment ! C'est un document, il faut le prendre comme tel. Et la chanson « Loulou » s'est trouvée affublée par Dieu sait qui d'une erreur idiote. Au lieu de : « En haut de l'escalier qui monte à la verrière », on pouvait lire : « En haut de l'escalier qui monte à la mer ».

Bravo ! Bis !

Nous correspondions avec ma sœur par un système disparu depuis, qui permettait de chatter avec caméra. Un soir, vu les décalages horaires, j'attendais son arrivée et, comme souvent, je voyais un jeune homme brésilien, juste à l'image d'à côté, qui disait dans son CV avoir voyagé beaucoup, en Allemagne, en France, en Italie, en Espagne et je ne sais où encore, ce qui a fini par m'intriguer. Il ne savait absolument pas qui je pouvais être, alors j'ai entamé avec lui une conversation plutôt en anglais. Je m'étais inscrit sous le nom de Bill comme étant aux USA, et son français était déplorable.

Les Brésiliens adorent les Français, mais il faut leur préciser, parce que tous les blonds sont des Allemands (sans doute en ont-ils vu passer beaucoup en direction de l'Argentine après 1945).

Entre deux conversations avec ma sœur, j'ai appris de lui qu'il était guide touristique et chef barman. Il était demandé pour les carrés d'or lors des grands concerts comme Paul McCartney, les Rolling Stones ou Madonna. Il était en plus très cultivé.

Ce n'est qu'assez longtemps après que je lui ai dit de taper mon vrai nom sur Google (je me faisais appeler Bill), et là il a quand même eu une surprise.

Connaissant sur place quelqu'un qui aurait pu me guider, ça m'a donné envie de visiter le Brésil. Il me fallait attendre l'année suivante, puisque je devais aller en août rencontrer enfin ma famille. En plus j'avais un DVD à enregistrer au Cirque royal de Bruxelles en mars. Je projetais donc un voyage pour Pâques de 2007.

Je sentais Jean-Yves un peu gêné. Bon. Les producteurs de théâtre fonctionnaient de plus en plus sur ces mots : « Ah quelle est son actualité ? »

L'actualité voulant dire des télés et des magazines. Surtout depuis l'invention des téléréalités. Mais on ne peut pas être sur scène et se montrer dans ces émissions de bas étage… Nous avions coutume de parler franchement. Il me dit que le prix du plateau sans un apport extérieur, qu'on appelle un « *support tour* » dans le langage de plus en plus anglophile (et parfois à contresens) des maisons de disques, ne permettrait pas de réserver les musiciens pour un nombre continu de dates. Ce que je comprenais fort bien.

Alors j'eus une idée. Et si nous remontions ce qui fut le début de tout ?

Les quatuors... Presque personne ne l'avait vu depuis des années, et beaucoup pas du tout. Un retour aux sources qui n'était pas inintéressant.

— Est-ce que cela pourrait être viable financièrement pour toi ?

— Alors là, évidemment !

— Et moi comme cela me ferait plaisir ! Allez, on se lance ?

— Tout de suite ! Je m'en occupe et te tiens au courant.

— Nous avons le temps, préparons cela pour l'automne, je dois aller à Detroit voir ma famille d'abord, et puis on commence les répétitions, j'ai toutes les partitions, et je pourrai aussi en ajouter de plus récentes.

Family

J'ai comme je l'ai dit pris l'avion en août 2006 pour rencontrer ma branche d'origine. Les Macleod of Lewis.

Je me suis installé à l'hôtel et le lendemain matin j'ai parcouru les cinq cents mètres qui me séparaient de l'ensemble des maisons où la famille résidait. À mon arrivée dans une rue proche du domicile familial, j'ai été accueilli par trois chiens qui avaient manifestement envie de jouer. Donc je me suis accroupi leur dire bonjour et l'une des deux dames qui étaient autour à bavarder, en m'observant, m'a dit :

— Oh, vous êtes William, le fils de Colin ?

— Oui, Madame, je viens dire bonjour à mom' Thelma, je suis arrivé hier soir. Mais comment savez-vous ?

— Elle nous en avait parlé, mais vous lui ressemblez tellement que nous ne pouvions pas nous tromper !

— Oh, certainement pas, dit l'autre.

Allons bon, ça commençait. Tout le clan, ainsi que leurs amis et voisins ont été unanimes. C'était dans le visage, c'était dans les gestes, la démarche et certains tics révélateurs. C'est impressionnant, il faut bien avouer, quand vous êtes le seul à ne pas vous en rendre compte. À chaque fois je répondais : « Je ne sais pas… »

Les photos de Papa dataient soit de sa jeunesse, soit de sa présence en France, et, même si j'y trouvais effectivement certains points communs, ce n'étaient que des vues fixes. Et qui plus est prises par des appareils amateurs de l'époque !

J'ai eu l'occasion de voir quelques vidéos, mais, exactement comme pour moi, je filme ma famille et forcément je ne suis jamais dessus ! Si, juste quelques secondes, mais ce n'est pas assez. C'était très curieux, j'étais dévisagé, scruté et l'on s'étonnait que mon anglais soit sinon parfait mais excellent. Je mélangeais des expressions californiennes avec des formulations plutôt anglaises parfois, mais les Américains se soucient peu de ce genre de choses. Pas comme en Angleterre où votre accent trahit votre rang social et presque la rue où vous résidez !

Comme chaque fois qu'il y a un nouvel arrivant, Cam et Ede ont organisé une party. C'est donc face à une vingtaine de personnes que j'ai raconté mon aventure. Ils étaient étonnés qu'une star européenne (tout le monde était allé sur Internet) fasse le service des hamburgers que mon frère préparait, mais j'ai simplement dit que j'étais dans ma famille et faisais comme n'importe quel fils de la maison.

Ils eurent même la surprise de voir un soir arriver « Tante Bubby ». Elle ne venait jamais. C'était elle qui avait tout su depuis le début lorsque Papa, arrivant de France, avait été au Texas la voir et lui annoncer la nouvelle. Elle n'avait jamais rien dit. Je fus invité chez elle. Un lieu de calme entretenu avec soin où elle collectionnait des anges de verre filé. Elle me dit d'en choisir un, mais ça me gênait, alors je lui ai répondu : « Alors je veux celui-là, mais il restera parmi les autres et ainsi tu penseras à moi quand tu le regarderas. »

Elle est décédée depuis, et qu'a-t-on fait des anges ?

Ils avaient pris une semaine de vacances afin que nous visitions un peu Detroit et les alentours. J'étais sidéré de voir cette ville qui avait été si puissante, si riche, être à ce point aussi vide. Des immeubles de vingt-cinq ou trente étages, sculptés d'ornementations Art déco, à mettre dans un musée, totalement vides et ce sur de longues avenues…

La partie vivante se trouvait autour du stadium, le Comerica Park, orné de lions peints sur son pourtour extérieur, à la manière presque des arènes romaines. Malheureusement il a plu.

Nous nous sommes rabattus sur un restaurant et avons pris un repas en tête à tête.

Mon frère est peu disert, contrairement à ma sœur qui est très bavarde. J'ai dû faire la conversation.

La famille pensait au départ que c'était Papa qui

m'avait abandonné, mais je leur ai expliqué que c'était totalement le contraire. Pauvre Papa. Et pauvre de moi aussi par la même occasion. Enfin bref. Ils étaient soulagés de savoir ça. Je l'ai bien senti. On ne m'a jamais appelé Bill comme plus au sud, même si l'on m'en demandait l'autorisation, c'était une habitude. Là non, ce fut toujours William.

Cam avait un bateau, je serais incapable de dire quoi, mais il y avait quand même un minuscule appartement à l'intérieur, avec douche, cuisine, une table et la possibilité d'y coucher quatre personnes. Nous avons fait quelques tours sur le lac. À un moment Cam m'a dit tiens, conduit le bateau, je dois aller chercher quelque chose en bas. Holà ! Je n'avais jamais tenu une barre, mais j'ai fait semblant et ne m'en suis pas sorti si mal que ça… C'est à l'entrée du port que je l'ai laissé manœuvrer, parce que cela devenait très délicat.

Mom' Thelma accepta deux fois de marcher un peu dehors avec moi, ce qu'elle aurait dû faire quotidiennement, vu que j'étais là pour l'accompagner changeait un peu les choses. Déjà elle montrait son « fils » retrouvé à tout le voisinage, et c'était l'occasion de parler un peu. « Tu as les mêmes mains que ton père, William », me disait-elle. Je regardais mes mains… je ne savais pas. Je suis allé sur la tombe de Papa. Ede m'a montré la place qui m'avait été réservée dans le carré des Macleod pour y déposer mes cendres. J'ai vraiment été très ému de poser ma main sur la plaque de Papa.

Nous avons déambulé dans différents endroits rattachés à Detroit, comme Royal Oaks que j'aimais beaucoup. C'était plein de restaurants et boutiques très originales. C'était un quartier très vivant et toute sorte de monde s'y promenait. Enfin bon, ce furent des retrouvailles, des visites, des parfums, des goûts retrouvés de l'enfance...

Et puis ce fut le jour du départ. J'avais à faire en Belgique. Ma sœur a beaucoup pleuré. Elle pleure beaucoup. Elle est extrêmement sensible. Je l'adore, c'est ma sœur en tout point. Même sur une photo on se ressemble incroyablement. Tout le monde me l'a dit. Après mon retour, ce fut un grand concert en vidéo au Cirque royal de Bruxelles, que j'ai beaucoup aimé, après quoi j'étais un peu libre. Je pouvais enfin m'envoler pour São Paulo et rendre visite à Joël.

Brazil !

Je ne suis pas arrivé au bon moment je dirais. Il était en soins pour un cancer au tibia. Une tête d'épingle sur l'os, vite guérie, mais quand même. C'était la troisième fois. Je lui ai dit que j'allais l'accompagner à l'hôpital et que nous en profiterions pour voir un peu les alentours. São Paulo est une ville qui connaît peu de plat. Tout monte vers la crête avec une certaine raideur, et redescend de l'autre côté par des pentes où il faut freiner le pas. Là-haut il y a les Champs-Élysées de la ville, l'avenue Paulista. C'est là que sont les plus belles boutiques, les immeubles les plus insensés, le monde le plus bariolé.

J'ai aperçu la devanture de l'Alliance française et donc j'y suis allé, forcément. Ah... C'était un désert. À gauche, il y avait eu peut-être l'intention d'y installer une petite cafétéria, mais les placards de verre étaient entièrement vides.

À gauche, derrière un comptoir, il y avait deux jeunes

Brésiliennes qui ne parlaient pas évidemment un mot de français et avaient l'air de s'ennuyer à mourir. Cela débouchait sur un couloir encombré d'une gigantesque affiche où était écrit : « Émigrez au Canada ! »... (Intéressant, bravo la France !)... Nous en sommes ressortis très vite.

Heureusement Joël m'a fait découvrir les lieux qu'il aimait, les jardins, où s'exposaient des peintures riches, des marchés bruyants et pleins de vie.

Je me souviens d'avoir visité ce qu'il restait de la première église construite par les jésuites en 1622, où se trouvait un petit restaurant dans un jardin d'une grande fraîcheur qui surplombait la ville. Il y avait un autre bâtiment sur le côté où l'on pouvait admirer des restes de décorations qui avaient été conçues pour l'église. Des statues baroques de bois peint, des têtes d'anges et un plan reconstitué de ce qu'avait été le lieu à l'époque...

Petit détail personnel mais prouvant les égards que l'on avait envers les visiteurs, lorsque j'ai eu la nécessité de trouver où satisfaire un léger besoin personnel, on m'a remis à l'entrée, en me jugeant sans doute approximativement à mon âge, un petit jeton qui assurait une gratuité d'entrée. Sinon il était exigé quelques réals. Peu de choses, mais j'ai trouvé cette attention pour les anciens plutôt sympathique.

Comme j'ai aimé ce pays immédiatement ! Comme Joël savait bien en parler ! J'adorerais y finir mes jours. Ce fut court mais tellement fort. J'y suis retourné bien sûr ! Et là encore, ce ne fut pas un moment bien choisi. En à peine un peu plus d'une année, il perdit d'abord son père, d'un cancer.

C'était un homme courageux et volontaire faisant

face à son déclin. Il a dit à Joël : « Maintenant je m'en vais, je le sais, tu le sais, alors, ce sera "l'Allemand" (c'est-à-dire moi) qui sera ton père. Et tu seras avec lui comme avec moi. Tu feras ce qu'il te demande, et prendra soin de lui. Tu le promets ? »

D'ailleurs cet homme avait toujours eu une passion pour la France et, qui pourrait dire pourquoi, aurait tant voulu connaître Lyon…

Sacrée responsabilité, mais conforme à la coutume apparemment, et qu'il vaut mieux ne pas décliner. Ce serait une insulte. En plus, le confier à un Européen apportait éventuellement l'assurance d'une meilleure vie. La mère décéda quelques mois après mon départ d'une attaque cardiaque. Perdre son mari avait été trop dur. Ensuite ce fut la sœur à cause d'un accident de voiture, puis son « mauvais frère » (il y en a toujours un dans ce genre de tribu) qui dealait de la cocaïne et des armes. Cancer de l'estomac. Emporté en à peine quatre mois.

Il en restait un qu'il appelait toujours en français « mon vieux frère » et qui travaillait en Amazonie pour installer des appareils d'air conditionné.

Cela faisait peut-être la quatrième fois qu'il venait chez moi en France, sous visa de touriste, et je l'ai entendu tout à coup gémir profondément. Son vieux frère venait de succomber à une attaque cardiaque. Joël restait le seul de la famille. À la fois orphelin et patriarche.

Ces allers-retours sans cesse n'étaient pas commodes, et toujours sous un visa de tourisme de trois mois, qu'on lui accordait facilement, mais les avions n'étaient pas donnés.

Il était bien installé dans la famille et je me rendais

compte qu'effectivement il me traitait comme son père. Des fois un peu trop… « Laisse ça, je vais le faire. »

Ça soulage énormément d'avoir un fils attentif et qui retrouve tout. Les lunettes, le téléphone, le sandwich oublié sur un coin de meuble, et qui soir et matin prépare les médicaments. Seulement on a toujours la crainte de se déresponsabiliser dans les choses du quotidien. Il vit dans ses quartiers au premier étage, et s'est fait un bureau dans les sous-sols. Il restait toujours en contact avec le Brésil par Internet. Ce n'est pas facile. Ici nous changeons d'une heure dans l'année, mais là-bas la différence avec la France est de cinq heures en été, de quatre heures entre les deux, de trois heures en hiver. Il s'occupait de ses affaires et n'apparaissait qu'en cas de besoin, sauf vers l'heure du dîner. Après quoi il me tenait compagnie pour la soirée.

Il était exécuteur testamentaire de la famille. Ils avaient quand même une grande belle ferme dans le Nord, plus trois maisons qu'il venait d'hériter et il fallait organiser tout ça. Il l'a fait sans hésiter, en connaissance de chacun. Et en répartissant les fonctions de tous. Un garçon solide, gentil, poli, aimable mais avec parfois des coups de gueule assez impressionnants. Bon, un Brésilien quoi. Il valait mieux laisser passer ce petit moment d'explosion, parce qu'après toujours il venait pour s'en excuser. On ne parle pas comme ça à son père.

L'adopter ? C'était faisable. Mais très difficile, et cela prend des années. Surtout pour adopter un adulte. Et cela fait l'objet d'un jugement. C'est Johanna qui a trouvé la solution :

— Mais Papa, pourquoi tu ne te pacses pas avec ?

— Oh, mais ça ne va pas, non ?

— Mais Papa ça ne veut pas dire que tu te maries ! C'est un pacte civil de solidarité ? C'est tout !

— Hmmm ?

— Renseigne-toi.

Un jour je trouve un journal. J'y lis qu'un vieux fermier sentant sa fin proche et n'ayant aucun héritier se désespérait de voir que sa ferme, qui appartenait à sa famille depuis plus de deux cents ans, allait disparaître bêtement.

Après avoir réfléchi, il est allé voir un vieil ami, un veuf encore en bonne forme, à qui il a proposé de se pacser avec lui, et ainsi pouvoir hériter de cette ferme qui continuerait à vivre. Ce qui fut fait.

J'en parlais à Joël qui évidemment n'était pas contre, surtout dans la mesure où je lui proposais de l'établir en « biens séparés ». Donc nous avons entamé, quelques années plus tard, les procédures qui étaient finalement très simples. En vingt-quatre heures nous étions pacsés.

Outre cet accord je me retrouvais fiscalement de manière tout à fait légale avec une part en plus. Il a depuis suivi avec succès tout le chemin difficile d'une intégration et a sa carte de résident. C'est pour moi un deuxième fils. Je l'ai connu à trente-cinq ans et maintenant il en a cinquante.

On a copieusement clabaudé sur la chose, en disant que je vivais avec mon amant, etc. Ah… ce que les gens peuvent être sales dans leurs fantasmes. Si ça avait été le cas, je l'aurais dit.

Alors, pour les concerts, ils sont suffisamment répertoriés ici ou là pour que je n'aie pas à en donner des détails… Ah, peut-être celui en 2008 avec les élèves des écoles de la région du Loiret ? Belle expérience. Au Zénith où j'avais déjà joué bien entendu. Et puis le temps passe de projet en projet et atténue les choses. Surtout lorsque arriva une surprenante proposition de l'autre bout du monde, et qui allait balayer tout cela.

Beijing !

Mais aussi la Chine ! En 2009 (il est des dates qui reviennent comme ça), série de récitals organisée par Pierre-Alex, celui-là même qui était venu se former (administrativement) auprès de moi quelques années pour se familiariser avec le métier-paperasse. Ce fut idéalement organisé. D'abord Beijing au Summit Club, d'un chic incroyable, où j'ai eu l'occasion de jouer sur le piano qui avait appartenu à l'empereur du Japon Hiro Hito. À l'origine un excellent instrument, mais tellement chargé d'or que le son était un peu altéré. Ensuite, toujours à Beijing, j'ai joué dans la Cité interdite. Puis à Shanghai, et à Wuhan… que les Chinois appellent le quatrième chaudron de la Chine ! J'ai cru y mourir de chaleur, mais dans l'ensemble quel souvenir !

Je n'ai pas eu comme mes amis techniciens le loisir de visiter les différentes villes où je suis allé, il me fallait remplir des obligations de promotion. Ce n'est pas facile de parler en anglais pendant une heure avec une journaliste chinoise qui ne comprend que l'accent typiquement british et vous dit après qu'elle n'a rien compris. Hélas j'ai plutôt un accent américain. Elle dut bien être la seule d'ailleurs à ne pas me comprendre.

J'étais logé dans un Novotel, oui, mais le Novotel de Beijing n'a rien à voir avec la chaîne française. On m'a donné la suite qu'avait occupée le président Chirac lors de sa dernière visite. Une immense double suite. Ce qui m'a marqué le plus c'est le dessus-de-lit de la chambre principale, fait de velours de soie, incrusté de strass... Le tout à l'avenant.

J'ai pu un peu me promener vers la Cité interdite, et faire quelques grands magasins dont j'ai rapporté plus d'une dizaine de ces tenues noires de tai-chi que j'ai portées sur scène pendant plusieurs années.

Et puis retour en Europe. C'est là qu'ont commencé à Bruxelles les répétitions des quatuors. Ce fut une longue série de concerts qui nous emporta encore dans de longs voyages. Jusqu'à la Réunion.

Oh, 2010 aussi, le récital piano solo devant le Palais du facteur Cheval !

Lorsque je parle de « tout le monde » : il y avait Nounours, qui a été toujours présent et s'occupait de moi. Il était mon régisseur personnel. D'abord il conduisait, puis s'occupait des hôtels, trouvait des restaurants, parfois allait gentiment faire une ou deux courses dont j'avais besoin et finalement était celui que je voyais le plus.

Il y avait aussi Jean-Philippe Aigouin, régisseur général, auquel tout le plateau obéissait au doigt et à l'œil. Au son, j'avais Aldo Pedron. Et Philippe Langelé à la lumière. Il n'y avait qu'une femme parmi nous, la « Grande » Laurence comme on l'appelait. Fine musicienne, élégante, cultivée, et se diminuant toujours un peu. Elle ne s'affirmait pas à la hauteur de ce qu'elle valait et de ce qu'elle vaut encore. Elle a toujours refusé d'être premier violon.

Il y eut aussi ce pauvre Jean-Pierre Catoul, décédé

dans un accident de voiture causé par un alcoolique. Il fut remplacé par Stevens.

À la fin de quoi, et nous avons parlé sans gêne, Jean-Yves a fermé Viva Production. Restait à imaginer une suite à dix années de bonheur.

19

BURN-OUT

Le mot est devenu courant, hélas. Cela se traduirait par « consumation ». On s'éteint. Ce n'est pas une maladie, c'est plus insidieux. Je suis passé par là, en version dure.

Je me suis fait expliquer que cela vient d'abord par de la fatigue, de la routine, et de l'ennui. Puis par la prise de conscience de l'écart qui se fait entre la représentation que l'on a de son métier, de soi, et la réalité à laquelle on doit faire face, par d'infimes dégradations. Elles sont dues à la confrontation avec l'extérieur. Des changements irréalistes de projets, le manque de suivi par des collaborateurs, ou la méconnaissance de ce qu'implique une idée supplémentaire, qui met à mal la partie déjà engagée d'une commande et vous contraint à tout revoir du début, etc.

Les personnes plus facilement atteintes sont celles qui sont le plus engagées dans leur travail et qui sont consciencieuses. Soit de l'organisation, de la méthode, de la précision, et de l'exactitude. Ceci est valable dans tous les métiers spécialisés.

Dans une activité artistique comme la musique, en plus des mêmes exigences, il est important de pouvoir disposer d'une disponibilité d'esprit, qui est essentielle pour se consacrer à une parfaite interprétation d'une œuvre, quelle qu'elle soit.

Elle peut être ou bien abstraite dans une pièce instrumentale, ou bien dans une chanson. Elle doit permettre de s'échapper de soi-même, pour personnifier tel ou tel personnage et le rendre crédible. C'est une position donc fragile si elle n'est pas sécurisée à la base. Surtout quand on se trouve en première ligne et que l'on est l'objet de toute l'attention. Si par accident tout n'est pas réuni, cela n'est pas grave. Lorsque cela devient fréquent le malaise s'installe.

Donner le sentiment à un public, sur quinze ou vingt histoires qui se suivent, qu'ils les vivent aussi sincèrement que celui qui les raconte, est un parti pris dont je ne saurais me défaire. C'est le résultat d'une formation sérieuse, acquise par l'étude, puis dans les théâtres, et c'est indélébile. Pour moi, il ne s'agit pas de projeter un spectacle dans une salle mais de rapprocher le spectateur au plus près possible de la scène, ou même du piano.

Un art perdu

J'ai aimé les critiques, surtout en province, qui comparaient mes concerts aux « veillées » d'autrefois, à ces conteurs qui passaient de village en village et relataient avec habileté des récits chaque fois nouveaux dans de simples granges.

J'ai assisté une seule fois à ce genre de soirée en

Bretagne. Assis dans les foins, dans le silence le plus absolu, les hommes fumaient une longue pipe, les yeux mi-clos, en suivant attentivement le récitant qui les emportait loin sans doute d'une longue journée. Les femmes apportaient leur ouvrage : broderie, tricot, canevas, qu'elles arrêtaient parfois brièvement, l'aiguille en l'air, aux moments où l'histoire prenait un tour inattendu ou mystérieux, puis elles revenaient à leurs occupations pour écouter la suite.

Rien ne semblait récité. Sans doute avait-il une trame qu'il adaptait selon les villages ou les régions. Parfois un bruit extérieur, comme le simple cri d'une chouette, était introduit à l'improviste dans le décor ou l'action. L'art magnifique de l'improvisation. La fin comportait en conclusion une petite morale. Avec l'approbation muette du curé qui n'aurait pas manqué d'être là, sur la seule chaise qui lui était destinée.

Ce fut une inoubliable soirée. On en est ressortis en rêvant encore, et, tout comme cela se passe au cinéma, les villageois commentaient ce qu'ils avaient « vu » en se dispersant sur les routes de retour.

Comme il ne peut y avoir meilleure représentation que celle que l'on se fait soi-même, le résultat ne pouvait être que beau et grand.

Trouver

Jean-Yves me semblait irremplaçable. Il savait ce qu'étaient les exigences techniques et artistique. Il aimait la musique, et les artistes. Quoique peu disert sur lui-même, il semblait être aussi au bout d'un certain chemin. Après avoir produit bon nombre de spectacles pour de grands noms avec une organisation de haut niveau, il semblait, tout comme moi, avoir fait le tour de ce qui pouvait se faire scéniquement. Et si en ce qui me concerne c'était une question purement artistique, lui de son côté avait parfois à gérer les caprices de certains. Comme ceux qui considéraient que, vu leur réputation médiatique, ils méritaient des lieux plus importants que des théâtres, comme des Zéniths. Ne comprenant pas qu'il est un public qui vous admire sur du papier de magazines, ou vous estime en vous voyant sur leur écran, et un autre qui aime le spectacle vivant et se déplace.

Donc, suite à la dernière série de concerts avec le quatuor Stevens, qui s'est achevée sur un album *live* à Lannion, et selon ce que nous avions décidé ensemble, Jean-Yves a clos Viva Production.

Et la suite ?

Une amie, Isabelle Dhordain, productrice d'émissions sur France Inter auxquelles je participais toujours avec plaisir, m'a discrètement recommandé à la suite d'une conversation qu'elle avait eue avec une nouvelle production très active, jeune, avec des idées différentes du showbiz et qui fonctionnait bien.

Après quelques essais effectivement positifs en piano solo, puis un ensemble de concerts de haut niveau, suivit une enfilade de dates à travers la France. À la suite de quoi nous avons commencé des séries avec le quatuor, selon leurs disponibilités.

Nous avions des « *road books* » (des feuilles de route)

classiques, avec hôtels, horaires, transports comme j'en avais toujours connu. Très bien.

Petit à petit les cafouillages ont commencé. De plus en plus de dates par semaine… Ça passait quelquefois d'une ville à une autre à 300 kilomètres de là avec à peine le temps du transport. Descendus du train nous sautions sur scène pour une brève répétition, puis vite un passage à l'hôtel et retour pour le concert lui-même. Que faire d'autre que de resservir la même soupe que la veille ? Et l'ennui s'installa vite. Ensuite plus de *road book* du tout. C'était annoncé verbalement. La pauvre Isabelle s'était fait embobiner pas les discours fleuris et prometteurs des personnages en question.

En fait nous étions dans une totale erreur de casting. Nous nous sommes rendu compte que nous travaillions avec des organisateurs forains en quelque sorte, plus que des producteurs de concerts, et qui n'avaient aucune idée de ce qu'était la musique. Cela me parut flagrant lorsque l'un d'eux me dit, avec un sourire mi-narquois mi-suffisant, en parlant d'une troupe de « visuels » (par ailleurs excellente) qu'il faisait tourner : « Tu comprends c'est des forains, alors ils veulent être payés en liquide… »

En effet, en me renseignant un peu, j'ai appris qu'ils faisaient tourner des spectacles d'acrobates ou autres. Par exemple des troupes souvent de bonne qualité, au spectacle réglé, avaient le désir de se produire dans d'autres pays, et même le monde, d'autant que leur prestation n'avait pas de problème de langue. Ainsi avec le même numéro parfaitement au point ils pouvaient durer plus d'un an. Cette production leur trouvait des espaces et des théâtres pour s'exprimer, et grattait son pourcentage au passage, ou prenait le rôle de producteur local. C'est ce qui se disait. Je n'ai pas fouiné dans leur organisation, mais cela y ressemblait bien.

Ils ne comprenaient rien à notre éthique de musiciens et, avouons-le, étaient d'une inculture désespérante en bien des domaines. Ces concerts de plus en plus rapprochés, sans savoir souvent où nous allions nous retrouver le lendemain, étaient perturbants, ennuyeux, routiniers, fatigants. Je n'écrivais plus une seule note. Cela a fait que je les supportais de moins en moins. Les musiciens aussi étaient assez agacés de leur attitude. Mais eux s'échappaient un peu lorsqu'ils devaient rejoindre l'orchestre de l'Opéra royal de Liège.

Ce fut là que j'ai eu mes premières tachycardies, en passant outre pour assurer les concerts. Et en même temps j'enregistrais un album, *Avatars*, avec Yves Jaget comme toujours. Mais cela s'est amplifié au point de devenir une arythmie d'abord simplement gênante sur laquelle j'ai passé outre encore une fois, pour finir l'album. Je suis allé voir mon ami Péan, notre docteur de la région, qui lui s'est inquiété beaucoup plus. Je devais aller trois jours en Belgique pour la promo de l'album qui venait de sortir. « Ce serait moi je ne te laisserais pas y aller… Mais tu fais comme tu veux », m'a-t-il dit. J'y suis allé quand même.

Je pense toujours à ce malheureux journaliste que j'ai reçu à l'hôtel à Bruxelles à qui j'ai dû paraître très désagréable. Ayant de moins en moins d'air pour lui répondre, je n'avais qu'une envie, c'était de me débarrasser de ses questions.

Déjà à midi, alors que je devais passer à la RTB aux infos, les attachées de presse belges sont venues me voir pour me dire que c'était annulé. Faire tout ce déplacement pour rien m'a mis en rage.

J'ai un peu oublié mon angoisse montante et ma colère lors d'une interview radio pour laquelle un taxi confortable m'a mené à un musée d'orgues de foire. J'étais subjugué par ce que j'y voyais ! Des machines immenses parfois avec une bonne dizaine d'instruments. Je m'oubliais, je posais mille questions au collectionneur, et j'écoutais la musique que diffusaient certains. J'ai aussi admiré les partitions de ces instruments (c'étaient de longs rubans de papier fort, percés de trous), en me faisant expliquer en détail tout le fonctionnement du système. Au point que l'on m'a fait comprendre que le temps accordé pour l'enregistrement de l'émission touchait à sa fin. C'est déjà en imaginant des airs, voire une chanson, accompagnée par un de ces instruments que nous sommes rentrés à l'hôtel. J'ai remercié vivement le présentateur et j'ai pu me reposer un peu dans ma chambre.

Évidemment l'excitation pendant la visite avait été telle que l'arythmie est repartie de plus belle. La nuit fut difficile. Les saccades du sang dans les oreilles quand on pose sa tête dans l'oreiller sont aussi inquiétantes que sonores. Enfin j'ai pris un relaxant et me suis couché, attendant un sommeil hypothétique qui a fini par venir. Je ne voulais pas appeler un médecin, je voulais absolument rentrer et j'avais un train assez tôt. Je verrai bien une fois chez moi.

Je suis rentré et j'ai dit à Laurent, vite, prends mes papiers et conduis-moi aux urgences. Je ne respirais pratiquement plus.

Œdème pulmonaire. On m'a fait entrer tout de suite.

La personne devant m'attribuer une chambre m'a demandé :

— Vous êtes le chanteur ?

— Oui, Madame, enfin ce qu'il en reste…

J'ai été embarqué tout de suite. Le CHU d'Orléans m'a sauvé la vie une première fois. Très bon hôpital.

J'ai pu reprendre quelques concerts, ça allait mieux… Et puis l'insupportable revenait. La mémoire faisait défaut. J'ai fait installer un prompteur. Moi qui ne m'en suis jamais servi. Pour soutenir la voix j'ai attaqué la cortisone. Évidemment j'ai gonflé, les mains ne suivaient pas les écarts et les mouvements nécessaires.

Là, j'ai arrêté. Annulation sur annulation. Cela recommençait. Retour à l'hôpital, à Bruxelles, où j'avais commencé à enregistrer un album à ICP. Il restait beaucoup de travail à faire dessus mais j'en étais incapable. « On », c'est-à-dire de remarquables nuls, ont troussé un machin. *Stylus*. C'était le titre que je pensais utiliser.

Je refuse de tenir ce truc, à part le titre, comme étant mien. En plus, alors que j'étais la tête dans le vague et ligoté comme l'avait été Paulette dans des tuyaux de toute part, « ils » ont concocté une *Intégrale* honteuse. Visuellement déjà, mais dans laquelle il manquait des morceaux. Genre « profitons-en pendant qu'il n'est pas là… »

J'étais menacé d'une opération, après un traitement avec un produit qui est un véritable poison, à prendre pendant un mois. Il attaque la thyroïde, vous colle une belle cataracte et vous fait enfler. J'ai dit non. Je suis rentré à Paris bourré de cortisone. Je ressemblais de plus en plus au personnage « Fétide » de la famille Adams. Gonflé d'eau, je pesais cent kilos.

Je me souviens que, marchant difficilement, j'étais promené dans les longs couloirs entre les salles d'examens, sur un siège à roulettes. Un sympathique infirmier un jour s'est penché pour me demander à voix basse :

— Excusez-moi, je peux vous demander quelque chose ?

— Oui bien sûr…

— Vous ne seriez pas Jean-Pierre Coffe ?

— ??? Ah non, il est décédé il y a moins d'un an.

— Pourtant, qu'est-ce que vous lui ressemblez !

Entre-temps, dans l'espoir de se faire rembourser les concerts que j'avais annulés, les « producteurs » m'ont demandé des certificats. Je suis revenu avec les documents, mais à leur lecture ils m'ont dit : « Ah non ! Oh là là, ce n'est pas ça dont on a besoin ! Demande juste à ton médecin qu'il te fasse un papier attestant que tu ne pouvais pas jouer. »

Bon, je le leur fournis.

Est-ce en se disant que ce serait bien d'avoir les dernières images de William Sheller vivant ou quoi, mais on m'a donné une Victoire de la musique d'honneur.

Un triomphe ! Et venant de jeunes qui auraient pu être mes petits-fils. C'est réconfortant. On m'a remis un « bidule » en cristal, pour marquer le coup, à mon avis le plus vilain objet qui a été conçu pour les Victoires.

J'ai eu la visite, quelque temps après, d'un inspecteur de l'assurance. Il a vu tout de suite l'état dans lequel j'étais. Il me posait des questions… Un peu agacé et même ronchon au début, je lui ai répondu que je n'étais pour rien dans ces tractations financières, que tout ce que je voulais au monde c'était guérir. Il m'a demandé si j'avais des documents… Oh oui, j'en avais. Notamment le document original fait par le cardiologue belge disant qu'il m'interdisait de donner un concert jusqu'à nouvel ordre, ne voulant pas voir un patient faire une crise cardiaque sur scène. Je lui ai tout donné, et là :

— Oh, mais voilà qui m'intéresse beaucoup, il y a des dates et des informations ! s'est-il exclamé. Donc ce que l'on m'a montré est un peu un faux en quelque sorte… Très bien, très bien… Mais là, vous avez un cardiologue ?

— Je voudrais bien, mais il faut attendre six mois pour un rendez-vous, alors… Et avec qui ?

— Pas nécessairement, et nous avons pas mal de bons spécialistes qui travaillent avec nous. Vous voulez en voir un ?

— Oh oui, si vous saviez comme je suis mal. J'ai fait deux comas et heureusement que je n'étais pas seul à la maison !

Il a pris son téléphone, et après une brève discussion il m'a dit :

— Bien, dans trois jours vous avez un rendez-vous à la clinique Bizet avec le docteur Imad Abi Nasr. Ça vous va ?

— Oh, que oui ! Merci !

J'étais sauvé. J'ai rencontré un homme jeune, sûr de lui, qui d'emblée m'a dit :

— Ne prenez plus cette cochonnerie, c'est un poison ! Faites une analyse sanguine, vous avez la thyroïde sans doute atteinte, votre cataracte en est une conséquence. Moi je refuse de vous opérer. N'avalez rien d'autre que ces trois médicaments et revenez dans trois mois. En plus, vous avez été fumeur ? Je l'entends.

— Oui, mais plus depuis six ans.

— Mais il y a des petits clapets qui… Enfin vous avez une bronchite chronique. Donc cette poudre chaque matin à aspirer. Avez-vous pris des médicaments pour l'obésité ou quelque chose comme ça ?

— Disons… de la cocaïne dans les années quatre-vingt à quatre-vingt-dix, de temps en temps, mais plus depuis. Ah si, lors d'une grosse tournée en 2000. Ensuite m'établissant à la campagne je n'y ai même plus pensé. Parfois un peu de cortisone avant un concert pour la voix.

— Hmm je vois. Mais ça ne vient pas de là. Bon nous verrons. Ne vous en alarmez plus, faites ce que je dis. Ça va s'arranger.

Je suis rentré avec mes petits clapets (?) et une ordonnance salvatrice…

De cent kilos je suis passé à soixante-deux en moins de deux ans. Le poids de mes trente ans. La dernière fois que je suis allé le voir, il m'a dit : « Oh, pour un peu je ne vous aurais pas reconnu ! »

Contrairement aux propos croustillants sous-entendus par certains journaleux de fond de cave, je ne me défonce pas. Je ne bois même plus une goutte de vin. Je n'aime plus le goût. J'ai fait des « conneries » dans ma jeunesse, mais il fallait voir à quelle époque de folie. Et les éventuels produits gobés, fumés ou sniffés étaient cent fois moins dangereux (j'allais dire plus « bio ») que maintenant. Et plus efficaces.

Parole d'ancien.

Et Jack ?

Nous étions de loin en loin toujours en contact. Paulette servit de lien, et il a été peiné de sa mort. Je lui parlais d'elle, de ce qu'elle avait d'enrageant parfois, ce à quoi il me répondait : « Oh, je sais, tu oublies que j'ai été marié huit ans avec elle ? » À force de se confier il m'a dit qu'il était au courant de l'histoire Macleod. Mais n'aurait jamais osé rien dire.

Allez, on laissait tout tomber, c'était le passé. Une fois j'ai fait même le voyage pour le voir à Miami. Il s'était calmé beaucoup et devenait un peu « philosophe ».

Il devait recevoir sa médaille des AAA pour ses quinze ans d'abstinence ! Cela méritait une bonne félicitation. Je suis allé à la réunion quand on lui a remis sa médaille et me suis trouvé interdit. Chacun se présente en général de la même façon : « Je m'appelle Jack et je suis alcoolique. » Ce à quoi les assistants répondent : « Bonjour Jack. » Quand vint mon tour, que dire ? « Je m'appelle William et je… et je… » Quoi ? « Je ne suis pas encore alcoolique ? » Non, c'est idiot… « Et je ne suis pas alcoolique ? » Non plus, alors j'ai dit :

— Je suis William, le fils de Jack. Et je voulais vous connaître.

— Bonjour William…

— Je vis dans un monde dangereux, je suis musicien, en plein show-business, où circulent des personnes souvent spéciales. Vous comprenez ce que je veux dire. J'ai bu de l'alcool, j'ai pris de la cocaïne, du LSD et j'ai fumé de la *weed*. Je ne sais pas ce qui a fait que l'addiction m'a été évitée. Peut-être étais-je un peu craintif de ce côté-là. Mais je voulais venir, déjà pour féliciter mon père, et ensuite savoir qu'il existait de vrais amis, étant passé par des moments difficiles eux aussi, pour vous aider et vous soutenir si je devais ressentir un jour que j'avais un problème. Voilà.

J'y suis resté une semaine, il m'a alors annoncé qu'il avait lui aussi un cancer.

Comme à ces moments-là j'en avais la possibilité, et au regard d'un vécu où sans être là il avait été tout de même assez présent, je lui ai fait verser une petite pension mensuelle jusqu'à son décès. Ce qui, ajouté à sa pension d'ancien combattant (alors qu'il avait déserté), lui permettait une vie tranquille. La grande voleuse n'étant plus là, cela ne changeait pas tant mes finances.

J'ai hérité des droits d'un très mauvais livre impubliable sur ses souvenirs de GI, ainsi que d'une vieille contrebasse. L'histoire était close.

Au bout du compte, quand seront publiées ces pages, j'aurai soixante-quatorze ans. Et alors ? Comme je dis, il me reste vingt ans pour écrire, transmettre, créer. Mais vingt ans, c'est au maximum l'équivalent de la vie d'un chien. Alors je n'ai pas envie de perdre du temps en fourrant ma truffe dans ce qui ne m'apporte rien.

La musique aujourd'hui ? Trop vaste sujet pour l'aborder. Ce qui m'attire l'oreille ? Eddy de Pretto, oui, belle écriture. D'autres aussi, le plus souvent issus de prods underground. Je ne saurais pas me souvenir des noms mais j'entends des choses très intéressantes. Le « Kid » comme je l'appelle a la chance d'avoir une mise en évidence plus importante. Je prépare une dernière rondelle en plastique façon XXe siècle et « *Good bye yellow brick road !* »

Je monte des « architectures musicales », j'en écris les notes, je précise les ambiances souhaitées, parfois même quelques sons, et je confie le tout à de jeunes « interprètes » qui les passent dans leurs instruments aux mille possibilités sonores, et les font vivre selon leur vision.

Je me suis remis à écrire avec du papier, un crayon et une gomme. C'est là une autre forme d'inspiration, qui vient d'un état de rêverie, et qui n'est pas suggérée par un appareil quelconque. Je me rapproche des formations classiques aussi.

En 2014, je me suis installé dans une maison bien cachée où je vis encore. Je vois peu de monde. Les Parisiens trouvent que c'est très, très loin… (130 kilomètres !).

Donc je suis tranquille. C'est dans un grand domaine d'une quarantaine de belles maisons, où la courtoisie entre voisins est naturelle. On se salue quand on se rencontre, et les chiens des uns viennent dans le jardin des autres. Je ne connais pas tout le monde mais si l'on a besoin d'aide on sent que l'on n'est pas seul.

Mes enfants vivent leur vie, et tiennent à leur souveraine indépendance. Je les vois très peu mais j'en ai des nouvelles. En aucun cas ils ne souhaitent être le fils ou la fille de… Ce sont des électrons libres, eux aussi. Je n'insiste pas, au risque d'un rejet. Je me demande comment j'aurais réagi dans leur cas.

Je me fais une raison. Même si je ronchonne un peu intérieurement parfois, je comprends, c'est ainsi.

NOTAS TARDIES

Il est des personnes qui n'ont pas fait l'objet d'un paragraphe ou n'ont pas été citées. Ce n'est pas par exclusion mais elles étaient difficiles à insérer dans une période déterminée. Je souhaitais donc qu'elles sachent qu'elles n'ont pas été oubliées.

MICHEL SOGNY

C'est un grand pianiste, adorateur de Franz Liszt dont il possède deux pianos lui ayant appartenu et dont l'un est signé. D'origine hongroise, il est né à Pau et est en plus un grand philosophe . Je l'ai rencontré par une amie commune malheureusement décédée jeune, à un moment où j'avais besoin de me remettre les mains en place si je peux dire. Je n'étais pas le seul. Marie-Paule Belle, Jeane Manson, même Annie Cordy sont passées chez lui. Il a formé des adultes, écrit des traités, des livres, fondé des écoles, enfin tant d'activités que je ne saurais les citer toutes.

Mieux vaut se référer à ce que l'on en dit sur Internet. C'est époustouflant.

Nous avons une amitié à travers le temps, qui ne se dément pas. Après cette vilaine passe que j'ai eue, j'ai craint d'avoir perdu mes mains. Je n'ai pas pu jouer de piano pendant deux ans. J'étais très inquiet. Je l'ai donc contacté pour savoir où j'en étais. Nous avons beaucoup discuté, il m'a dit : « Joue voir… Oh, mais non ça va revenir… » Il m'a confié deux ou trois cahiers d'exercices et je dois dire que mes pauvres mains ont déjà un peu repris de la vigueur. Je n'ai jamais été un virtuose, ayant toujours préféré l'écriture à l'interprétation. Mais je sais que je peux au moins en revenir au niveau des derniers bons concerts que j'ai pu donner. Merci, Michel.

PHILIPPE DRUILLET

J'étais abonné au magazine *Pilote* pratiquement rien que pour ses illustrations de « Loan Sloane ». Une personne qui le connaissait m'a dit que lorsqu'il dessinait il écoutait principalement Wagner et « Lux aeterna ». Je l'ai donc contacté. C'était tout début 2010. Il habitait alors près de la gare du Nord ou de l'Est. Nous avons sympathisé tout de suite ! Après un bon après-midi passé à bavarder et écouter de la musique, nous avons fait un « serment d'Indien » qu'un jour nous ferions quelque chose ensemble. Quoi, nous ne savions pas.

Ce fut *Excalibur*. Un grand souvenir. Il m'a épuisé. J'étais enfermé dans une armure de caoutchouc collé dont il m'était impossible de sortir, le crâne rasé pour y coller aussi à même la peau un casque muni d'une caméra contrôlable à distance. Le tournage a duré une semaine.

Il m'a offert des originaux au crayon autographiés

en tous sens et un magnifique cristal bleu de Daum, *Le Shaman*. Car il est aussi designer, et imagine des meubles fous. Un génie.

MICHÈLE SALCZER

Pendant des années incalculables elle fut « Maître Salczer » que je consultais. Puis nous sommes devenus plus proches. À force de déjeuners pour… rien, juste le plaisir de bavarder, c'est devenu Michèle. Ayant pris sa retraite, il n'en reste pas moins que nous sommes toujours en relation. Elle a été une des premières à lire mes écrits. Pas en tant qu'avocate, juste en tant qu'amie à l'œil pointu qui livre son opinion. C'est utile ! Même si nous ne la partageons pas toujours, j'en tiens compte. Elle attend avec une patience d'ange son « Stabat Mater » que j'ai promis de lui écrire. Elle en fait collection. Je vais avoir enfin le temps d'y songer.

PIERRE DEVIGNES, LA LIEUTENANCE

Pierre est décédé pendant que j'écrivais ce livre. Une bête chute de trottoir. S'est ensuivi un hématome qui dissimulait un AVC. Ce qui nous a tenus dans l'inquiétude heure par heure, avec Marie-Paule Belle, Claudine Coster (actrice inséparable de Robert Manuel), que j'ai toujours beaucoup appréciée, et dont j'ai fait connaissance à l'occasion.

J'aurais préféré que ce soit en d'autres circonstances (nous projetions avec Pierre, vu qu'elle vit par coïncidence à Montfort-l'Amaury, de lui rendre visite prochainement). Mais ce fut ainsi.

Nous n'avons pas été les seuls, il avait tant d'amis. Et aussi certaines personnes dont on ne peut spéculer sur les motivations, lesquelles s'intéressaient à un très précieux carnet d'adresses qu'il possédait, et où figurait presque le monde entier. Un vrai trésor pour certains.

Il avait une mémoire infaillible et m'a aidé à resituer des dates et des personnes.

Françoise Hardy

J'en ai dit quelques mots déjà, mais, aux premières lignes parcourues de mon projet de biographie, elle, qui est sans concession, m'a demandé si elle pouvait faire lire ces quelques pages à un éditeur qu'elle appréciait. Tout est parti de là.

Jean-Pierre Le Bretonnic

Lui aussi m'a bien aidé. Contestant les dates, affinant les détails : « Mais si ! Même que je t'ai dit…, etc. » Loety nous a quittés il y a quelques années. Un vilain cancer. Et puis, la vie devant bien continuer, il a eu la chance de rencontrer Sylvie. Il est venu me visiter avec elle et c'est curieusement le même genre de femme que Loety qui est arrivée avec lui à la maison. Nous avons été tout de suite à l'aise. Et je l'aime beaucoup.

Philippe Langelé

Longue histoire d'éclairage, d'amitié… pendant dix-neuf ans chaque soir. Un sans-faute. Merci de toi.

Jean-Phi Willock…

… qui a repris sa place, toujours présent, toujours efficace.

Yves Jaget

Bien évidemment, je ne peux rien faire sans penser à passer par lui. D'abord. Capable de transformer un camion en studio d'enregistrement, « avec un tournevis et ses petits doigts » (je crois même qu'il en a conçu trois), enseignant un peu, passant outre des complications rénales parfois douloureuses pour travailler des nuits entières. J'aime son esprit de transmission. Très attentif aux désirs des artistes. Parfois gueulard, mais comme moi ça dure cinq minutes.

Alix Edwald

Prise de son aussi, surtout « classique ». Très recherchée, voyage partout. Elle tient à avoir un double de la partition pour suivre (c'est rare !). (*La 2e clarinette à la mesure 174 est un peu basse, on va la refaire… !*) Mince comme un fil, mange comme un ogre. Adorable.

Véronique Duval, dite « la Baronne »…

… a copié un grand nombre de mes partitions à la main avant de se mettre à l'informatique. Elle a été aussi régisseuse des musiciens, et joué des timbales avec nous en concert. (Connaissez-vous la farce qui consiste à mettre de la farine sur les timbales ?) Toujours à rire de tout.

Philippe Rigault

Ancienne connaissance des temps fous, qui lui a succédé dans la régie des musiciens. Puis il fut mon régisseur personnel, un peu comme Nounours avant lui.

Laurent Buisson

Je ne saurais pas quoi en dire d'anecdotique, il était là tous les soirs de concerts. Il est venu me sonoriser en Chine. Ne boit que de l'eau. Il attire toutes les sympathies. Lorsque j'ai déménagé de Jouy-le-Potier pour la maison où je vis actuellement, je lui ai donné l'énorme tondeuse-tracteur qui m'était totalement inutile dès lors, deux fauteuils relax avec matelas, une tonnelle, et un « sautoir » pour ses enfants. Ça a bien dégagé l'horizon. Merci.

Christophe

Et toi ? Le Christophe, après ces heures de billard dans ton salon ? Tes chansons, les rares que je chantais tout seul chez moi, et que je connaissais par cœur ? Tu nous laisses là, comme ça ? Ton film, il existe bien toujours quelque part dis-moi ? Allez, un dernier *hug* et comme ils disent : « Salut l'artiste ! » On t'aimait bien, tu sais.

Josie et Jeanine

Bien sûr ! J'en ai dit trois mots en parlant de la maison où nous avons enregistré *Les Machines absurdes*, et de la « masseuse perverse », mais ce fut bien plus que cela. J'avais, du temps où mes concerts étaient bien organisés par Viva Production, toujours réservé une petite semaine de thalasso au Royal. En prenant Janette ma scottish sous le bras. Enfin seuls !

J'étais un peu sceptique au début. À la base, je ne suis pas du tout attiré par le côté yoga-zen-attitude, ni les thés nirvaniques qui n'ont que le goût d'eau chaude et vous ébouillantent la langue. Pas plus que par la méditation transcendantale avec les doigts de pieds par-dessus la tête pour rassembler vos énergies, que malheureusement vous dépensez par ailleurs à vouloir vous maintenir sur la pointe des fesses pour garder la bonne position. Oui, bon, j'exagère, je sais. C'est une déformation professionnelle.

Je me suis dit que cependant qu'un bon massage au moins ne me ferait pas de mal.

J'ai donc fait un premier essai. On m'avait dit une semaine c'est bien pour en ressentir les effets. Arrivé là, on prend les conseils d'un médecin du sport, et puis on se présente au desk avec un petit programme à suivre strictement. Sauna c'est parfait, piscine aussi. Je veux bien être étourdi et fouetté par un jet d'incendie dans un étroit couloir, c'est du solide, c'est du viril, et le sang circule un maximum. Un massage sous l'eau des veines décolle les cochonneries qui y sont plaquées et se répandent en batifolant à l'aise dans le corps, ce qui fait qu'au troisième jour on se sent légèrement patraque. Ça ne dure pas, on élimine relativement vite les toxines et on sort de là en pleine forme. Lorsque Flo a eu son premier enfant ils y sont venus avec Siegfried et le petit surtout pour un programme postnatal.

C'est par une relation commune que j'ai fait la connaissance de Josie et Jeanine. Elles possédaient un tout petit hôtel à deux pas de là. Y défilaient des gens très curieux dans une atmosphère peu conventionnelle qui me plaisait bien. Je n'ai pas tardé à m'y installer. Elles m'ont réservé une minuscule chapelle dont l'entrée ne se faisait que par le parking. J'étais donc totalement libre de mes mouvements.

Devenus très amis, lorsqu'elles ont décidé de cesser

l'hôtellerie et se sont installées vers Guérande, j'ai suivi le pas. Je venais régulièrement leur rendre visite quelques jours. C'est surtout grâce à elles que je connais si bien La Baule : le marché, l'écailleur avec le petit coup de blanc sur quelques huîtres en terrasse, et toutes les petites boutiques autour. Puis elles ont déménagé pour une autre maison plus moderne, et sont maintenant installées près des marais salants. Il faut que j'aille voir cette troisième maison avant qu'elles ne bougent encore.

C'est donc la sœur de Josie, dont le mari avait été expatrié au Japon, qui possédait la fameuse grande maison où nous avons passé ces moments rêvés, qui nous ont stimulés beaucoup pour les enregistrements. Zig, Flo et le petit nous y ont rejoints pour les vacances.

Et puis... Tony

On la nommait parfois « la Grande Tony ». C'était Tony Krantz, l'attachée de presse de Muriel Robin, Alain Souchon, Jean-Louis Aubert, et bien d'autres artistes. C'est à Précy-sur-Marne que j'ai pu mieux la connaître, hélas brièvement car elle nous a quittés un peu trop jeune en 2011.

Je me souviens bien de ce jour où elle est venue pour tenter de rassurer Barbara qui était meurtrie jusqu'à la dépression depuis quelque temps. Elle avait lu dans un article de magazine de seconde zone quelques lignes à propos de Jeanne Mas, qui chantait alors une chanson intitulée « En rouge et noir ». Un « tube » disons honnête dans le style années quatre-vingt, qu'on entendait partout.

Sur une musique pour l'élaboration de laquelle apparemment quatre compositeurs avaient été déclarés nécessaires (partage de gâteau sans doute), Jeanne Mas faisait référence à Stendhal avec un « lyric » comme on dit… qui passait mieux dans la musique qu'au travers d'une étude de texte.

Un journaliste people, ou dans le genre, déclarait (mais je n'ai pas eu l'article sous les yeux) que l'on avait découvert la nouvelle Barbara. Son extrême sensibilité ne pouvait comprendre ce genre de comparaison ridicule, qui n'était que l'opinion d'un pigiste manifestement inculte balançant une formule qu'il avait dû penser être le clou de son article.

Il était même question de décommander la proposition de Jack Lang de se produire en récital à l'Opéra de Paris : « Après tout, il n'a qu'à prendre Jeanne Mas ! »

J'écoutais Tony déployer tous les arguments possibles (et Dieu sait si elle était douée pour ça) pour calmer la Duchesse, et ramener cette angoisse au niveau de la raison.

Cela a pris du temps. Je regardais dehors et je voyais une jolie petite fille gambader dans le jardin. Visiblement elle connaissait bien la maison. C'était la fille de Tony, Natacha, m'a dit Barbara. Elle venait de temps en temps.

Et puis le temps a passé pour tout le monde, chacun suivant son destin.

Je ne vais que très rarement à Universal. Il ne faut pas y voir une mésentente, c'est simplement que c'est une ruche. Trop de monde, trop de labels. C'est le seul endroit où j'ai des montées de claustrophobie. Je suis contraint de demander à chaque fois que l'on me conduise au bureau où je suis attendu, sinon dix ans après je serais encore à errer dans les couloirs et les étages. Je plaisante, mais c'est un peu ça.

Au final, il est rare de retrouver la même personne occupant le même poste. Je ne compte plus les mouvements de chaises depuis quarante ans. Autrefois nous passions juste dire bonjour, il y avait un petit salon avec un piano ! On se rencontrait entre artistes et cela pouvait mener à d'éventuelles collaborations. Maintenant il semble qu'il n'y ait plus de place nulle part.

À ma dernière visite, j'ai donc fait connaissance de nouvelles personnes dans « l'espace » Mercury. Une charmante jeune femme est venue à moi et semblait me connaître personnellement. Quelque chose en elle ne m'était pas inconnu, mais qui était-ce… Après m'avoir gentiment laissé mijoter, elle m'a dit :

— Je suis Natacha, la petite fille de Précy-sur-Marne !

— Oh… Comme le temps passe, et comme Tony serait heureuse de nous voir ensemble ici.

Évidemment cela nous donne une relation un peu privilégiée et je sais qu'elle fait pour moi du mieux qu'il lui est possible. Ce métier ayant beaucoup changé, elle fait en sorte de préserver mon coin à moi. Merci, Natacha.

Quelle vie ! Enfin, je me garde de m'attarder sur le passé, et je continue à être assailli de projets. Différents d'avant, mais…

Pour l'instant disons que ce livre est fini.

Oh, et puis juste une grosse larme de tristesse et de joyeux rires en souvenir d'une reine qui vient de nous quitter. Annie Cordy la grande. Cinq minutes passées avec elle me faisaient parler belge. Elle avait trouvé commode d'accrocher son sac à main au starter de sa petite Austin à l'agacement de Bruno, son mari. « J'm'en fiche, c'est pratique ! »

5 septembre 2020.

Table

Mise en pages :
rue.des.malassis@free.fr

Certifié PEFC

Ce produit est issu de
forêts gérées durablement
et de sources contrôlées

PEFC™
10-31-2541

www.pefc-france.org

Reproduit et achevé d'imprimer
par Normandie Roto Impression s.a.s.
en février 2021.
Numéro d'imprimeur : 2100562.

Imprimé en France.